中国火车大图集

AN ILLUSTRATED GUIDE TO CHINESE TRAINS

上册 | 动车组分册

罗一童 著绘

中国铁道出版社有限公司
CHINA RAILWAY PUBLISHING HOUSE CO., LTD.

图书在版编目（CIP）数据

中国火车大图集 / 罗一童著绘 . — 北京 : 中国铁道出版社，2019.4（2025.2 重印）
ISBN 978-7-113-25089-8

Ⅰ . ①中… Ⅱ . ①罗… Ⅲ . ①列车 – 中国 – 图集 Ⅳ . ① U292.9-64

中国版本图书馆 CIP 数据核字 (2018) 第 247833 号

书　　名：中国火车大图集
作　　者：罗一童

策划编辑：许士杰
责任编辑：许士杰　郭　静　　编辑部电话：（010）51873204　　电子信箱：syxu99@163.com
出品策划：罗春晓　罗一童
特约编辑：吕　彪
装帧设计：罗一童　崔丽芳
责任校对：王　杰
责任印制：赵星辰

出版发行：中国铁道出版社有限公司（100054，北京市西城区右安门西街 8 号）
网　　址：https://www.tdpress.com
印　　刷：北京盛通印刷股份有限公司
版　　次：2019 年 4 月第 1 版　2025 年 2 月第 15 次印刷
开　　本：889mm × 1194mm　1/16　印张：25.75　字数：623 千
书　　号：ISBN 978-7-113-25089-8
定　　价：188.00 元（上、下册）

前　言

《中国火车大图集》是一本通过绘图方式，全面展示中国铁路机车车辆和动车组的科普图书。书中包含自 1949 年起中国铁路自主生产和进口引进的 235 种中国铁路主型机车车辆及动车组，其中包含 67 种动车组、59 种电力机车、77 种内燃机车、11 种蒸汽机车、10 种主型客车及多款铁路专用车辆，涵盖绝大部分现役的中国铁路机车车辆及动车组。同时本书也收录了大部分已经退役的经典车型，浓缩了中国铁路装备的发展脉络。

在全面展示各型机车车辆动车组外观和涂装的同时，本书还对收录的各型铁路装备的概况和基本技术数据进行了简要介绍，让初探铁路的读者对中国铁路有一个基本的了解；用视觉呈现的方式对奔驰在我国广袤大地上的钢铁巨龙留下深刻而直观的印象，对我们日常乘坐的各型动车组及客车有一个视觉上的共鸣。

书中所有绘制作品，均基于该技术装备在设计、运用及保存过程中的某一特定时期绘制而成。由于参考资料来源渠道不同、时期不同，绘图会与当前实际运用的现状有所差异。部分早期车型由于资料来源受限，采用了机械制图的透视原理对图片资源进行计算并复原绘制。因此书中绘图在尺寸、结构外观、零部件的相对位置关系等均不可避免地存在一定程度的误差，仅供大家欣赏参考之用，不可作为工程图纸资料使用。

由于中国铁路装备种类繁杂，子型号众多，因此本书暂未收录各型厂矿机车车辆、大型养路机械、工务轨道车辆、货车车厢及专用、特种车辆。国家铁路部分早期车型和试验列车资料亦过于匮乏，加之部分车型在运用中曾多次更换涂装，受限于资料和图书篇幅，本书无法全部收录完毕，还望各位读者体谅。本书也暂未收录我国台湾地区的铁路机车车辆装备。期待大家的协助，在未来进一步完善本书的内容。

目录

CONTENTS

中国火车大图集
AN ILLUSTRATED GUIDE TO CHINESE TRAINS
上册 动车组分册

中国动车组

中国火车大图集
AN ILLUSTRATED GUIDE TO CHINESE TRAINS
下册 机车车辆分册

中国内燃机车

中国电力机车

中国蒸汽机车

中国铁路客车

车型检索 Index

复兴号系列动车组

和谐号系列动车组

综合检测列车

CJ 系列动车组

中国早期动车组

■ 东风系列内燃机车

■ 东方红系列内燃机车

■ 北京系列内燃机车

■ 和谐系列内燃机车

复兴系列内燃机车

其他内燃机车

韶山系列电力机车

和谐系列电力机车

复兴系列电力机车

其他电力机车

中国蒸汽机车

18 型、22 型、24 型铁路客车

25 型铁路客车

中国铁路旅游专用客车

其他铁路车辆

中国动车组
HIGH-SPEED TRAIN

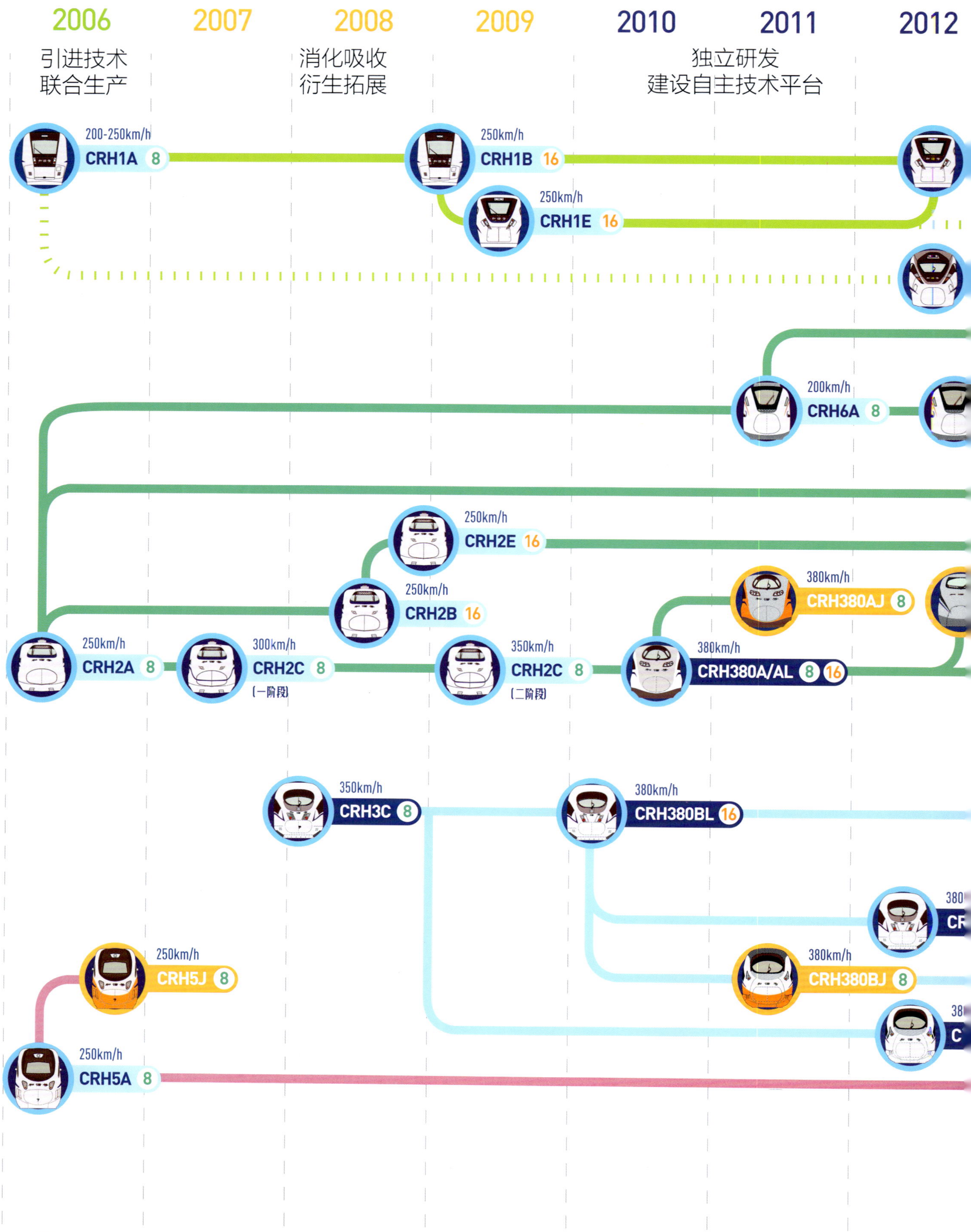

中国铁路高速动车组技术发展谱系图 罗春晓 罗一童 绘制

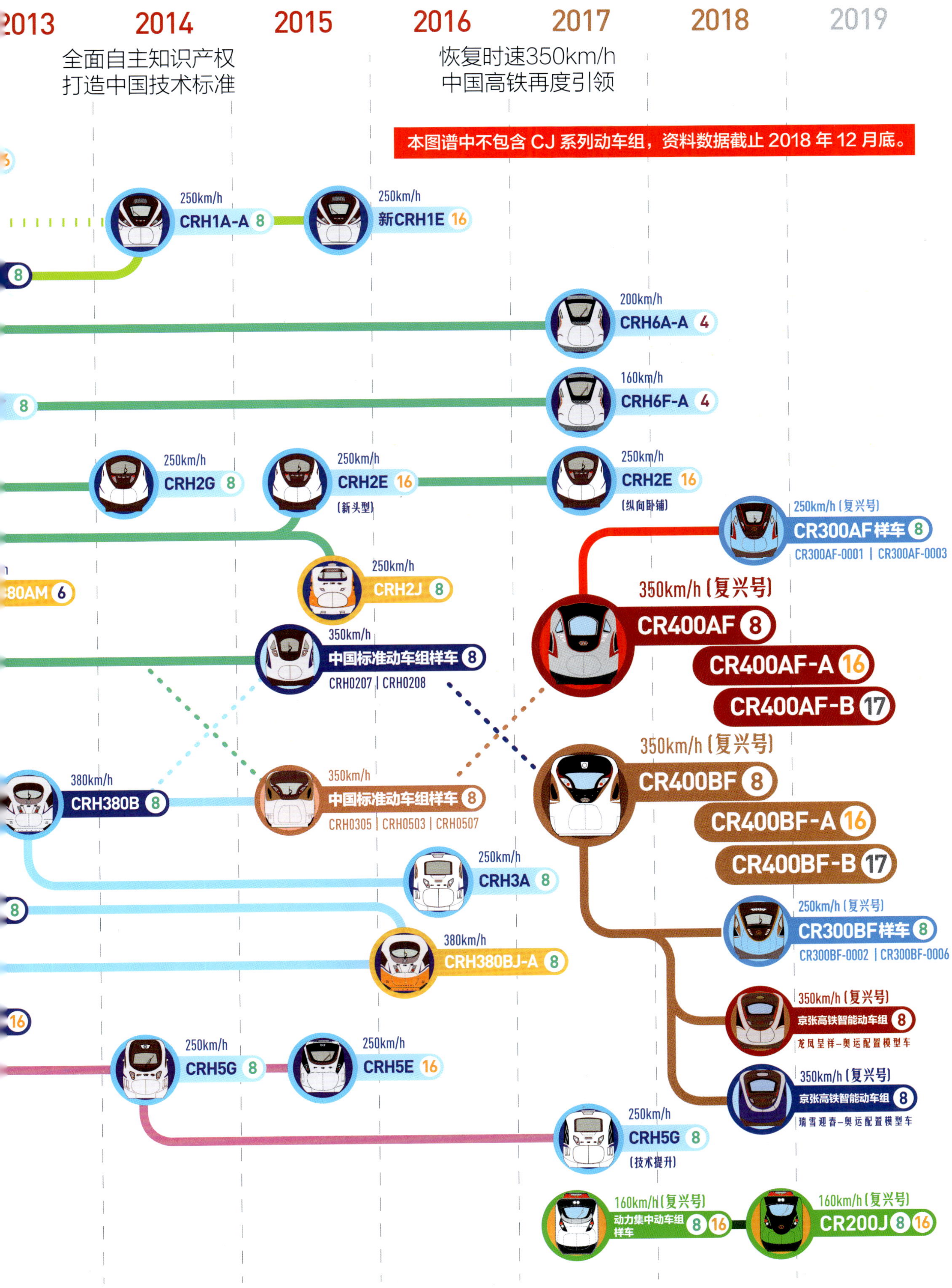
2013
2014
2015
2016
2017
2018
2019
全面自主知识产权
打造中国技术标准
恢复时速350km/h
中国高铁再度引领
本图谱中不包含 CJ 系列动车组，资料数据截止 2018 年 12 月底。
250km/h
CRH1A-A 8
250km/h
新CRH1E 16
200km/h
CRH6A-A 4
160km/h
CRH6F-A 4
250km/h
CRH2G 8
250km/h
CRH2E 16
(新头型)
250km/h
CRH2E 16
(纵向卧铺)
250km/h (复兴号)
CR300AF样车 8
CR300AF-0001 | CR300AF-0003
80AM 6
250km/h
CRH2J 8
350km/h (复兴号)
CR400AF 8
CR400AF-A 16
CR400AF-B 17
350km/h
中国标准动车组样车 8
CRH0207 | CRH0208
350km/h (复兴号)
CR400BF 8
CR400BF-A 16
CR400BF-B 17
380km/h
CRH380B 8
350km/h
中国标准动车组样车 8
CRH0305 | CRH0503 | CRH0507
250km/h
CRH3A 8
250km/h (复兴号)
CR300BF样车 8
CR300BF-0002 | CR300BF-0006
380km/h
CRH380BJ-A 8
350km/h (复兴号)
京张高铁智能动车组 8
龙凤呈祥—奥运配置模型车
250km/h
CRH5G 8
250km/h
CRH5E 16
350km/h (复兴号)
京张高铁智能动车组 8
瑞雪迎春—奥运配置模型车
250km/h
CRH5G 8
(技术提升)
160km/h (复兴号)
动力集中动车组样车 8 16
160km/h (复兴号)
CR200J 8 16

CR400AF 型复兴号动车组

CR400AF 型复兴号动车组由中车青岛四方机车车辆股份有限公司研发生产，是 CR400 系列“复兴号”动车组的代表车型之一。列车采用 4 动 4 拖 8 辆编组，最高运营速度 350km/h。CR400AF 型复兴号动车组采用了全新的头型设计，涂装创意来源于中国传统文化中龙的造型。

CR400AF	基本数据
制造厂商	中车青岛四方机车车辆股份有限公司 青岛四方庞巴迪铁路运输设备有限公司
投入运营时间	2017 年
列车编组	8 辆编组（4M4T）
最高运营速度	350km/h

ZE 200102 二等座车：由中国标准动车组第二批样车开始，列车全列转向架取消了防脱线装置。这也是除了涂装变化外，CR400AF 型与 CRH-0207 型样车的最大区别之一。

ZE 200104 二等座车

ZE 200106 二等座车

CR400AF-2001 ZYS 200101 一等座车 / 商务座车：CR400AF 型复兴号动车组的头车（01 车及 00 车）增加了驾驶室侧窗。与样车相比驾驶室后部的商务座席车第一扇车窗增大了尺寸。列车整体采用灰底、红色边条的列车涂装。

ZE 200103 二等座车

ZEC 200105 二等座车 / 餐车：与样车相比，餐车车体上的车窗分布有所调整。机械师室由原来位于 05 车车厢前端，调整到车厢尾部连接端。

ZE 200107 二等座车

ZES 200100 二等座车 / 商务座车

CR400AF-A 型复兴号动车组

CR400AF-A 型复兴号动车组是由中车青岛四方机车车辆股份有限公司研发生产的 16 辆编组动车组。列车采用 8 动 8 拖 16 辆编组，最高运营速度 350km/h。CR400AF-A 型外观造型与 CR400AF 型基本一致。

CR400AF-A	基本数据
制造厂商	中车青岛四方机车车辆股份有限公司 青岛四方庞巴迪铁路运输设备有限公司
投入运营时间	2018 年
列车编组	16 辆编组（8M8T）
最高运营速度	350km/h

ZY 206502 一等座车

ZE 206504 二等座车

ZE 206506 二等座车

ZE 206508 二等座车

CR400AF-A-2065 SW 206501 商务座车

ZE 206503 二等座车

ZE 206505 二等座车

ZE 206507 二等座车

ZEC 206509 二等座车 / 餐车

ZEC 206509 二等座车 / 餐车

ZE 206510 二等座车

ZE 206512 二等座车

ZE 206514 二等座车

ZE 206511 二等座车

ZE 206513 二等座车

ZY 206515 一等座车

ZYS 206500 一等座车 / 商务座车

CR400AF-B 型复兴号动车组

CR400AF-B 型复兴号动车组是 CR400AF 型系列动车组的第二种衍生车型，采用 8 动 9 拖 17 辆编组，与 CR400BF-B 型同为世界编组长度最长的高速列车。与 CR400AF-A 型相比，CR400AF-B 型在 16 车位置增加了一节拖车，形成 17 辆编组复兴号动车组。

CR400AF-B	基本数据
制造厂商	中车青岛四方机车车辆股份有限公司
下线时间	2018 年
列车编组	17 辆编组（8M9T）
最高运营速度	350km/h

ZY 211602 一等座车

ZE 211604 二等座车

ZE 211606 二等座车

ZE 211608 二等座车

CR400AF-B-2116 SW 211601 商务座车

ZE 211603 二等座车

ZE 211605 二等座车

ZE 211607 二等座乍

ZEC 211609 二等座车 / 餐车

ZEC 211609 二等座车 / 餐车

ZE 211611 二等座车

ZE 211613 二等座车

ZE 211615 二等座车

ZE 211610 二等座车

ZE 211612 二等座车

ZE 211614 二等座车

ZY 211616 一等座车

ZYS 211600 一等座车 / 商务座车

CR400AF-0207 号中国标准动车组样车

CR400AF-0207 号动车组是 CR400AF 型复兴号动车组量产前试制的首列样车，未定型前曾使用 CRH-0207 的编号，由中车青岛四方机车车辆股份有限公司研发生产。在下线之初，CR400AF-0207 号动车组曾使用“中国标准动车组”的称谓。由于采用白色底色搭配蓝色线条的涂装，因此有“蓝海豚”的昵称。

CR400AF-0207	基本数据
制造厂商	中车青岛四方机车车辆股份有限公司
下线时间	2015 年
列车编组	8 辆编组（4M4T）
最高试验速度	420km/h

ZE 020702 二等座车：与量产版的 CR400AF 型复兴号动车组相比，车体结构与转向架略有不同。

ZE 020704 二等座车

ZE 020706 二等座车

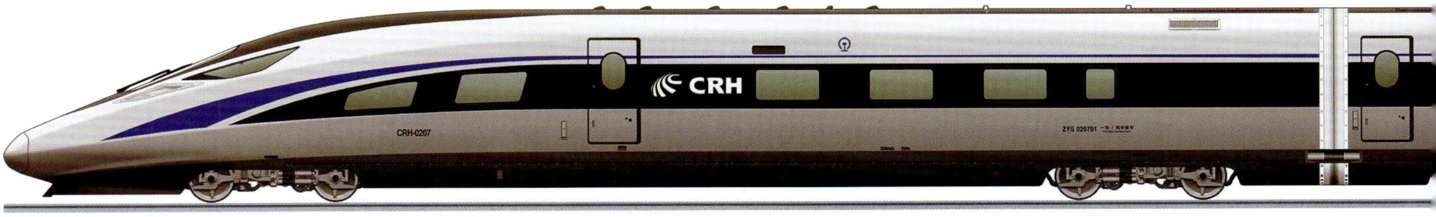

CRH-0207 ZYS 020701 一等座车 / 商务座车：下线之初，CR400AF-0207 号动车组曾使用 CRH-0207 为编号。列车于 2018 年年底大修改造后，改为 CR400AF 型动车组的标准涂装。

ZE 020703 二等座车

ZEC 020705 二等座车 / 餐车

ZE 020707 二等座车

ZES 020700 二等座车 / 商务座车

CR400BF 型复兴号动车组

CR400BF 型复兴号动车组由中车长春轨道客车股份有限公司研发生产，是 CR400 系列“复兴号”动车组的另一款代表车型。列车同样采用 4 动 4 拖 8 辆编组，最高运营速度 350km/h。全新的“凤翎”头型和金色元素构筑的主题色调，让 CR400BF 型系列有了“金凤凰”的美誉。

CR400BF	基本数据
制造厂商	中车长春轨道客车股份有限公司 中车唐山机车车辆有限公司
投入运营时间	2017 年
列车编组	8 辆编组（4M4T）
最高运营速度	350km/h

ZE 500102 二等座车

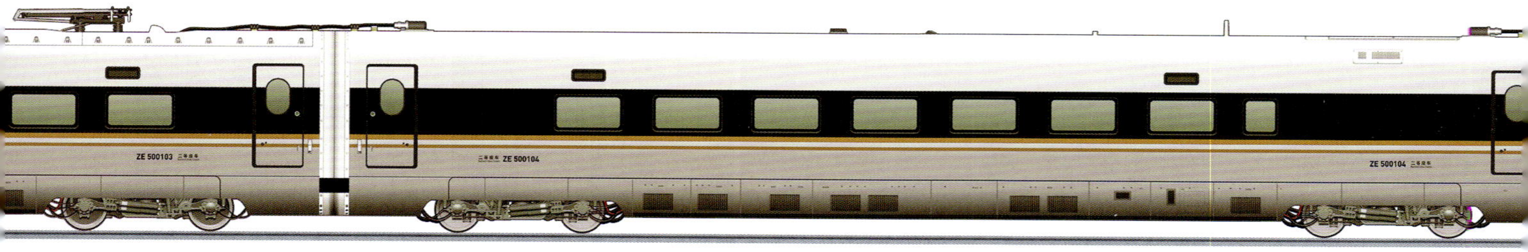

ZE 500104 二等座车

ZE 500106 二等座车：CR400BF 型复兴号动车组列车之间连接处的风挡最终采用了橡胶风挡，但将车厢间减振器包裹在内以降低风阻。

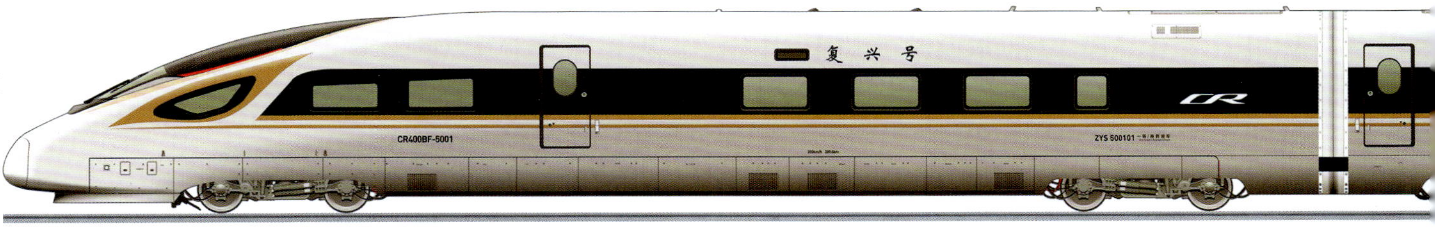

CR400BF-5001 **ZYS 500101** 一等座车 / 商务座车：CR400BF 型复兴号动车组的驾驶室侧窗尺寸比样车有所加大，同时商务座席的两扇侧窗采用圆角梯形设计，且面积比样车更大。

ZE 500103 二等座车

ZEC 500105 二等座车 / 餐车：CR400BF 型的餐车调整与 CR400AF 型的相同，均为机械师室的位置调整。

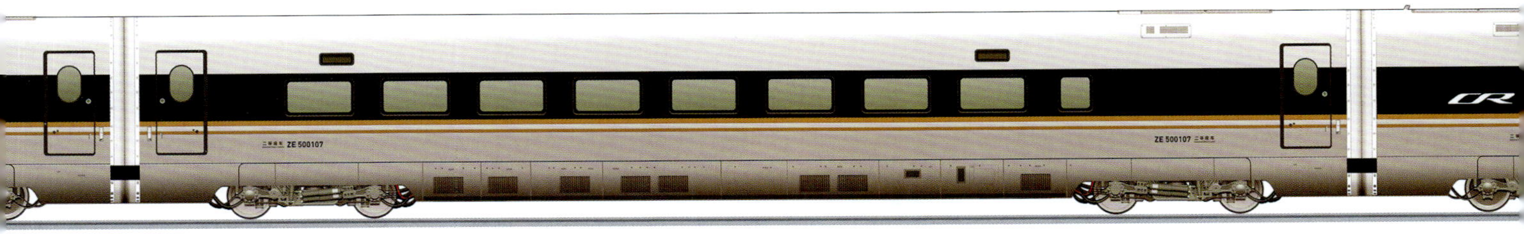

ZE 500107 二等座车

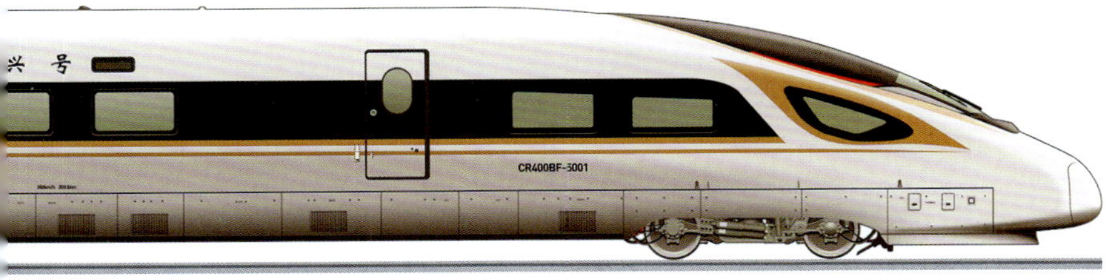

ZES 500100 二等座车 / 商务座车

CR400BF-A 型复兴号动车组

CR400BF-A 型复兴号动车组是 CR400BF 型系列动车组的第一款改进车型，采用 8 动 8 拖 16 辆编组，最高运营速度 350km/h，外观造型与 CR400BF 型基本一致。

CR400BF-A	基本数据
制造厂商	中车长春轨道客车股份有限公司 中车唐山机车车辆有限公司
投入运营时间	2018 年
列车编组	16 辆编组（8M8T）
最高运营速度	350km/h

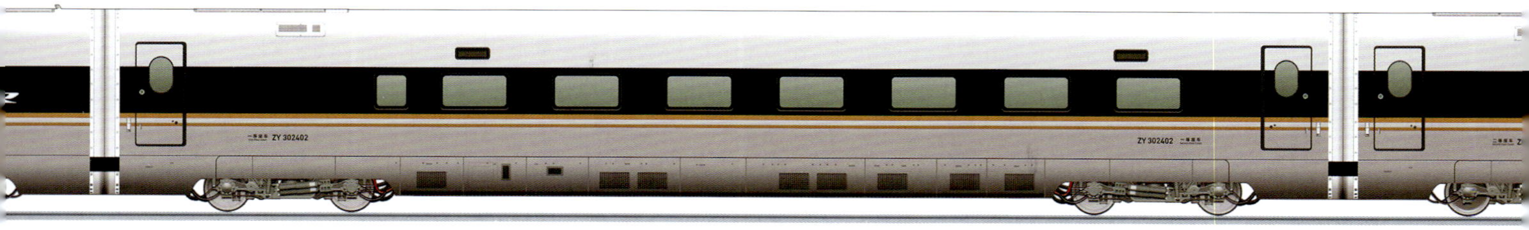

ZY 302402 一等座车

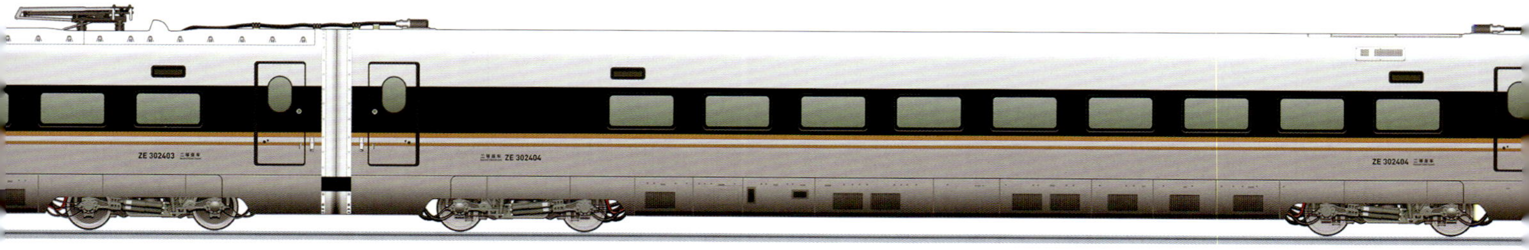

ZE 302404 二等座车

ZE 302406 二等座车

ZE 302408 二等座车

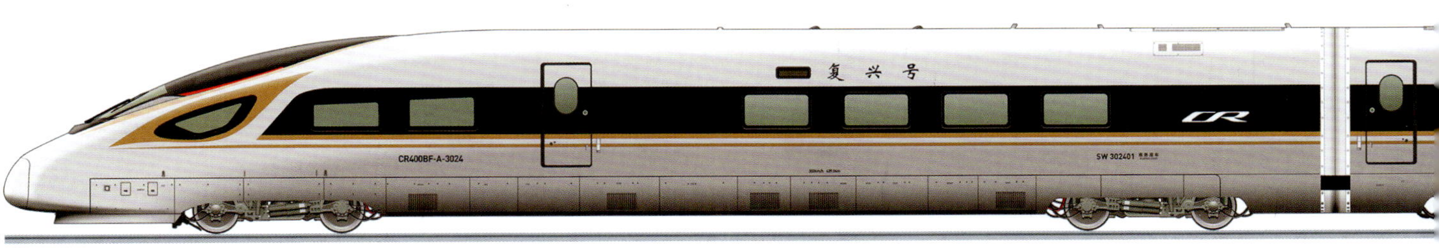

CR400BF-A-3024 SW 302401 商务座车

ZE 302403 二等座车

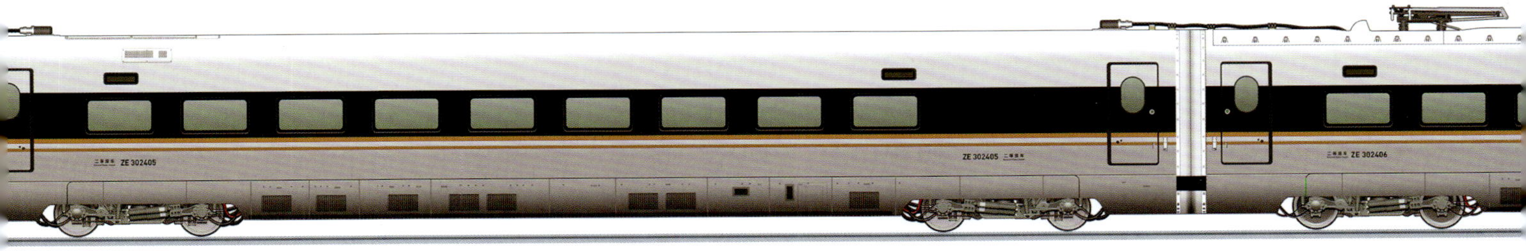

ZE 302405 二等座车

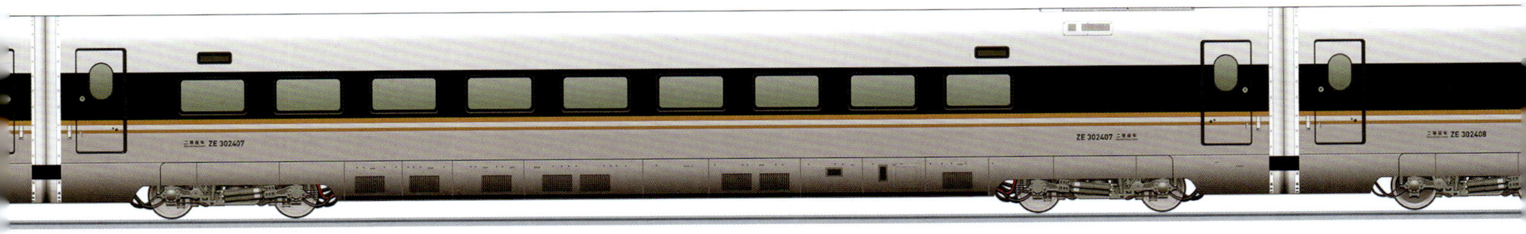

ZE 302407 二等座车

ZEC 302409 二等座车 / 餐车

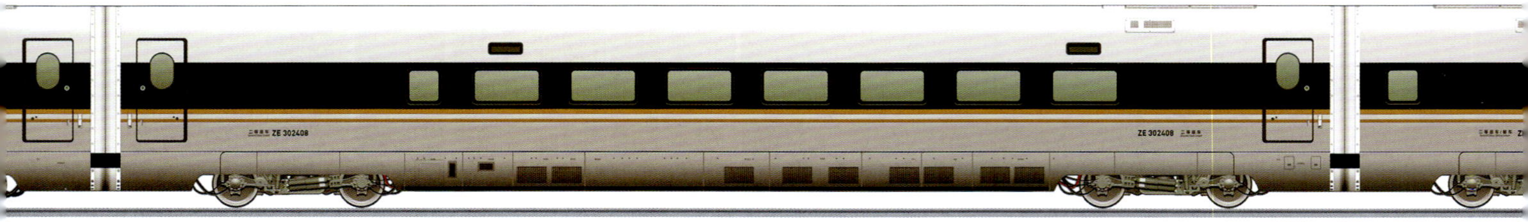

ZE 302408 二等座车

ZE 302410 二等座车

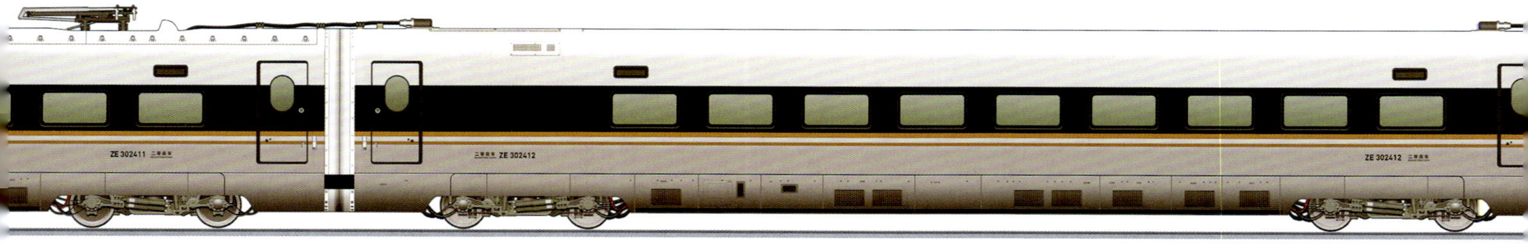

ZE 302412 二等座车

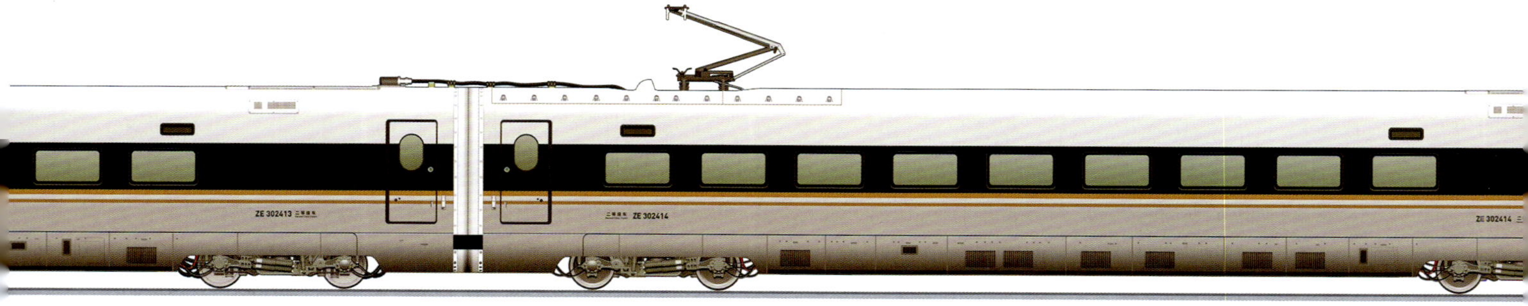

ZE 302414 二等座车

ZEC 302409 二等座车 / 餐车

ZE 302411 二等座车

ZE 302413 二等座车

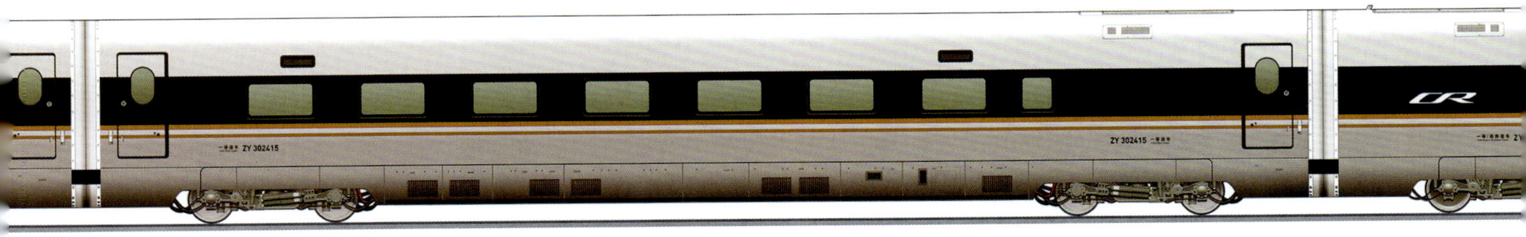

ZY 302415 一等座车

ZYS 302400 一等座车 / 商务座车

CR400BF-B 型复兴号动车组

CR400BF-B 型复兴号动车组是 CR400BF 型系列动车组的第二种衍生车型，采用 8 动 9 拖 17 辆编组。与 CR400BF-A 型相比，CR400BF-B 型在 16 车位置增加了一节拖车，形成 17 辆编组复兴号动车组，总定员比 16 节编组复兴号增加 90 人。

CR400BF-B	基本数据
制造厂商	中车长春轨道客车股份有限公司
下线时间	2018 年
列车编组	17 辆编组（8M9T）
最高运营速度	350km/h

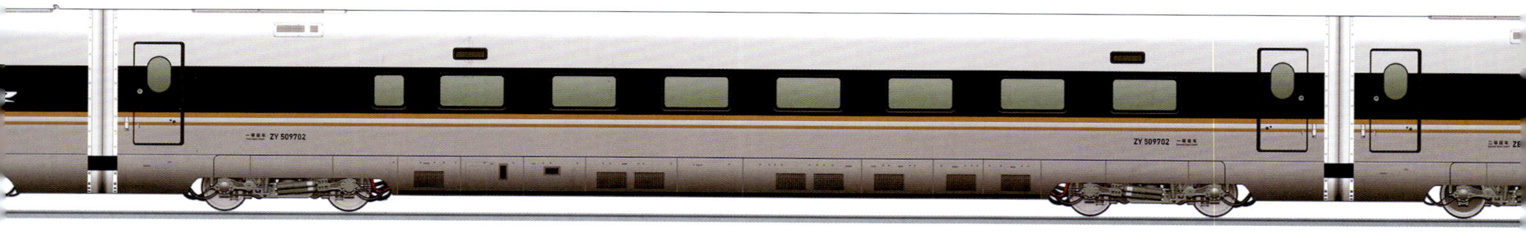

ZY 509702 一等座车

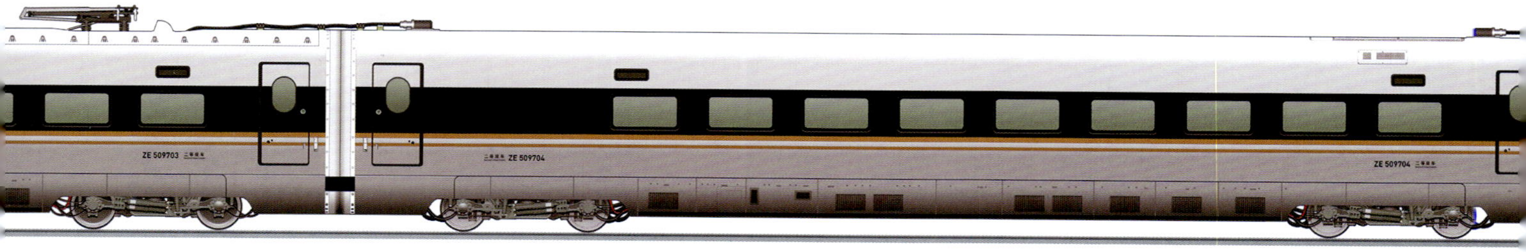

ZE 509704 二等座车

ZE 509706 二等座车

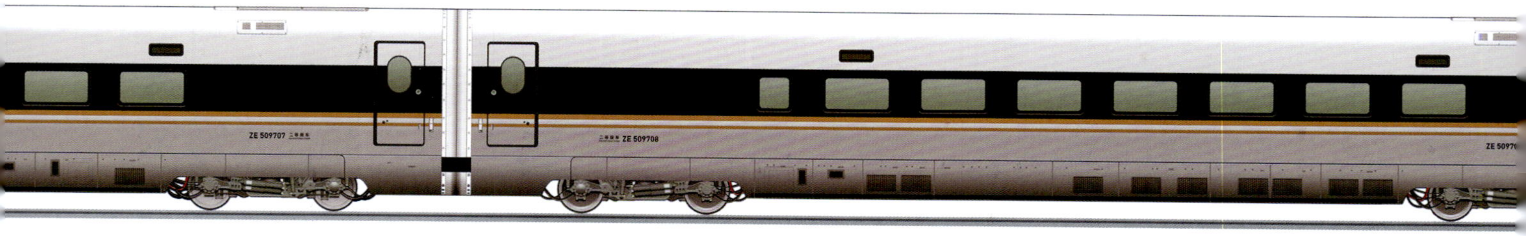

ZE 509708 二等座车

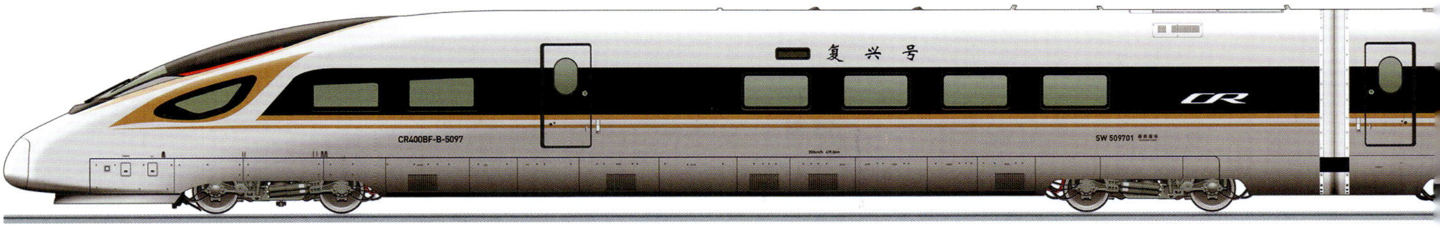

CR400BF-B-5097 SW 509701 商务座车

ZE 509703 二等座车

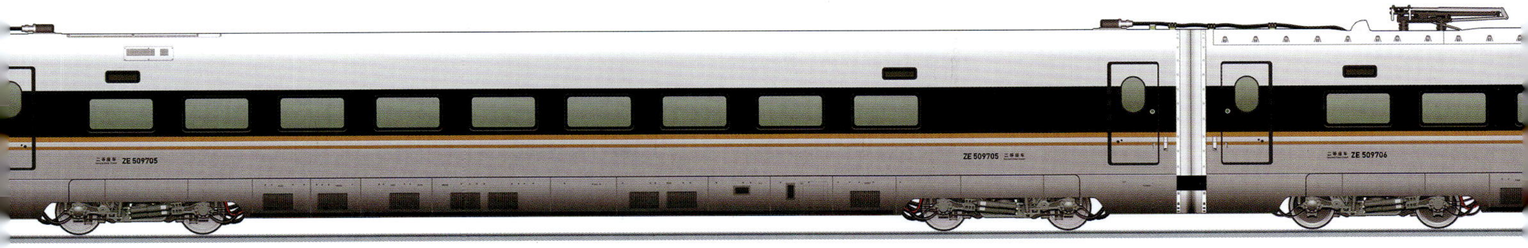

ZE 509705 二等座车

ZE 509707 二等座车

ZEC 509709 二等座车 / 餐车

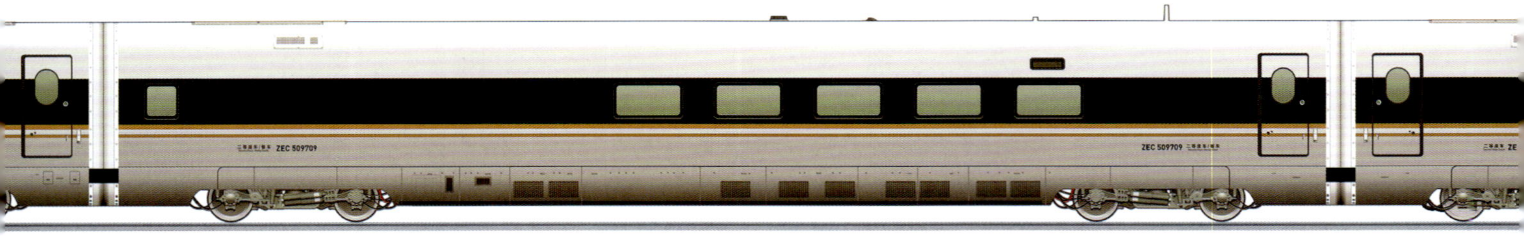

ZEC 509709 二等座车 / 餐车

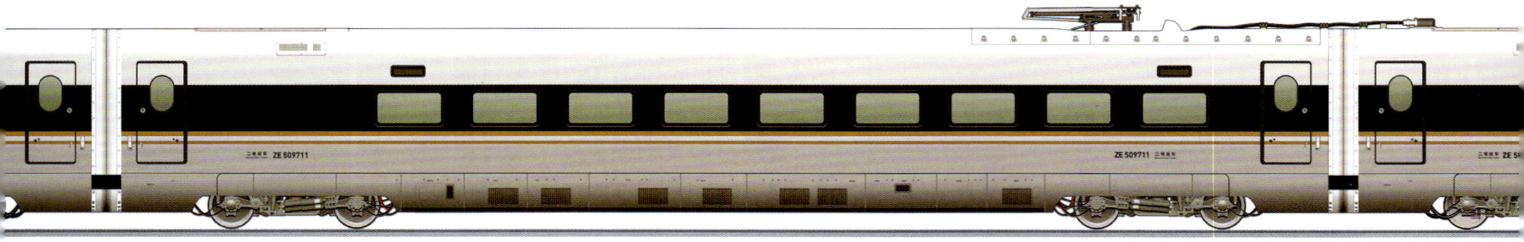

ZE 509711 二等座车

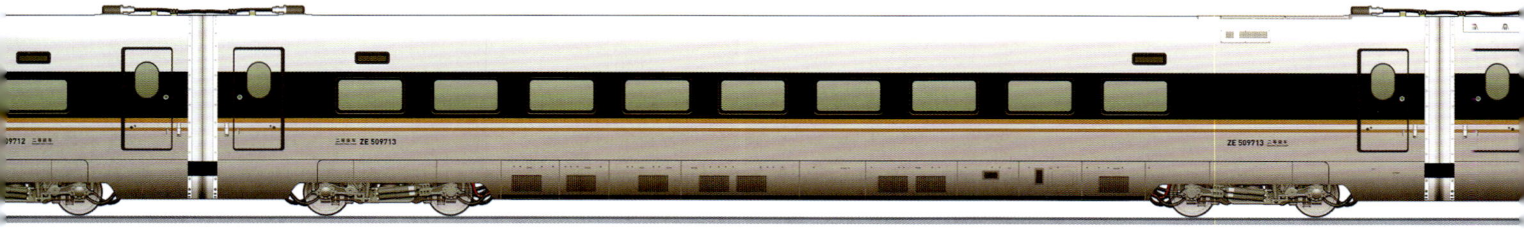

ZE 509713 二等座车

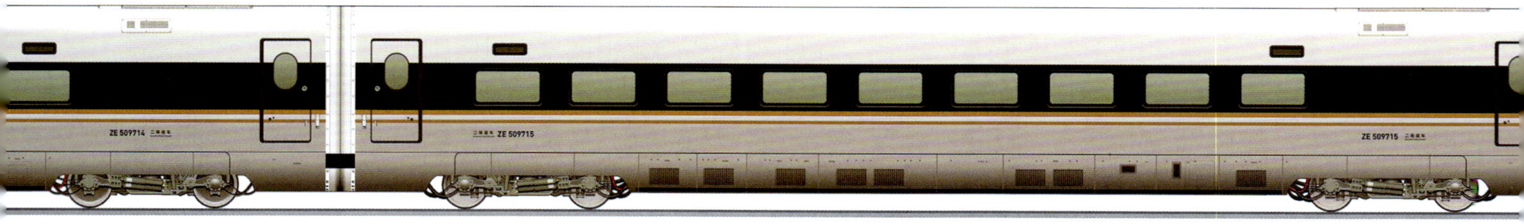

ZE 509715 二等座车

ZE 509710 二等座车

ZE 509712 二等座车

ZE 509714 二等座车

ZY 509716 一等座车

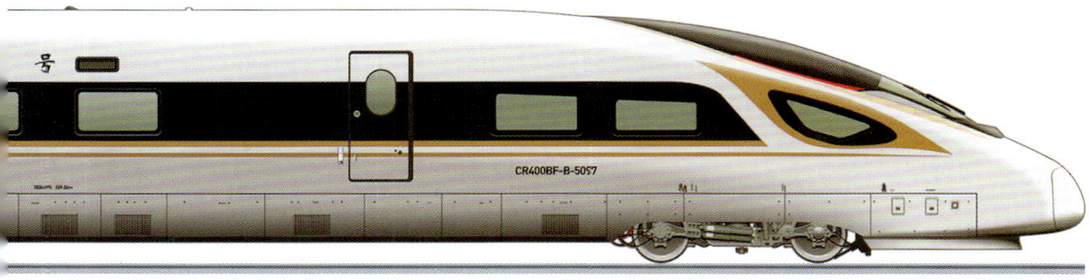

ZYS 509700 一等座车 / 商务座车

京张高铁复兴号智能型动车组模型车

京张高铁复兴号智能型动车组是在CR400BF型复兴号动车组基础上，针对列车头型、外观内饰、智能化、安全舒适、绿色环保、综合节能和奥运服务等方面全面优化提升，在满足复杂山区和高寒地区长期运营需求的同时，还为冬奥会期间特殊运营进行了优化配置。京张高铁智能动车组选取了“鹰隼”和“旗鱼”两种头型方案，并分别配以“龙凤呈祥”和“瑞雪迎春”两种涂装方案。2018年底两节头车和一节中间车在中国铁路科技创新成就展亮相时，还未装配京张智能动车组专用转向架。图中转向架是为CR400BF型转向架替代后的效果图。

瑞雪迎春 01 车左侧 | 商务 / 一等座车

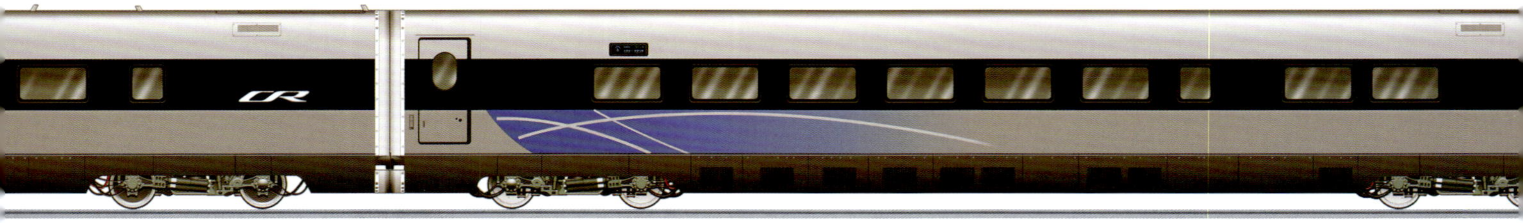

龙凤呈祥 08 车左侧 | 商务 / 二等座车

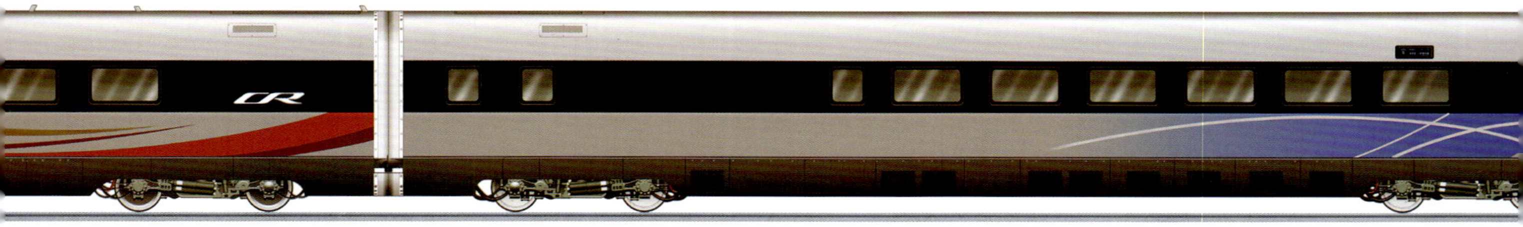

京张高铁复兴号智能型动车组　基本数据

制造厂商	中车长春轨道客车股份有限公司
发布时间	2018 年 12 月
列车编组	3 辆编组（模型车）
最高运营速度	350km/h

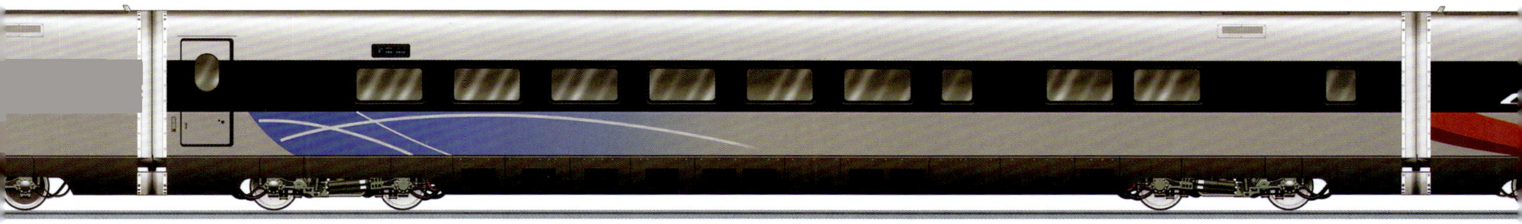

瑞雪迎春 05 车左侧　酒吧车

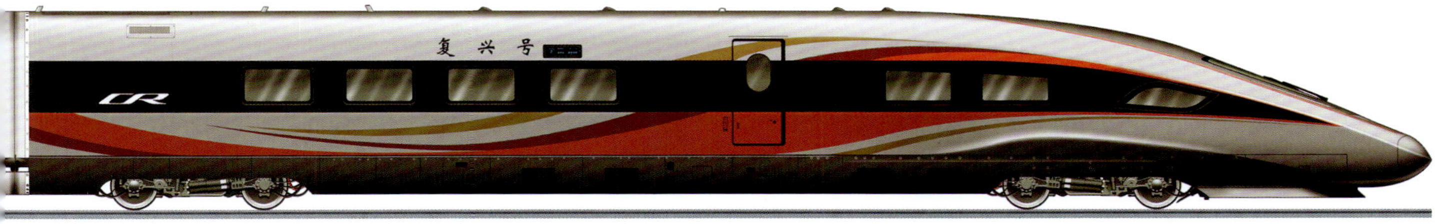

龙凤呈祥 08 车右侧　商务 / 二等座车

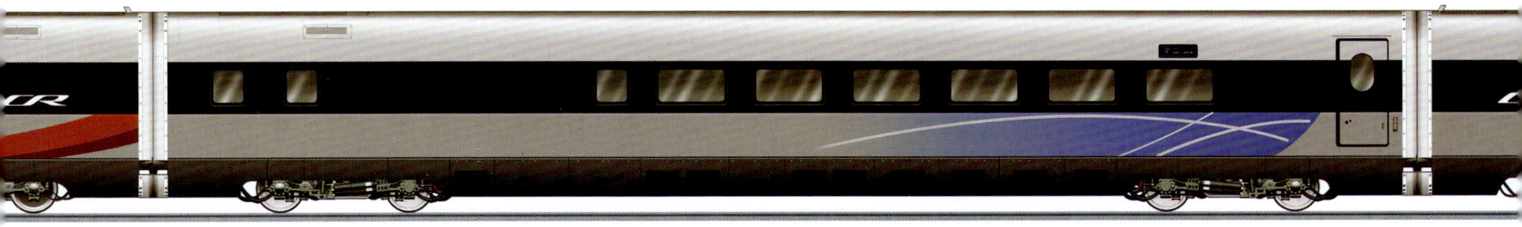

瑞雪迎春 05 车右侧　酒吧车

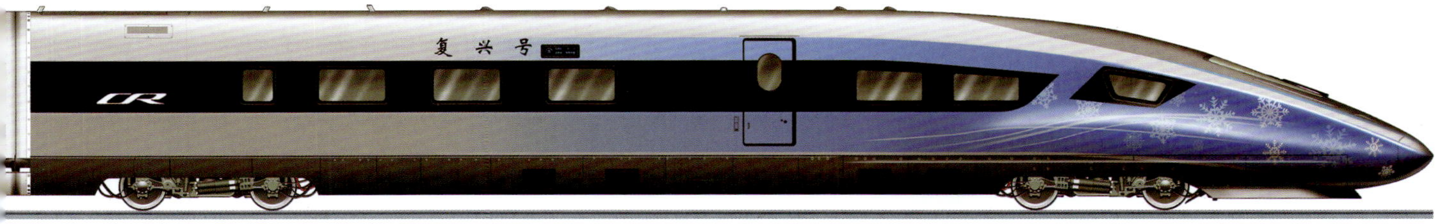

瑞雪迎春 01 车右侧　商务 / 一等座车

CR400BF-0503 号中国标准动车组样车

CR400BF-0503 号动车组是 CR400BF 型复兴号动车组量产前试制的首列样车，未定型前曾使用 CRH-0503 的编号，由中车长春轨道客车股份有限公司研发生产。在下线之初，CR400BF-0503 号动车组同样使用“中国标准动车组”的称谓。由于车头采用了香槟色涂装，在当时以蓝白色涂装为主的中国高速动车组中格外亮眼，有了 “土豪金”的爱称。

CR400BF-0503 基本数据

制造厂商	中车长春轨道客车股份有限公司
下线时间	2015 年
列车编组	8 辆编组（4M4T）
最高试验速度	420km/h

ZE 050302 二等座车

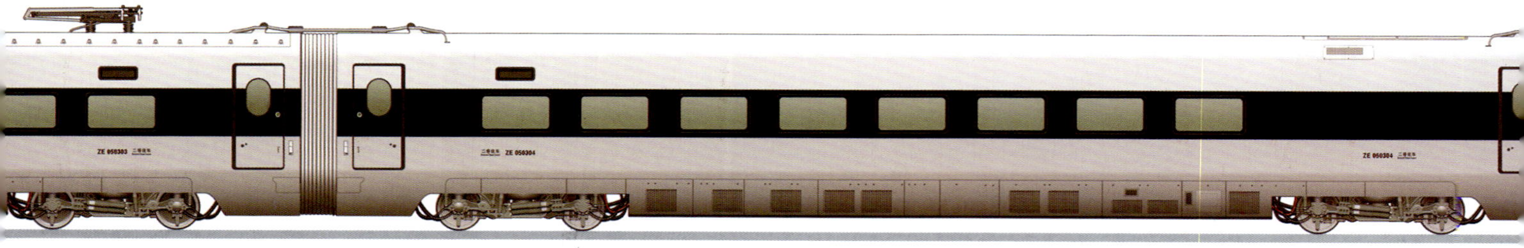

ZE 050304 二等座车

ZE 050306 二等座车：CR400BF-0503 型动车组列车车厢间采用了密封的折棚风挡，与 CR400BF 型复兴号动车组采用的橡胶风挡不同。

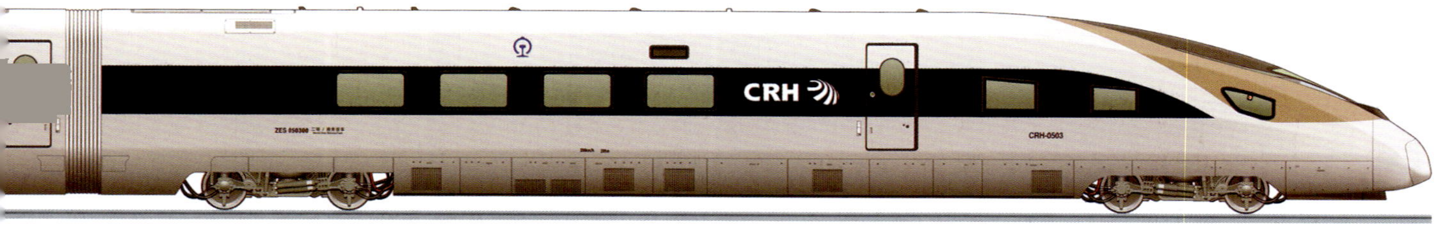

ZES 050300 二等座车 / 商务座车

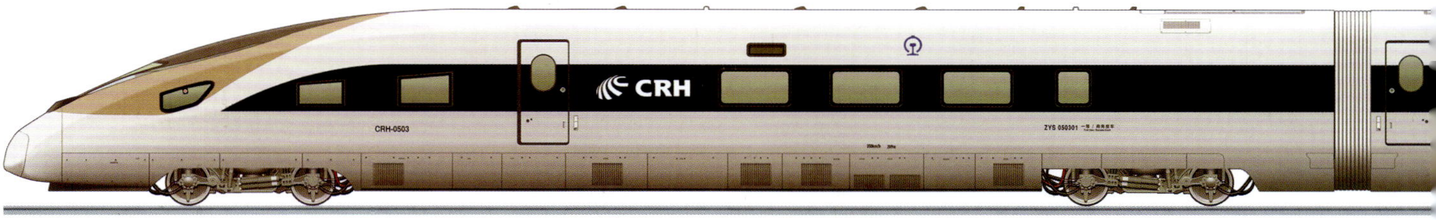

CRH-0503 **ZYS 050301** 一等座车 / 商务座车：下线之初，CRH-0503 型同样曾使用 CRH 的标识和编号，且没有横贯车体的腰线设计，后期车身标识和编号与 CR400BF 型复兴号动车组统一。

ZE 050303 二等座车

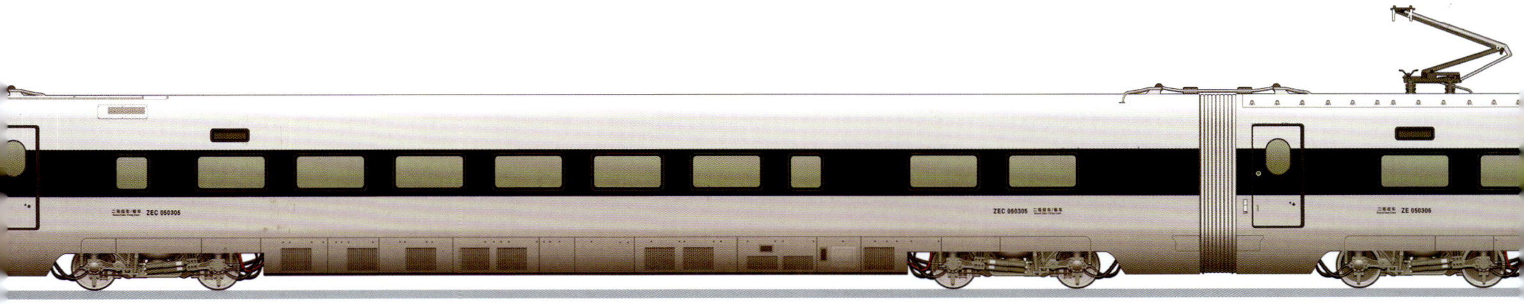

ZEC 050305 二等座车 / 餐车

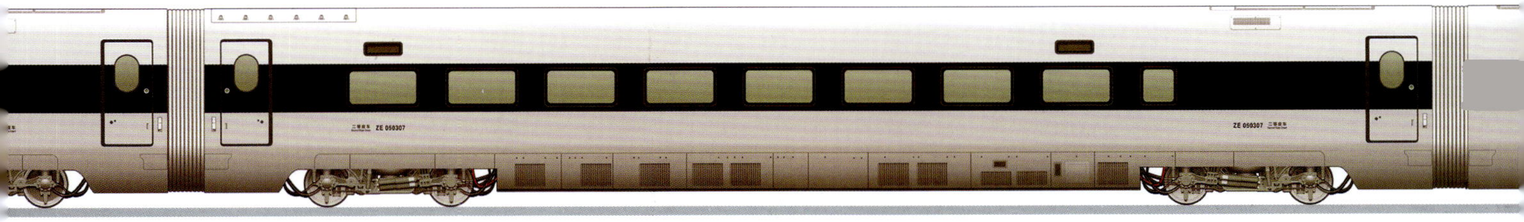

ZE 050307 二等座车

420km/h 交汇试验 2016 年 7 月 15 日，两列中国标准动车组在郑徐高铁上完成时速 420km 的高速交汇试验。

CR400BF-0507 号中国标准动车组样车

CR400BF-0507 号动车组是 CR400BF-0503 号动车组的姊妹车，是中车长春轨道客车股份有限公司研发的第二列“中国标准动车组”样车。与 CR400BF-0503 号动车组相比，仅在部分细节和涂装方面有所不同。列车早期曾使用 CRH-0507 的编号，现已统一改为 CR400BF-0507。

CR400BF-0507	基本数据
制造厂商	中车长春轨道客车股份有限公司
下线时间	2016 年
列车编组	8 辆编组（4M4T）
列车标记速度	350km/h

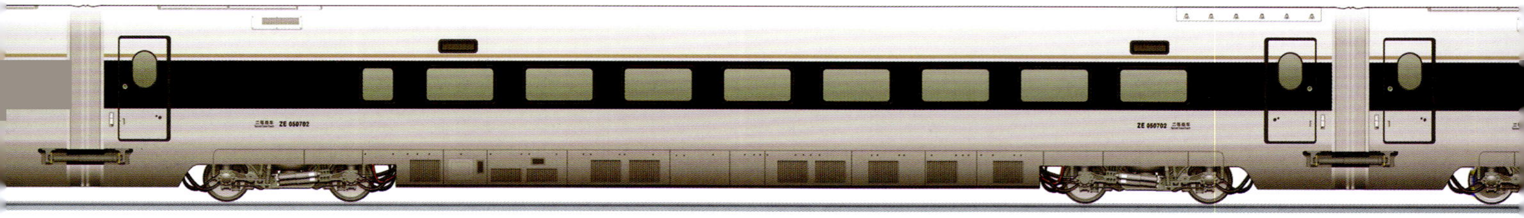

ZE 050702 二等座车：CR400BF-0507 型动车组列车之间连接处的风挡采用橡胶风挡，且车厢间的车间减振器未做遮挡处理，为整体暴露状态。

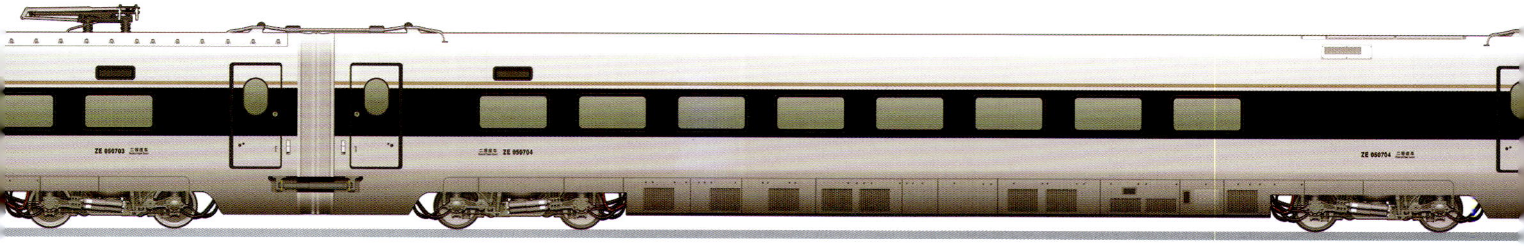

ZE 050704 二等座车

ZE 050706 二等座车

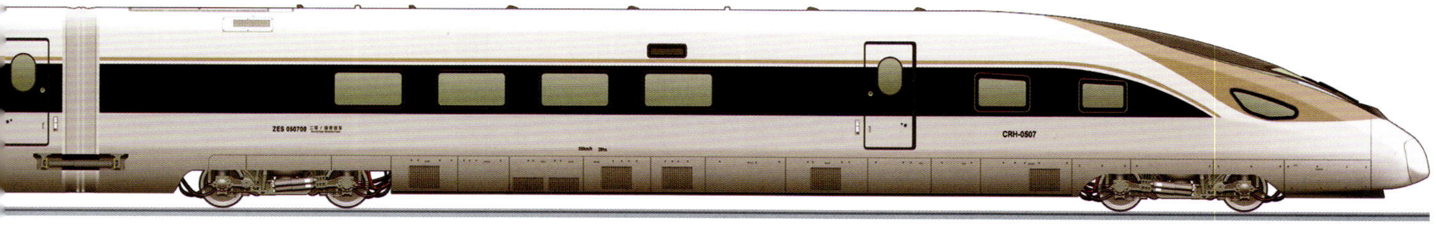

ZES 050700 二等座车 / 商务座车：CR400BF-0507 型动车组将商务座席的两扇侧窗从直角梯形改为圆角梯形。

CRH-0507 **ZYS 050701** 一等座车 / 商务座车：CR400BF-0507 型动车组与 CR400BF-0503 型动车组外观涂装最大的区别是增加了横贯车身的金色腰线，但与 CR400BF 型复兴号动车组不同，腰线在车窗上部。

ZE 050703 二等座车：由该列车开始，中国标准动车组样车对转向架功能结构作出调整。全列所有转向架取消了防脱线装置。

ZEC 050705 二等座车 / 餐车

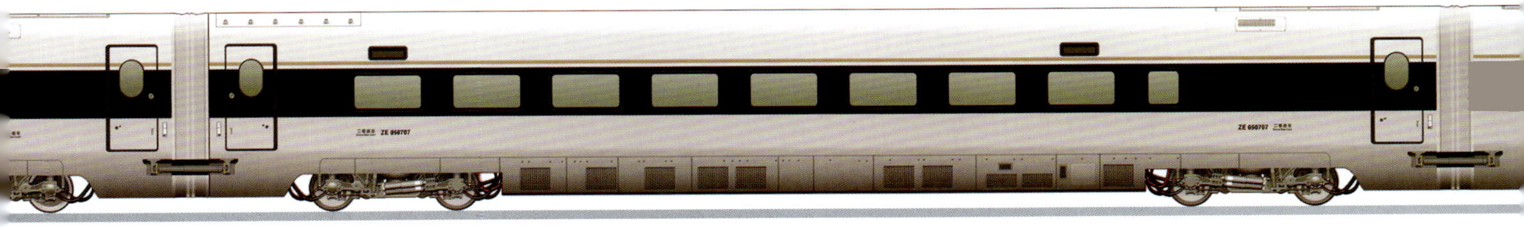

ZE 050707 二等座车

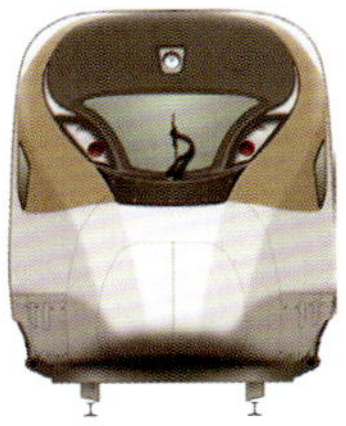

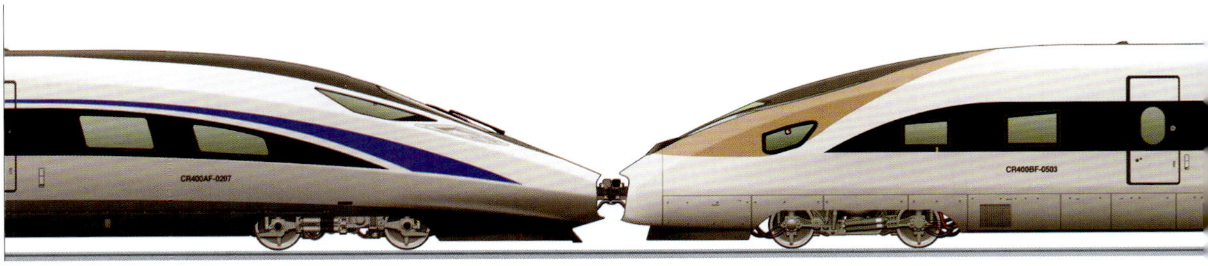

两车重联运行 中国标准动车组能够实现数据互联互通，不同厂家动车组可重联高速运行。

CR400BF-0305 号中国标准动车组样车

CR400BF-0305 号动车组是中车唐山机车车辆有限公司生产的 CR400BF 型复兴号动车组样车。与中车长春轨道客车股份有限公司生产的样车相比，仅在部分细节和涂装方面有所不同。早期车号为 CRH-0305。

CR400BF-0305 基本数据

制造厂商	中车唐山机车车辆有限公司
下线时间	2016 年
列车编组	8 辆编组（4M4T）
列车标记速度	350km/h

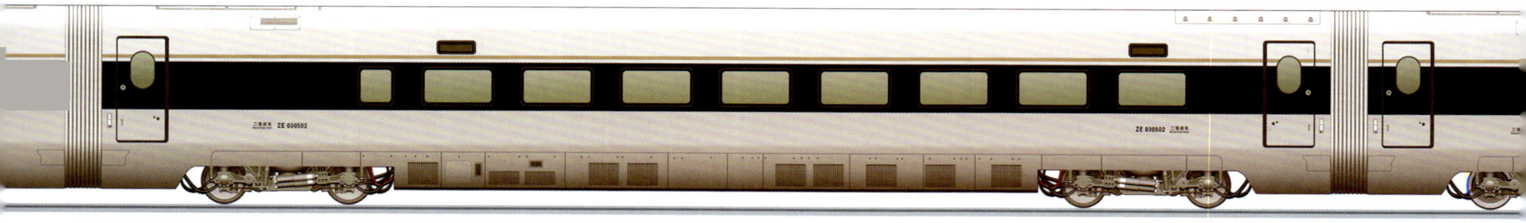

ZE 030502 二等座车：CR400BF-0305 号动车组列车车厢间采用了与 CR400BF-0503 号动车组相同的密封折棚风挡。

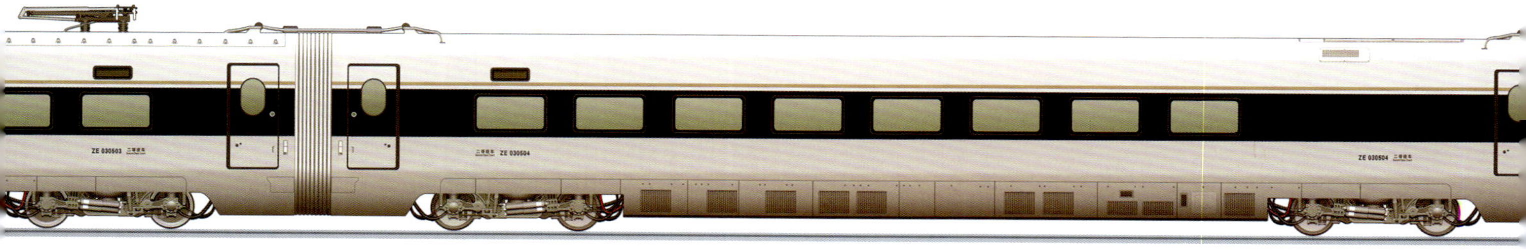

ZE 030504 二等座车

ZE 030506 二等座车

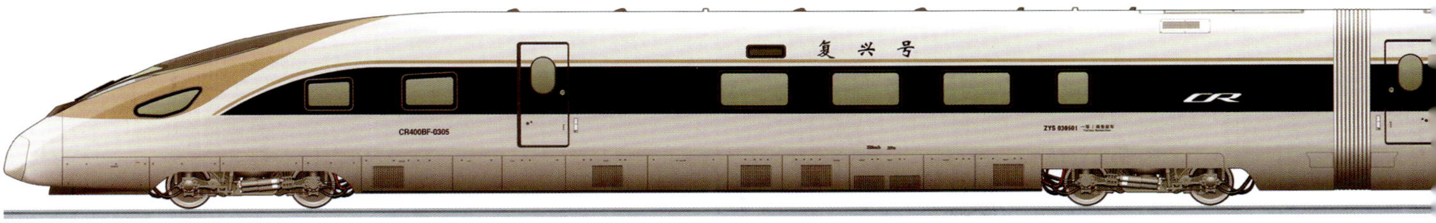

CRH-0305 **ZYS 030501** CRH-0305 与其他几列复兴号动车组样车一样，车号在后期改为 CR400BF-0305，车身标识也与量产的复兴号动车组统一。

ZE 030503 二等座车

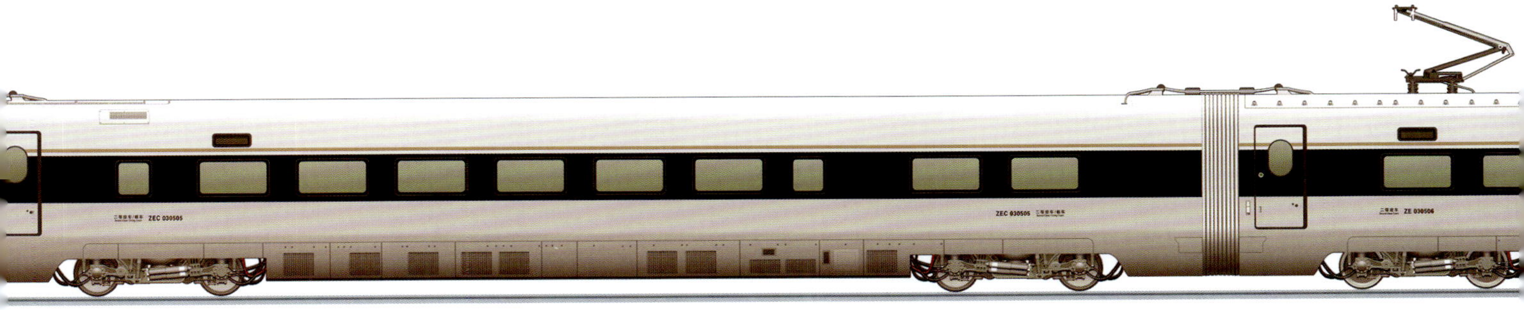

ZEC 030505 二等座车 / 餐车

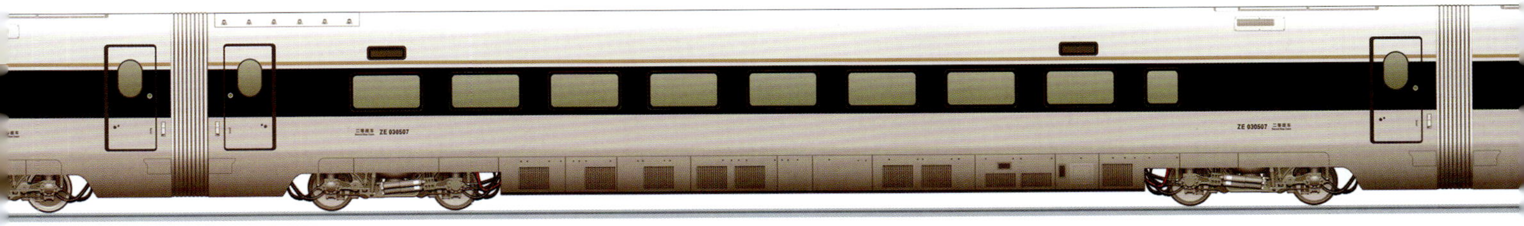

ZE 030507 二等座车

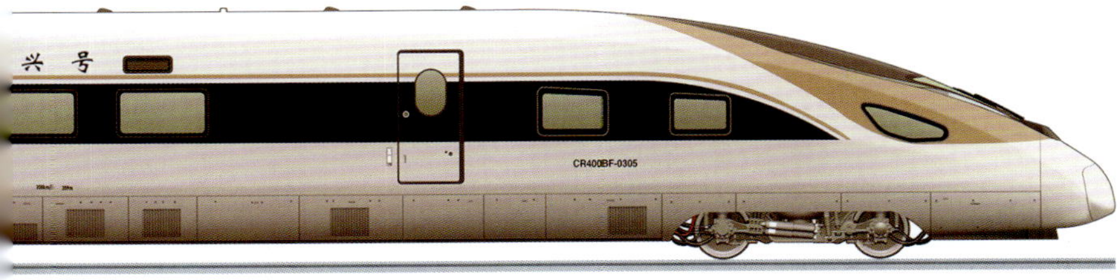

ZES 030500 二等座车 / 商务座车

CR300AF-0001 号复兴号动车组样车

CR300AF 型复兴号动车组是在借鉴 CR400AF 型复兴号动车组成功经验的基础上，由中车青岛四方机车车辆股份有限公司研制生产的时速 250 公里级复兴号动车组。是我国标准动车组系列化产品之一。图中的 CR300AF-0001 号是这款列车的首列样车。

CR300AF-0001	基本数据
制造厂商	中车青岛四方机车车辆股份有限公司
下线时间	2018 年
列车编组	8 辆编组（4M4T）
列车标记速度	250km/h

ZE 000102 二等座车

ZE 000104 二等座车

ZE 000106 二等座车

CR300AF-0001 **ZY 000101** 一等座车：CR300AF-0001 号复兴号动车组样车头型采用近似 CRH2G 型动车组头型。样车采用近似 CR400AF 型系列的红灰配色涂装。

ZE 000103 二等座车

ZEC 000105 二等座车 / 餐车

ZE 000107 二等座车

ZE 000100 二等座车

CR300AF-0003 号复兴号动车组样车

CR300AF-0003 号是 CR300AF 型时速 250 公里级复兴号动车组的第二列样车，由青岛四方庞巴迪铁路运输设备有限公司通过技术转移方式生产。

CR300AF-0003	基本数据
制造厂商	青岛四方庞巴迪铁路运输设备有限公司
下线时间	2018 年
列车编组	8 辆编组（4M4T）
列车标记速度	250km/h

ZE 000302 二等座车

ZE 000304 二等座车

ZE 000306 二等座车

CR300AF-0003 ZY 000301 一等座车：CR300AF-0003 号整车色彩采用淡蓝色为主色调。

ZE 000303 二等座车

ZEC 000305 二等座车 / 餐车

ZE 000307 二等座车

ZE 000300 二等座车

CR300BF-0002 号复兴号动车组样车

CR300BF 型动车组是时速 250 公里复兴号动车组，是中国标准动车组系列化产品之一。CR300BF 型复兴号动车组借鉴了 CR400BF 型复兴号动车组的成功经验，在满足标准化、系列化、安全性和可靠性的基础上研发。该列 CR300BF-0002 号复兴号动车组由中车长春轨道客车股份有限公司研制生产。图中的 CR300BF-0002 号是这款列车的首列样车。

CR300BF-0002	基本数据
制造厂商	中车长春轨道客车股份有限公司
下线时间	2018 年
列车编组	8 辆编组（4M4T）
列车标记速度	250km/h

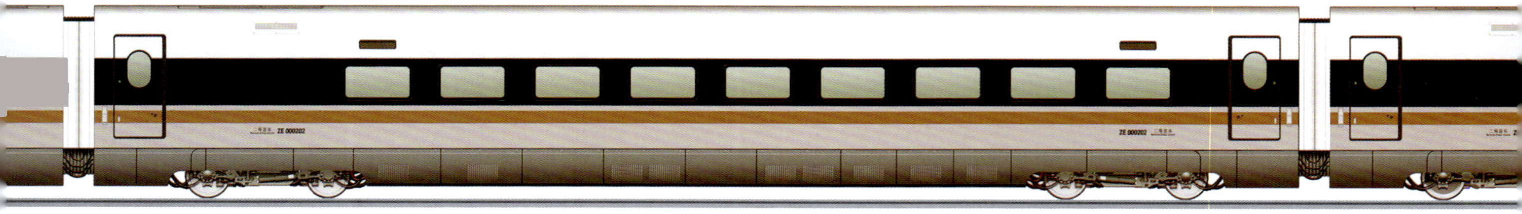

ZE 000202 二等座车

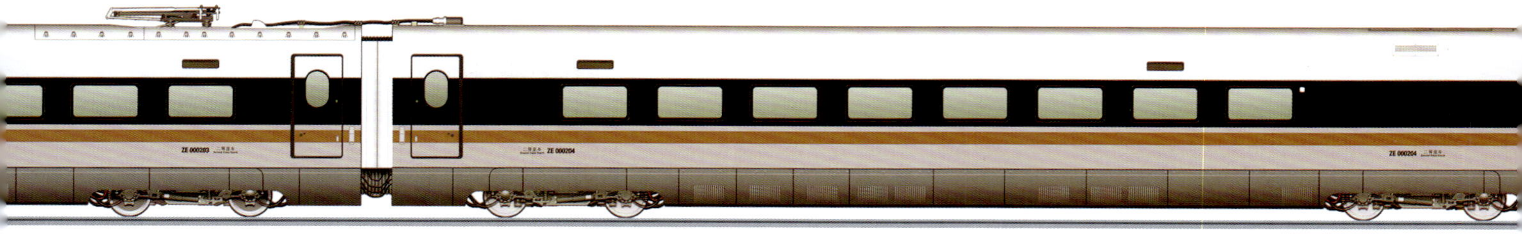

ZE 000204 二等座车

ZE 000206 二等座车

CR300BF-0002 ZY 000201 一等座车：CR300BF-0002 号样采用了全新的头型设计。列车涂装沿用了 CR400BF 的金色腰线的设计风格。

ZE 000203 二等座车

ZEC 000205 二等座车 / 餐车

ZE 000207 二等座车

ZE 000200 二等座车

CR300BF-0006 号复兴号动车组样车

CR300BF-0006 号复兴号动车也在是 CR300BF 型时速 250 公里级复兴号动车组的第二列样车，由中车唐山机车车辆有限公司生产。该列样车于 2018 年 12 月底前往铁科院国家铁道试验中心，于中国铁路科技创新成就展上展出。

CR300BF-0006	基本数据
制造厂商	中车唐山机车车辆有限公司
下线时间	2018 年
列车编组	8 辆编组（4M4T）
列车标记速度	250km/h

ZE 000602 二等座车

ZE 000604 二等座车

ZE 000606 二等座车

CR300BF-0006 **ZY 000601** 一等座车：CR300BF-0006 号列车采用与 CR300AF-0003 号相同涂装的蓝色底色，橙色腰线和车头处橙色凤翎涂装则延续了 CR400BF 的风格。

ZE 000603 二等座车

ZEC 000605 二等座车 / 餐车

ZE 000607 二等座车

ZE 000600 二等座车

时速 160 公里复兴号动力集中动车组（短编组）

时速 160 公里复兴号动力集中动车组是为满足普速铁路开行动车组的需要，借鉴动力分散动车组发展的成功经验，利用既有机车、客车的运用和检修资源，在满足标准化、系列化、可靠性的基础上，由多家单位参与研制开发的新型电动车组，设计最高运营速度 160km/h。时速 160 公里复兴号动力集中动车组编组形式分为短编组、长编组和灵活编组 3 种。

动力集中动车组（短编组）	基本数据
制造厂商	中车大连机车车辆有限公司（动力车） 中车唐山机车车辆有限公司（拖车）
下线时间	2018 年
列车编组	9 辆编组（Mc+7T+Tc）
最高运营速度	160km/h

ZE 100101 二等座车

ZE 100103 二等座车

ZE 100105 二等座车

ZE 100107 二等座车

FXD3-J0012 动力车

ZE 100102 二等座车

ZEC 100104 二等座车 / 餐车

ZE 100106 二等座车

KZ 100108 一等座车 / 控制车

时速 160 公里复兴号动力集中动车组（长编组）

图中所示为时速 160 公里复兴号动力集中动车组长编组列车，列车编组 18 辆，由 2 辆动力车和 16 辆拖车组成。其车型主要有一等卧车（WY）、二等卧车（WE）、二等座车 / 餐车（ZEC）和二等座车（ZE）。

动力集中动车组（长编组）	基本数据
制造厂商	中车株洲电力机车有限公司（动力车） 中车南京浦镇车辆有限公司（拖车）
下线时间	2018 年
列车编组	18 辆编组（Mc+16T+Mc）
最高运营速度	160km/h

WE25T 600101 二等卧车：时速 160 公里动力集中动车组下线初期，车厢编号曾采用 25T 型客车的编号规则，随后取消了 25T 字样。绘图中所示为该组列车参加 2018 年中国铁路科技创新成就展期间列车所采用的编号。

WE25T 600103 二等卧车

WE25T 600105 二等卧车

ZE25T 600107 二等座车

FXD1-J0006 动力车

WE$_{25T}$ 600102 二等卧车

WE$_{25T}$ 600104 二等卧车

WE$_{25T}$ 600106 二等卧车

ZE$_{25T}$ 600108 二等座车

ZEC25T 600109 二等座车 / 餐车

WY25T 600111 一等卧车

WY25T 600113 一等卧车

WY25T 600115 一等卧车

WY25T 600110 一等卧车

WY25T 600112 一等卧车

WY25T 600114 一等卧车

WY25T 600116 一等卧车

FXD1-J0007 动力车

时速 160 公里复兴号动力集中动车组样车

时速 160 公里复兴号动力集中型动车组样车是是中国铁路在传统机车 + 车辆技术基础上整合研发，是针对既有铁路客运服务产品的全面升级。图为时速 160 公里复兴号动力集中动车组样车之一，动力车由中车株洲电力机车有限公司生产，拖车及控制车由中车南京浦镇车辆有限公司设计生产。全列车采用 1 辆动力车、7 辆拖车和 1 辆控制车组成的 9 辆编组，设计最高运营速度 160km/h。

株洲、浦镇样车	基本数据
制造厂商	中车株洲电力机车有限公司（动力车） 中车南京浦镇车辆有限公司（拖车）
下线时间	2016 年（动力车）
列车编组	9 辆编组（Mc+7T+Tc）
列车标记速度	160km/h

400201 二等座车

400203 二等座车

400205 二等座车

400207 二等座车

株洲产动力车样车 动力车

400202 二等座车

400204 二等座车 / 餐车

400206 二等座车

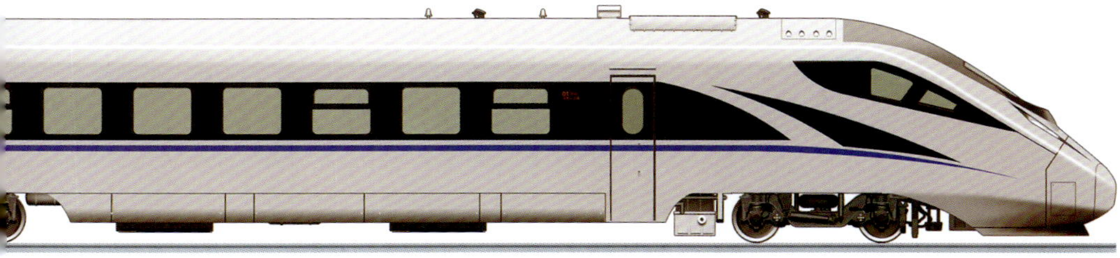

400208 一等座车

时速 160 公里复兴号动力集中动车组样车

图为时速 160 公里复兴号动力集中动车组样车之一，动力车由中车大连机车车辆有限公司设计生产，拖车及控制车由中车唐山机车车辆有限公司设计生产。全列车采用 1 辆动力车、7 辆拖车和 1 辆控制车组成的 9 辆编组，设计最高运营速度 160km/h。

大连、唐车样车	基本数据
制造厂商	中车大连机车车辆有限公司（动力车） 中车唐山机车车辆有限公司（拖车）
下线时间	2017 年（动力车）
列车编组	9 辆编组（Mc+7T+Tc）
列车标记速度	160km/h

400101 二等座车

400103 二等座车

400105 二等座车

400107 二等座车

大连产动力车样车 动力车：机车下线初期，车体上喷涂 CR200J-3 001 字样。

400102 二等座车

400104 二等座车 / 餐车

400106 二等座车

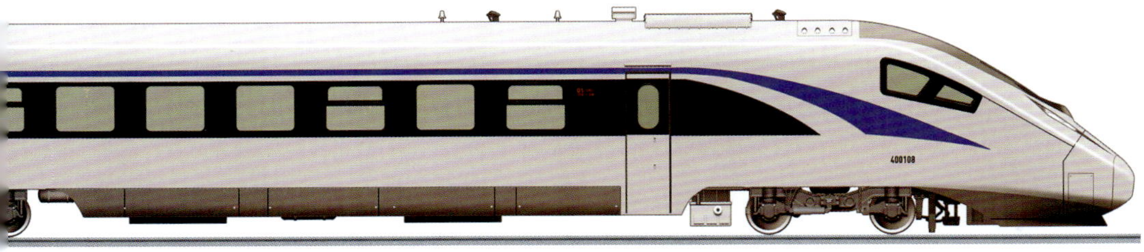

400108 一等座车

CRH1A 型动车组

CRH1A 型动车组是中国首批引进的高速列车之一，也是中国铁路第六次大提速中首批投入运营的 CRH 动车组之一。CRH1A 型动车组采用 5 动 3 拖 8 辆编组，最高运营速度 200~250km/h。与同期的 CRH 动车组不同，CRH1A 型动车组采用了不锈钢车体。

CRH1A	基本数据
制造厂商	青岛四方庞巴迪铁路运输设备有限公司
投入运营时间	2007 年
列车编组	8 辆编组（5M3T）
最高运营速度	200km/h；250km/h

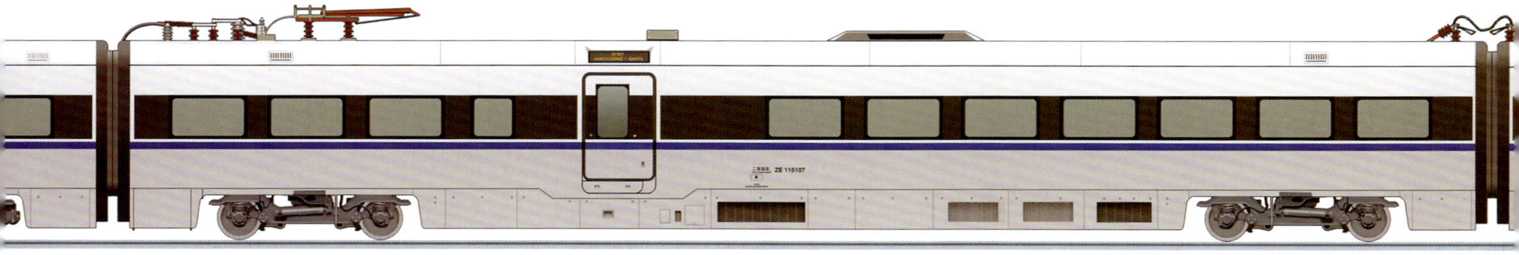

ZE 115107 二等座车

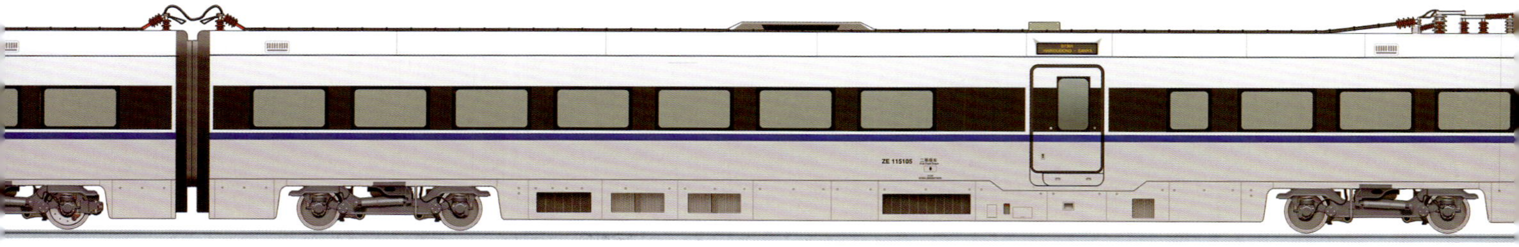

ZE 115105 二等座车

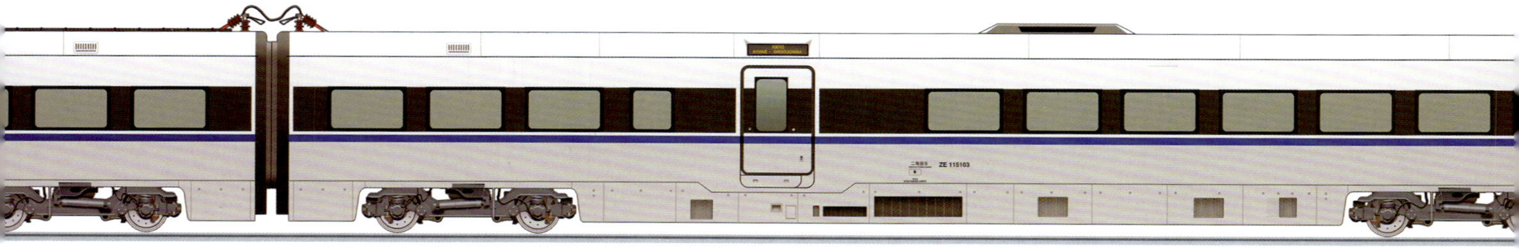

ZE 115103 二等座车

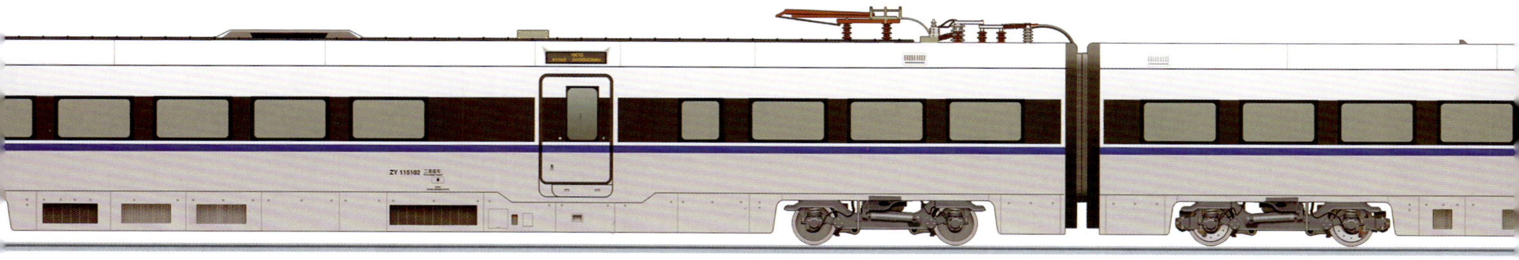

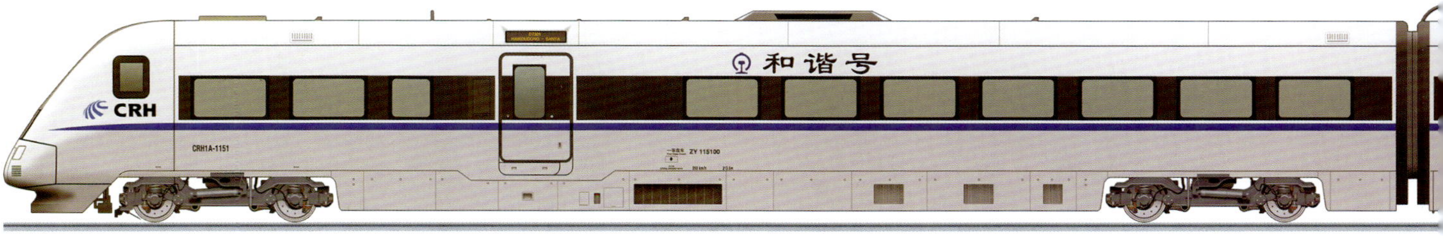

CRH1A-1151 ZY 115100 CRH1A 型动车组是首批动车组中唯一采用车体中部单门设计的动车组车型。由于 CRH1A 型动车组初来之时多运用于城际铁路，加之大尺寸车门设计和较短的流线型车头，故有“大地铁”的昵称。

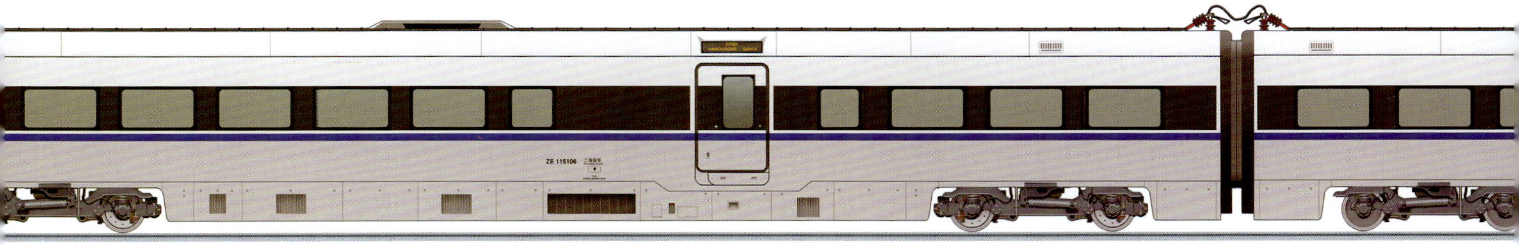

ZE 115106 二等座车

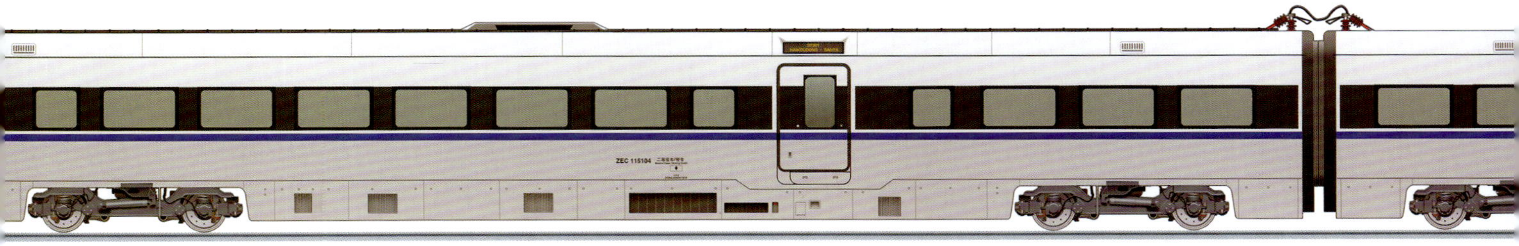

ZEC 115104 二等座车 / 餐车

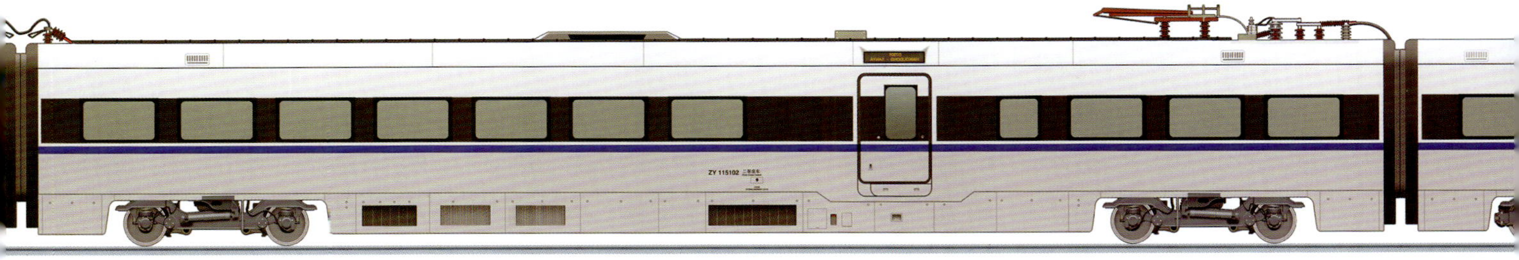

ZE 115102 二等座车

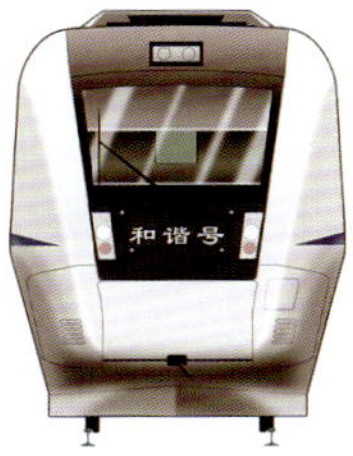

ZY 115101 一等座车

CRH1A 型动车组早期涂装

CRH1A 型动车组早期的部分列车，车体保留了不锈钢的原色，加上了青绿色和白色色带。后期统一改为 CRH 动车组标准的蓝白涂装。

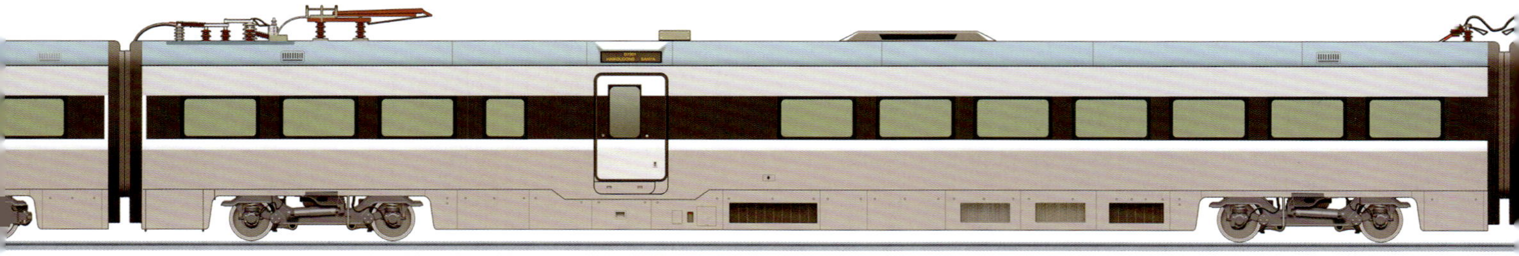

ZE 100107 二等座车

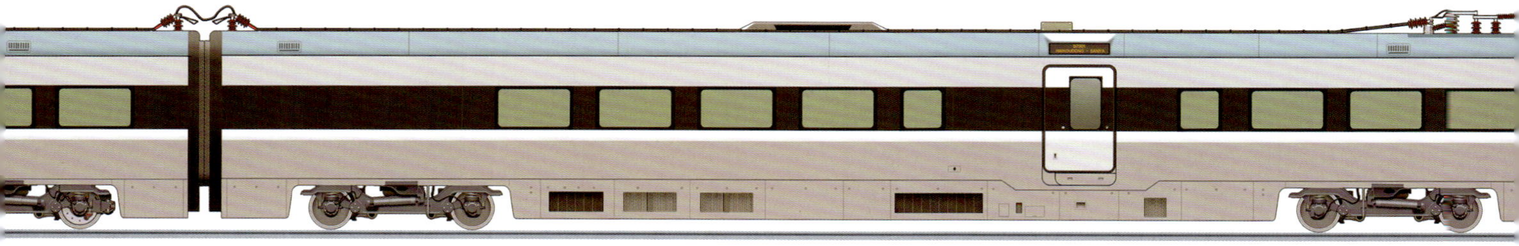

ZEC 100105 二等座车 / 餐车

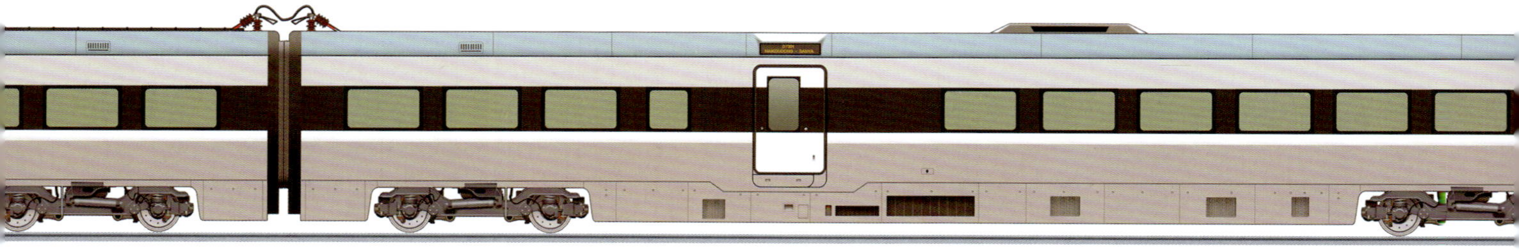

ZE 100103 二等座车

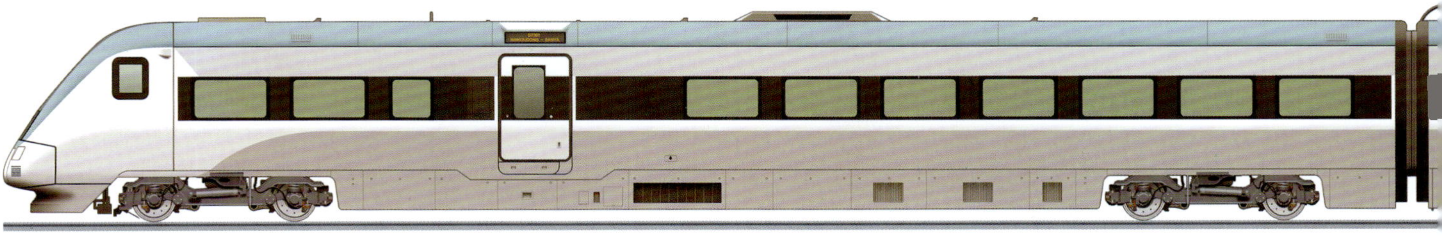

CRH1-001A ZY 100100 一等座车：CRH1-001A 样车车体涂装采用不锈钢底色为主体，车顶部分采用青绿色涂装。

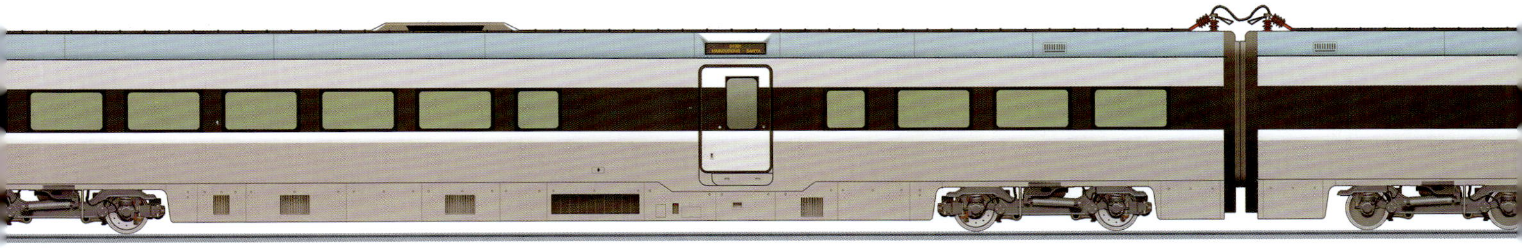

ZE 100106 二等座车

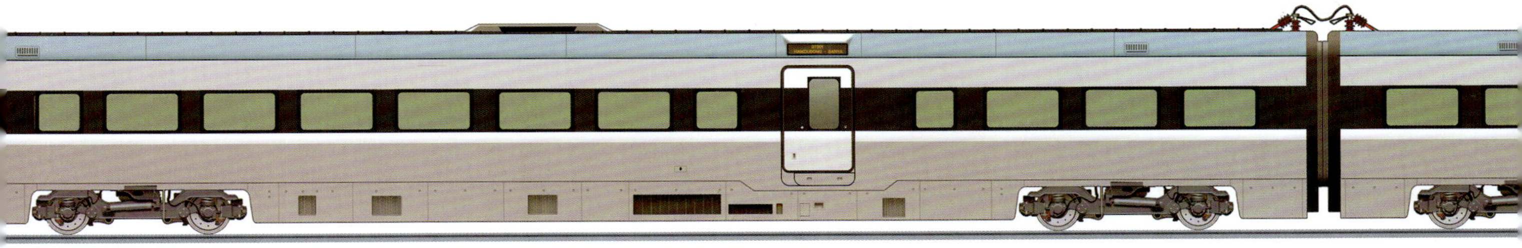

ZE 100104 二等座车

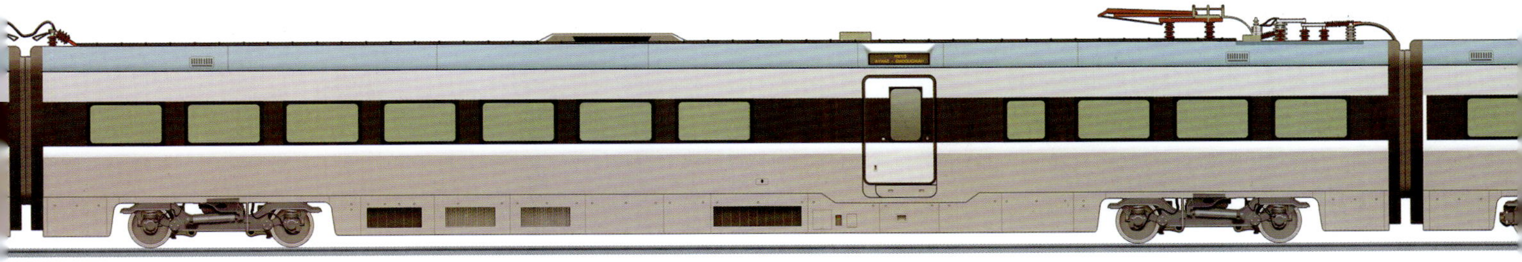

ZE 100102 二等座车

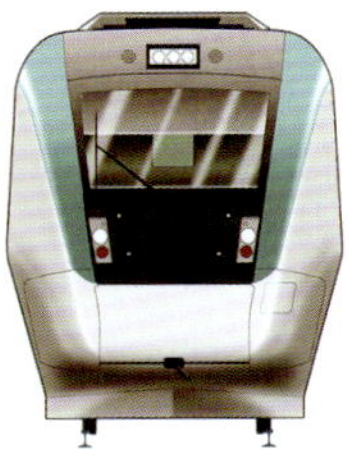

ZY 100101 一等座车

CRH1A-A 型动车组

CRH1A-A 型动车组是由青岛四方庞巴迪铁路运输设备有限公司研发生产的新一代时速 250 公里级别动车组。CRH1A-A 型动车组衍生自庞巴迪 ZEFIRO 250NG 技术平台，同时借鉴了 CRH380D 的设计，相比 CRH1A 型动车组已经是全新的一个型号。CRH1A-A 型动车组采用 5 动 3 拖 8 辆编组，最高运营速度 250km/h。

CRH1A-A	基本数据
制造厂商	青岛四方庞巴迪铁路运输设备有限公司
投入运营时间	2016 年
列车编组	8 辆编组（5M3T）
当前运营速度	250km/h

ZE 118107 二等座车：车厢增设车门一对，上下车旅客不再共用一个车门。

ZEC 118105 二等座车 / 餐车

ZE 118103 二等座车

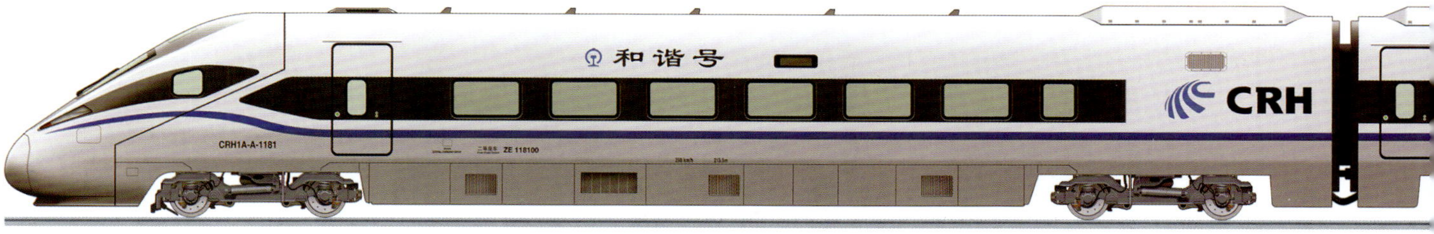

CRH1A-A-1181 **ZE 118100** 二等座车：CRH1A-A 采用全新的头型设计和铝合金车体。与 CRH1A 相比，车体横截面有所变化，车门移至车厢两端。

ZE 118106 二等座车：其采用铝合金车身，单车单侧双端门布局。

ZE 118104 二等座车

ZE 118102 二等座车

ZY 118101 一等座车

CRH1B 型动车组

CRH1B 型动车组是由 CRH1A 型动车组扩编而来的大编组动车组列车，采用 10 动 6 拖 16 辆编组，编组定员 1299 人，是截至目前中国铁路额定载客数最高的高速动车组列车。CRH1B 型动车组由青岛四方庞巴迪铁路运输设备有限公司研发生产，除编组外，列车外观与主要技术与 CRH1A 型动车组完全相同。

CRH1B	基本数据
制造厂商	青岛四方庞巴迪铁路运输设备有限公司
投入运营时间	2009 年
列车编组	16 辆编组（10M6T）
当前运营速度	250km/h

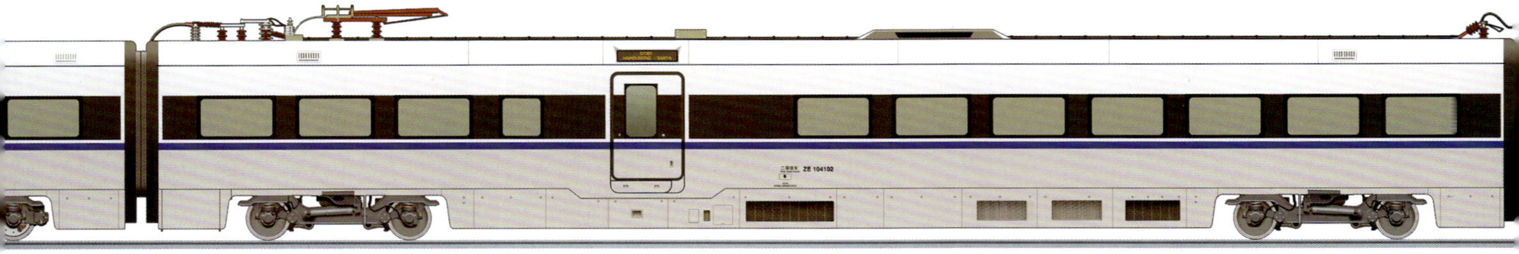

ZE 104102 二等座车

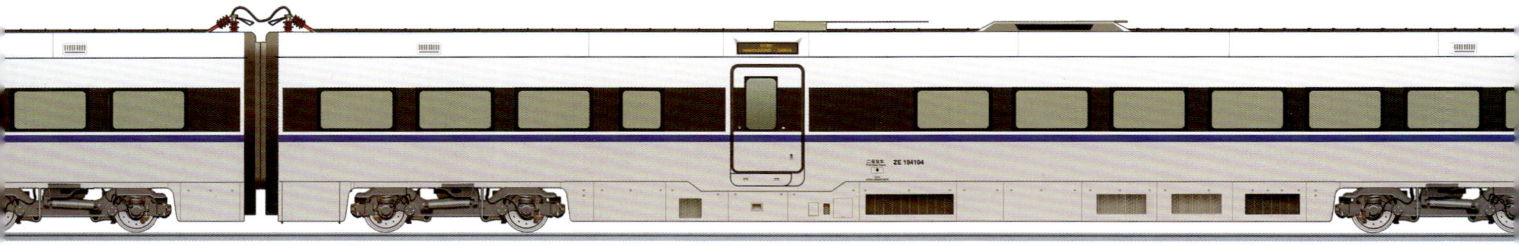

ZE 104104 二等座车

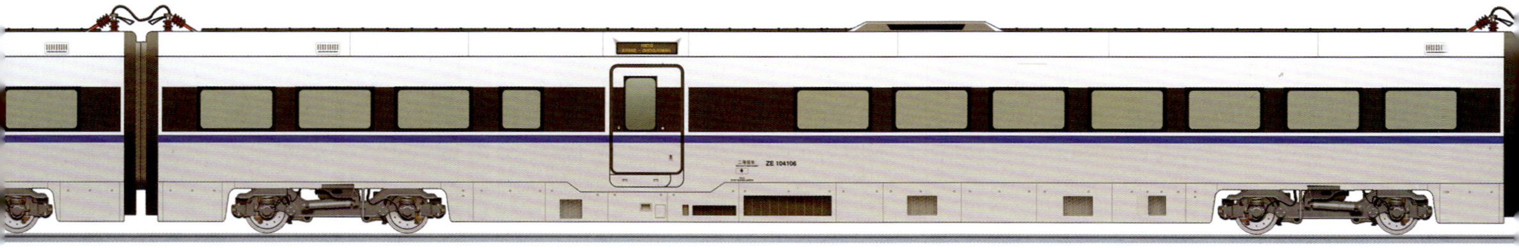

ZE 104106 二等座车

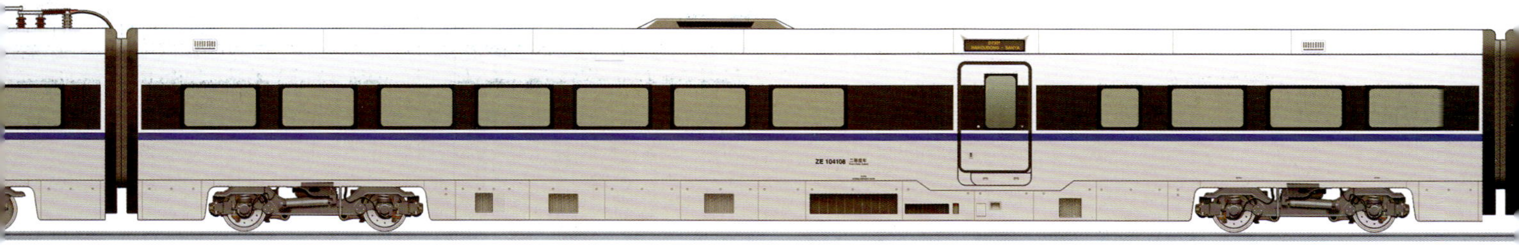

ZE 104108 二等座车

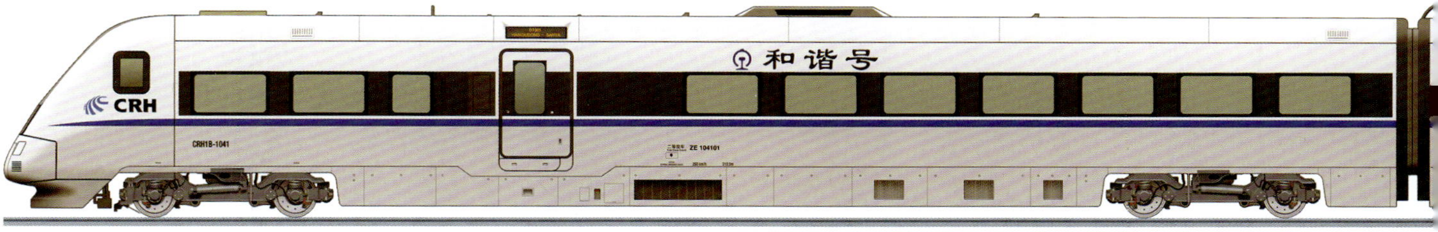

CRH1B-1041 ZE 104101 二等座车

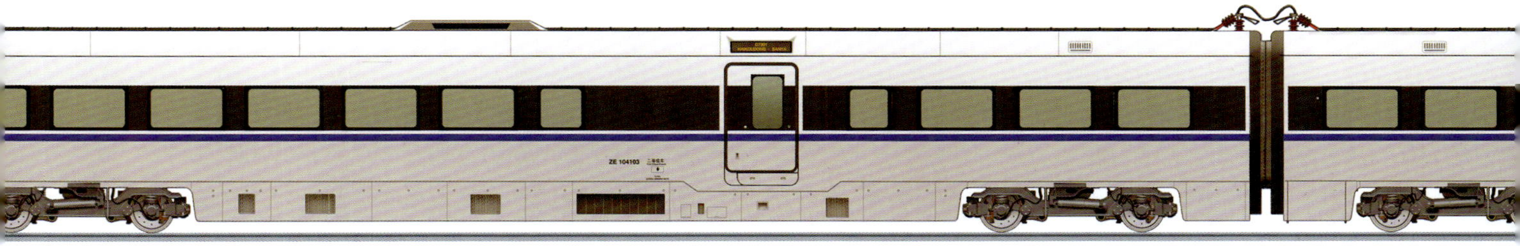

ZE 104103 二等座车

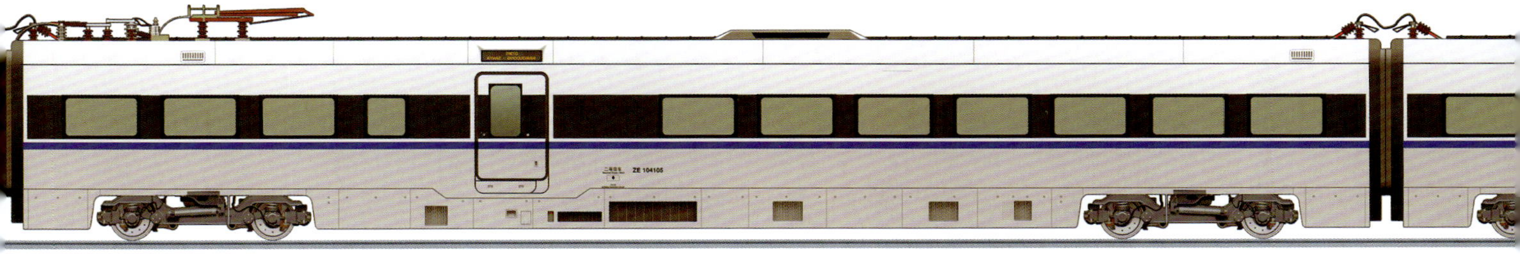

ZE 104105 二等座车

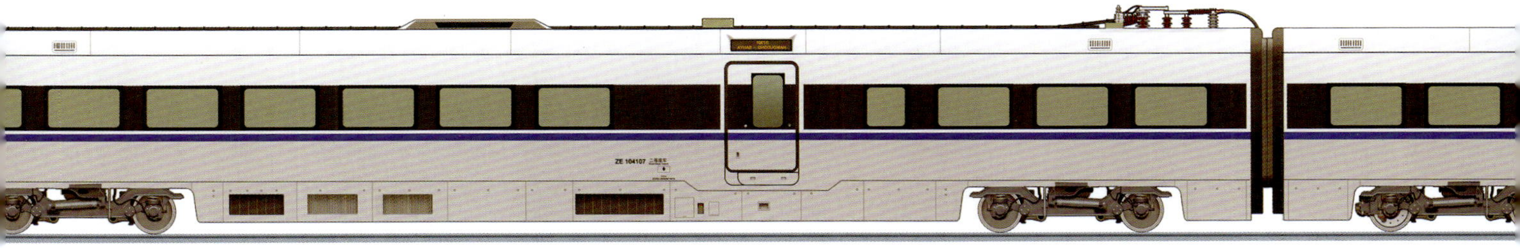

ZE 104107 二等座车

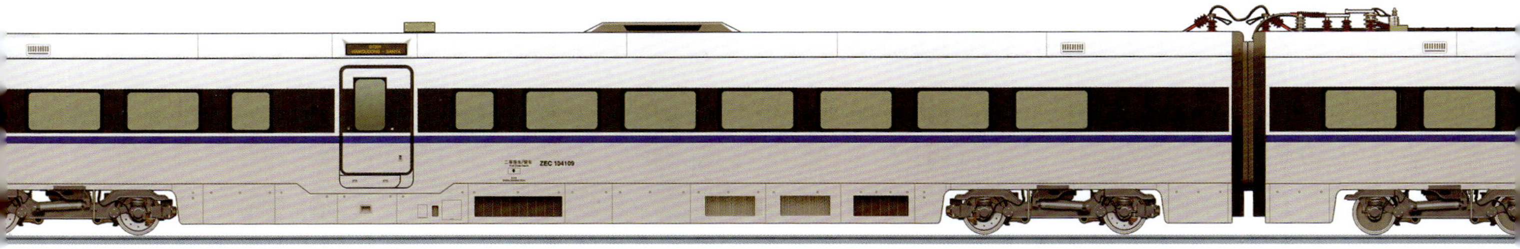

ZEC 104109 二等座车 / 餐车

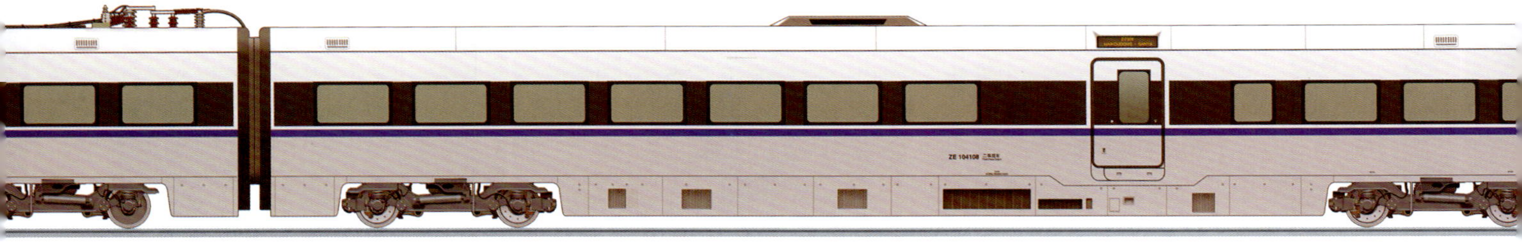

ZE 104108 二等座车

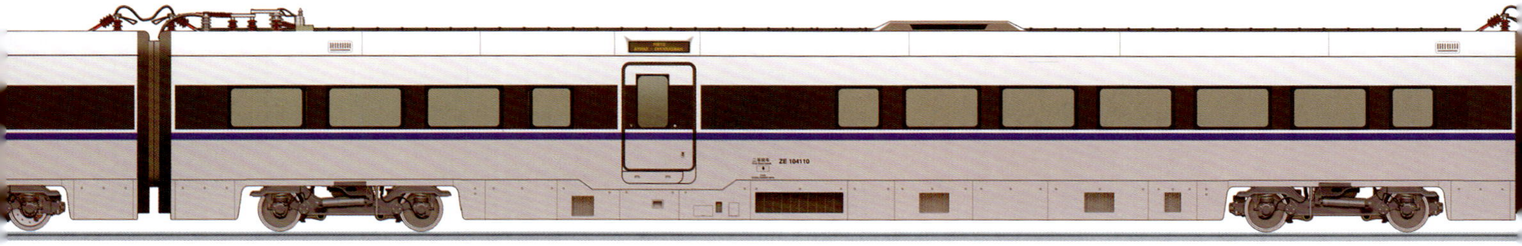

ZE 104110 二等座车

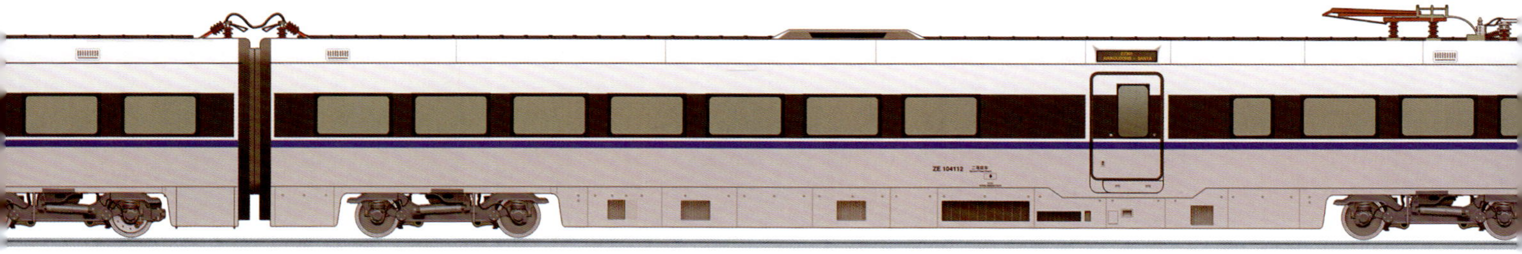

ZE 104112 二等座车

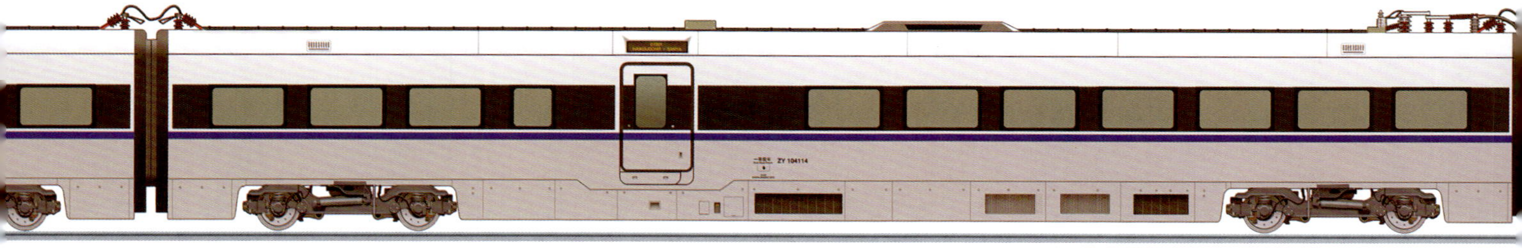

ZY 104114 一等座车

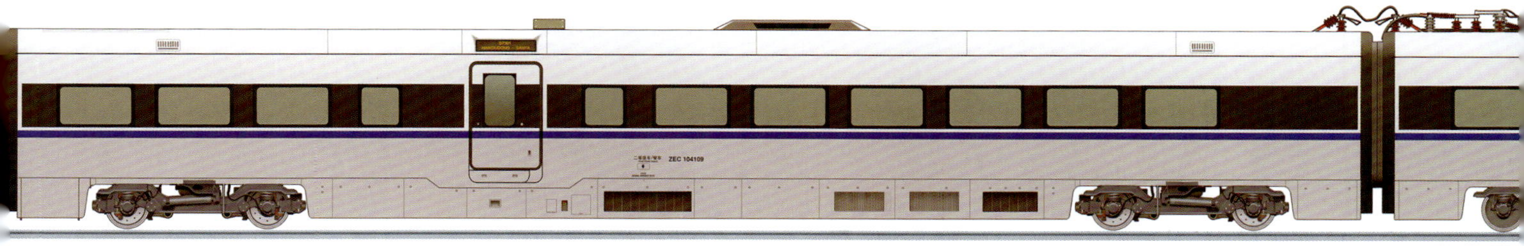

ZEC 104109 二等座车 / 餐车

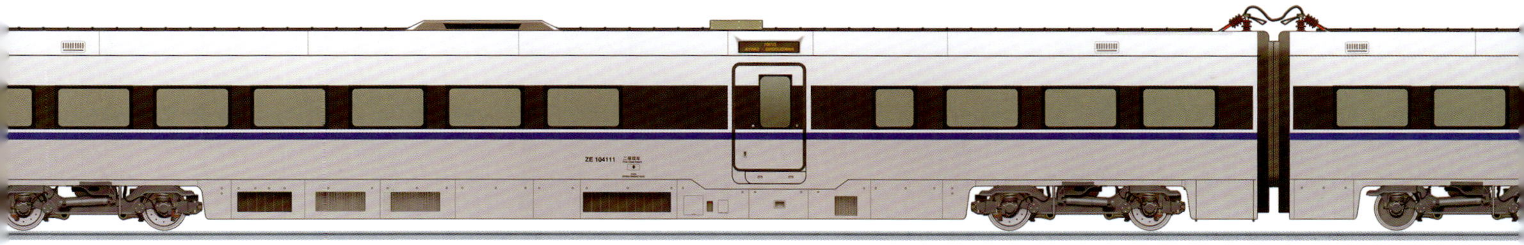

ZE 104111 二等座车

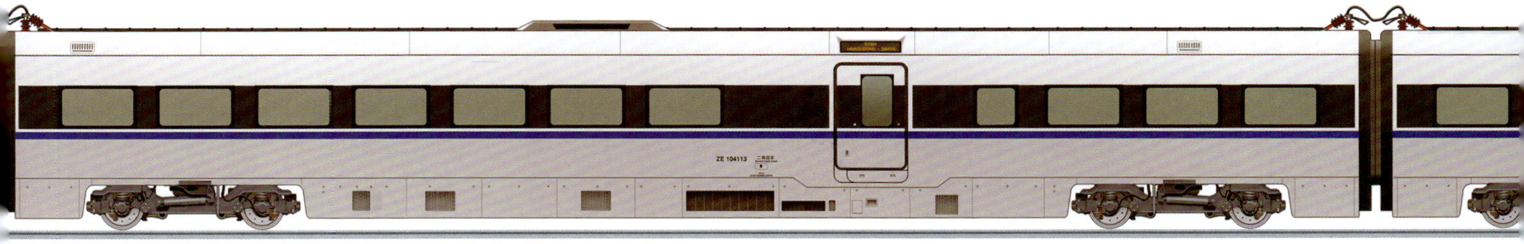

ZE 104113 二等座车

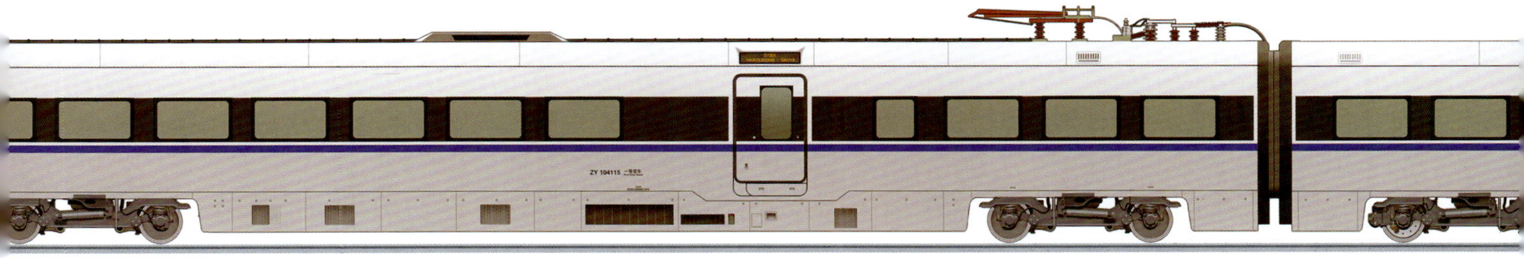

ZY 104115 一等座车

ZY 104100 一等座车

CRH1E 型卧铺动车组

CRH1E 型动车组是由 CRH1A 型动车组技术平台衍生而来的高速卧铺动车组，采用了 ZEFIRO250 技术平台的部分设计和技术。CRH1E 型卧铺动车组采用 10 动 6 拖 16 辆编组，最高运营速度 250km/h，是世界最早投入运营的高速卧铺动车组之一。

CRH1E	基本数据
制造厂商	青岛四方庞巴迪铁路运输设备有限公司
投入运营时间	2009 年
列车编组	16 辆编组（10M6T）
当前运营速度	250km/h

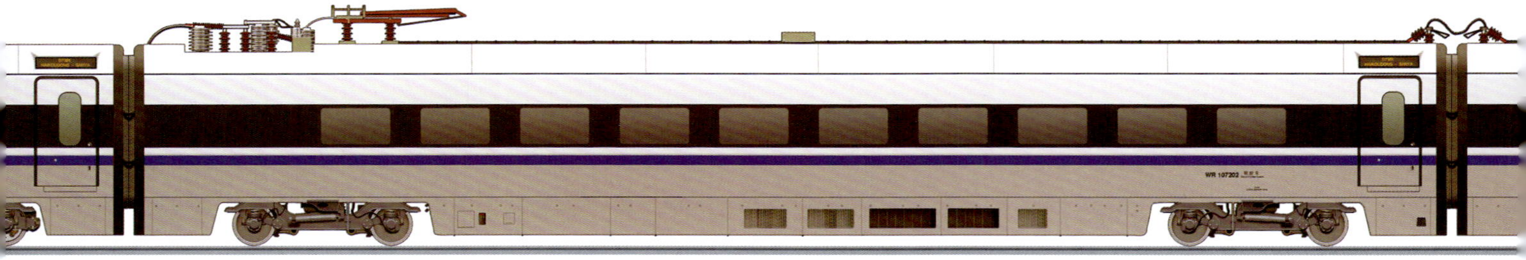

WR 107202 软卧车：CRH1E 型动车组采用了单车单侧单端门的设计。

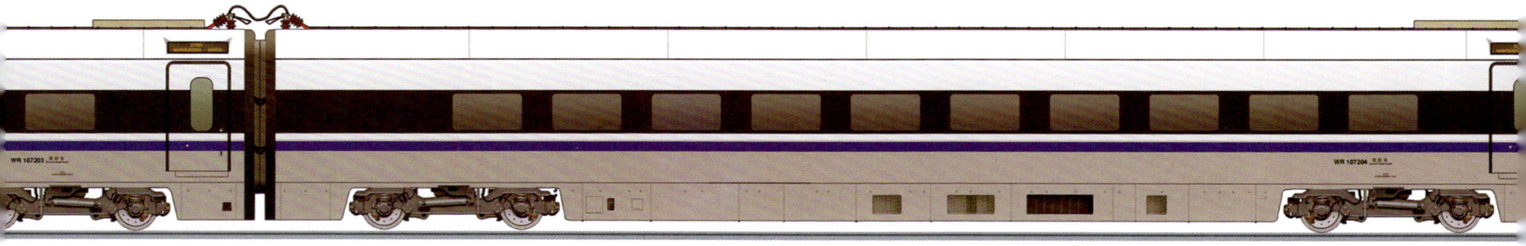

WR 107204 软卧车

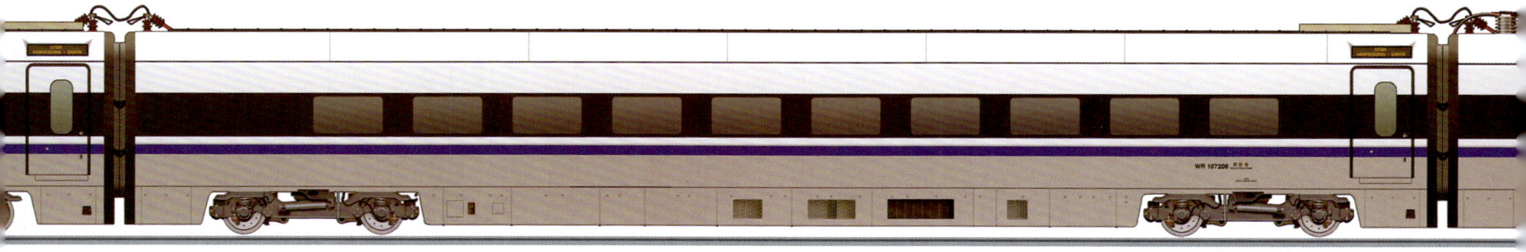

WR 107206 软卧车

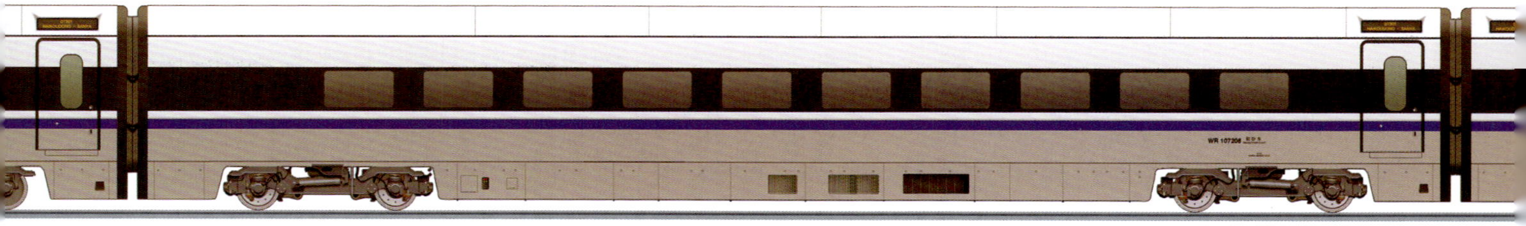

WR 107208 软卧车

CRH1E-1072 **ZE 107201** 二等座车：CRH1E 型卧铺动车组是 CRH1 型动车组技术平台中唯一设置有司机室专用车门的型号，司乘人员可不必通过乘客区域直接进入驾驶室。

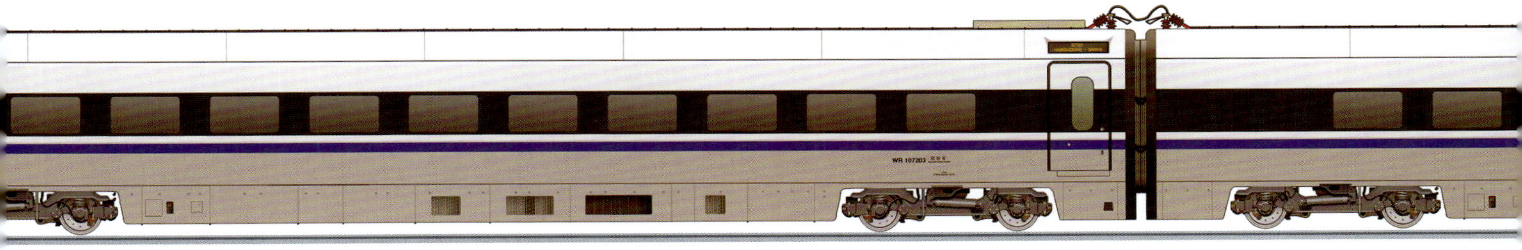

WR 107203 软卧车

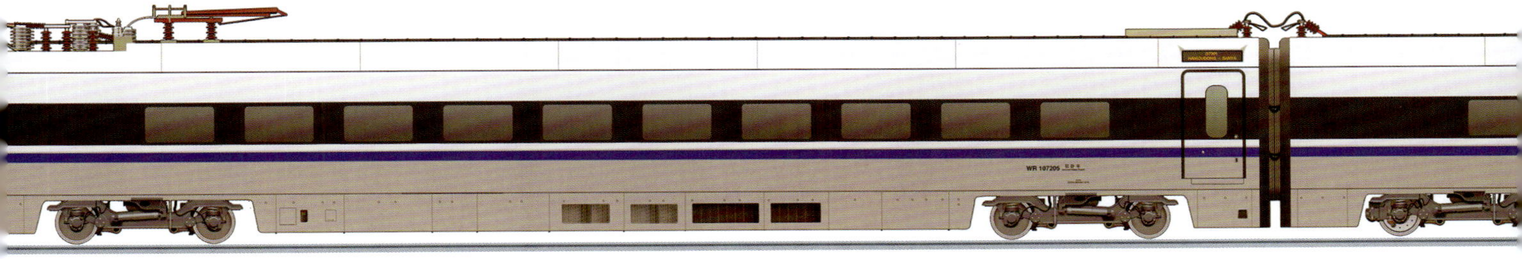

WR 107205 软卧车

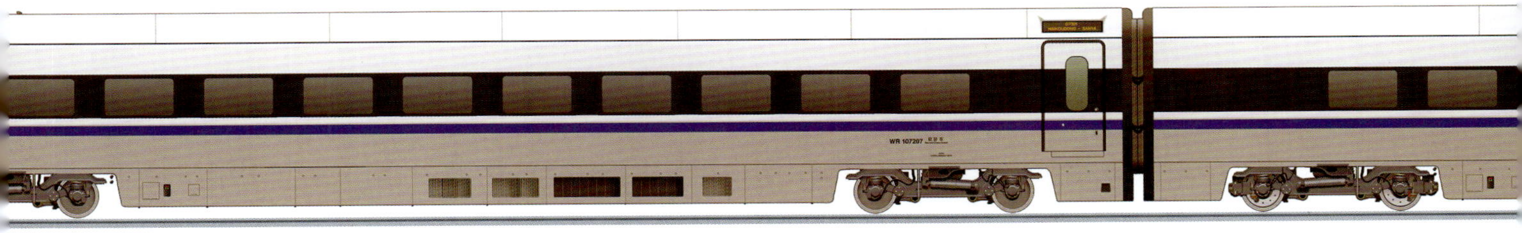

WR 107207 软卧车

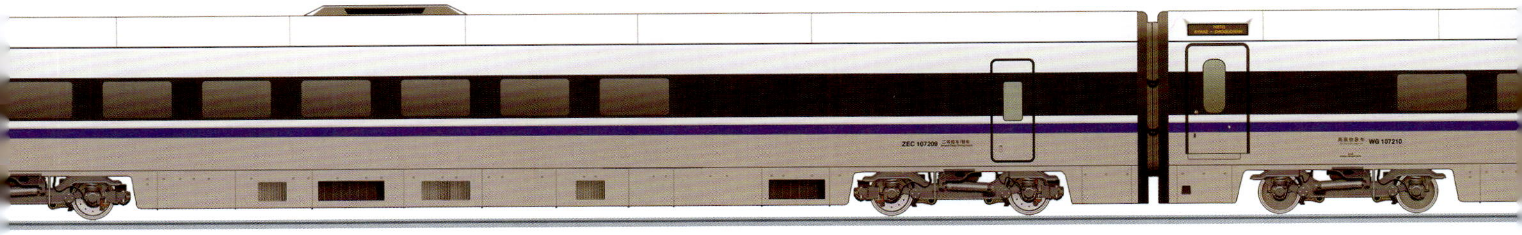

ZEC 107209 二等座车 / 餐车

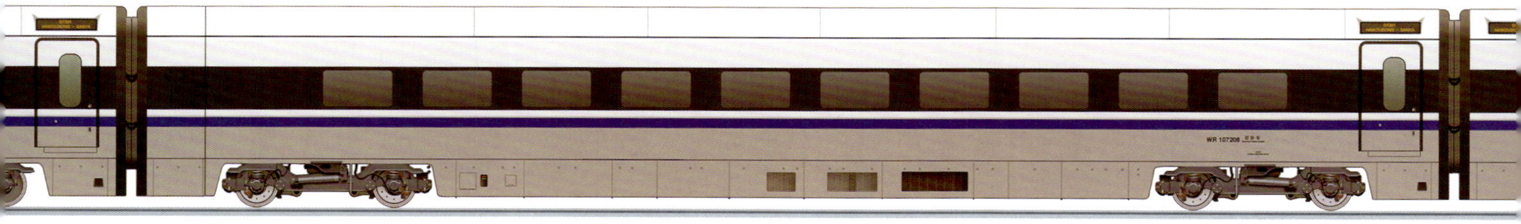

WR 107208 软卧车

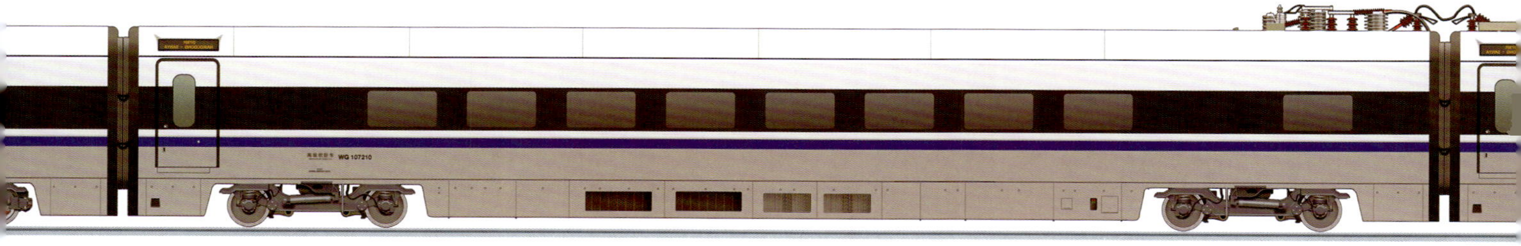

WG 107210 高级软卧车

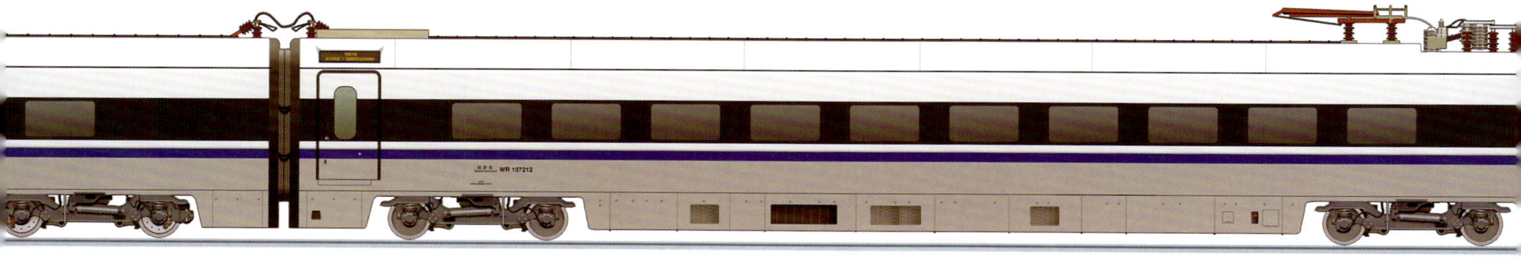

WR 107212 软卧车

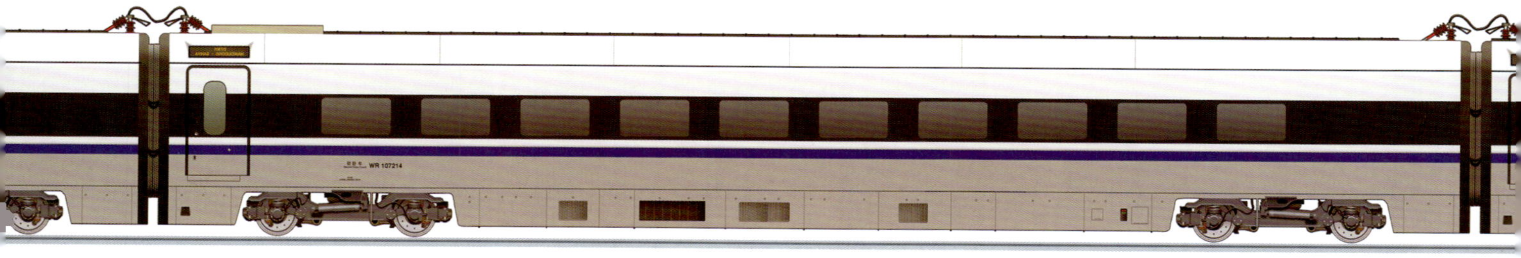

WR 107214 软卧车

ZEC 107209 二等座车 / 餐车

WR 107211 软卧车

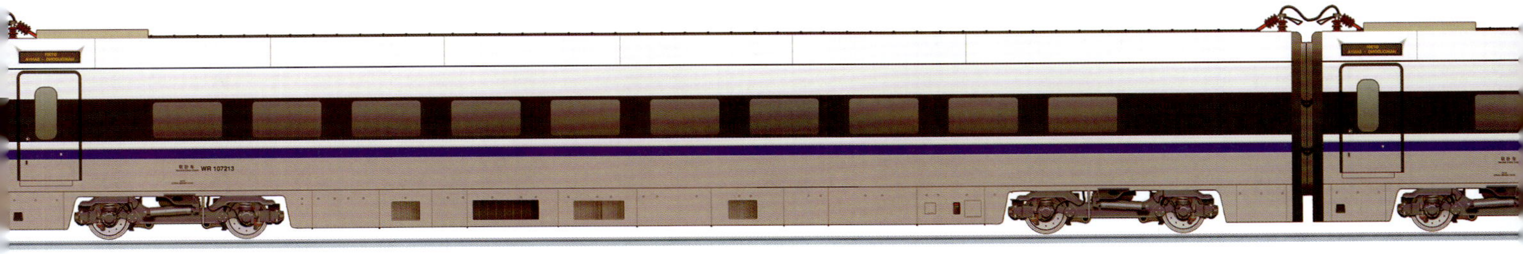

WR 107213 软卧车

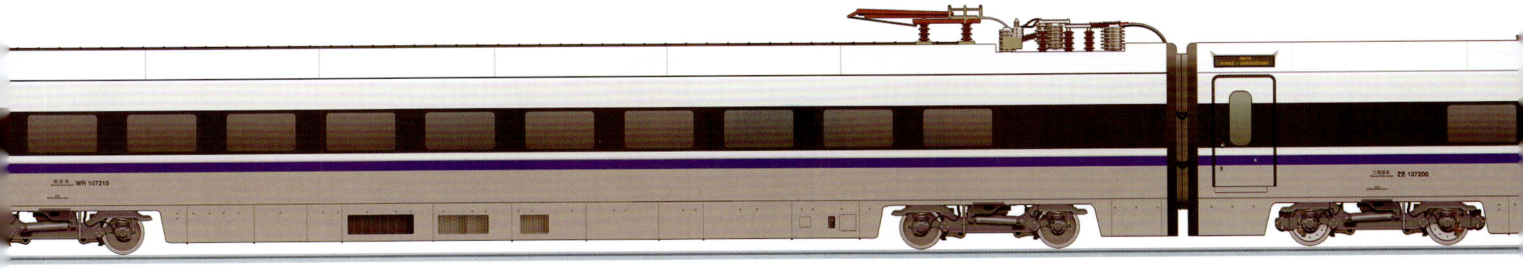

WR 107215 软卧车

ZE 107200 二等座车：由于订单的变更，部分 CRH1B 采用 CRH1E 的车体进行制造。

新 CRH1E 型卧铺动车组

新 CRH1E 型动车组是由 CRH1A-A 型动车组技术平台衍生而来的高速卧铺动车组，采用 10 动 6 拖 16 辆编组，最高运营速度 250km/h。新 CRH1E 型动车组改为铝合金车体，大大提高了气密性，提升了乘客的舒适度。为了实现车体运营效率的最大化，新 CRH1E 型动车组的卧铺车可以把上铺床板翻起，并拉出下铺床位侧墙背靠软垫中的扶手，将卧铺车转换成软座车，以便开行日间中短途列车。

新 CRH1E	基本数据
制造厂商	青岛四方庞巴迪铁路运输设备有限公司
投入运营时间	2016 年
列车编组	16 辆编组（10M6T）
当前运营速度	250km/h

WR 123302 软卧车

WR 123304 软卧车

WR 123306 软卧车

WR 123308 软卧车

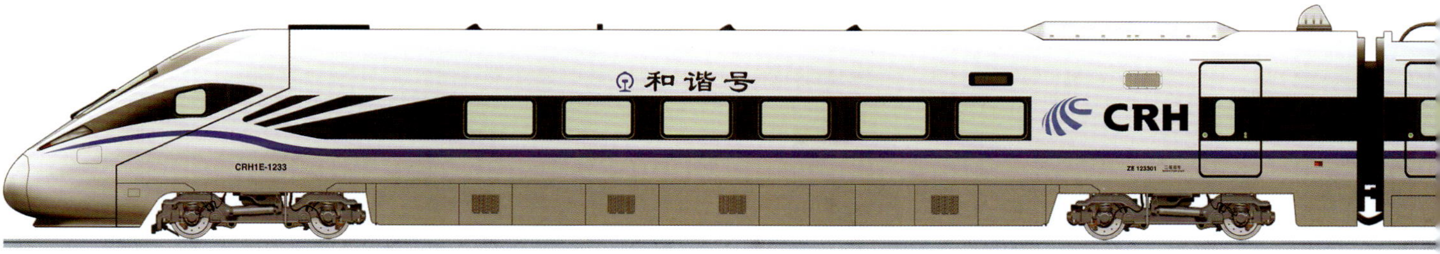

CRH1E-1233 **ZE 123301** 二等座车：新 CRH1E 型动车组的头车车门，由 CRH1E 型动车组的车厢前端布置移为车厢后端布置。

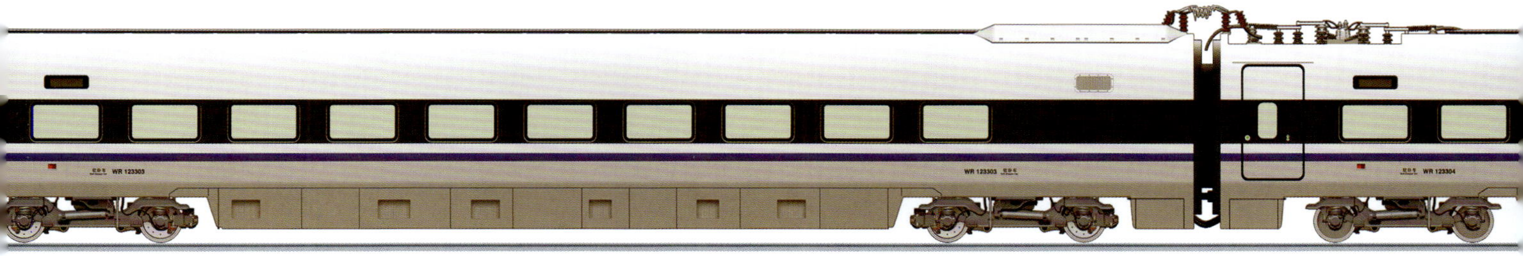

WR 123303 软卧车：新 CRH1E 的中间车与 CRH1A-A 结构相同，但采用单侧单门设置，软卧车 10 扇车窗各对应一个软卧包厢。

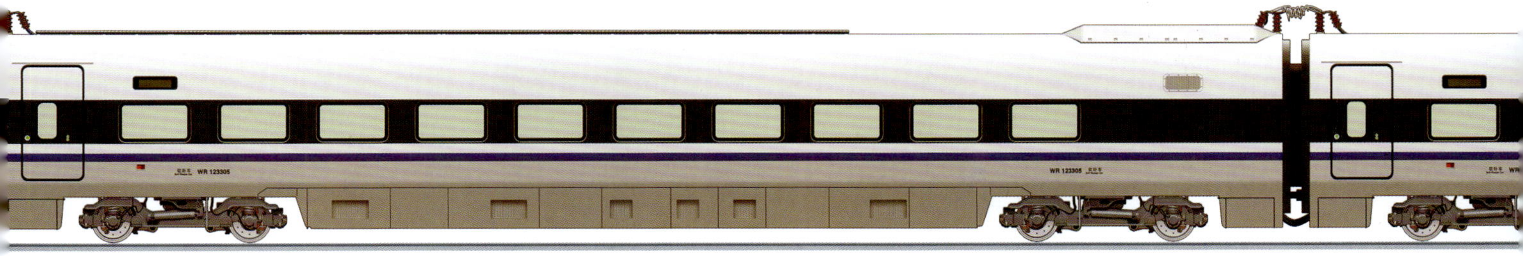

WR 123305 软卧车

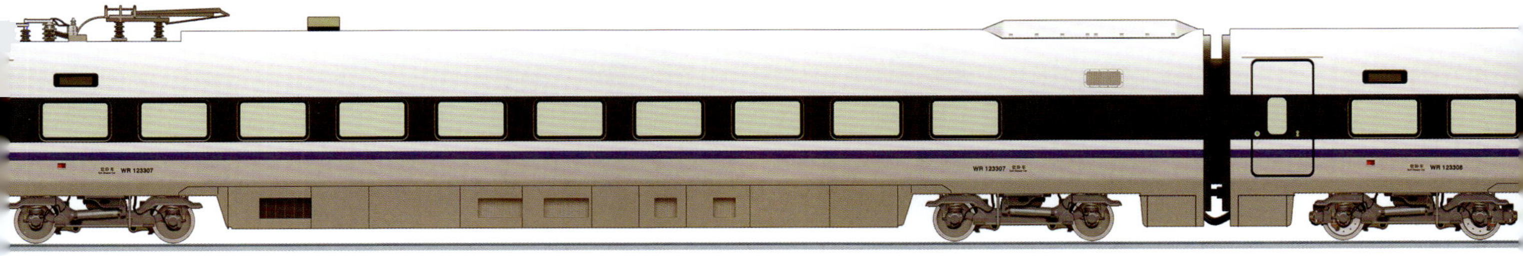

WR 123307 软卧车

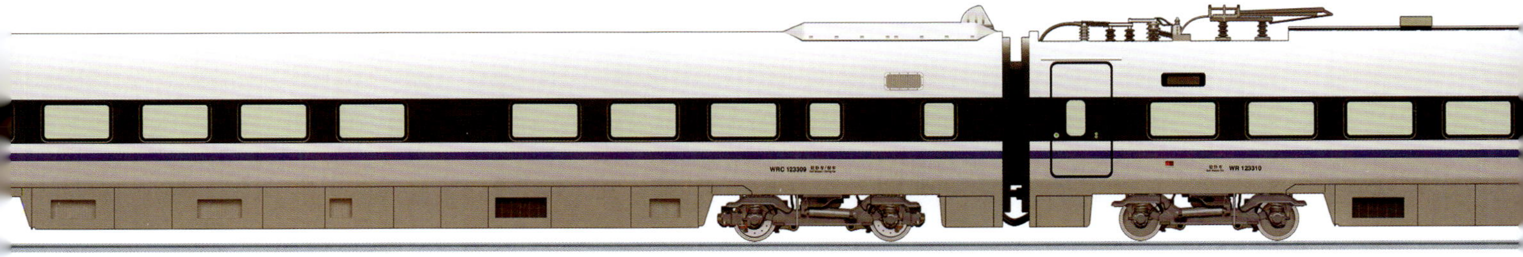

WRC 123309 软卧车 / 餐车

WR 123308 软卧车

WR 123310 软卧车

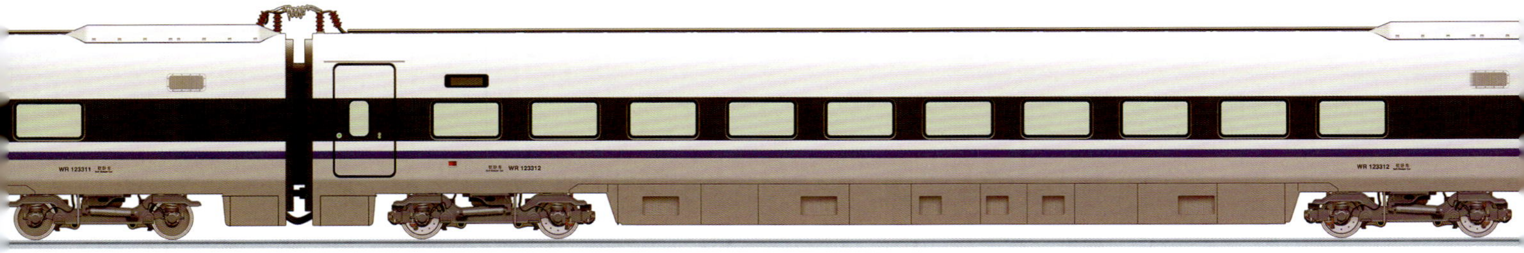

WR 123312 软卧车

WR 123314 软卧车

WRC 123309 软卧车 / 餐车

WR 123311 软卧车

WR 123313 软卧车

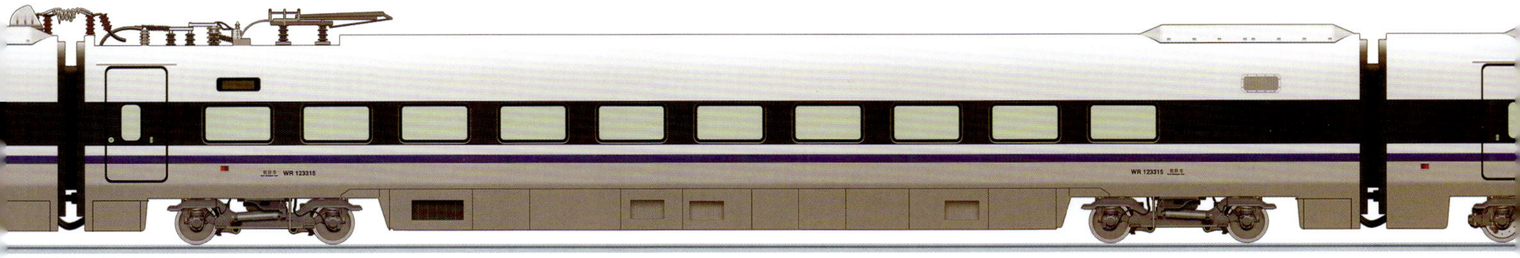

WR 123315 软卧车

ZE 123300 二等座车

CRH2A 型动车组

CRH2A 型动车组是中国首批引进的高速列车之一，是中国铁路第六次大提速的主力车型。CRH2A 型动车组采用 4 动 4 拖 8 辆编组，最高运营速度 250km/h。中车青岛四方机车车辆股份有限公司在对 CRH2A 型动车组引进消化吸收再创新的基础上，构建了中国最大的高速动车组列车技术谱系，也使得 CRH2A 型动车组成为中国应用最广、衍生最多的技术平台。

CRH2A	基本数据
制造厂商	中车青岛四方机车车辆股份有限公司 川崎重工业株式会社
投入运营时间	2007 年
列车编组	8 辆编组（4M4T）
最高运营速度	250km/h

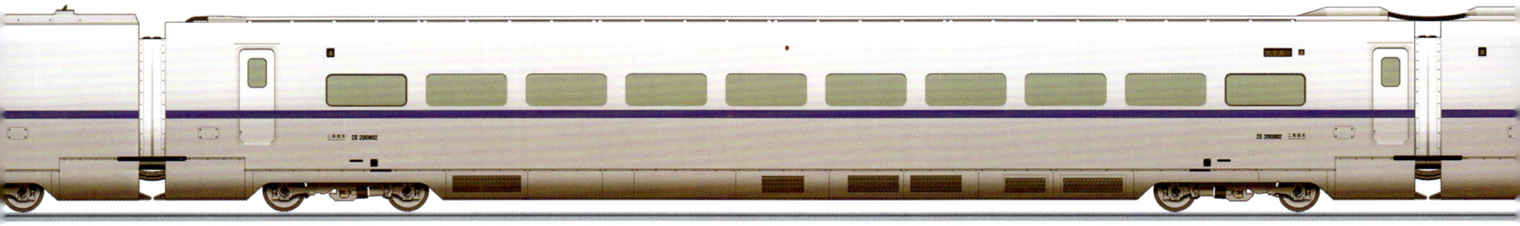

ZE 200802 二等座车

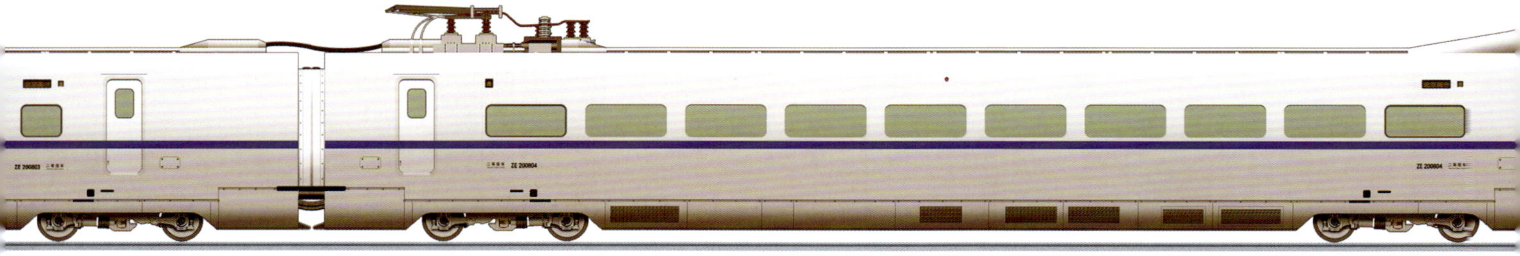

ZE 200804 二等座车

ZE 200806 二等座车

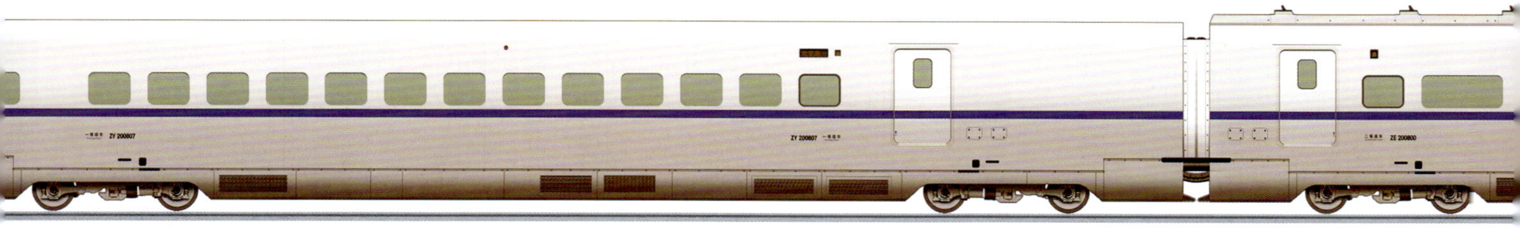

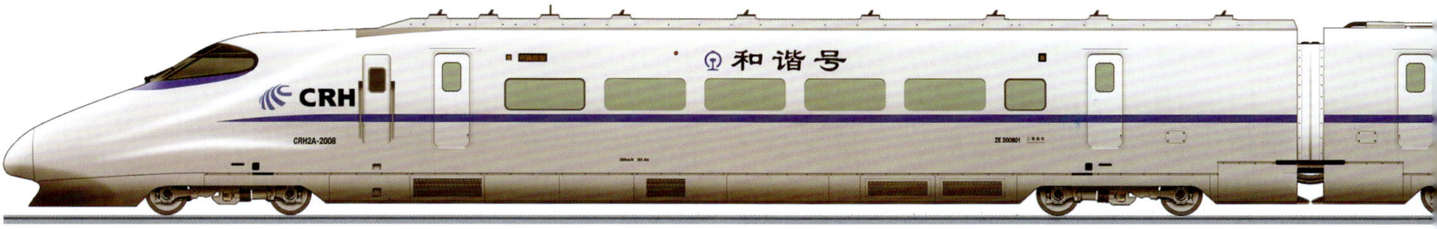

CRH2A-2008 **ZE 200801** 二等座车：CRH2A 型动车组的量产版涂装。

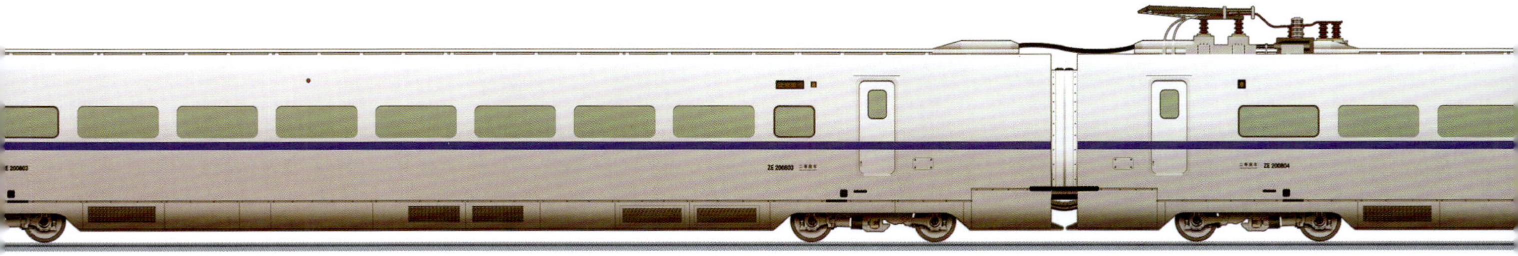

ZE 200803 二等座车

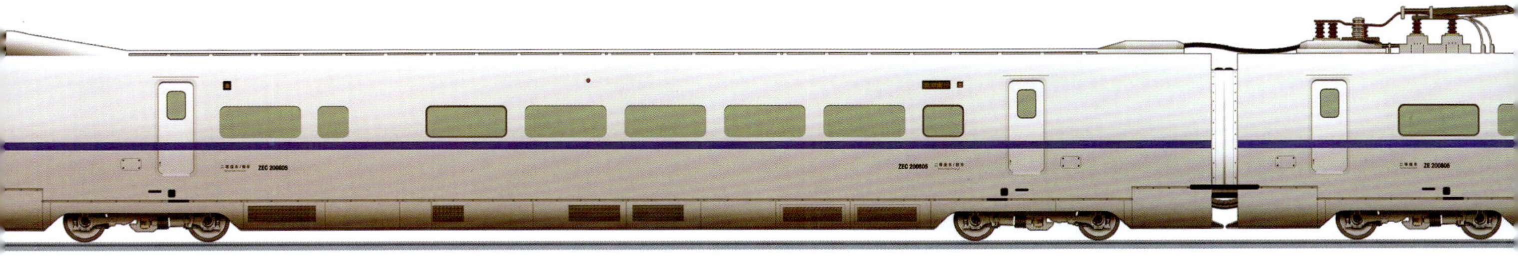

ZEC 200805 二等座车 / 餐车：CRH2A 型动车组 04 车与 05 车之间安装有高压电气连接设备。

ZY 200807 一等座车：CRH2A 型动车组一等座车的车窗采用近似正方形车窗，相对于二等座车尺寸较小，但每排座席均对应一扇车窗。与二等座车两排共用一扇窗拥有更好的乘坐体验。

ZE 200800 二等座车

CRH2A 型动车组早期涂装

CRH2A 型动车组在引进初期共有三列原装列车，其采用的涂装与后来的量产版略有区别，后期统一为量产版涂装。

ZE 200102 二等座车

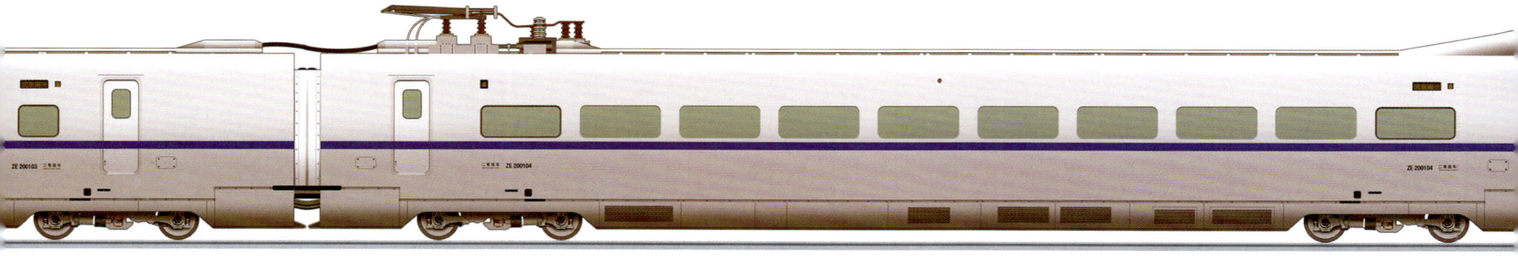

ZE 200104 二等座车

ZE 200106 二等座车

CRH2-001A **ZE 200101** 二等座车：CRH2A 型动车组 CRH2-001A 号车采用与量产版不同的涂装，车体上没有喷涂“和谐号”字样，车头侧面的“CRH 中国高速铁路”标志为完整版，不同于量产版使用的简版标志。

ZE 200103 二等座车

ZEC 200105 二等座车 / 餐车

ZY 200107 一等座车：CRH2A 型动车组一等座车的车门加宽，方便轮椅出入。

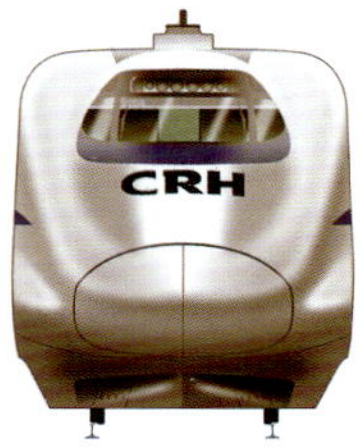

ZE 200100 二等座车：CRH2A 型动车组早期列车车头曾喷涂为“CRH”字样，在第六次大提速前统一改为“和谐号”字样。

CRH2A 统型动车组

2013 年开始，由于国内的动车组列车数量显著增加，型号也更为繁多。不同车型的编组、定员均不相同，给实际运用带来了许多麻烦。故中车青岛四方机车车辆股份有限公司在后期开始生产 CRH2A 型动车组统型车，与其他型号的动车组采用统一定员、统一座位布局、统一的车端车钩。方便临时更换车型和故障时互相救援等实际需要。

CRH2A 统型	基本数据
制造厂商	中车青岛四方机车车辆股份有限公司
投入运营时间	2013 年
列车编组	8 辆编组（4M4T）
当前运营速度	250km/h

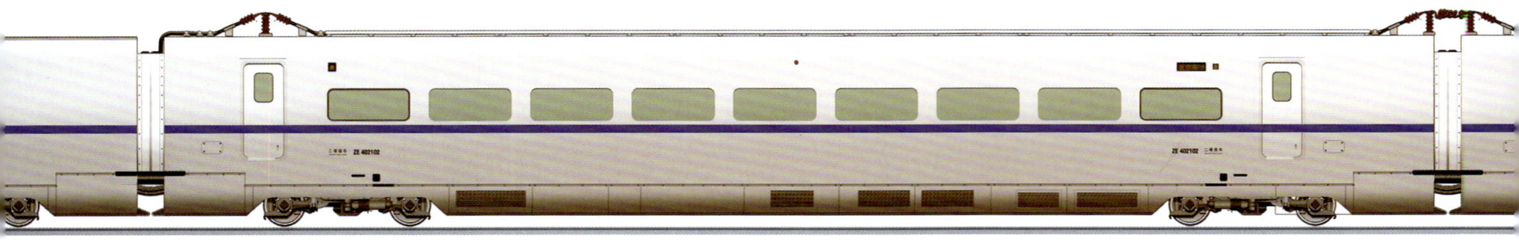

ZE 402102 二等座车

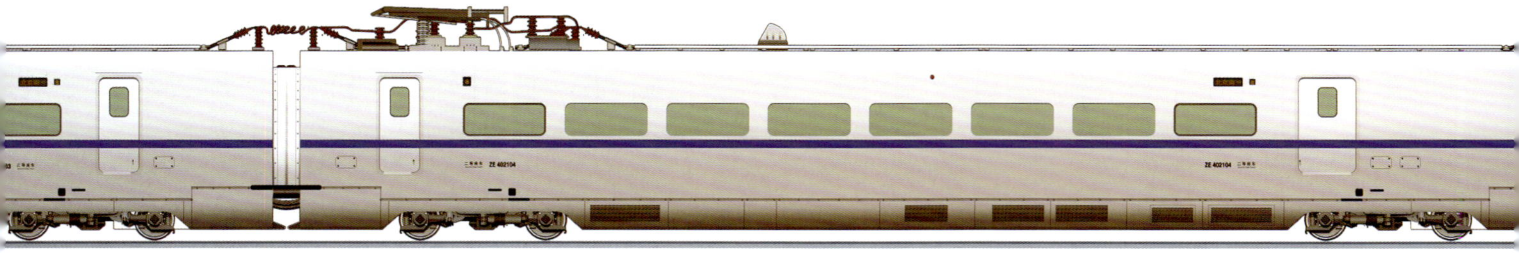

ZE 402104 二等座车：CRH2A 型动车组统型车由于电气设备设计的变更，原位于 04 车与 05 车之间的高压电气连接设备被改为普通的高压瓷瓶连接设备。

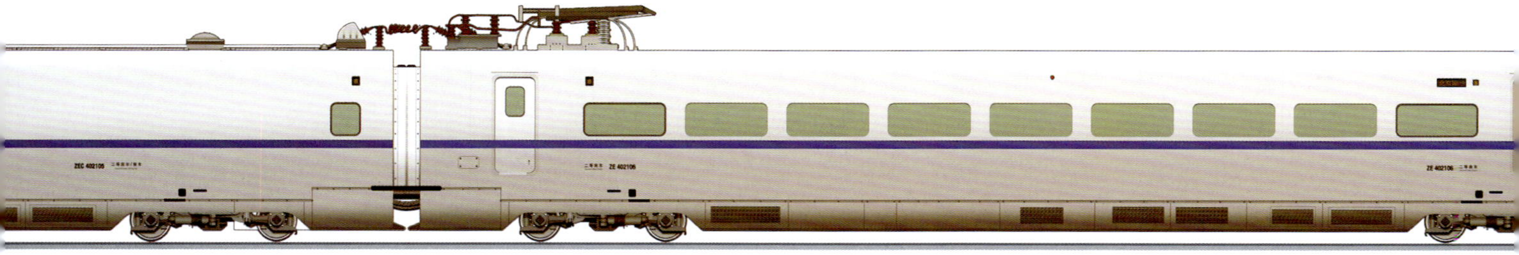

ZE 402106 二等座车

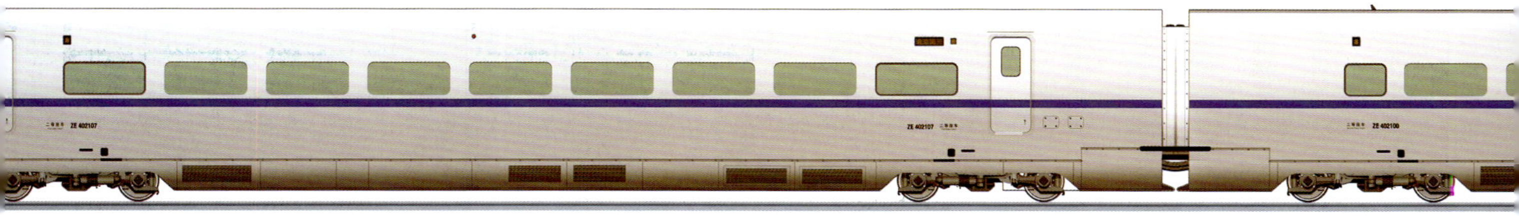

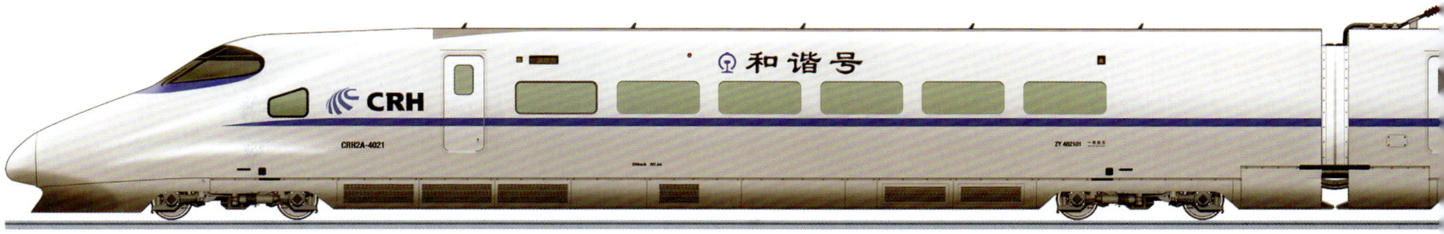

CRH2A-4021 **ZY 402101** 一等座车：CRH2A 型动车组统型车相比普通 CRH2A 型动车组最大的特点之一是取消了独立的司机室车门，同时增设了司机紧急逃生窗。此外，列车一等车由 7 车改为 1 车，原一等座车正方形小窗也改为与二等座车一致的长方形大窗。

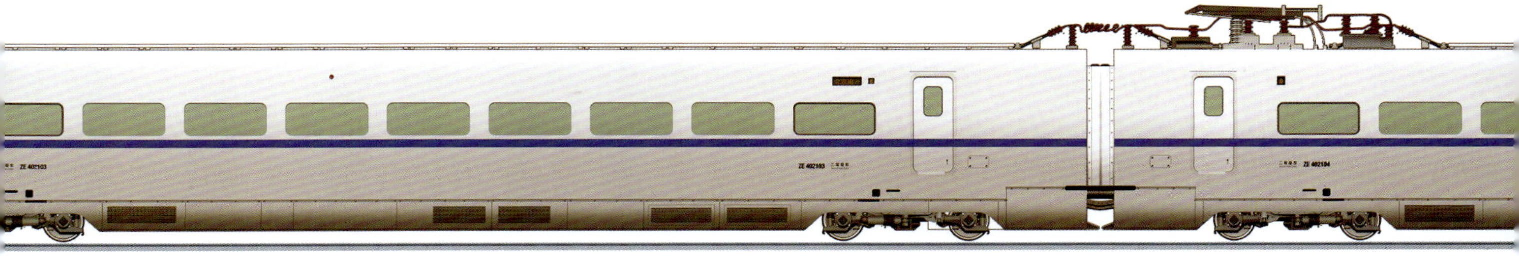

ZE 402103 二等座车

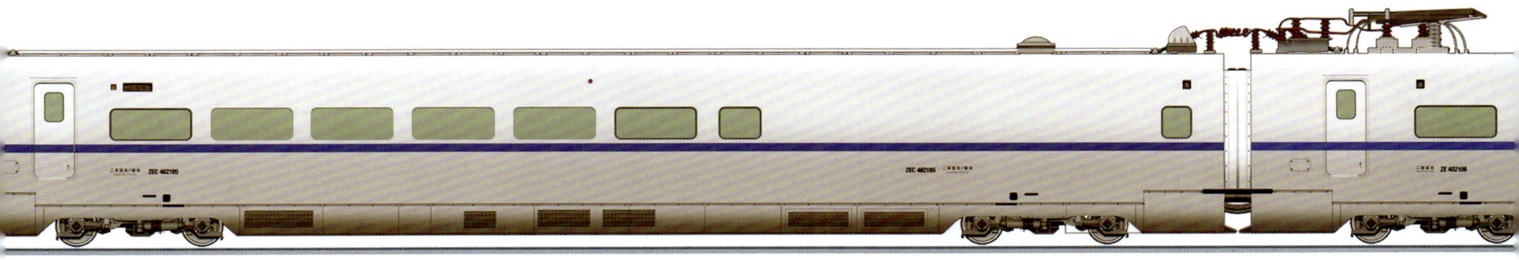

ZEC 402105 二等座车 / 餐车：CRH2A 型动车组统型车的餐车改为餐车 / 二等座车合造车，内部取消就餐席，改为普通二等座席，减少一对车门。

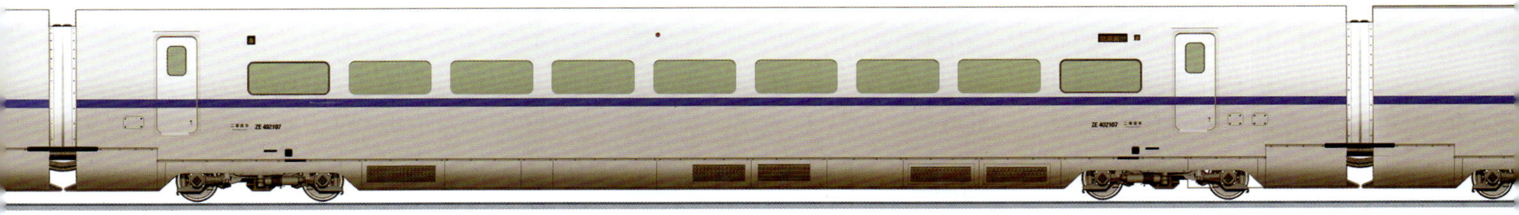

ZE 402107 二等座车

ZE 402100 二等座车：CRH2A 型动车组统型车的头车车顶取消了 CRH2A 型动车组原有的车顶天线基座。

CRH2B 型动车组

CRH2B 型动车组是由 CRH2A 型动车组扩编而来的大编组动车组列车，采用 8 动 8 拖 16 辆编组，编组定员 1230 人。由于此前 CRH2A 型动车组在既有提速线路上运行时车灯照明不足，因此 CRH2B 型动车组在保留 CRH2A 型动车组车头顶灯基础上，在驾驶舱下方增加了一对“丹凤眼”型的列车头灯，以增加照明度。

CRH2B	基本数据
制造厂商	中车青岛四方机车车辆股份有限公司
投入运营时间	2008 年
列车编组	16 辆编组（8M8T）
最高运营速度	250km/h

ZY 211102 一等座车

ZE 211104 二等座车

ZE 211106 二等座车

ZEC 211108 二等座车 / 餐车：CRH2B 型动车组在餐车 / 二等座车合造车设置有乘务员休息室和随车机械师工作间。

CRH2B-2111 ZY211101 一等座车：CRH2B 型动车组将一等座车的编组位置调整为头车，同时沿用了 CRH2A 型动车组一等座车的正方形车窗设计。

ZY 211103 一等座车

ZE 211105 二等座车

ZE 211107 二等座车

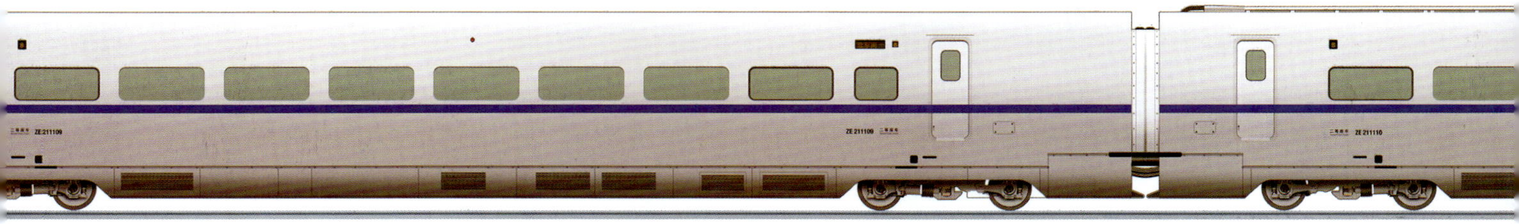

ZE 211109 二等座车

ZEC 211108 二等座车 / 餐车

ZE 211110 二等座车

ZE 211112 二等座车

ZE 211114 二等座车

ZE 211109 二等座车

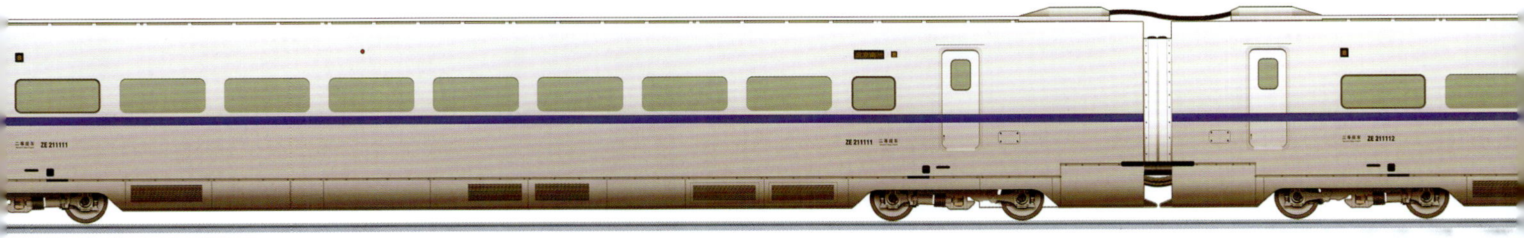

ZE 211111 二等座车

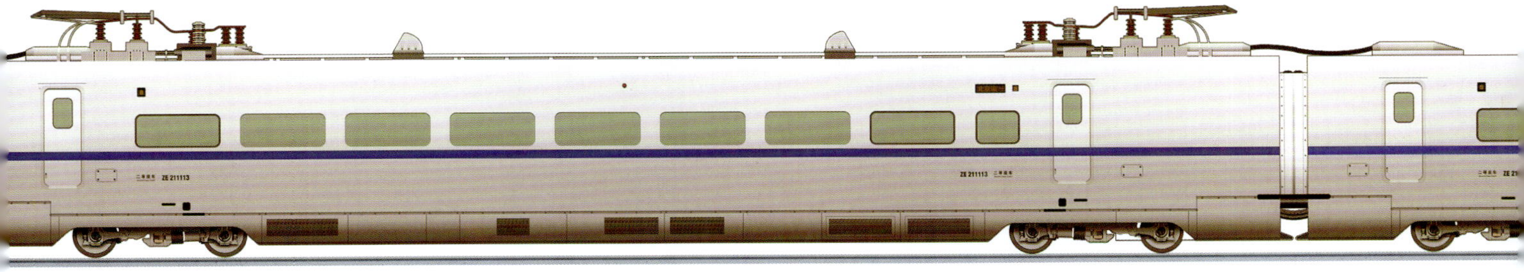

ZE 211113 二等座车

ZE 211115 二等座车

ZE 211100 二等座车

CRH2C 型动车组

CRH2C 型动车组是中车青岛四方机车车辆股份有限公司在 CRH2A 技术平台基础上研发生产的时速 350 公里级别动车组。CRH2C 型动车组的研制分为两个阶段，第一阶段将列车改为 6 动 2 拖设计，提高了整车的牵引功率。第二阶段则在一阶段的基础上换用功率更强的牵引电机，并相应改进了传动比。与 CRH2B 型动车组相同，CRH2C 型动车组的车头也有着一对“丹凤眼”型的车灯。

CRH2C	基本数据
制造厂商	中车青岛四方机车车辆股份有限公司
投入运营时间	2008 年
列车编组	8 辆编组（6M2T）
最高运营速度	350km/h

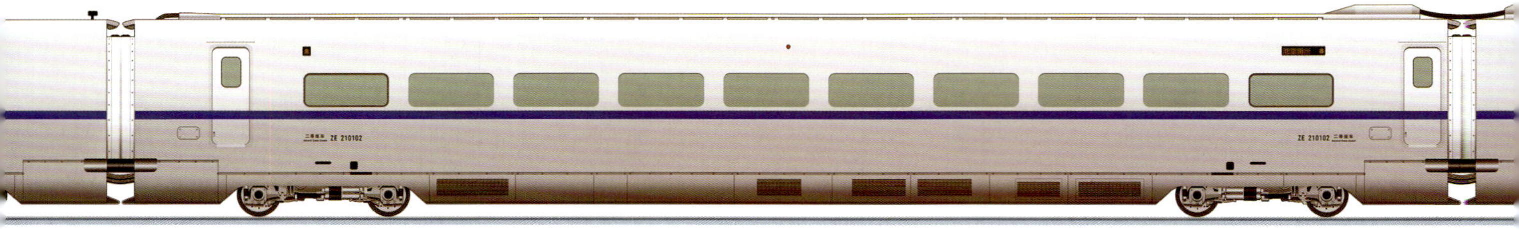

ZE 210102 二等座车

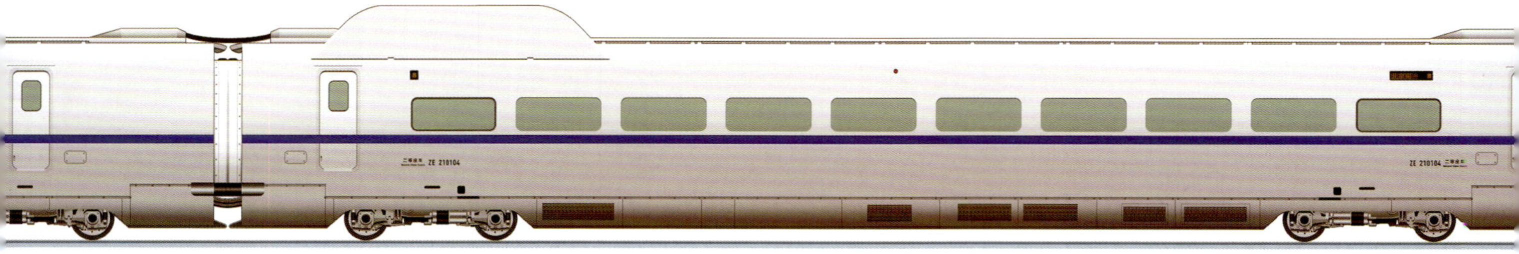

ZE 210104 二等座车

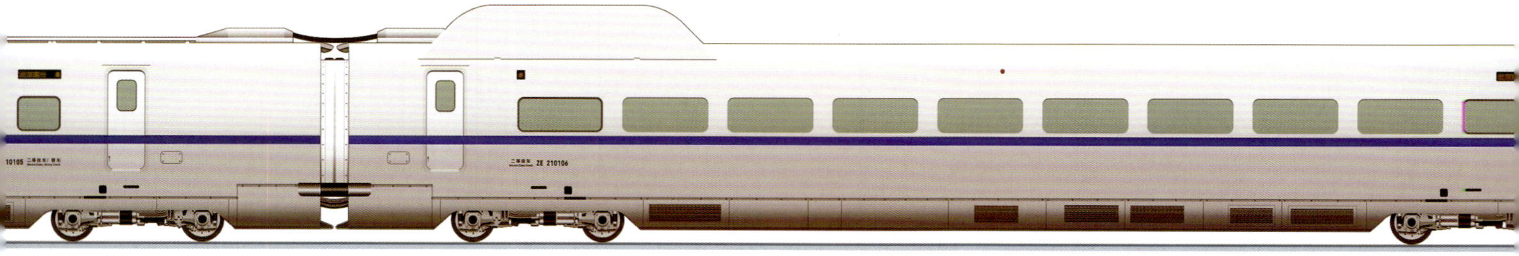

ZE 210106 二等座车

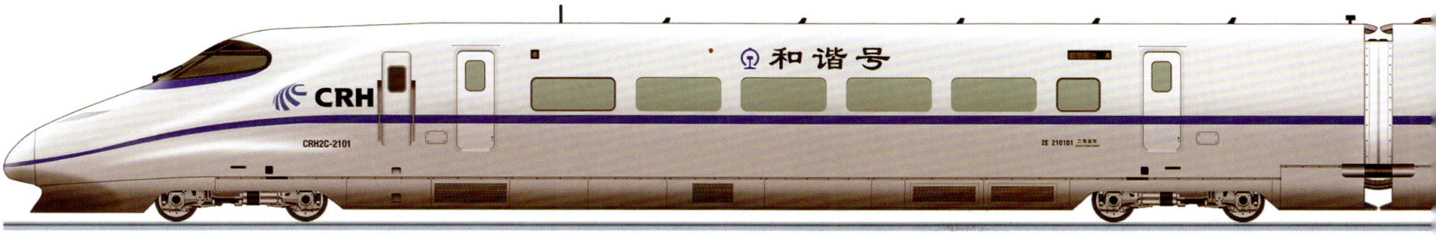

CRH2C-2101 **ZE 210101** 二等座车：CRH2C 型动车组二阶段的设计中，取消了 CRH2A 型动车组原有的车顶天线基座，使车顶更加平整简洁。同时全部 CRH2C 列车蓝色腰线均为贯穿全车的闭合型设计。

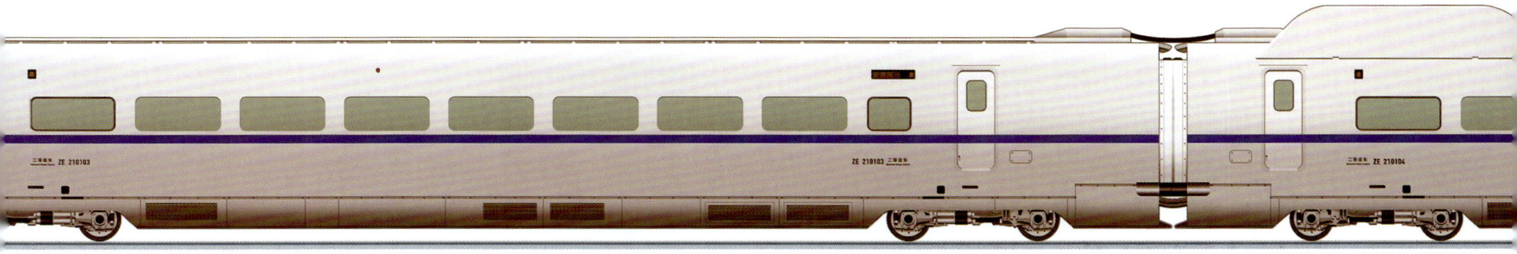

ZE 210103 二等座车

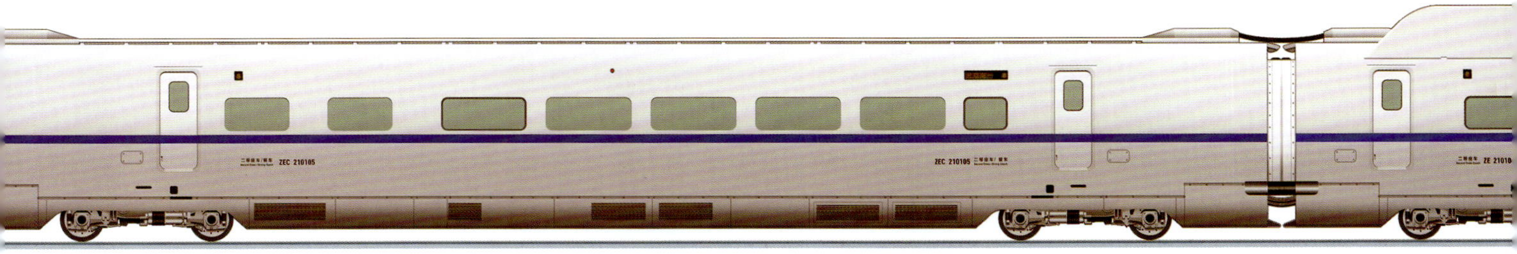

ZEC 210105 二等座车 / 餐车

ZY 210107 一等座车

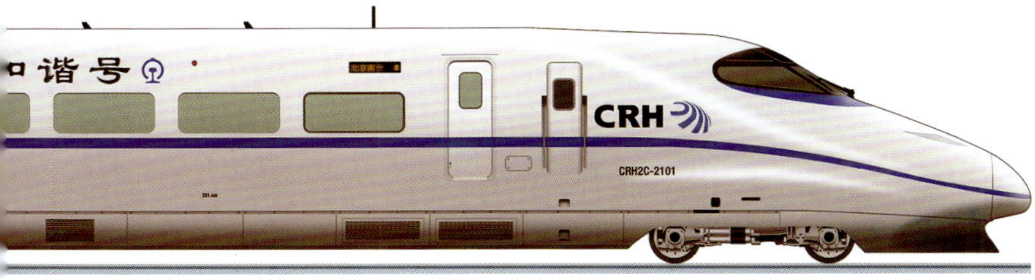

ZE 210100 二等座车

CRH2E 型卧铺动车组

CRH2E 型卧铺动车组是在 CRH2B 型动车组基础上衍生而来的高速卧铺动车组，采用 8 动 8 拖 16 辆编组，最高运营速度 250km/h。包括其标志性的“丹凤眼”车灯在内，CRH2E 型卧铺动车采用与 CRH2B 型动车组相同的头型和涂装设计。与 CRH1E 型卧铺动车组一样，CRH2E 型卧铺动车组是世界最早投入运营的高速卧铺动车组之一。

CRH2E	基本数据
制造厂商	中车青岛四方机车车辆股份有限公司
投入运营时间	2008 年
列车编组	16 辆编组（8M8T）
最高运营速度	250km/h

WR 212102 软卧车：相比 CRH2B 型动车组，CRH2E 型卧铺动车组每节车取消了一组车门，改为单车单侧单端门的设计。

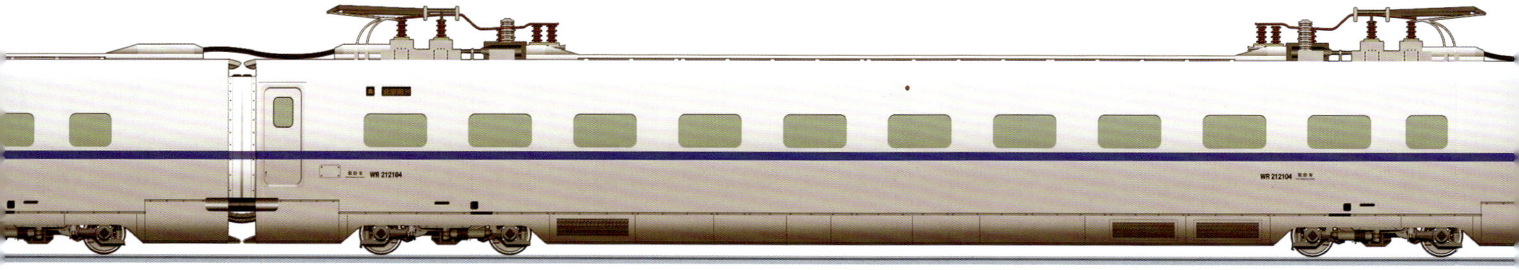

WR 212104 软卧车

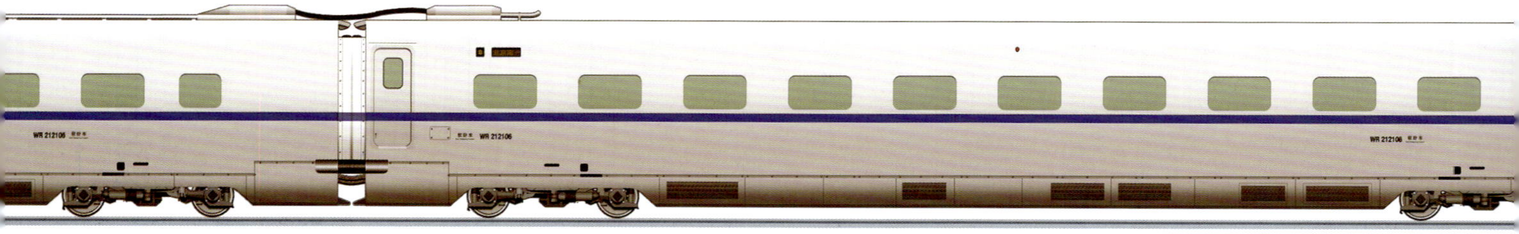

WR 212106 软卧车

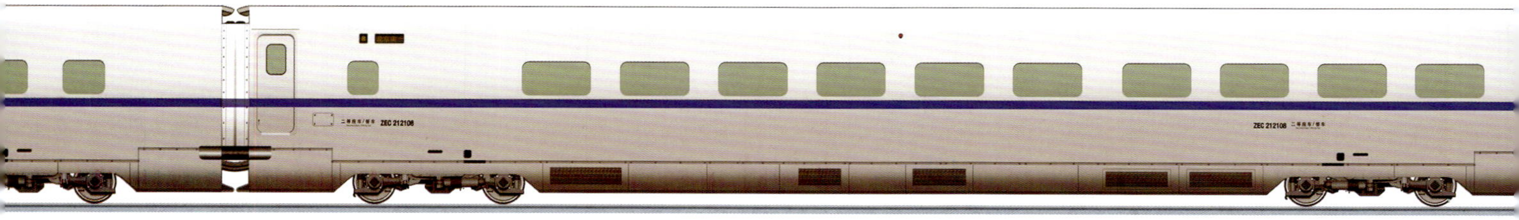

ZEC 212108 二等座车 / 餐车：该节车厢设置有乘务员休息室和随车机械师室。

CRH2E-2121 **ZE 212101** 二等座车 :CRH2E 的两辆头车均为二等座车，车顶天线设备比 CRH2A 要短。同时取消后端车门。头部采用与 CRH2B 相同的侧灯设计。

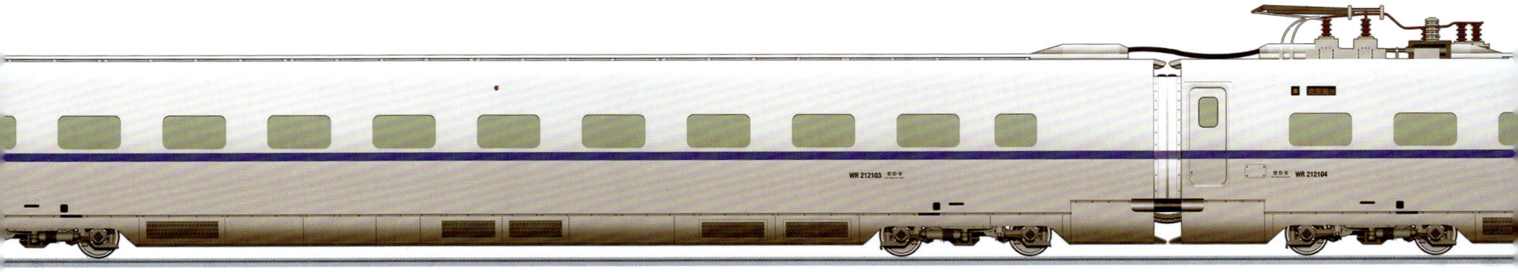

WR 212103 软卧车

WR 212105 软卧车

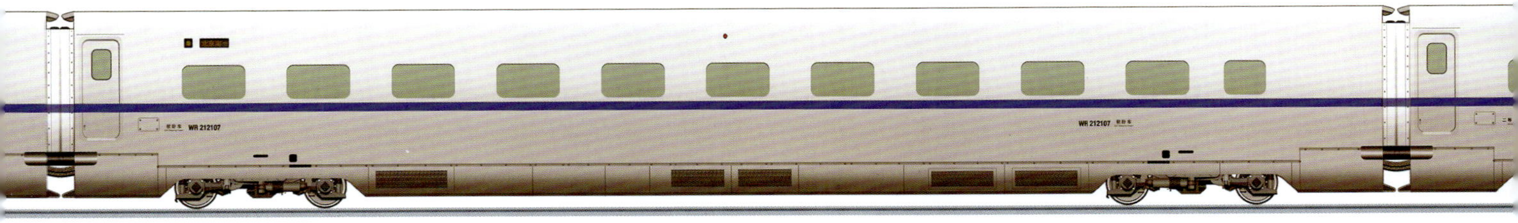

WR 212107 软卧车

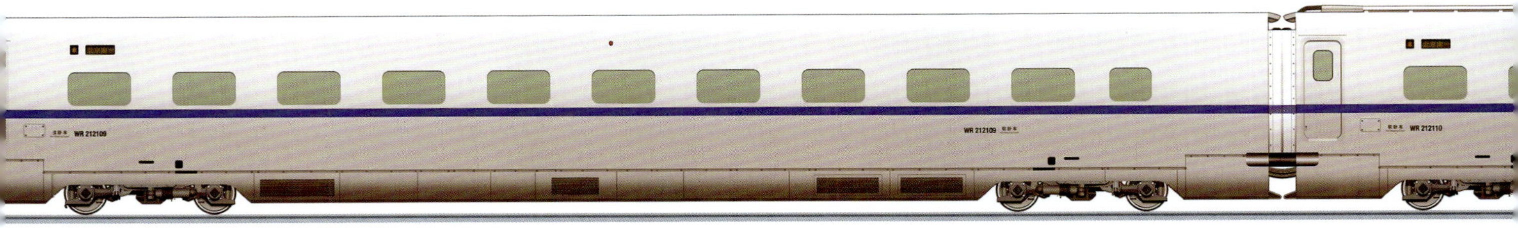

WR 212109 软卧车

ZEC 212108 二等座车 / 餐车

WR 212110 软卧车

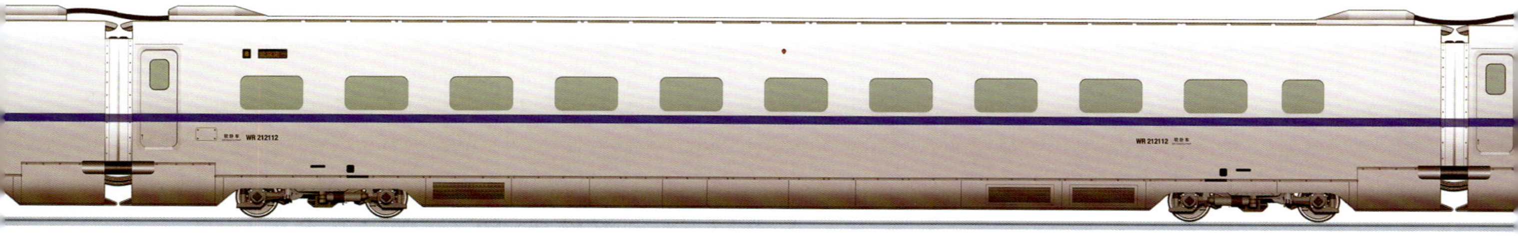

WR 212112 软卧车

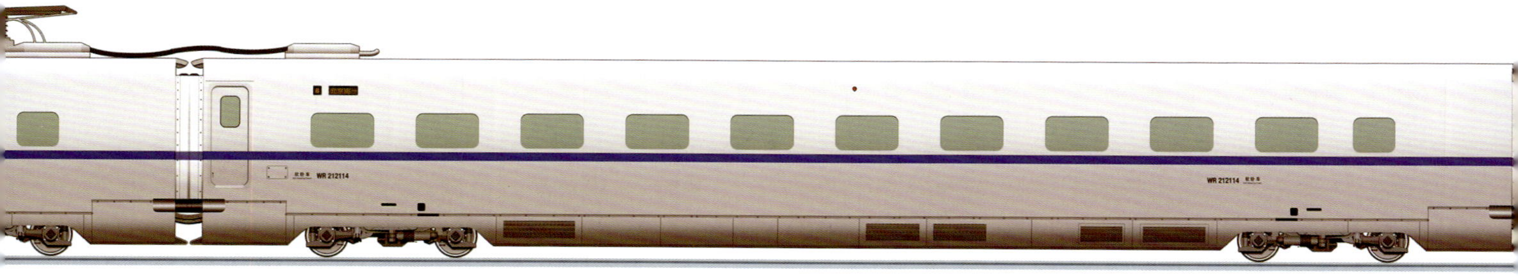

WR 212114 软卧车

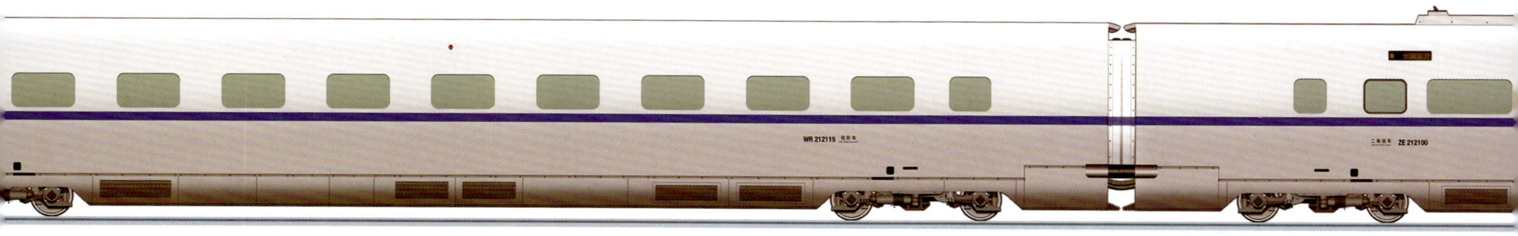

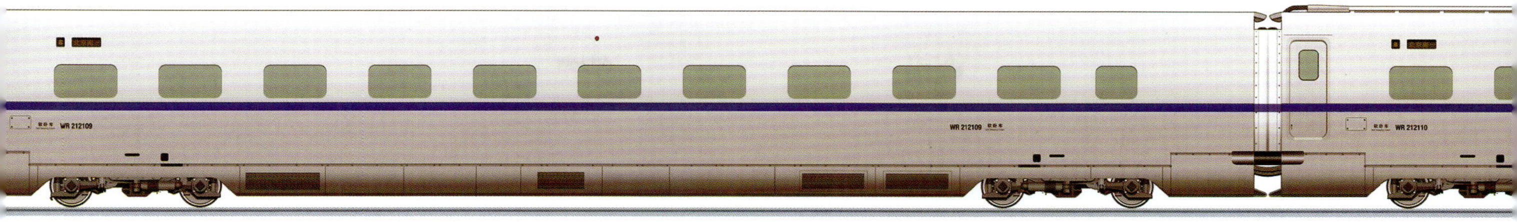

WR 212109 软卧车

WR 212111 软卧车

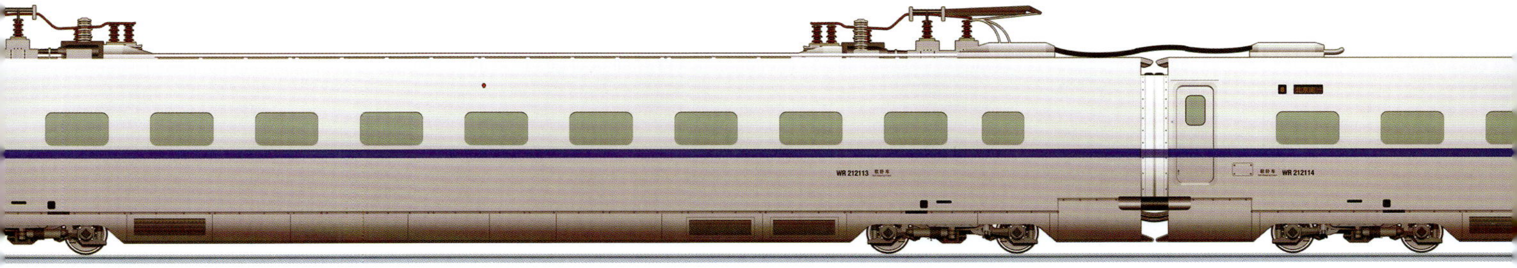

WR 212113 软卧车

WR 212115 软卧车

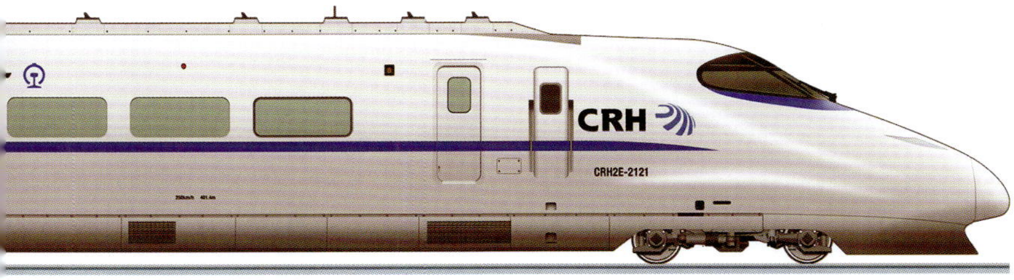

ZE 212100 二等座车

新 CRH2E 型卧铺动车组

新 CRH2E 型卧铺动车组同样为 16 辆编组卧铺动车组。与原有 CRH2E 相比，新 CRH2E 最大的变化是列车头型 与配色改为与 CRH2G 类似的“骏马”头型，空调室外机也由车体下部移至列车顶部。为了便于套跑开行日间中短途列车，新 CRH2E 型卧铺动车组的上铺床板亦可翻起，且下铺床位侧墙背靠软垫中安装了的可拉出的扶手，能够实现卧铺车和软座车之间的切换。

新 CRH2E	基本数据
制造厂商	中车青岛四方机车车辆股份有限公司
投入运营时间	2016 年
列车编组	16 辆编组（8M8T）
最高运营速度	250km/h

WR 246102 软卧车

WR 246104 软卧车

WR 246106 软卧车

WR 246108 软卧车

CRH2E-2461 ZE 246101 二等座车：虽然采用了 CRH2G 型高速动车组的头型，但新 CRH2E 型卧铺动车组并未采用 CRH2G 型高速动车组的驾驶室逃生窗设计。

WR 246103 软卧车

WR 246105 软卧车

WR 246107 软卧车

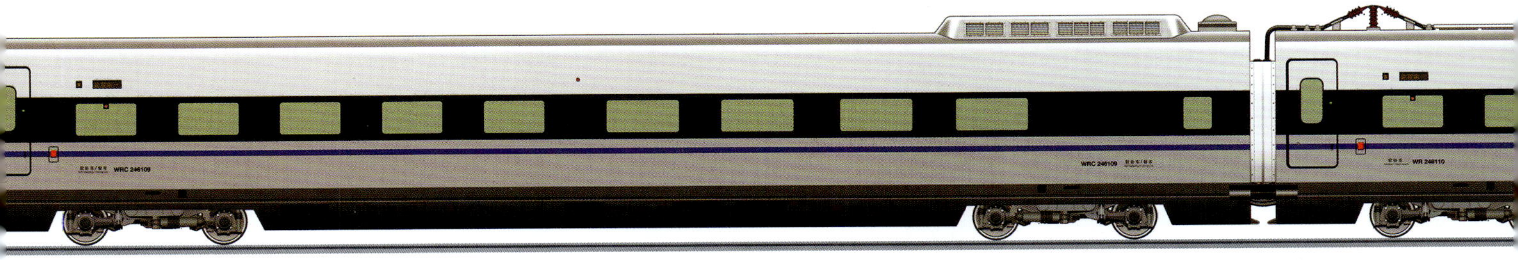

WRC 246109 软卧车 / 餐车

WR 246108 软卧车

WR 246110 软卧车

WR 246112 软卧车

WR 246114 软卧车

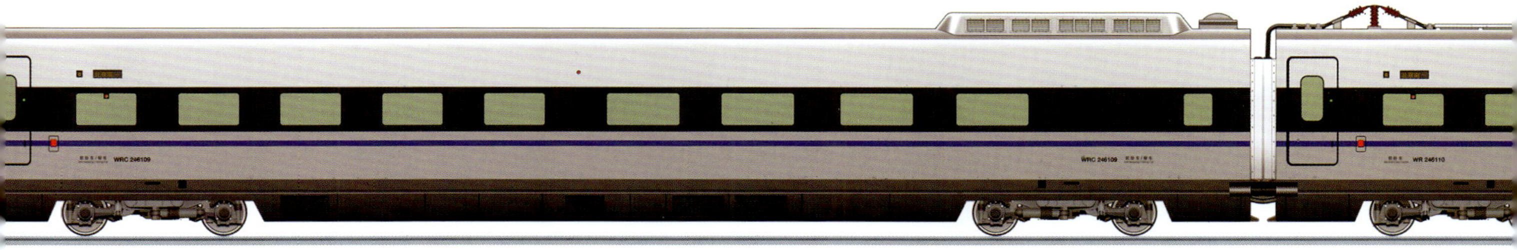

WRC 246109 软卧车 / 餐车

WR 246111 软卧车

WR 246113 软卧车

WR 246115 软卧车

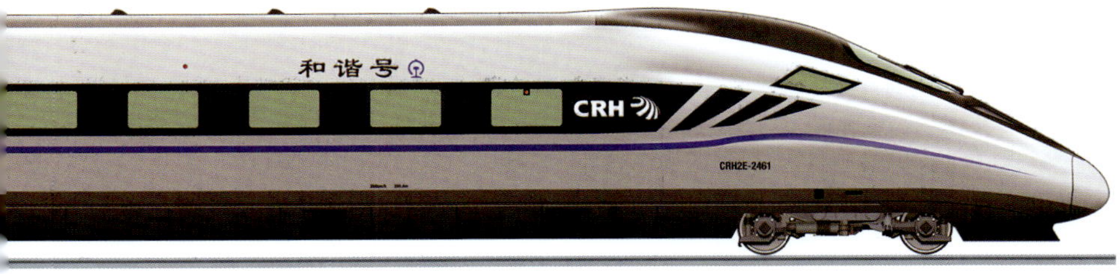

ZE 246100 二等座车

CRH2E 型纵向卧铺动车组

CRH2E 纵向卧铺动车组是国内首款卧铺席位纵向布局的卧铺动车组，采用 8 动 8 拖 16 辆编组。CRH2E 纵向卧铺动车组的纵向卧铺布局与列车行进方向平行，且每个铺位空间独立，等于一个小“包间”。由于每个纵向铺位均配备了独立的车窗，故从外观看列车大部分车体都有上下两层车窗，但因为只有一层地板，故 CRH2E 纵向卧铺动车组依然是单层动车组。

CRH2E 纵向卧铺 基本数据

制造厂商	中车青岛四方机车车辆股份有限公司
投入运营时间	2017 年
列车编组	16 辆编组（8M8T）
最高运营速度	250km/h

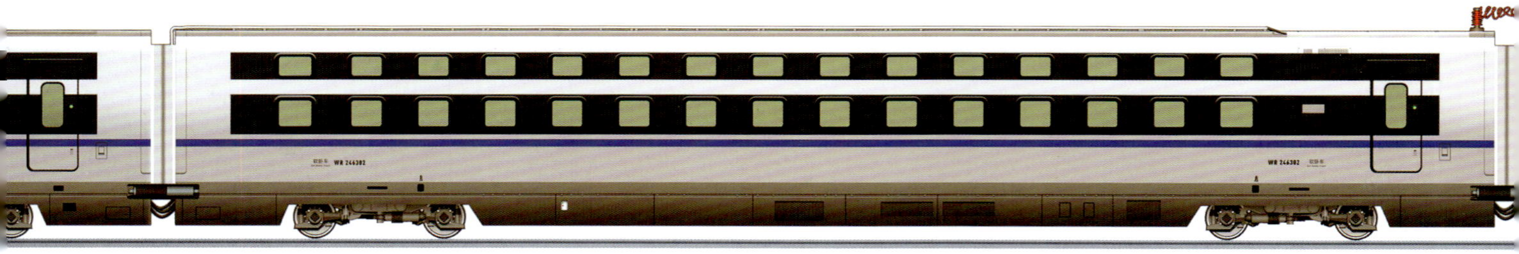

WR 246302 软卧车

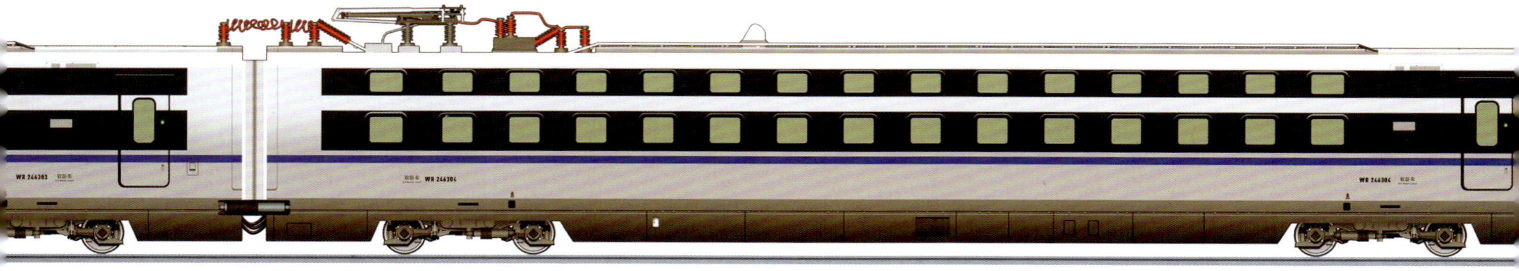

WR 246304 软卧车

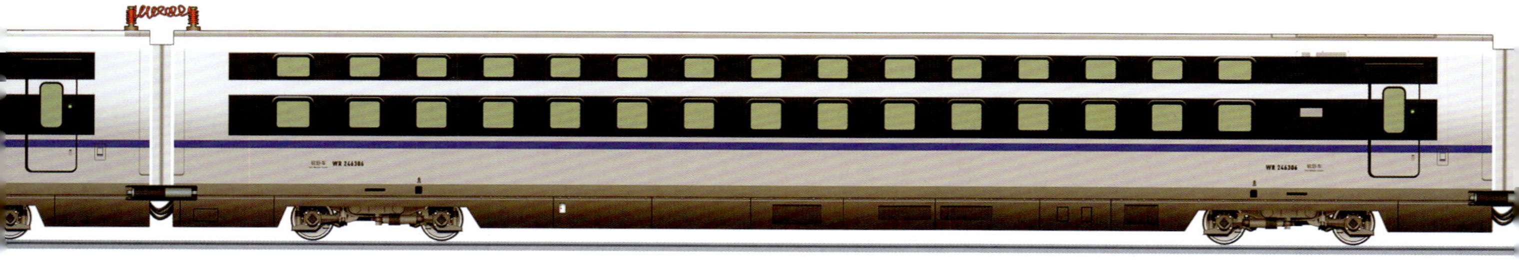

WR 246306 软卧车

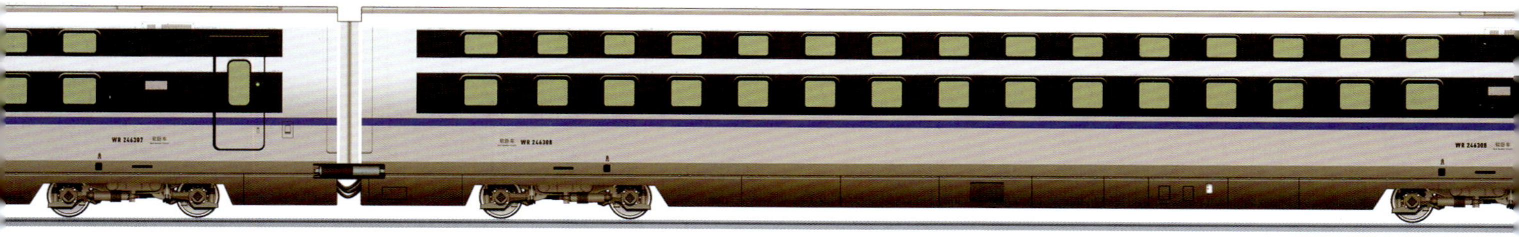

WR 246308 软卧车

CRH2E-2463 WR 246301 软卧车：由于空间所限，CRH2E 纵向卧铺动车组头车的侧面不再喷涂“和谐号”字样，仅喷涂有中国铁路路徽。

WR 246303 软卧车

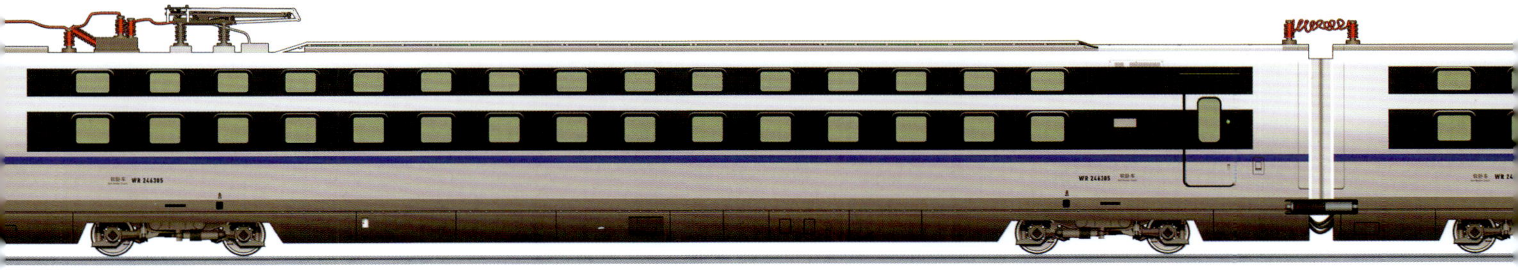

WR 246305 软卧车

WR 246307 软卧车

WRC 246309 软卧车 / 餐车：CRH2E 纵向卧铺动车组的软卧车 / 餐车合造车采用的是传统的四人包间式卧铺，故车窗为单层车窗。

WR 246308 软卧车

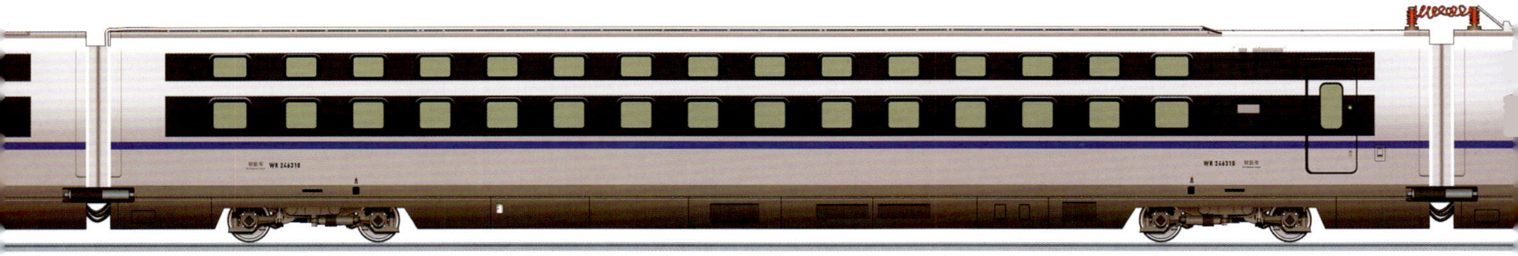

WR 246310 软卧车

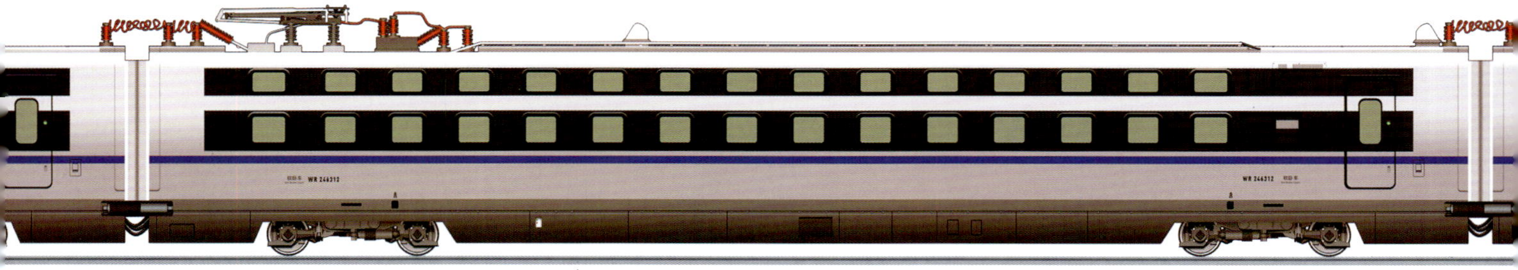

WR 246312 软卧车

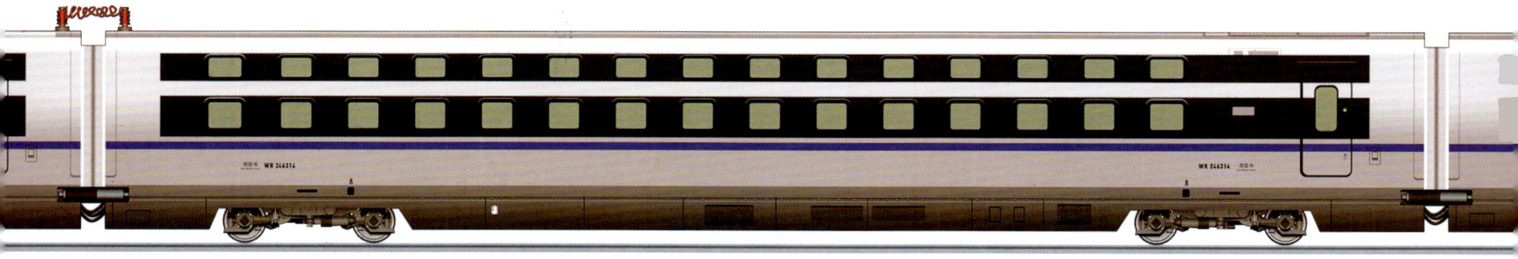

WR 246314 软卧车

WRC 246309 软卧车 / 餐车

WR 246311 软卧车

WR 246313 软卧车

WR 246315 软卧车

WR 246300 软卧车

CRH2G 型动车组

CRH2G 型动车组是中车青岛四方机车车辆股份有限公司在 CRH2A 型动车组基础上研发生产的高寒抗风沙型动车组，也是 CRH2 系动车首次采用全新头型的列车型号。CRH2G 型动车组具有耐高寒、抗风沙、耐高温、耐高海拔、耐强紫外线等特点，且能适应 ±40℃的高寒高温、最高 11 级强风等严酷环境，尤其适合中国西北地区运用。

CRH2G	基本数据
制造厂商	中车青岛四方机车车辆股份有限公司 中车南京浦镇车辆有限公司
投入运营时间	2016 年
列车编组	8 辆编组（4M4T）
最高运营速度	250km/h

ZE 407202 二等座车：为适应风沙环境，CRH2G 型动车组的空调设置在列车顶部。

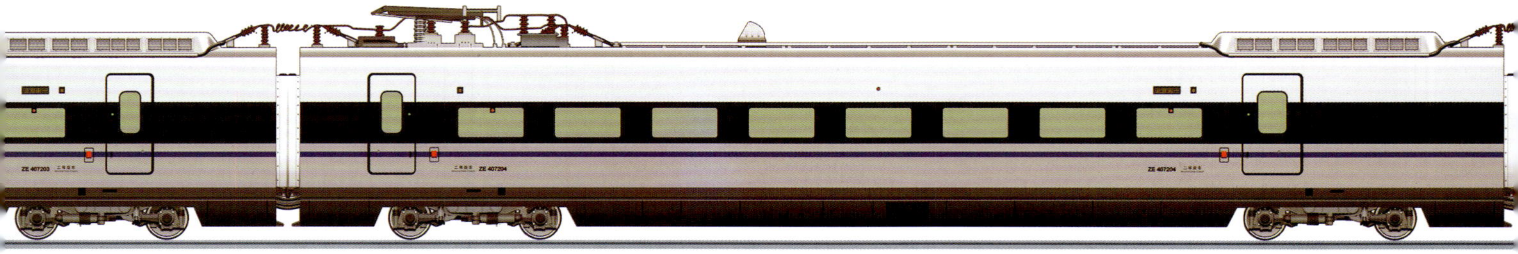

ZE 407204 二等座车

ZE 407206 二等座车

CRH2G-4072 ZY 407201 一等座车：CRH2G 型动车组的头型设计理念来自于骏马，故也称“骏马头型”。

ZE 407203 二等座车

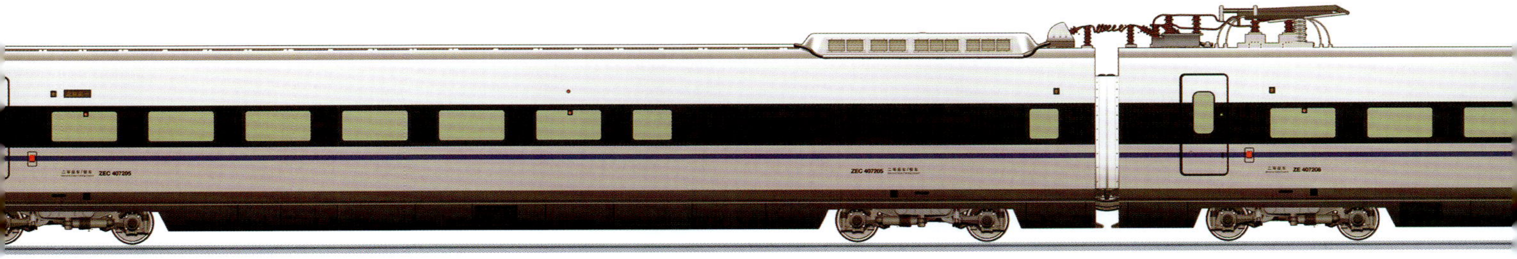

ZEC 407205 二等座车 / 餐车

ZE 407207 二等座车

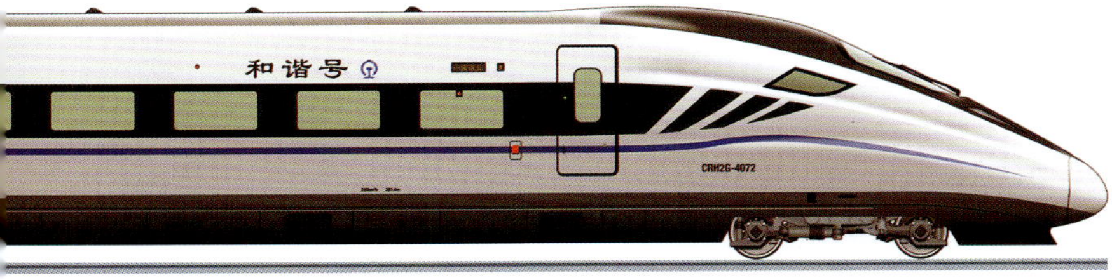

ZE 407200 二等座车

CRH2H 型动车组（CRH2G 样车）涂装

CRH2H-2417 号动车组是 CRH2G 型动车组量产前试制的首列样车，在短暂使用 CRH2H 代号之后，改为 CRH2G 型。与量产型相比，仅在车型车号与车体涂装方面有所区别。

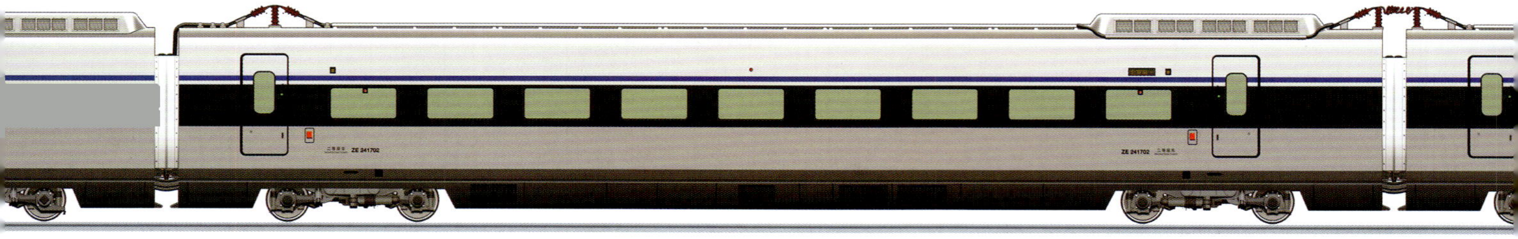

ZE 241702 二等座车

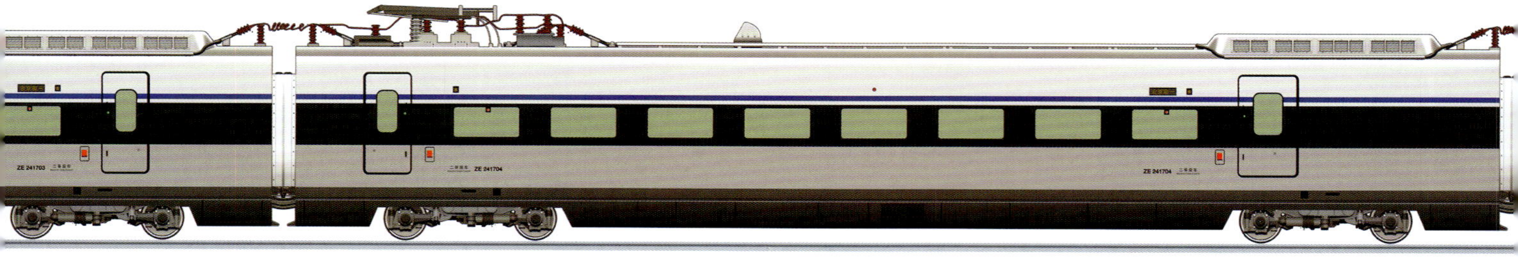

ZE 241704 二等座车

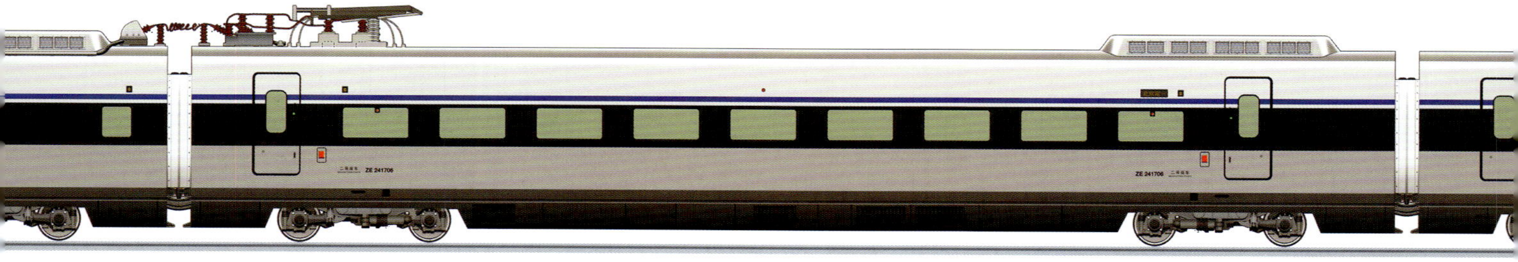

ZE 241706 二等座车

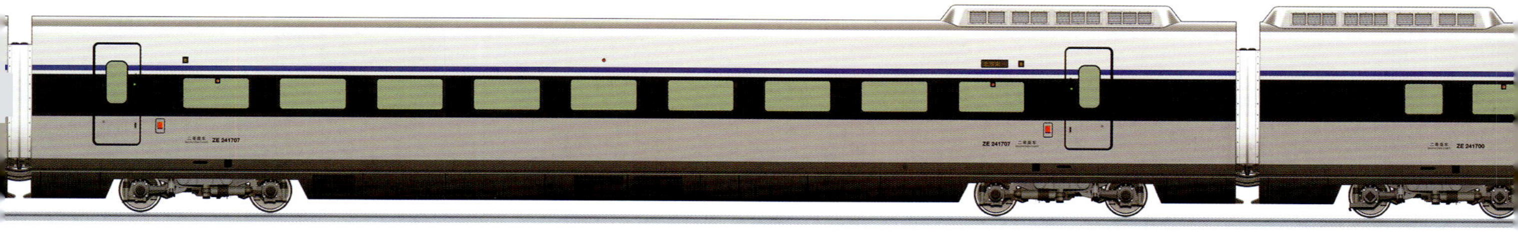

ZE 241700 二等座车

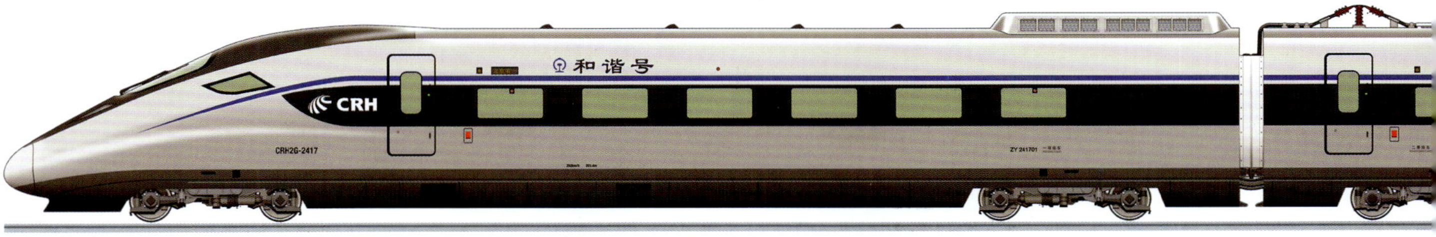

CRH2H-2417 **ZY 241701** 一等座车：CRH2H-2417 号动车组的蓝色腰线在车体上部，与 CRH2G 型动车组量产版位于车体下部的设计不同。且头车侧面“CRH 中国高速铁路”标志 喷涂于前部，而非量产版的后部。

ZE 241703 二等座车

ZEC 241705 二等座车 / 餐车

ZE 241707 二等座车

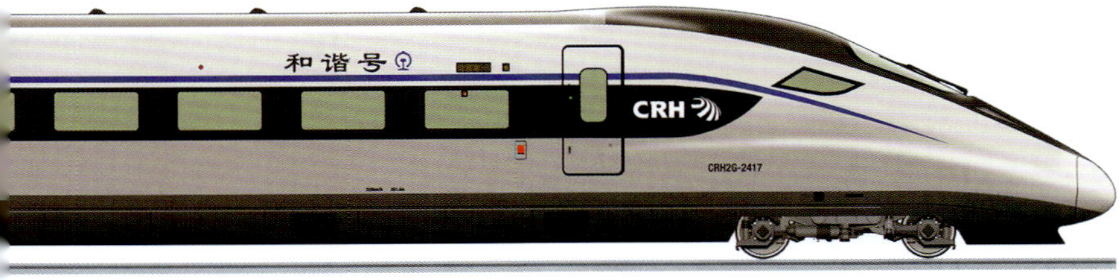

ZE 241700 二等座车

CRH3C 型动车组

CRH3C 型动车组是中国唯一引进的时速 300 公里级别动车组，采用 4 动 4 拖 8 辆编组，当前最高运营速度 300km/h。2008 年 6 月 24 日，CRH3C 型动车组在京津城际铁路的试验中创下了 394.3 公里的最高时速。2008 年北京奥运会开幕前夕，CRH3C 型动车组与 CRH2C 型动车组一起，率先实现中国铁路时速 300 公里级别的运营。

CRH3C	基本数据
制造厂商	中车唐山机车车辆有限公司 西门子交通集团
投入运营时间	2008 年
列车编组	8 辆编组（4M4T）
最高运营速度	350km/h

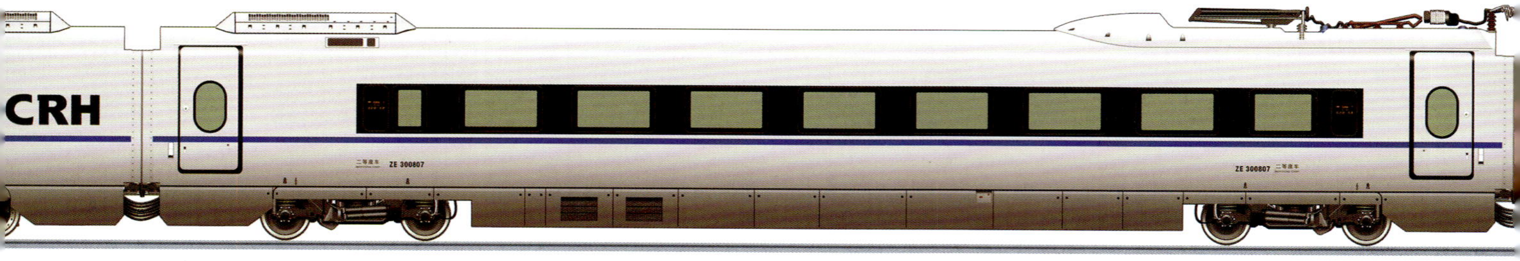

ZE 300807 二等座车

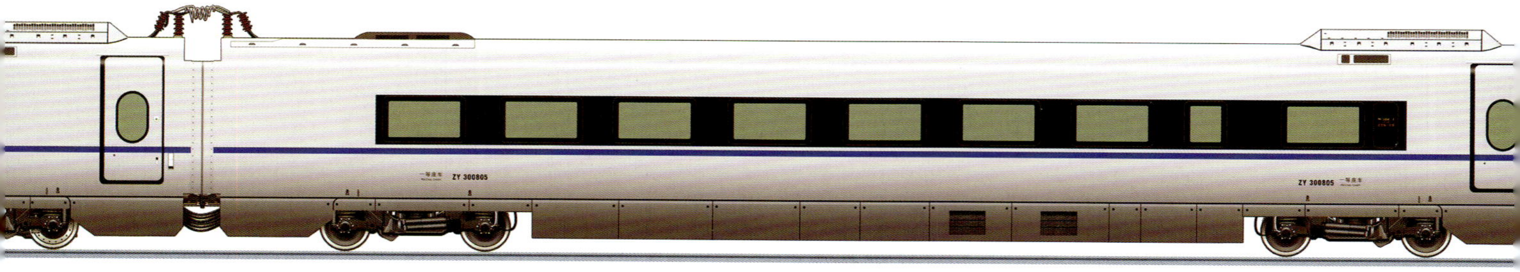

ZY 300805 一等座车

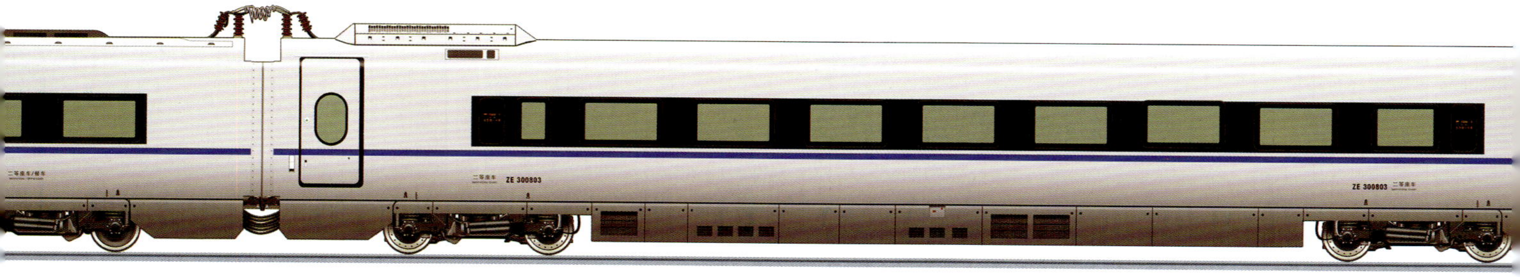

ZE 300803 二等座车

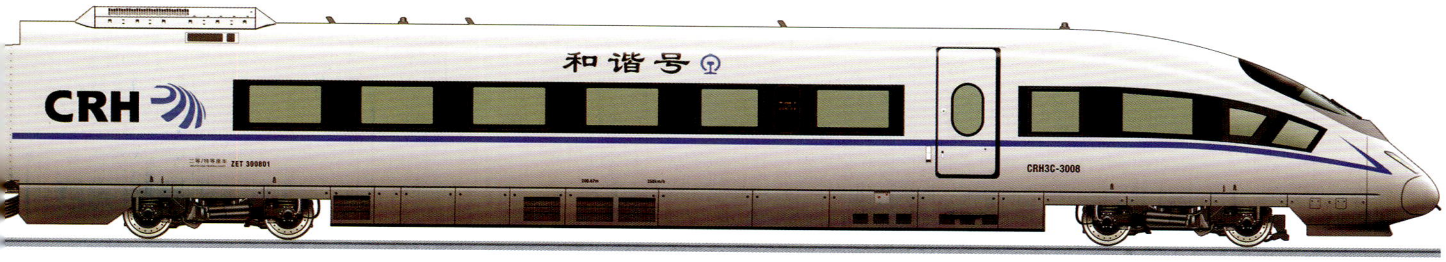

ZET 300801 二等座车 / 特等座车

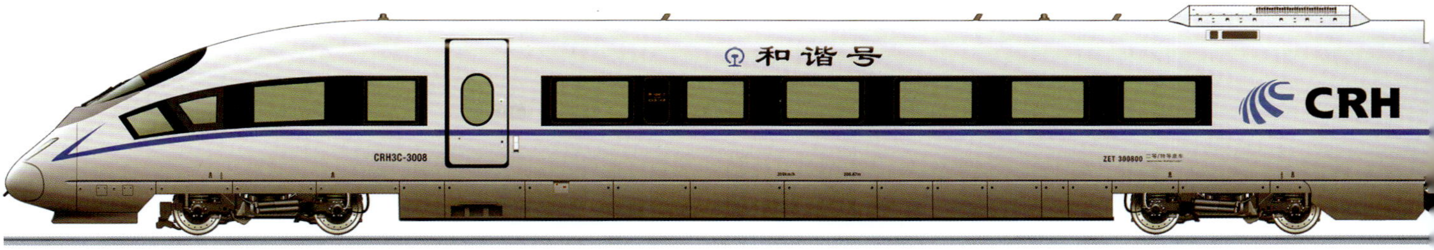

CRH3C-3008 ZET 300800 二等座车 / 特等座车

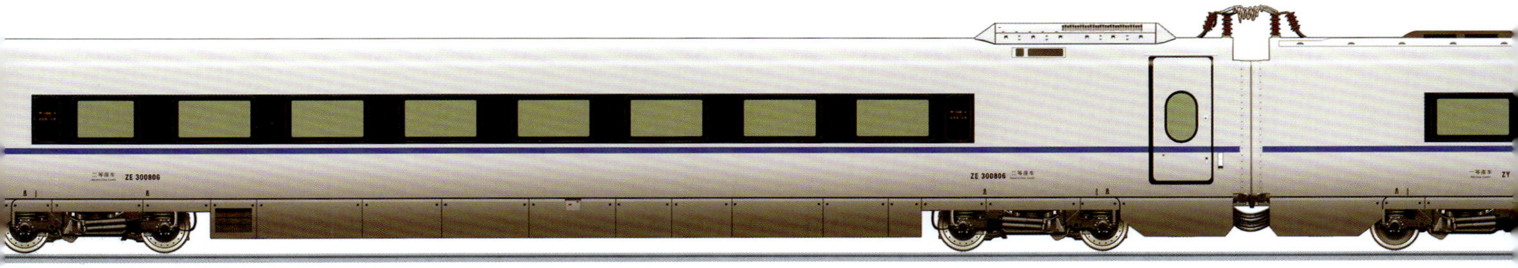

ZE 300806 二等座车

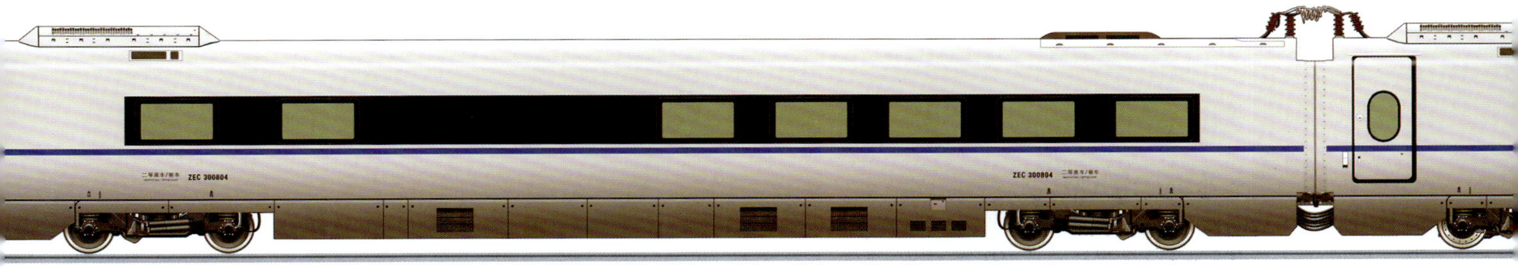

ZEC 300804 二等座车 / 餐车

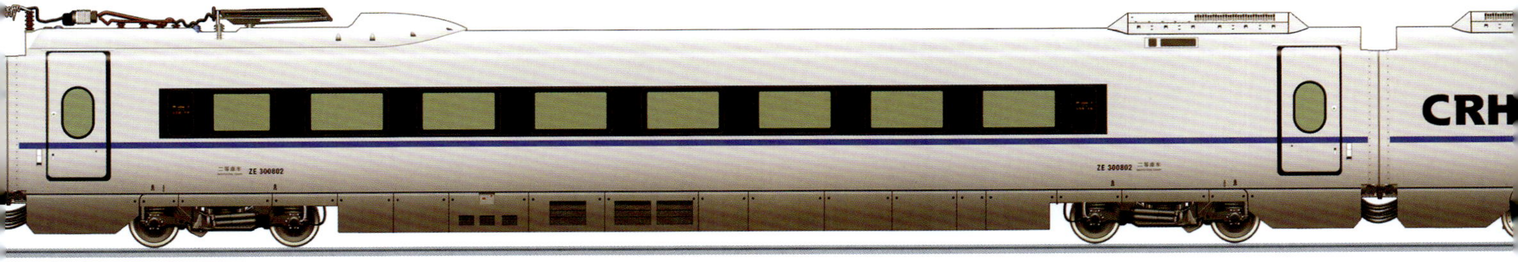

ZE 300802 二等座车

运输涂装 CRH3C 型动车组的首辆样车下线交付时，列车侧面粘贴有迎接 2008 北京奥运会字样的贴纸。

CRH3A 型动车组

CRH3A 型动车组是中车长春轨道客车股份有限公司和中车唐山机车车辆有限公司在 CRH3C 和 CRH380B 型动车组的基础上，研发生产的时速 250 公里级别动车组。CRH3A 型动车组采用 4 动 4 拖 8 辆编组，最高运营速度 250km/h。

CRH3A	基本数据
制造厂商	中车长春轨道客车股份有限公司 中车唐山机车车辆有限公司
投入运营时间	2017 年
列车编组	8 辆编组（4M4T）
最高运营速度	250km/h

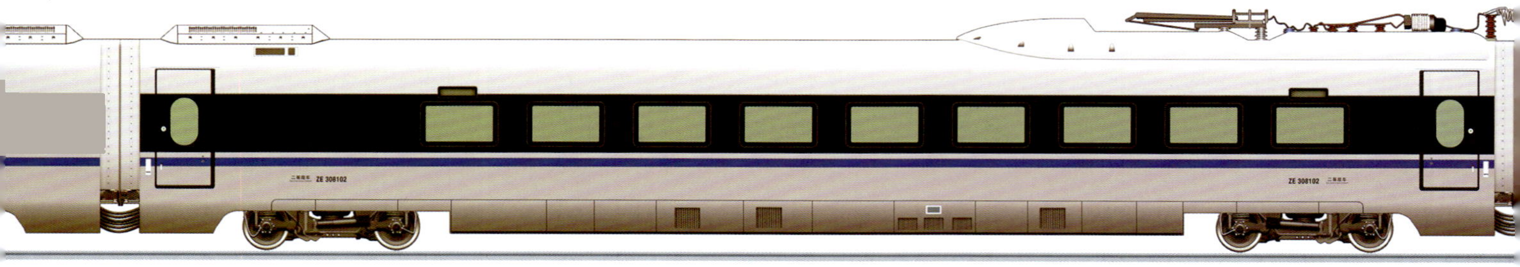

ZE 308102 二等座车

ZE 308104 二等座车

ZE 308106 二等座车

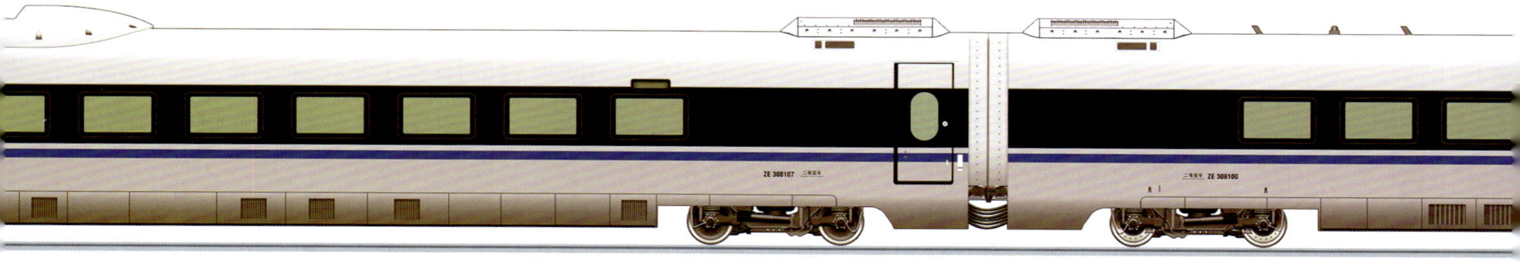

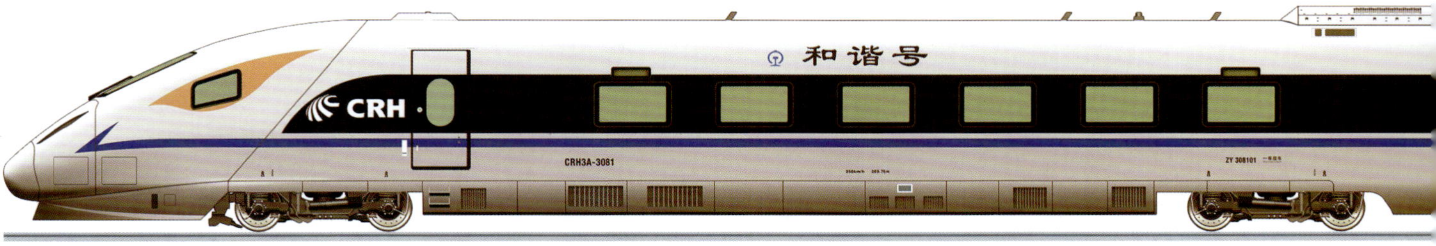

CRH3A-3081 **ZY 308101** 一等座车：CRH3A 型动车组的头型为全新设计，且头部涂装采用了类似 CR400BF 的金色“凤翎”设计。

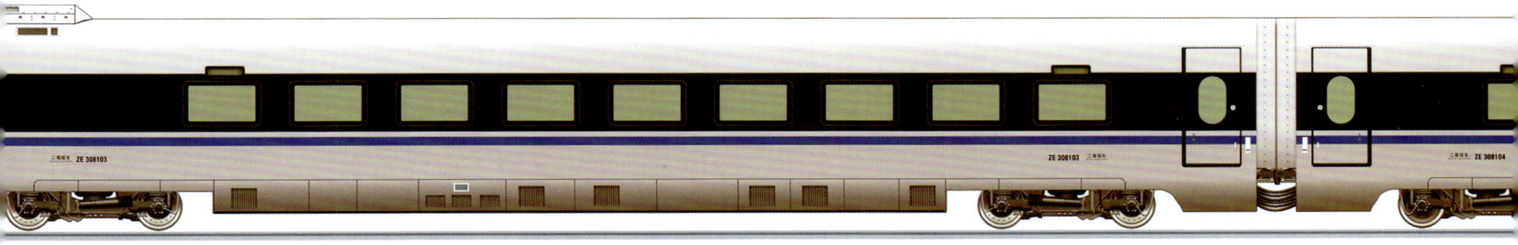

ZE 308103 二等座车

ZEC 308105 二等座车 / 餐车

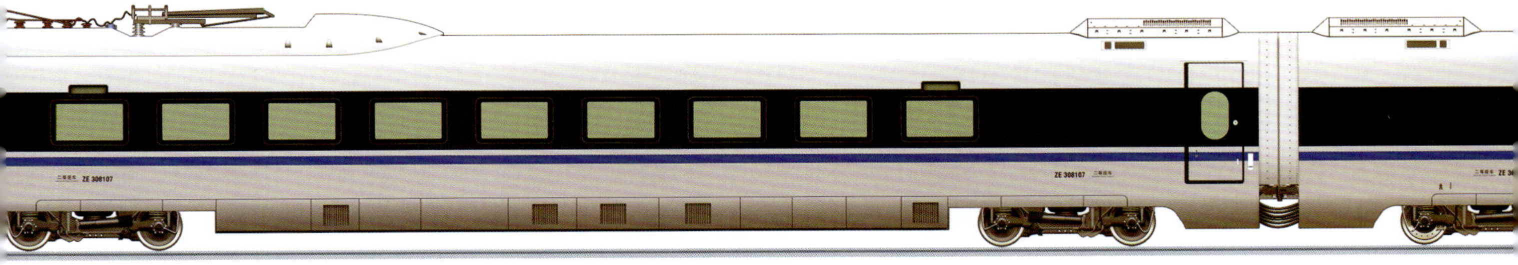

ZE 308107 二等座车

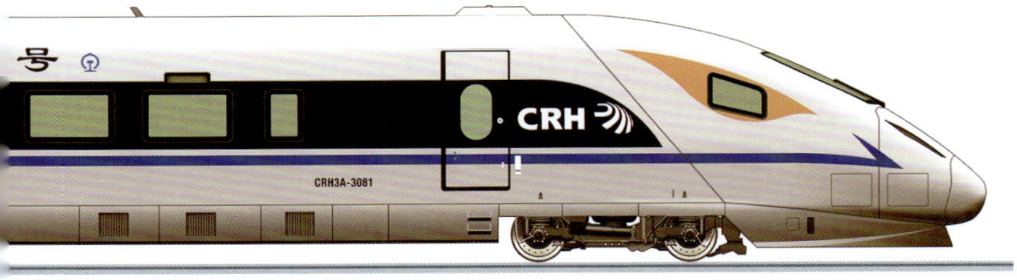

ZE 308100 二等座车

CRH5A 型动车组

CRH5A 型动车组是中国首批引进的高速列车之一，也是中国铁路第六次大提速中首批投入运营的 CRH 动车组之一。CRH5A 型动车组采用 5 动 3 拖的 8 辆编组，最高运营速度 250km/h。相比同时期同级别的动车组，CRH5A 型动车组采用独特的体悬牵引电机，万向轴传动的技术。但与原型车不同，CRH5A 型动车组取消了车体倾摆功能。

CRH5A	基本数据
制造厂商	中车长春轨道客车股份有限公司
投入运营时间	2007 年
列车编组	8 辆编组（5M3T）
最高运营速度	250km/h

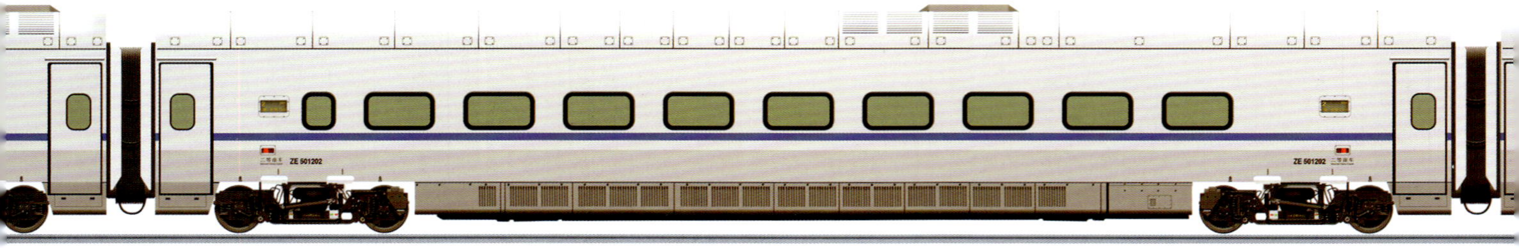

ZE 501202 二等座车

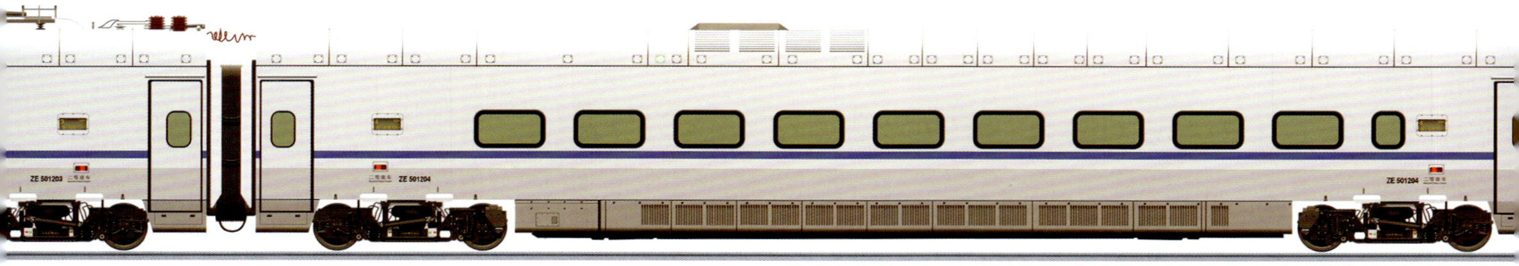

ZE 501204 二等座车

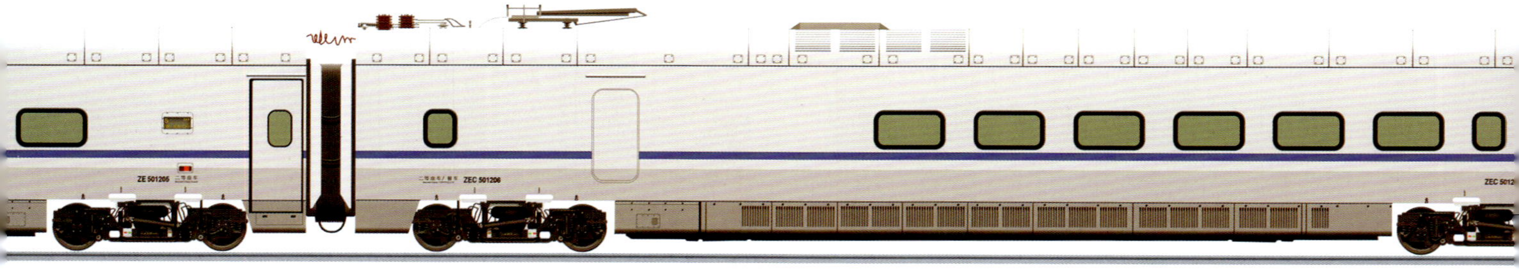

ZEC 501206 二等座车 / 餐车

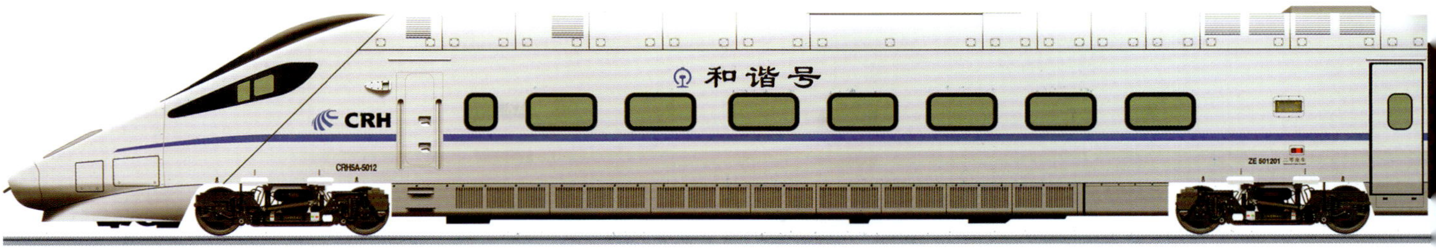

CRH5A-5012 ZE 501201 二等座车

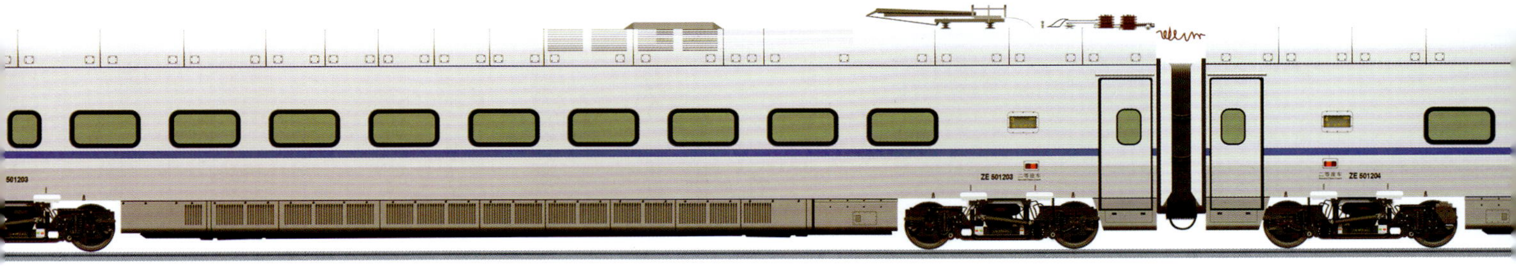

ZE 501203 二等座车

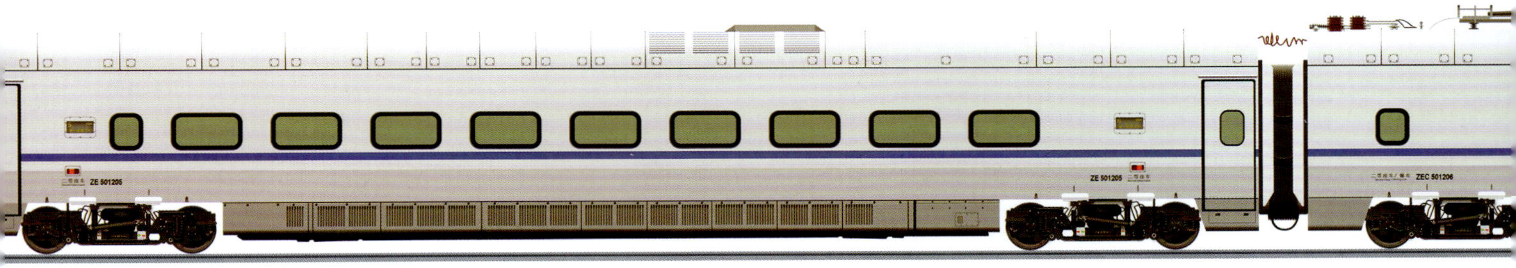

ZE 501205 二等座车

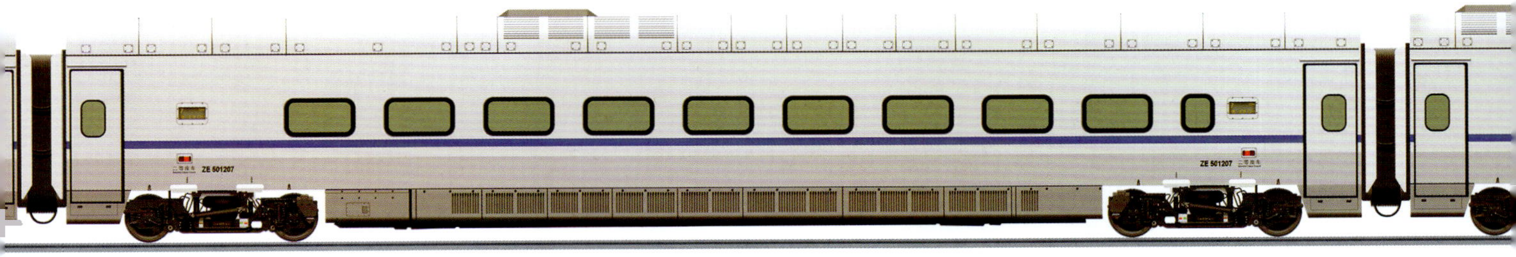

ZE 501207 二等座车

ZY 501200 一等座车

CRH5A 型动车组早期涂装

CRH5-001A 号动车组为 CRH5A 型动车组的首辆样车，引进时采用独特的涂装，与量产版的涂装风格有着显著的不同。

ZE 500102 二等座车

ZE 500104 二等座车

ZEC 500106 二等座车 / 餐车

CRH5-001A ZE 500101 二等座车：CRH5-001A 样车采用了蓝色涂装，列车裙板部分喷涂为深灰色。黄色的腰条随蓝色部分贯穿全车。每节车厢的中部车窗均贴有阿尔斯通公司的标志。

ZE 500103 二等座车

ZE 500105 二等座车

ZE 500107 二等座车

ZY 500100 一等座车

CRH5G 型动车组

CRH5G 型动车组是中车长春轨道客车股份有限公司在 CRH5A 型动车组平台基础上研制的高寒抗风沙型动车组。与 CRH5A 型动车组相比，CRH5G 型动车组的主要系统设计原理、主体结构、主要技术参数和外形外观等方面均保持不变。而针对兰新线的运用环境条件，CRH5G 型动车组重点在耐高寒、抗风沙、耐高温、耐高海拔、耐强紫外线、长交路六个方面进行了适应性改进及优化设计。

CRH5G	基本数据
制造厂商	中车长春轨道客车股份有限公司
投入运营时间	2014 年
列车编组	8 辆编组（5M3T）
最高运营速度	250km/h

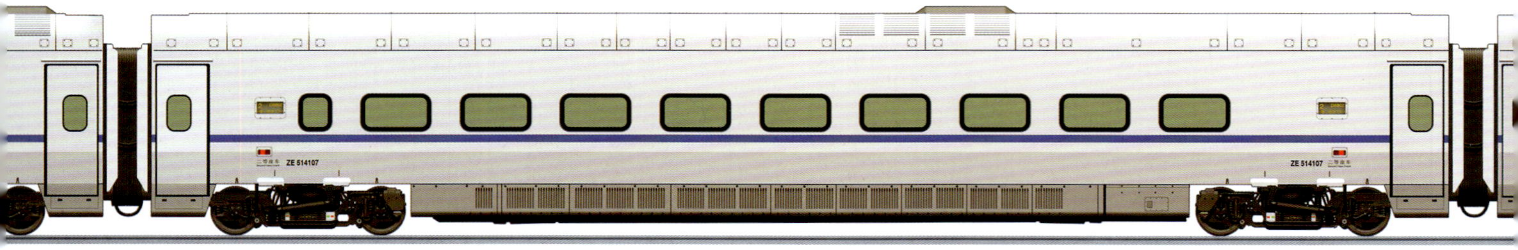

ZE 514107 二等座车

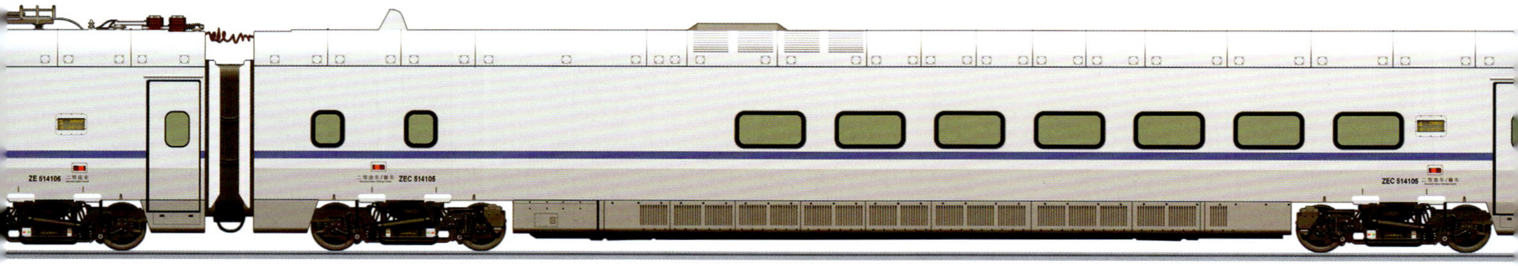

ZEC 514105 二等座车 / 餐车：CRH5G 型动车组的餐车 / 二等座车合造车的位置，由 CRH5A 型动车组的 06 车改为 05 车，同时取消了餐车专设的货物车门。

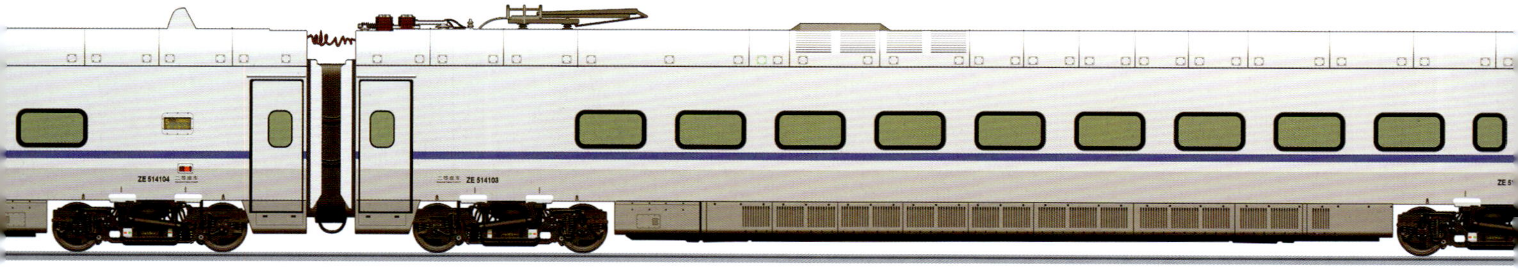

ZE 514103 二等座车

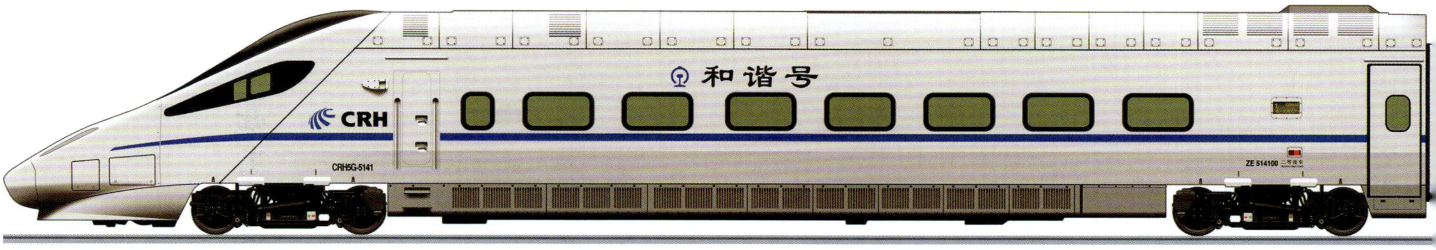

CRH5G-5141 **ZE 514100** 二等座车：CRH5G 型动车组的外观与 CRH5A 型动车组差异很小，仅取消了列车车头车钩罩的把手，改为密封式车钩罩。

ZE 514106 二等座车

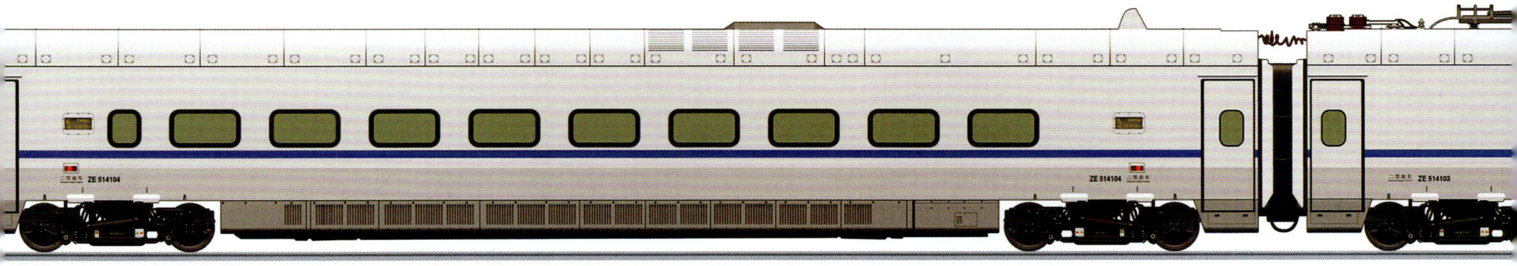

ZE 514104 二等座车

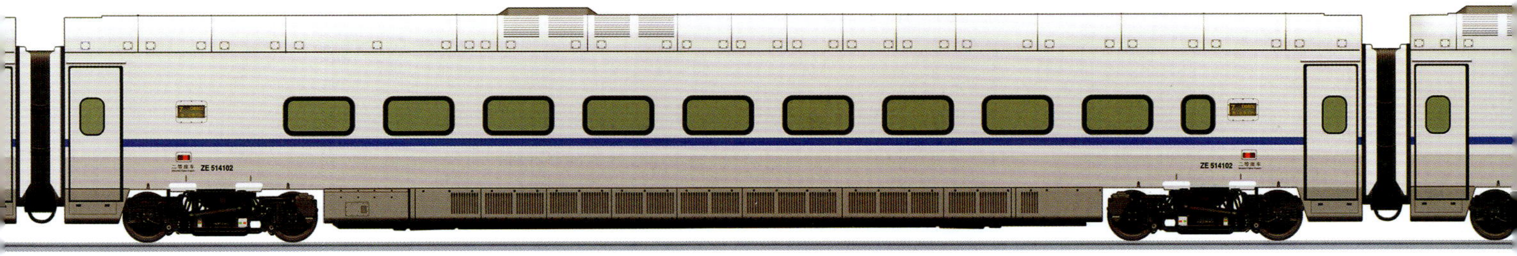

ZE 514102 二等座车

ZY 514101 一等座车

CRH5G 技术提升型动车组

CRH5G 技术提升型动车组是中车长春轨道客车股份有限公司在 CRH5G 型动车组平台基础上研制的新型高寒抗风沙型动车组。CRH5G 技术提升型动车组在转向架结构、牵引电机布置等方面延续了 CRH5 型系列动车组的技术特征，但列车头型与车体结构等方面则与 CRH3A 型接近。列车涂装则在 CRH5G 型传统白底蓝腰线基础上增加了黑色车窗色带。

CRH5G 技术提升	基本数据
制造厂商	中车长春轨道客车股份有限公司
投入运营时间	2017 年
列车编组	8 辆编组（5M3T）
最高运营速度	250km/h

ZE 521902 二等座车

ZE 521904 二等座车

ZE 521906 二等座车

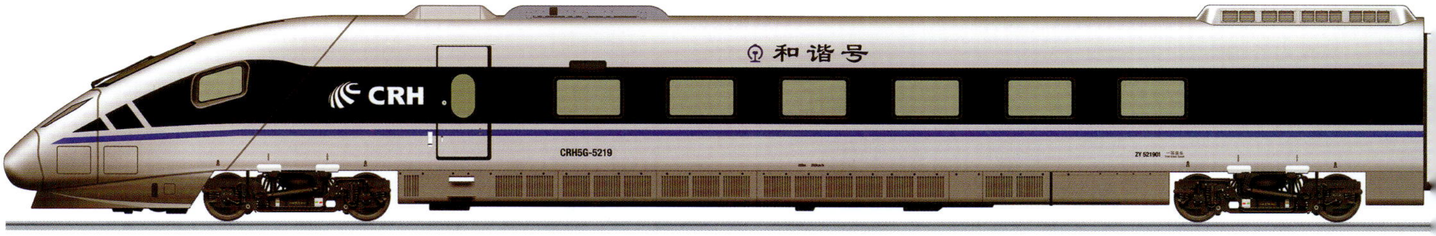

CRH5G-5219 ZY 521901 一等座车：相比于 CRH5G 型，CRH5G 技术提升型动车组头车将车门从车体后端移至前端，并取消了独立的司机室门。

ZE 521903 二等座车

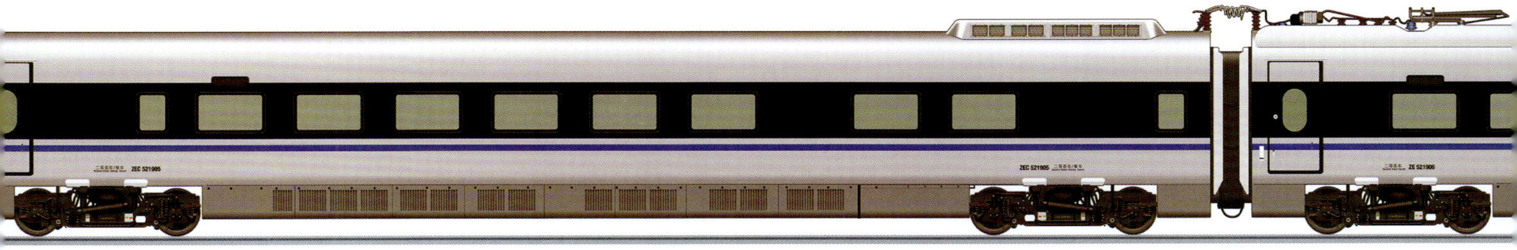

ZEC 521905 二等座车 / 餐车

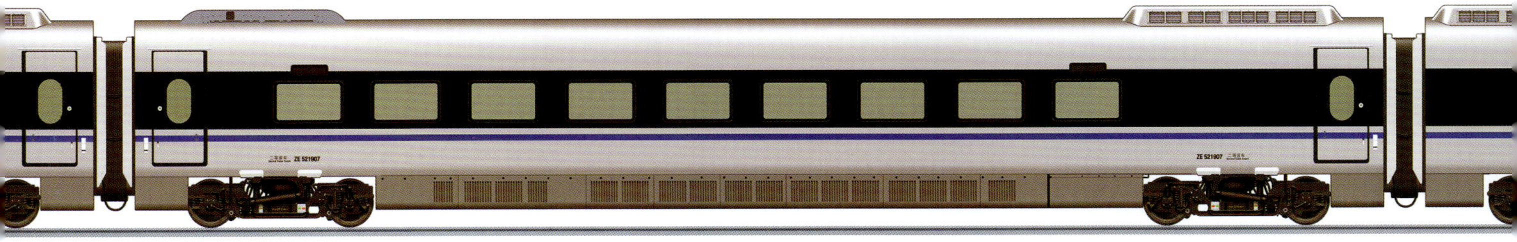

ZE 521907 二等座车

ZE 521900 二等座车

CRH5E 型卧铺动车组

CRH5E 型卧铺动车组在 CRH5G 型动车组的基础上衍生而来的高速卧铺动车组，采用 10 动 6 拖 16 辆编组，最高运营速度 250km/h。由于衍生自 CRH5G 型动车组，故 CRH5E 型卧铺动车组亦可适应西北地区的恶劣气候环境。同多款新型的卧铺动车组一样，CRH5E 型卧铺动车组也具备座卧变换功能。此外，CRH5E 型卧铺动车组还设置有行包间，用于满足快运物流的需求。

CRH5E	基本数据
制造厂商	中车长春轨道客车股份有限公司
投入运营时间	2019 年
列车编组	16 辆编组（10M6T）
最高运营速度	250km/h

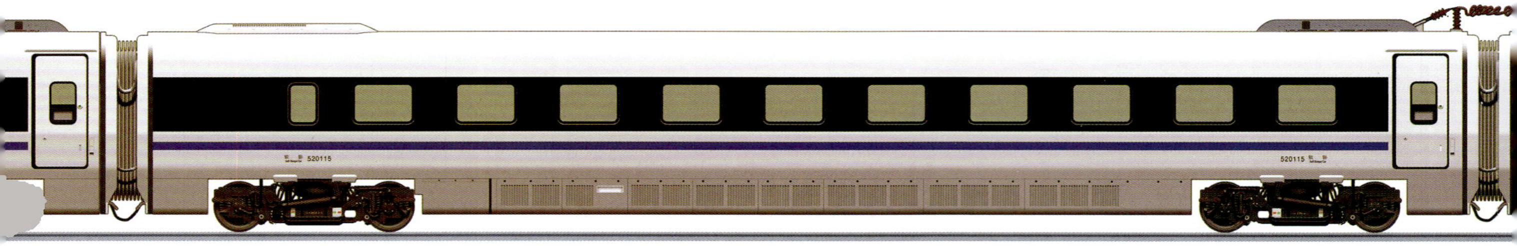

520115 软卧

520113 软卧

520111 软卧

520109 软卧 / 餐车

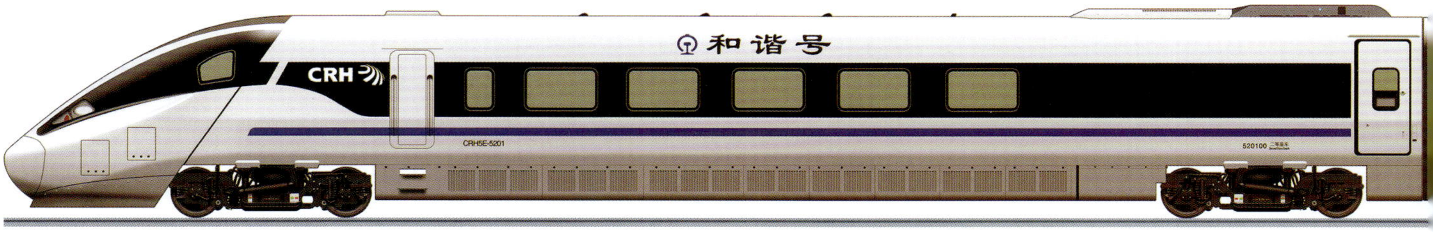

CRH5E-5201 520100 二等座车：CRH5E 型卧铺动车组列车头车的涂装犹如两个黑眼圈，故有“熊猫”的昵称。CRH5E 型卧铺动车组的车厢编号仅有数字编号，未喷写车厢字母编码。

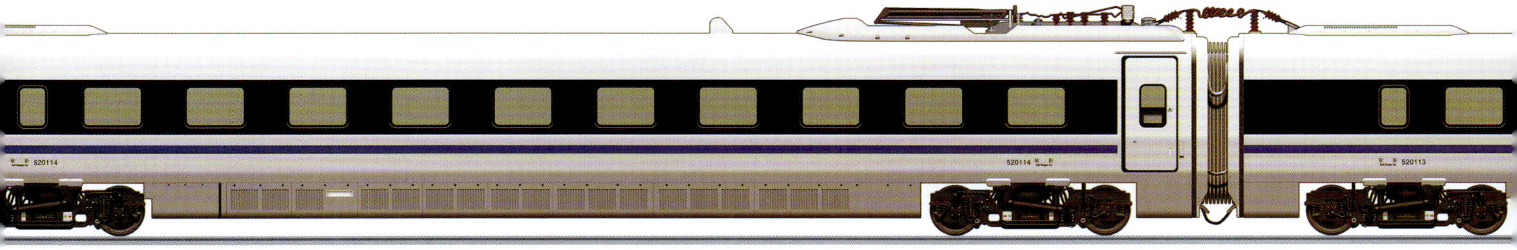

520114 软卧

520112 软卧

520110 软卧

520108 软卧

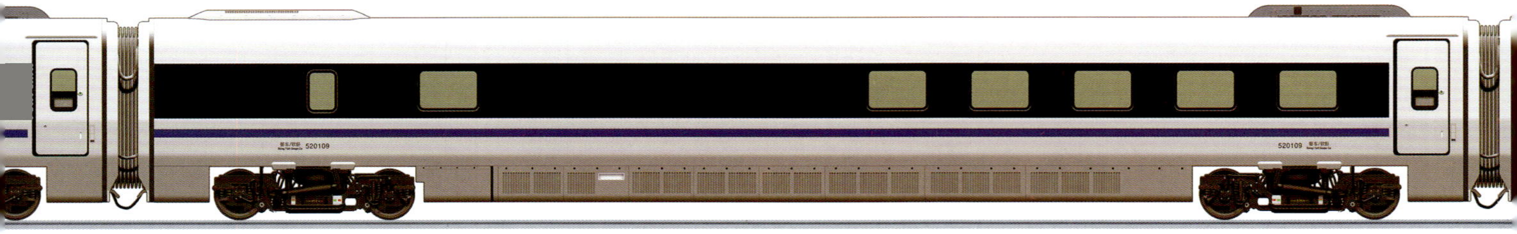

520109 软卧 / 餐车

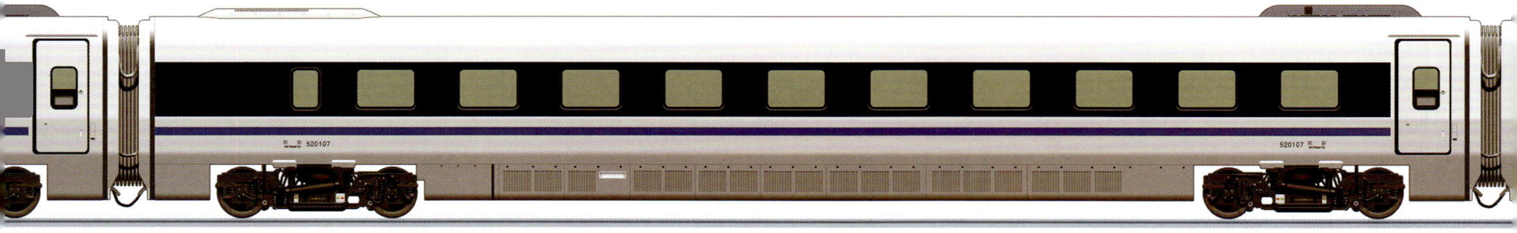

520107 软卧

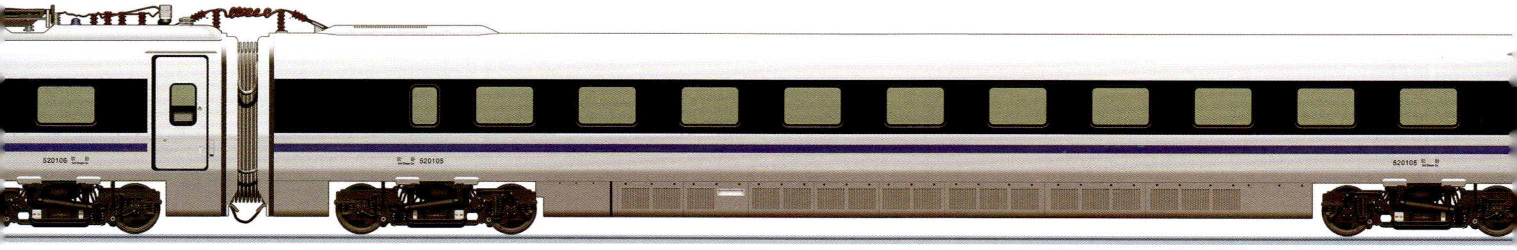

520105 软卧

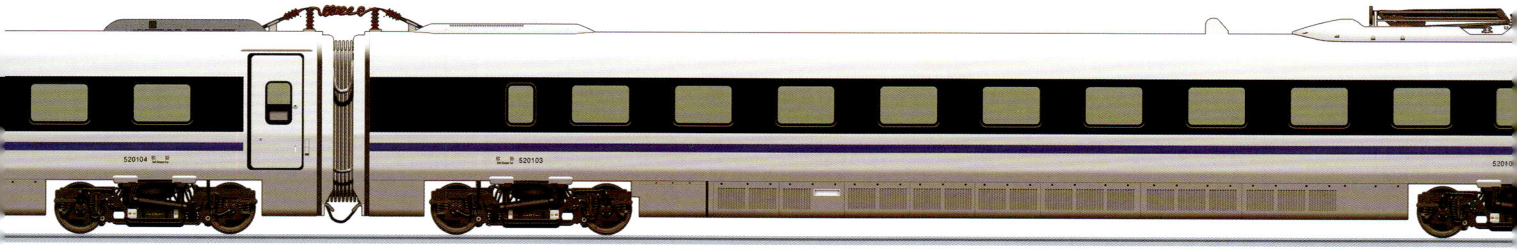

520103 软卧

520108 软卧

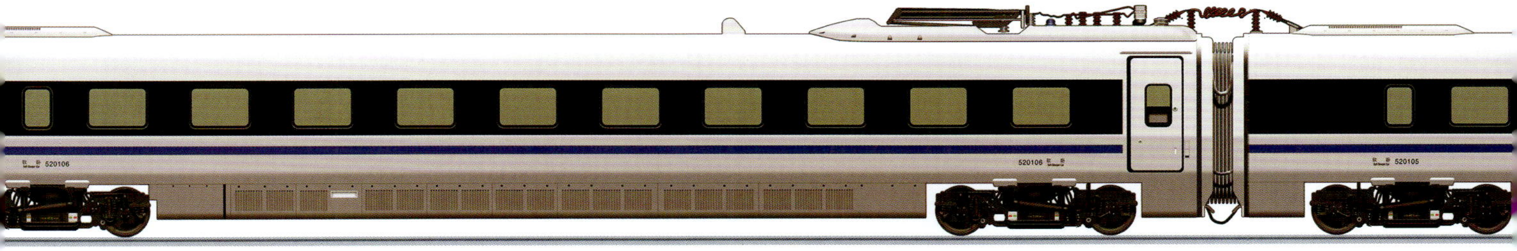

520106 软卧

520104 软卧

520102 软卧

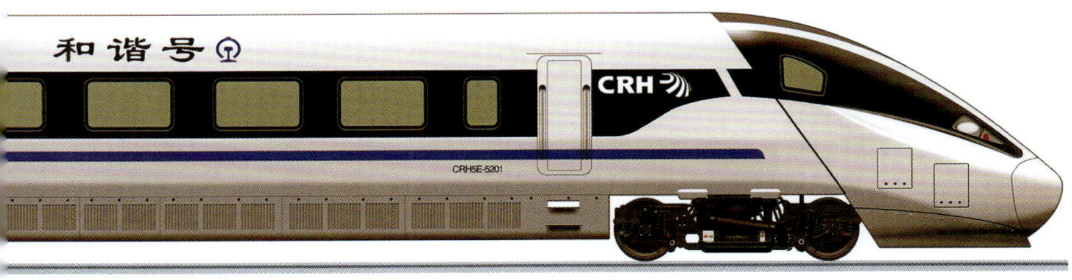

520101 二等座车

CRH6A 型（双开门版）动车组样车

CRH6A-4001 号动车组是 CRH6A 型动车组的首列样车，也是中国中车青岛四方机车车辆股份有限公司在 CRH2A 技术平台基础上研发的 Cinova 技术平台的首列样车。CRH6A 采用 4 动 4 拖 8 辆编组，最高运营速度 200km/h，具有载客量大、快速乘降、快起快停、乘坐舒适、安全可靠、节能环保的特点，且可以兼顾城际轨道交通和中长途旅客运输的需要。

CRH6A-4001	基本数据
制造厂商	中车青岛四方机车车辆股份有限公司
下线时间	2012 年
列车编组	8 辆编组（4M4T）
最高运营速度	200km/h

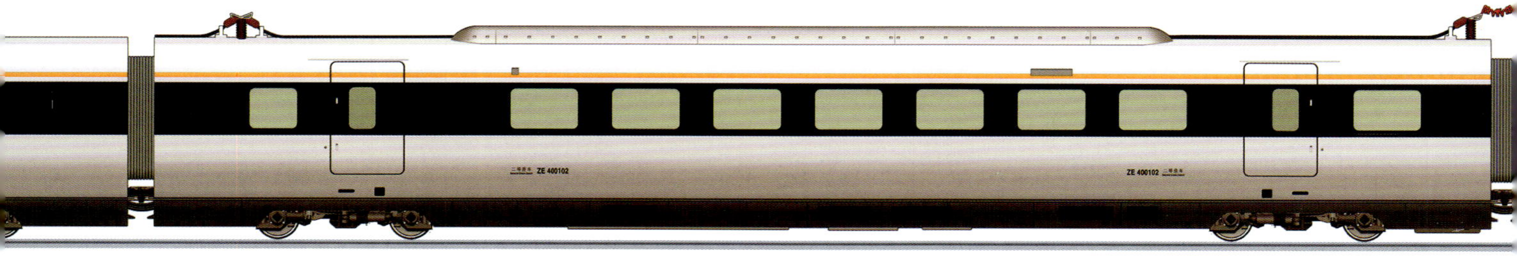

ZE 400102 二等座车：CRH6A 型动车组采用单车两侧两端双门设计，使用的是宽大的单扇车门，便于乘客快速乘降。

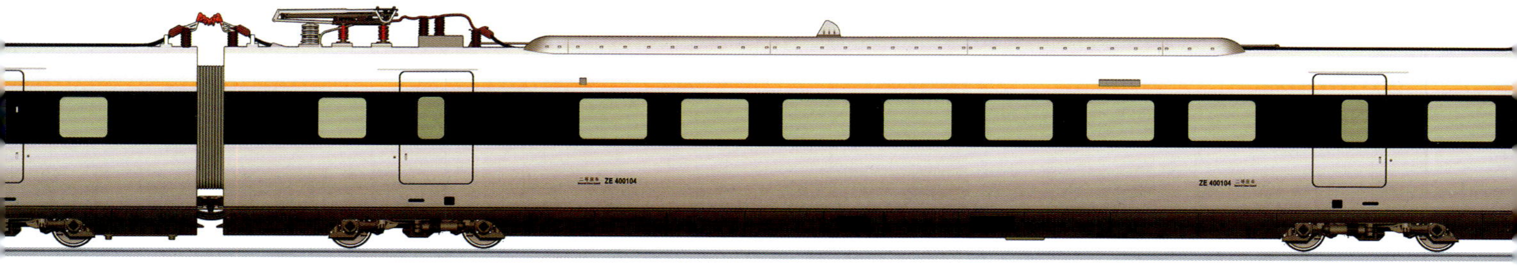

ZE 400104 二等座车

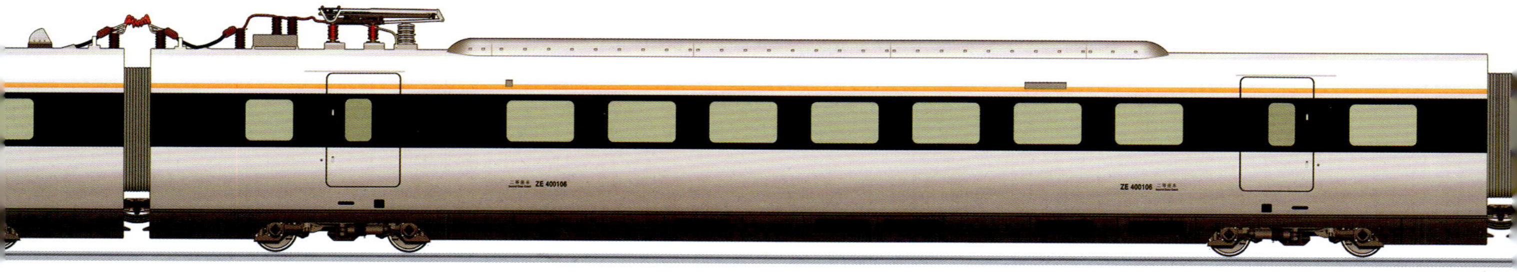

ZE 400106 二等座车

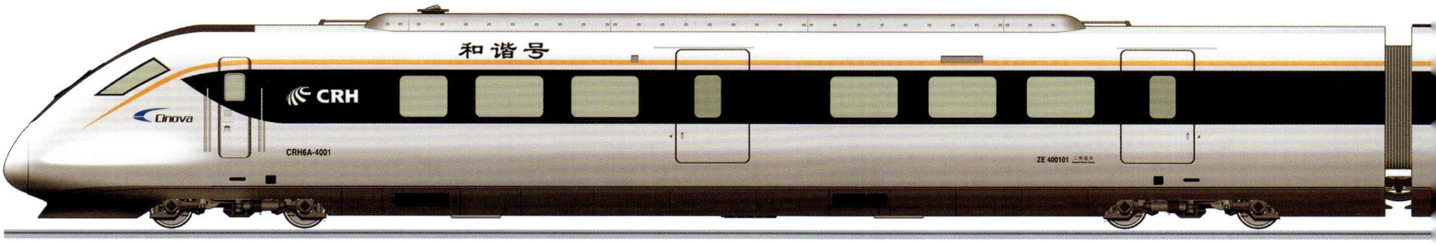

CRH6A-4001 ZE 400101 二等座车：CRH6A 型动车组的车头部分喷涂了 Cinova 的标志。

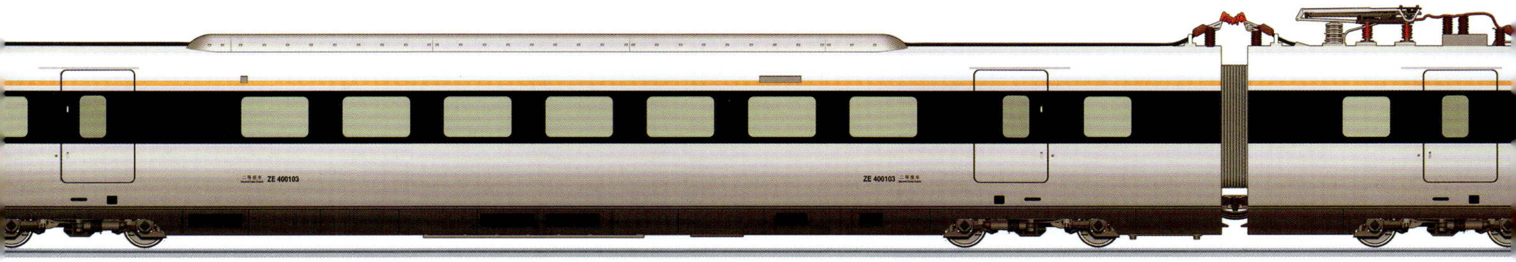

ZE 400103 二等座车

ZE 400105 二等座车

ZE 400107 二等座车

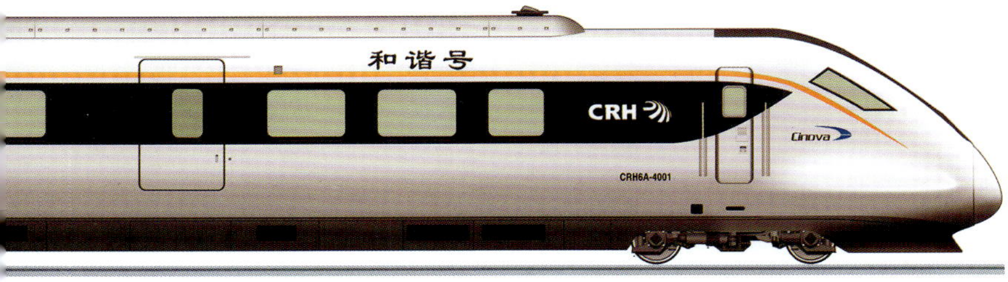

ZE 400100 二等座车

CRH6A 型（三开门版）动车组样车

CRH6A-4002 号动车组是 CRH6A 型动车组的三门版样车，与 CRH6A 型动车组基本型的主要技术指标完全相同。CRH6A-4002 号动车组采用单车两侧前中后三门设计。

CRH6A-4002	基本数据
制造厂商	中车青岛四方机车车辆股份有限公司
下线时间	2013 年
列车编组	8 辆编组（4M4T）
最高运营速度	200km/h

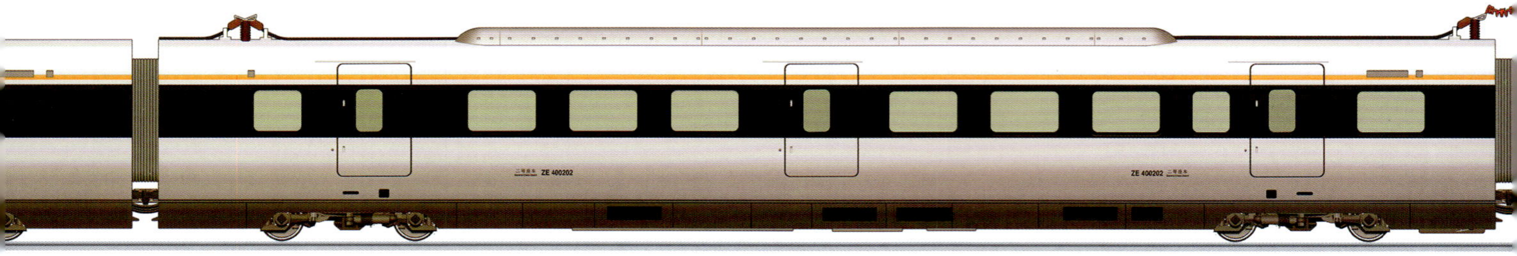

ZE 400202 二等座车

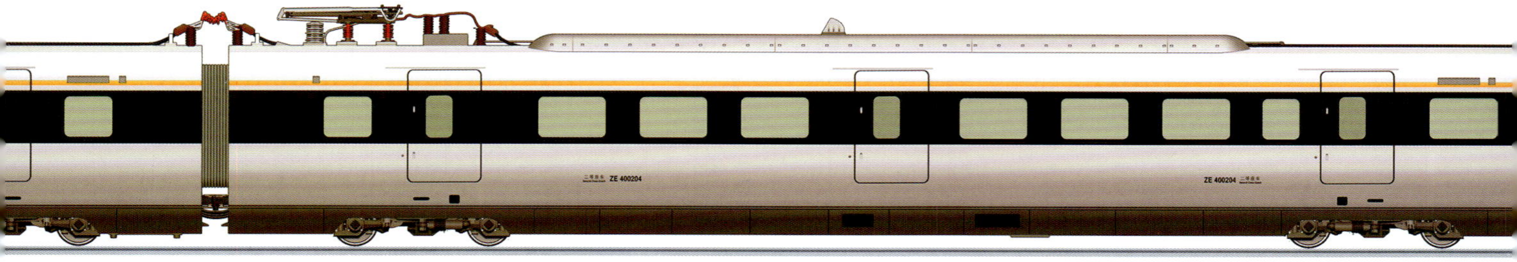

ZE 400204 二等座车

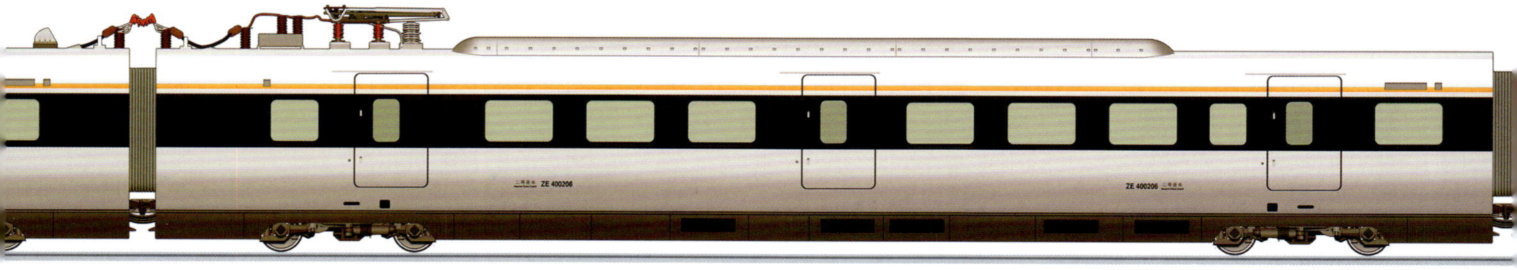

ZE 400206 二等座车

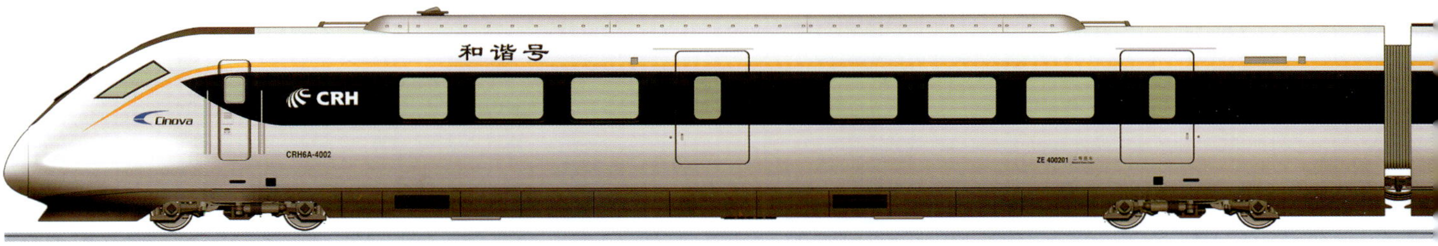

CRH6A-4002 ZE 400201 二等座车

ZE 400203 二等座车：单车单侧三开门的设计，能够进一步提高乘客的乘降速度。

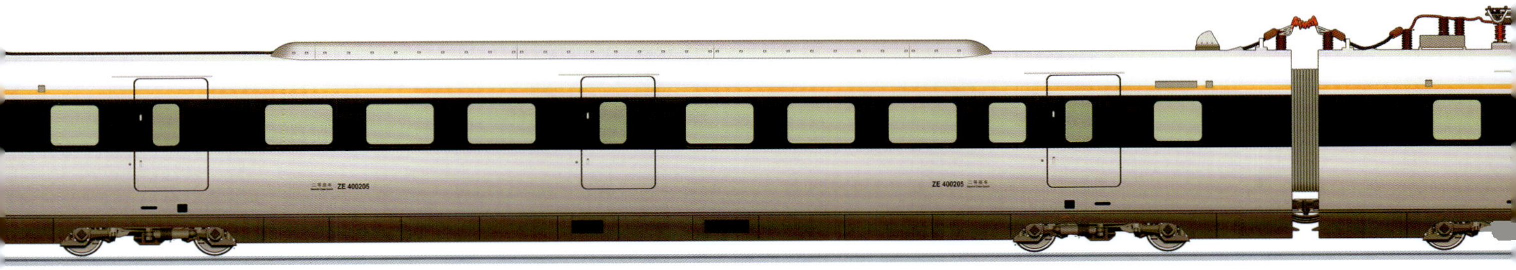

ZE 400205 二等座车

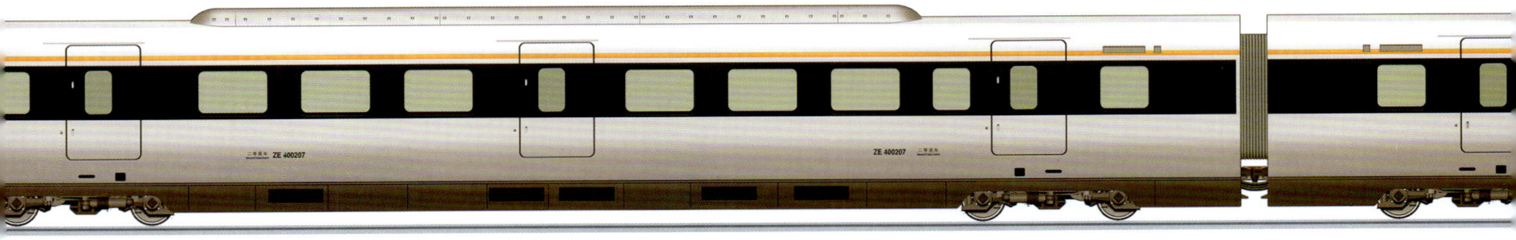

ZE 400207 二等座车

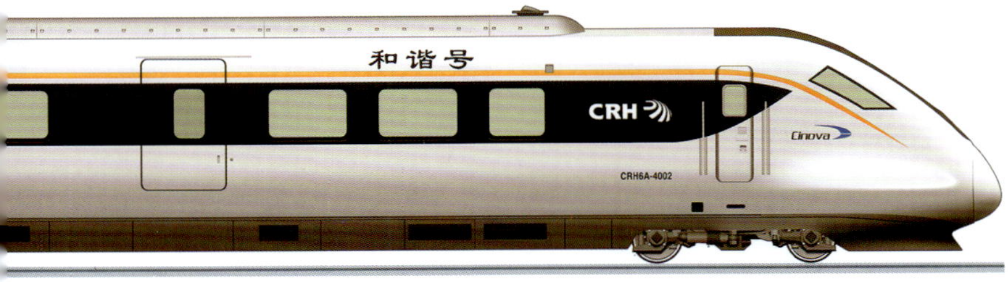

ZE 400200 二等座车

CRH6F 型动车组样车

CRH6F-4003 号动车组是 CRH6F 型动车组的首列样车，由中国中车青岛四方机车车辆股份有限公司研发生产。CRH6F 型动车组同样采用 4 动 4 拖 8 辆编组，最高运营速度下调为 160km/h，但提高了加减速性能，以便满足中短途线路，尤其是市郊铁路快起快停运输特点的需求。

CRH6F-4003	基本数据
制造厂商	中车青岛四方机车车辆股份有限公司
下线时间	2013 年
列车编组	8 辆编组（4M4T）
最高运营速度	160km/h

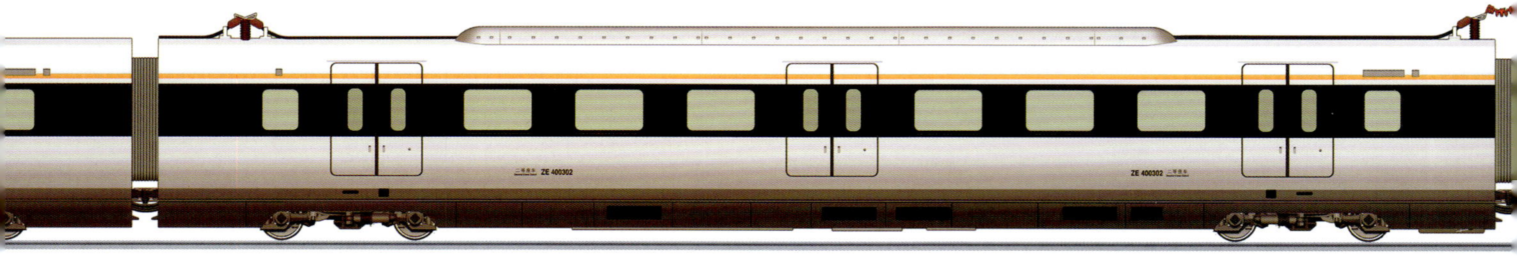

ZE 400302 二等座车

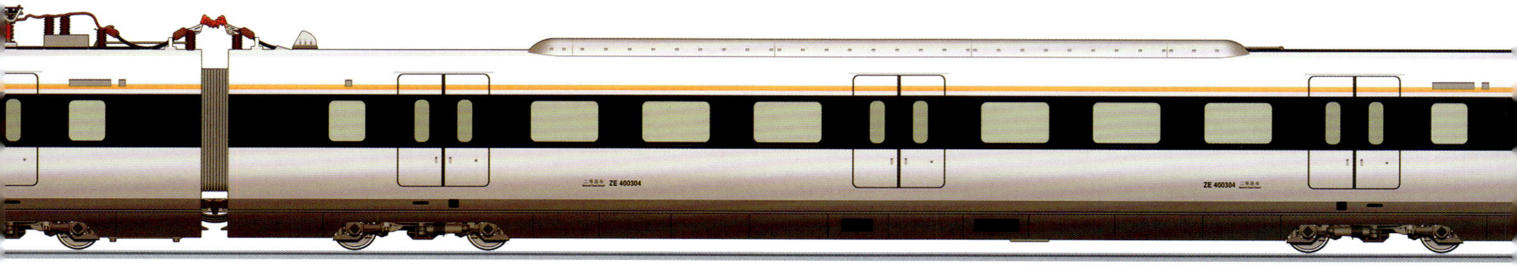

ZE 400304 二等座车

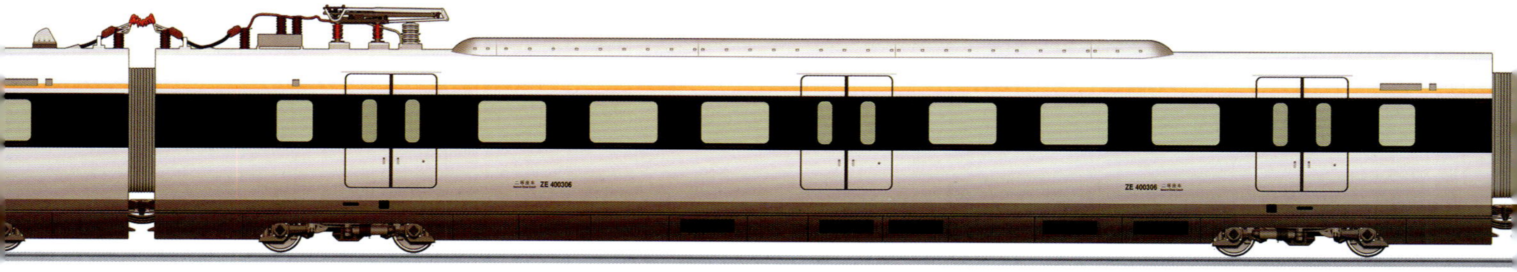

ZE 400306 二等座车

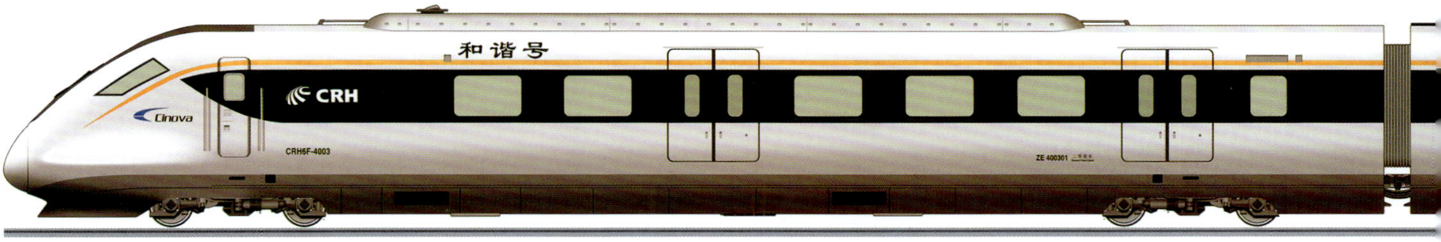

CRH6F-4003 **ZE 400301** 二等座车

ZE 400303 二等座车：每节中间车设置 3 对车门，均为对开塞拉门设计。比 CRH6A-4002 系列拥有更大的人员通过能力。

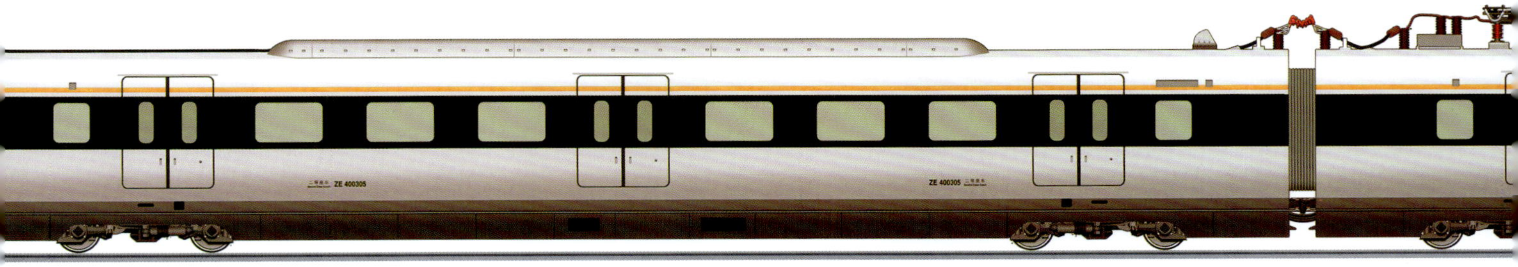

ZE 400305 二等座车

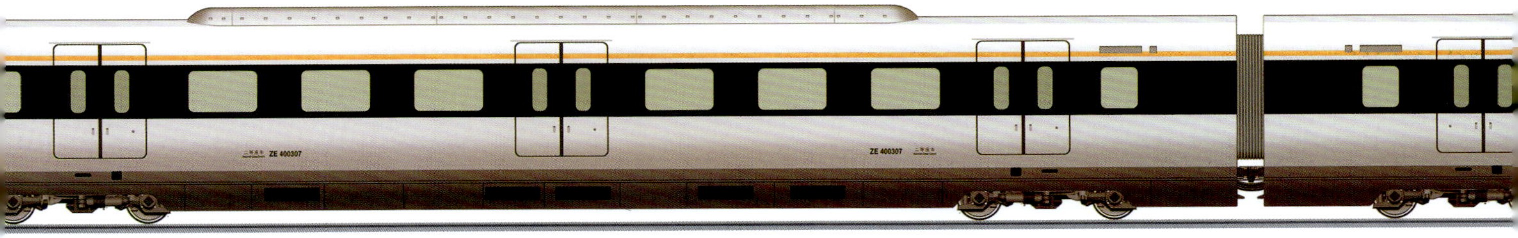

ZE 400307 二等座车

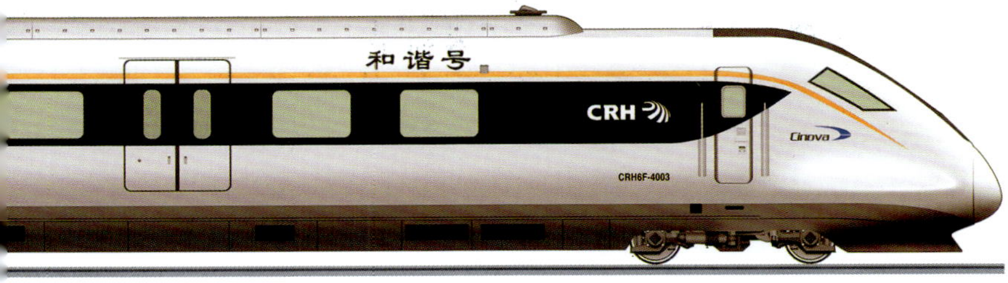

ZE 400300 二等座车

CRH6A-A 型动车组样车

CRH6A-A 型动车组是基于 Cinova 技术平台的时速 200 公里级别短编组动车组，也是中国首个采用 4 辆编组的 CRH 动车组。

CRH6A-A-0002 基本数据

制造厂商	中车青岛四方机车车辆股份有限公司
下线时间	2017 年
列车编组	4 辆编组（2M2T）
最高运营速度	200km/h

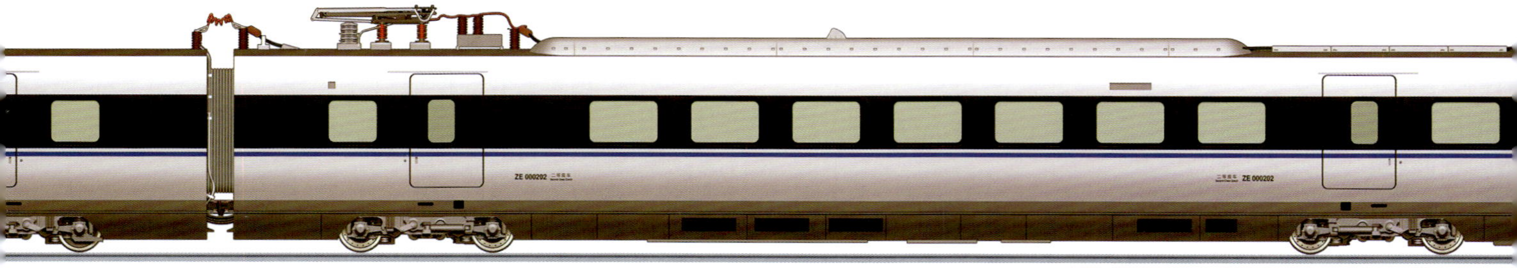

ZE 000202 二等座车

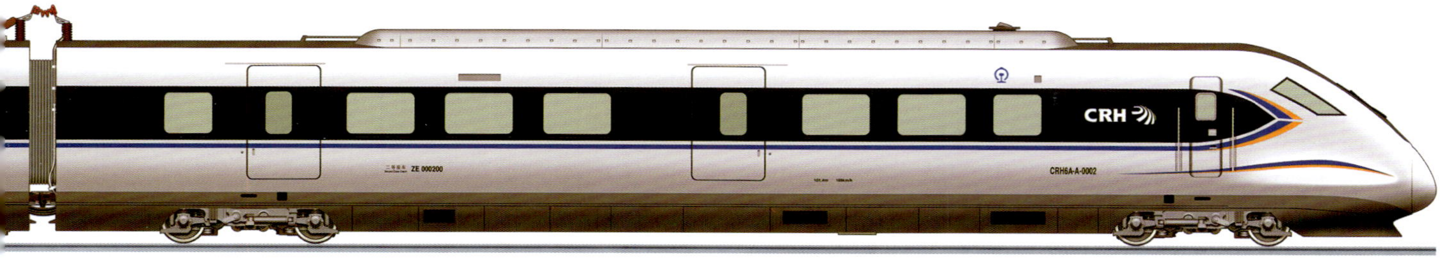

ZE 000200 二等座车

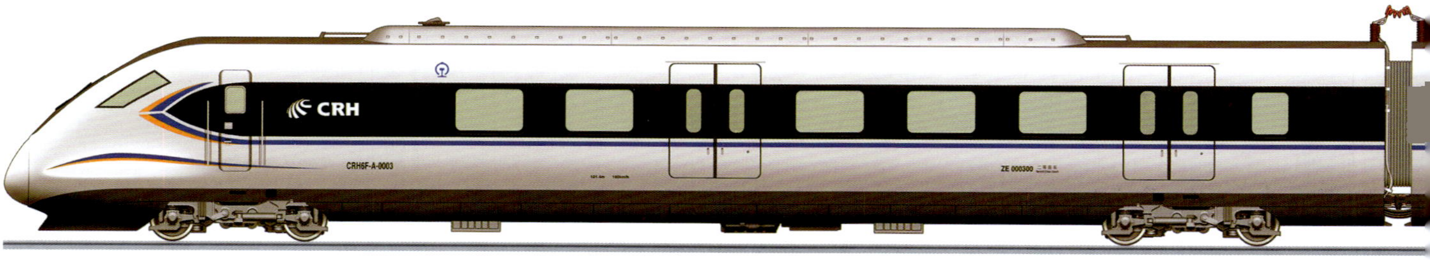

CRH6F-A-0003 ZE 000300 二等座车

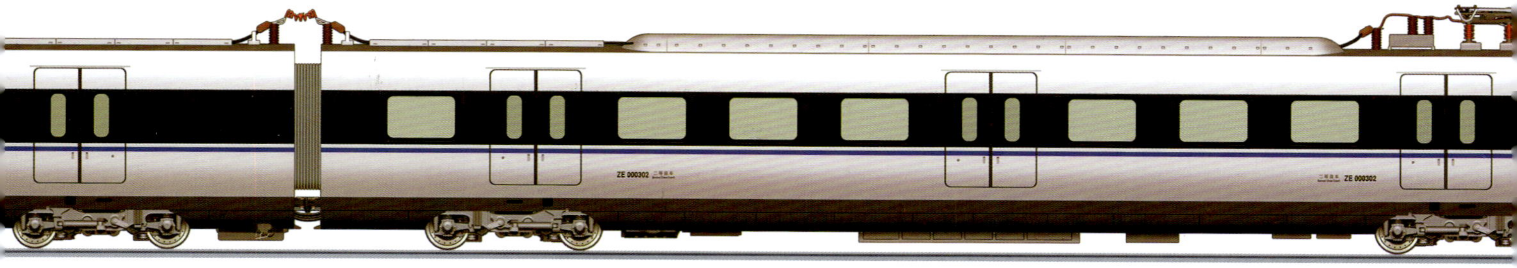

ZE 000302 二等座车

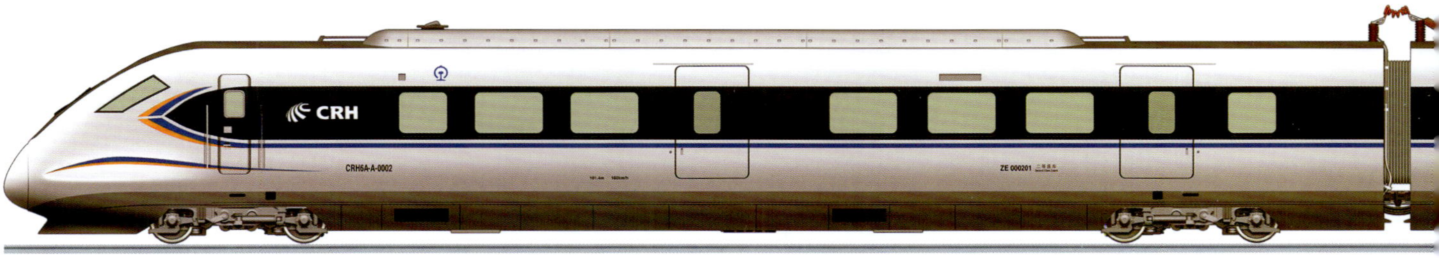

CRH6A-A-0002 **ZE 000201** 二等座车

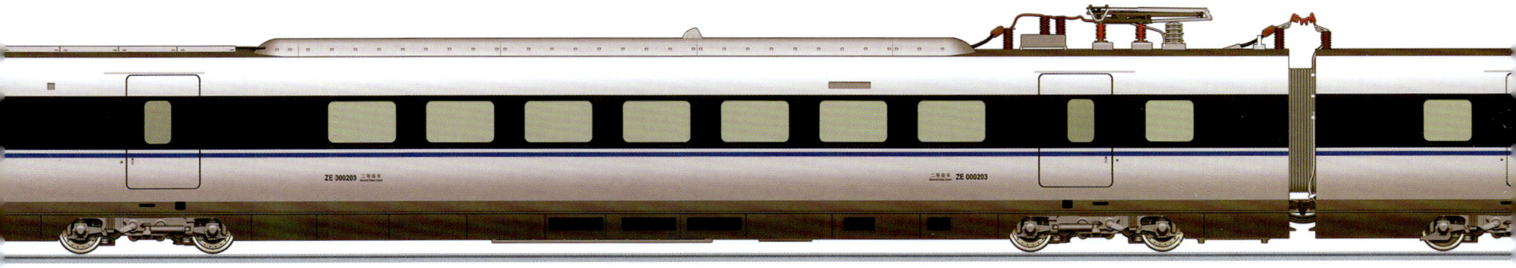

ZE 000203 二等座车

CRH6F-A 型动车组样车

CRH6F-A 型动车组是 CRH6F 型动车组的 4 辆短编组版本，最高运营速度亦为 160km/h。CRH6F-A 型动车组与 CRH6A-A 型动车组形成互补，以满足不同运输场景和线路设计的需求。

CRH6F-A-0003	基本数据
制造厂商	中车青岛四方机车车辆股份有限公司
下线时间	2017 年
列车编组	4 辆编组（2M2T）
最高运营速度	160km/h

ZE 000303 二等座车

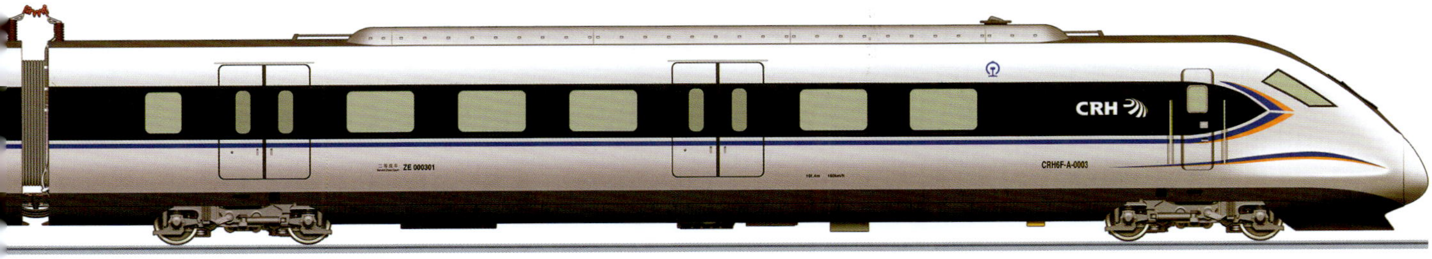

ZE 000301 二等座车

CRH6A 型动车组珠三角城际铁路涂装

配属广珠城际铁路运用的 CRH6A 型动车组采用广铁集团的特色涂装，蓝色边条与箭头的设计是其显著特点。列车运用期间曾短期调配至广深线运营。

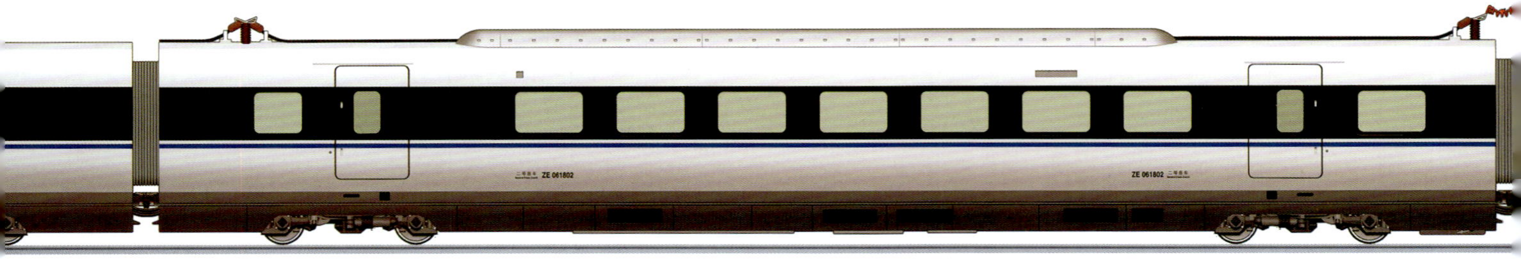

ZE 061802 二等座车

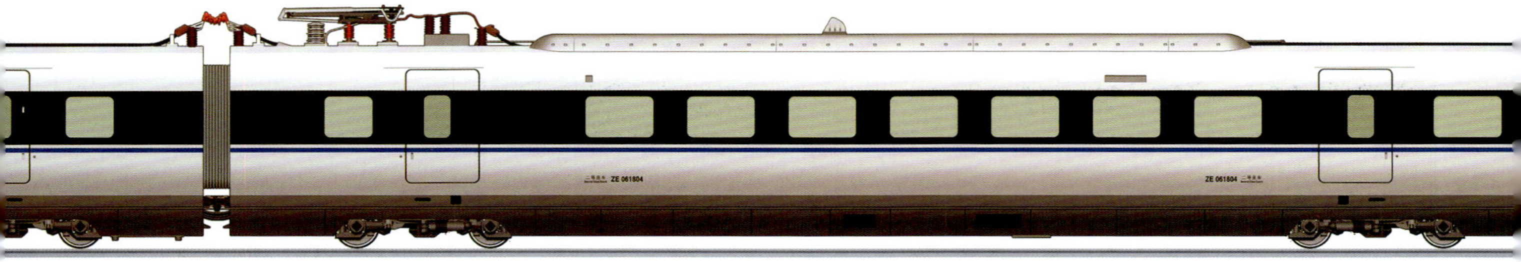

ZE 061804 二等座车

ZE 061806 二等座车

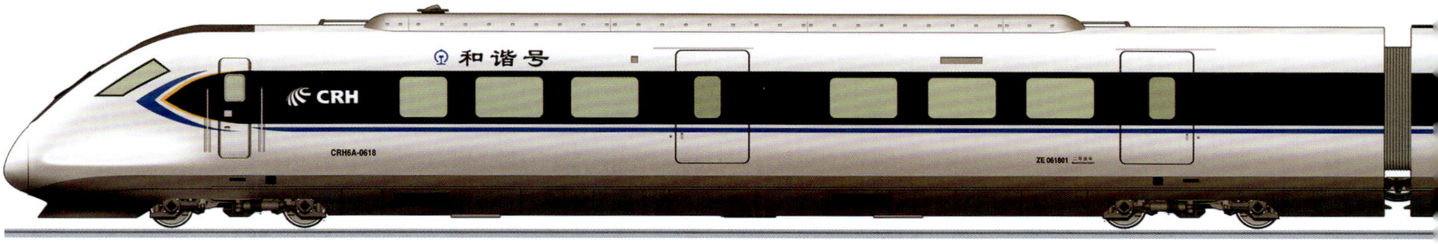

CRH6A-0618 ZE 061801 二等座车

ZE 061803 二等座车

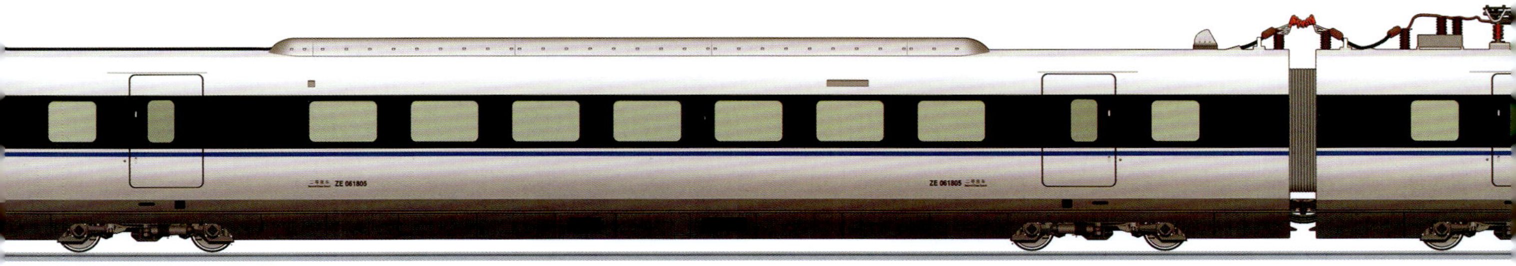

ZE 061805 二等座车

ZE 061807 二等座车

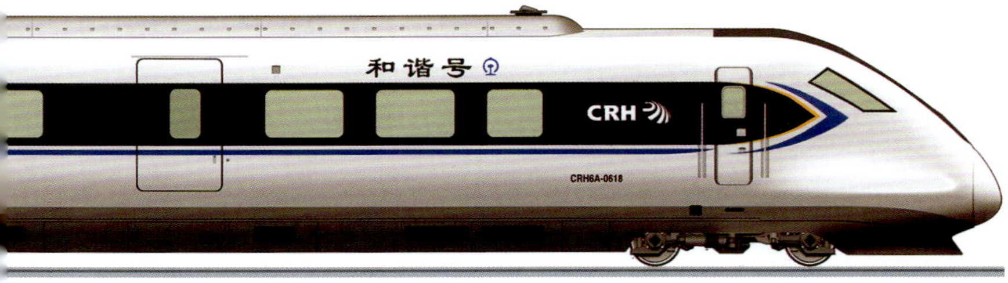

ZE 061800 二等座车

CRH6A 型动车组中原城市圈城际铁路涂装

配属中原城市圈城际铁路（郑开城际、郑焦城际、郑州至新郑机场城际铁路）运用的 CRH6A 型动车组采用橙色腰线的特色涂装，车体没有喷涂“CRH”的标志和“和谐号”字样。

ZE 042402 二等座车

ZE 042404 二等座车

ZE 042406 二等座车

CRH6A-0424 ZE 042401 二等座车：运用于郑州局集团公司的 CRH6A 取消了 CRH 的标志和和谐号字样。

ZE 042403 二等座车

ZE 042405 二等座车

ZE 042407 二等座车

ZE 042400 二等座车

CRH6A 型动车组上海金山城际铁路涂装

配属上海金山城际铁路运用的 CRH6A 型动车组采用蓝色腰线的特色涂装，亦没有喷涂“CRH”的标志和“和谐号”字样。

ZE 042002 二等座车

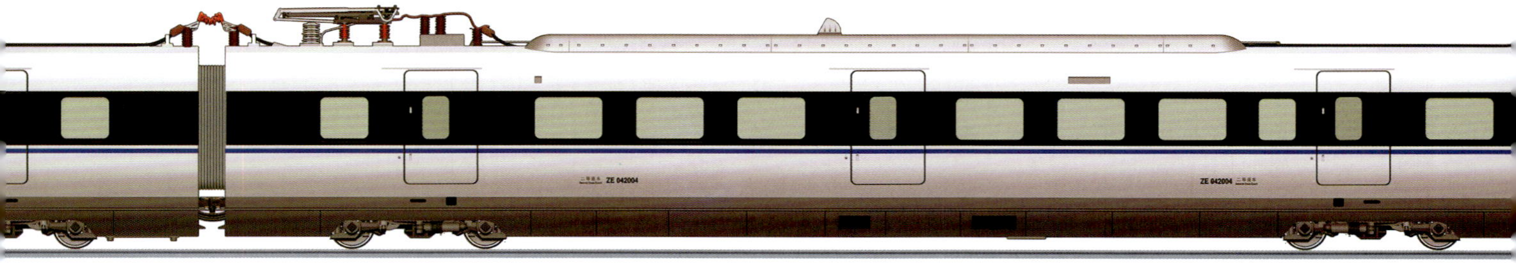

ZE 042004 二等座车

ZE 042006 二等座车

CRH6A-0420 ZE 042001 二等座车

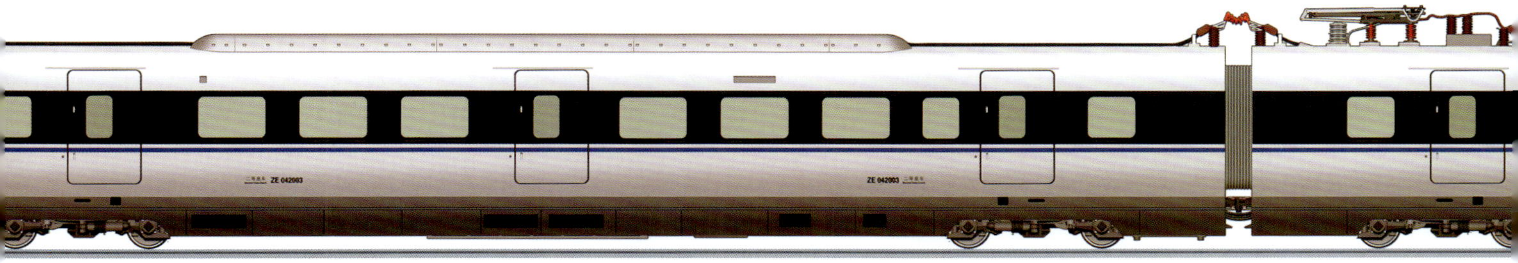

ZE 042003 二等座车

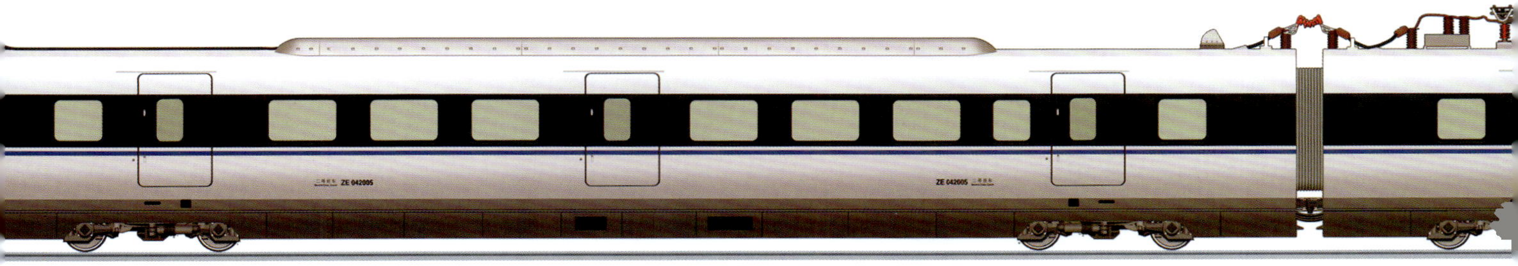

ZE 042005 二等座车

ZE 042007 二等座车

ZE 042000 二等座车

CRH6A 型动车组北京城市副中心线涂装

配属北京城市副中心线运用的 CRH6A 型动车组采用“京通号”特色涂装，列车头部和头车中部车门上方旁喷涂的“京通号”字样是其显著的特点。

ZE 043902 二等座车

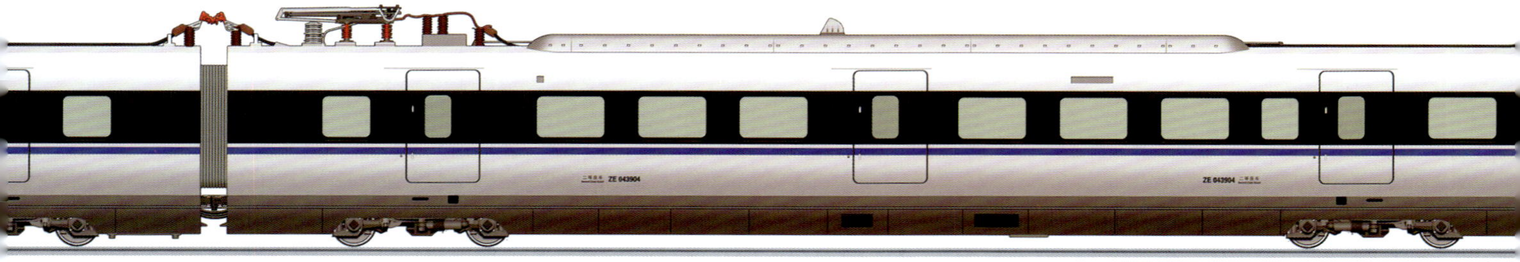

ZE 043904 二等座车

ZE 043906 二等座车

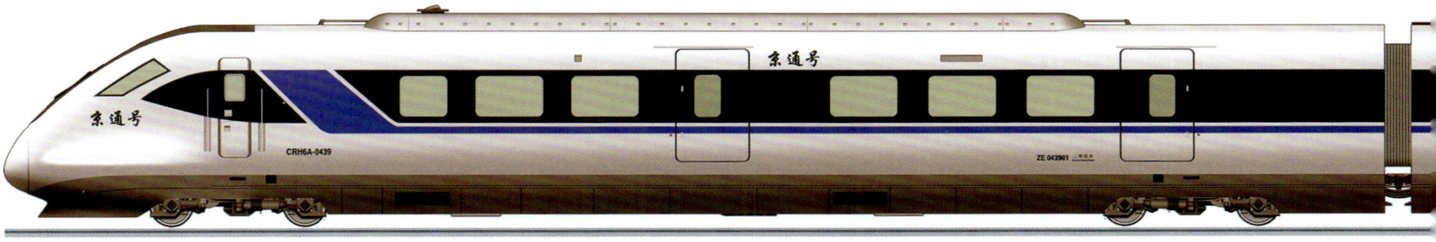

CRH6A-0439 ZE 043901 二等座车

ZE 043903 二等座车

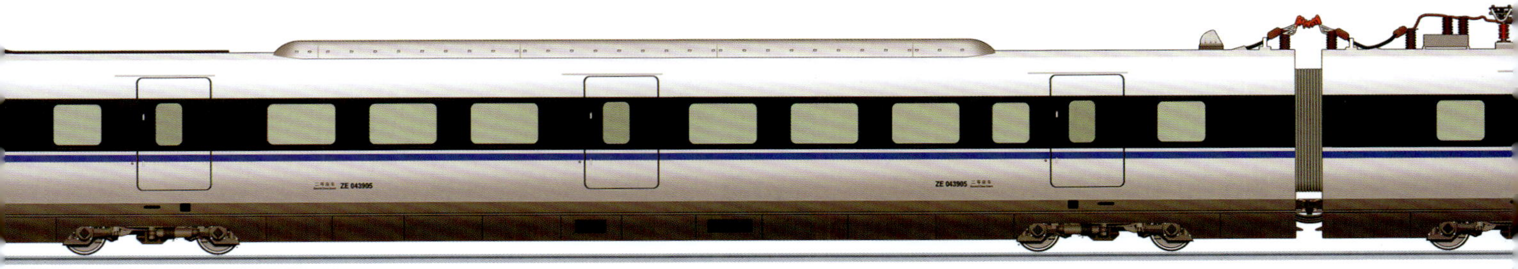

ZE 043905 二等座车

ZE 043907 二等座车

ZE 043900 二等座车

CRH6F 型动车组长株潭城际铁路涂装

配属长株潭城际铁路运用的CRH6F型动车组采用黑色、灰色基调为主色调，配合蓝色腰线的涂装设计。

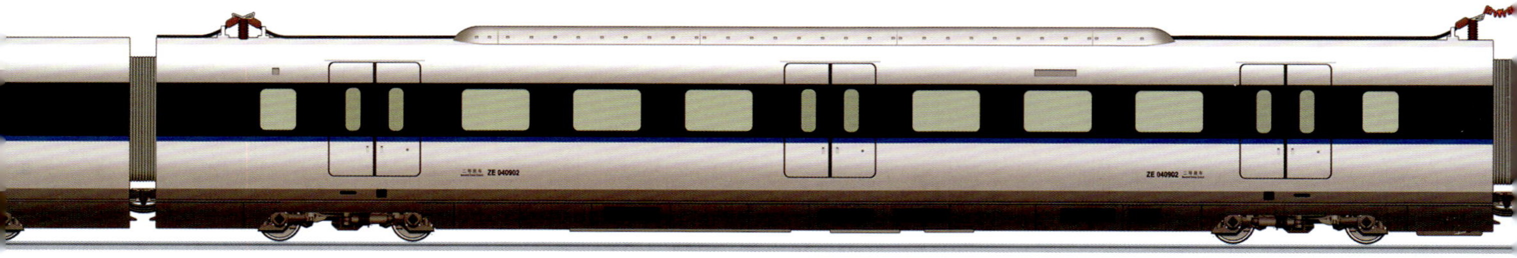

ZE 040902 二等座车

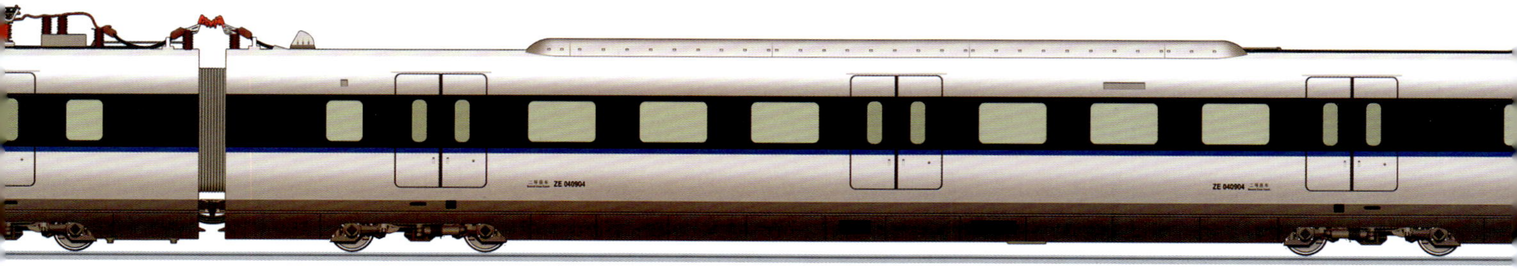

ZE 040904 二等座车

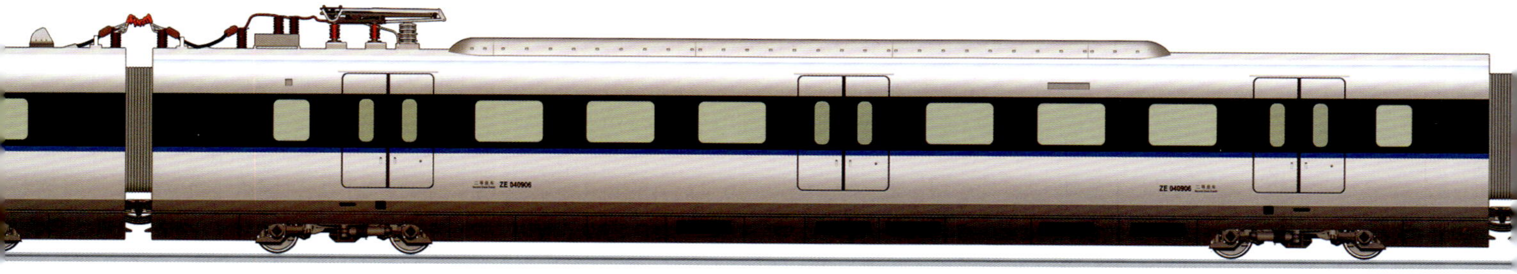

ZE 040906 二等座车

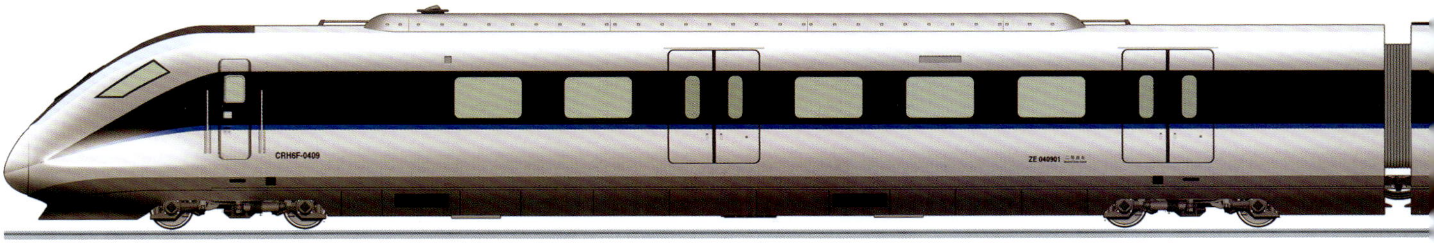

CRH6F-0409 ZE 040901 二等座车

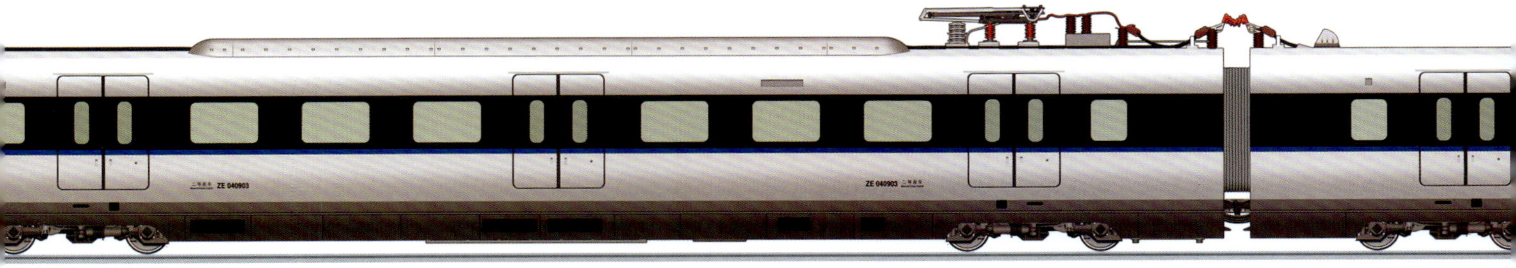

ZE 040903 二等座车

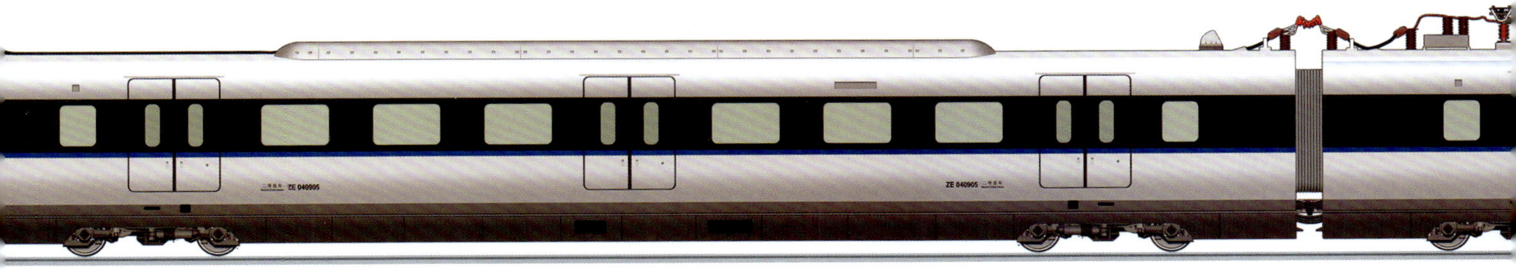

ZE 040905 二等座车

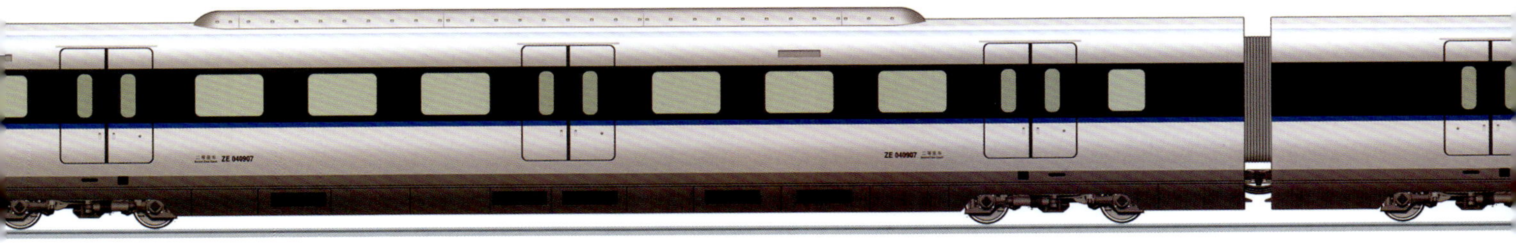

ZE 040907 二等座车

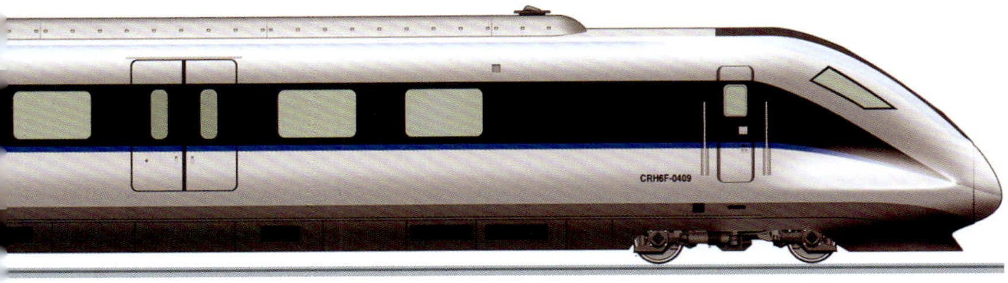

ZE 040900 二等座车

CRH6F 型动车组宁波至余姚城际铁路涂装

配属宁波至余姚城际铁路运用的 CRH6F 型动车组采用“阳明号”特色涂装，列车头部和车体侧面喷涂的“阳明号”字样是由明代著名哲学家、政治家、军事家、文学家王阳明的手书集字而成。

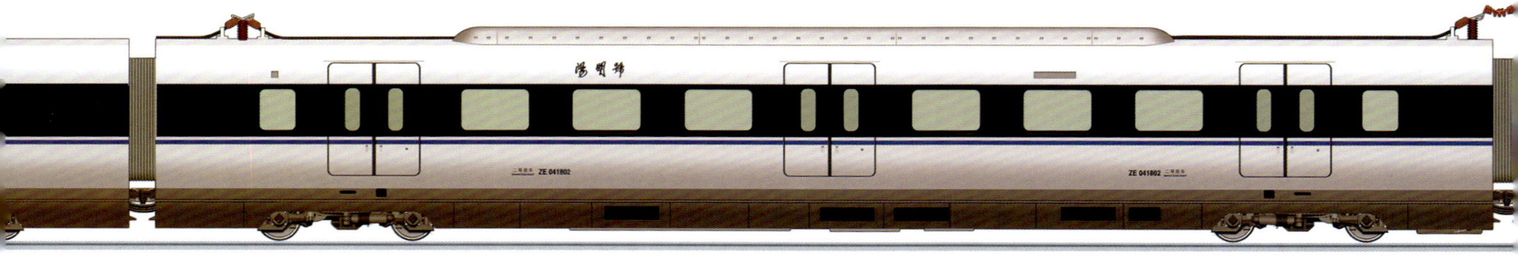

ZE 041802 二等座车

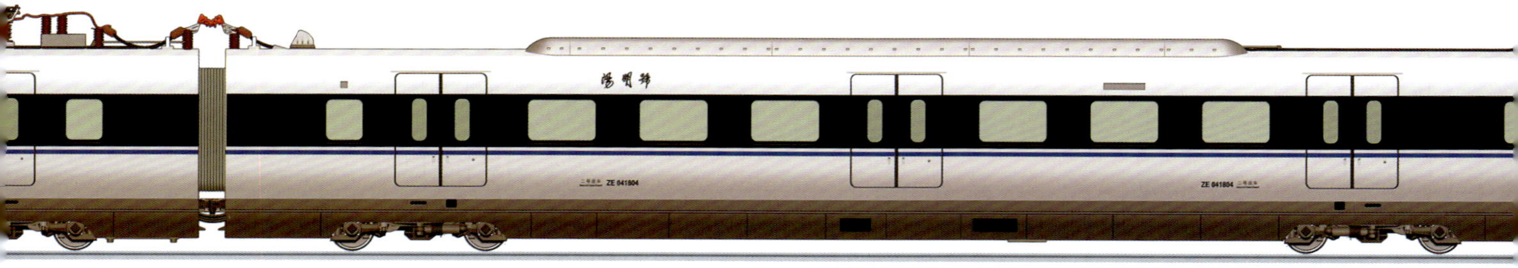

ZE 041804 二等座车

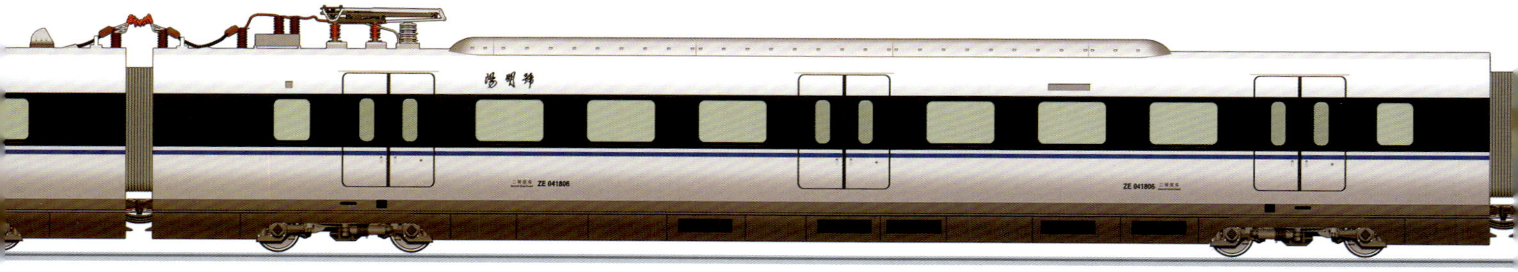

ZE 041806 二等座车

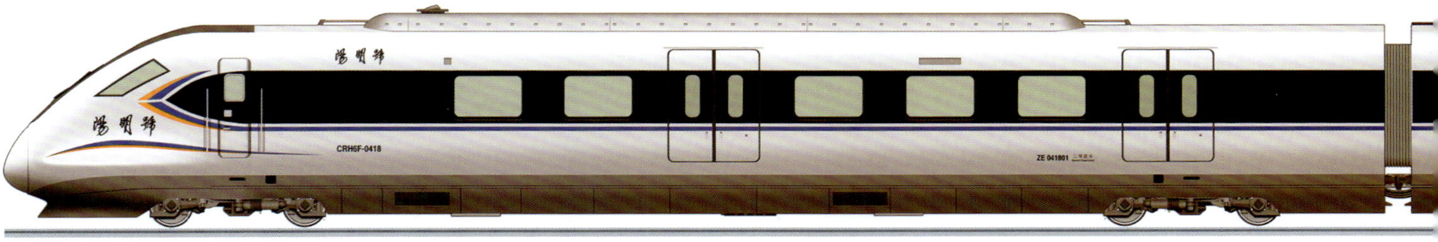

CRH6F-0418 ZE 041801 二等座车

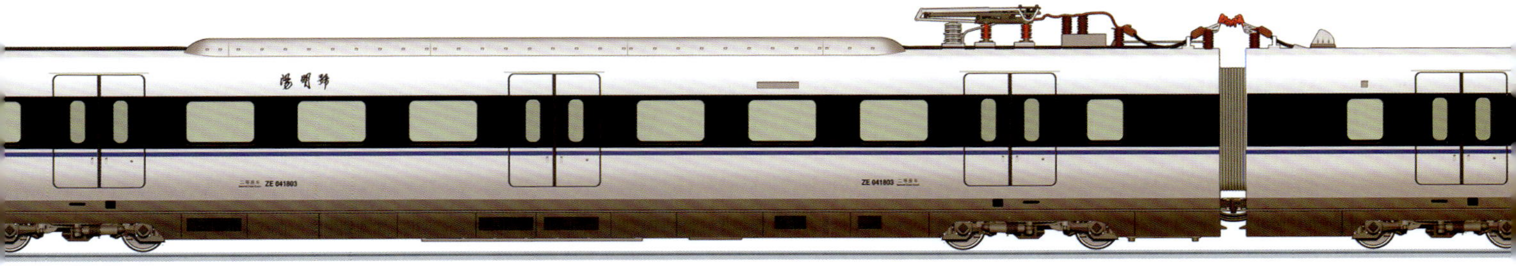

ZE 041803 二等座车

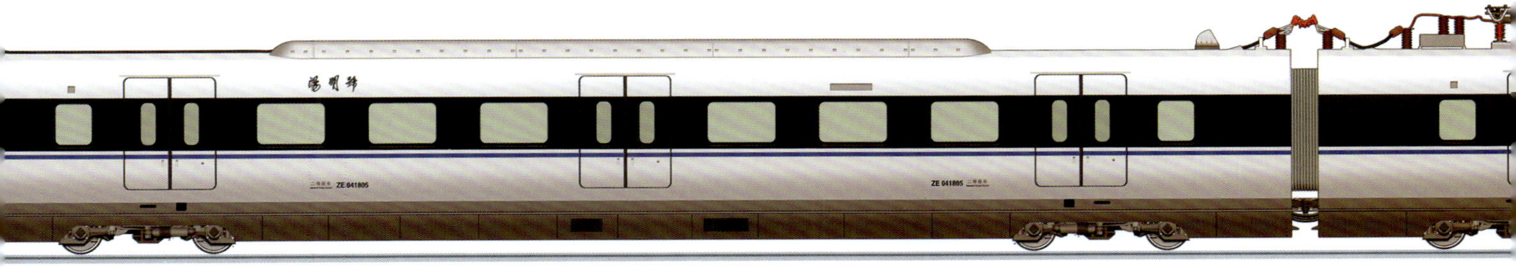

ZE 041805 二等座车

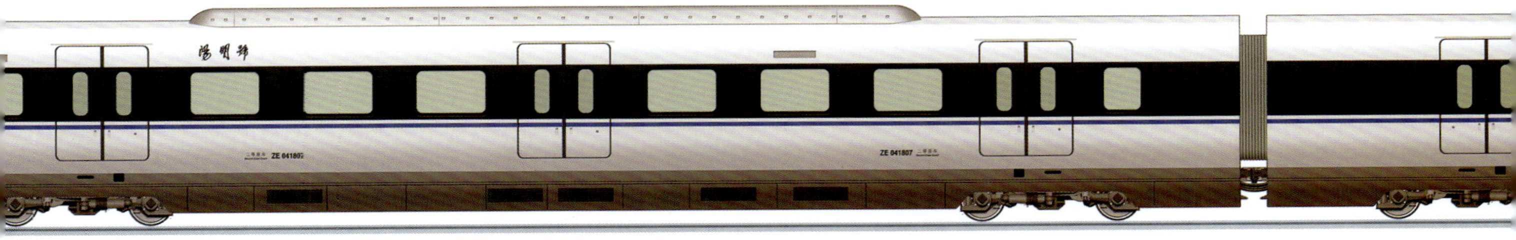

ZE 041807 二等座车

ZE 041800 二等座车

CRH6A-A 型动车组成灌线涂装

成灌线 CRH6A-A 型动车组最高运营时速 200 公里，具有适应性强、载客量大、安全舒适、节能环保等显著优势，能满足市域铁路与干线铁路互联互通，能实现高速铁路、市域铁路和城市轨道交通的“三网融合”，更能适应运量大、起停频繁、快速乘降的市域铁路公交化运营要求。

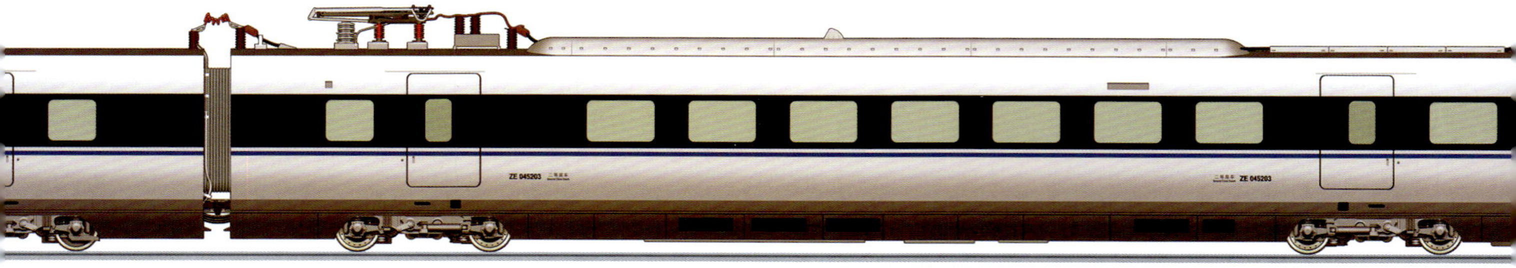

ZE 045203 二等座车

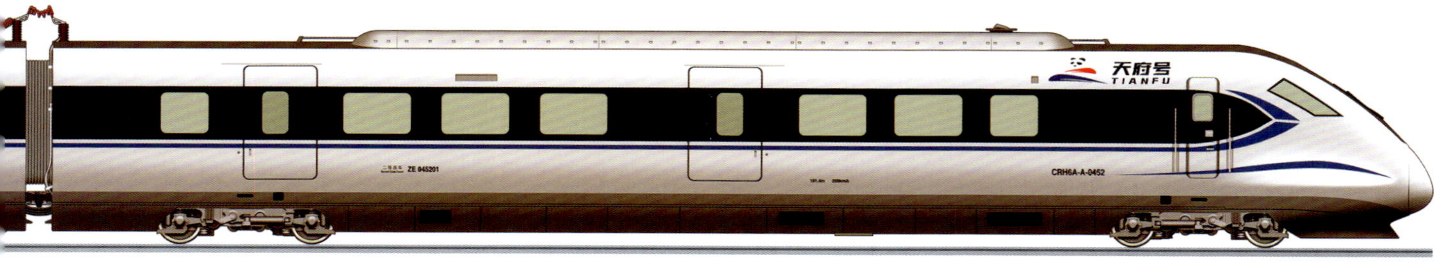

ZE 045203 二等座车

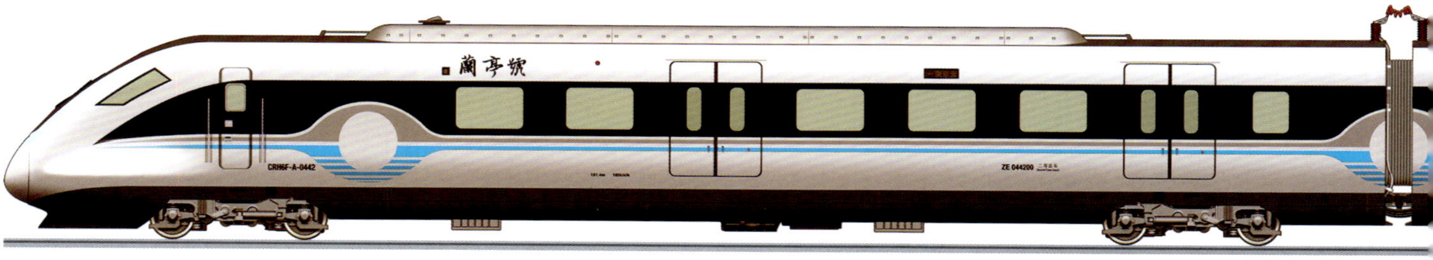

CRH6F-A-0442 ZE 044200 二等座车

ZE 044202 二等座车

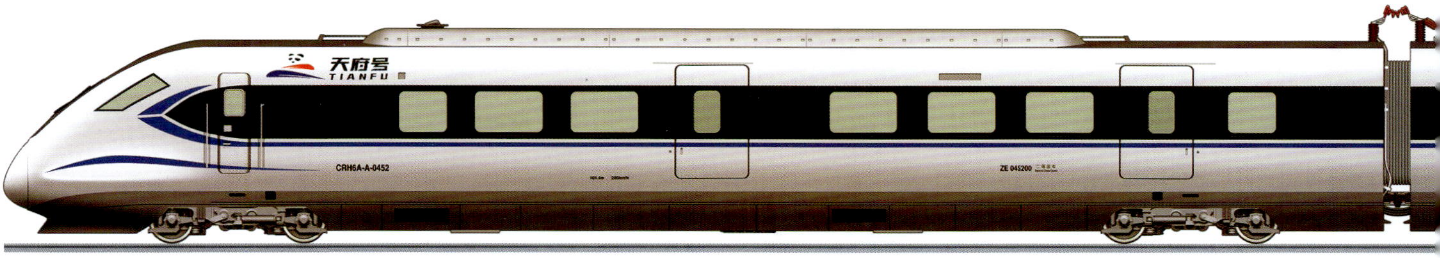

CRH6F-A-0452 ZE 045200 二等座车

ZE 045202 二等座车

CRH6F-A 型动车组绍兴风情旅游新干线涂装

配属绍兴风情旅游新干线运用的 CRH6F-A 型动车组采用了富含地域旅游特色的彩绘涂装，彩绘创意灵感来自江南水乡的小桥流水造型。这三列 CRH6F-A 型动车组分别被命名为“鉴湖号”“兰亭号”和“稽山号”，车名字样由著名书法家王羲之的书法作品集字而成。

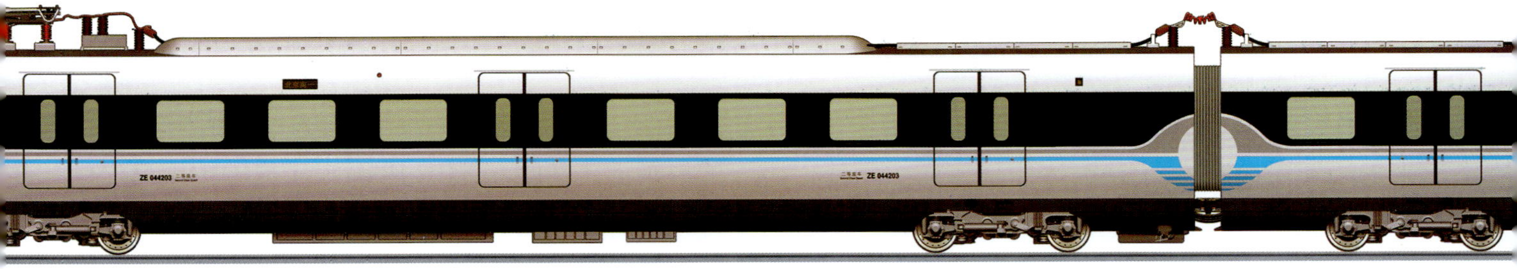

ZE 044203 二等座车

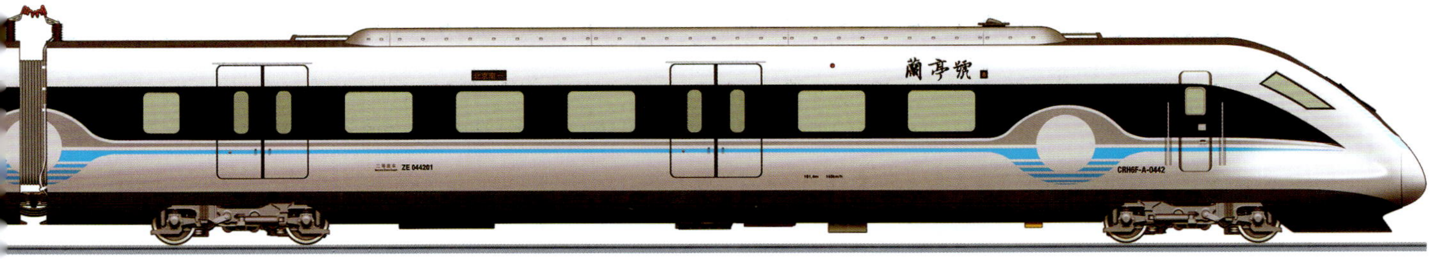

ZE 044201 二等座车

CRH6F-A 型动车组宁波至余姚城际铁路涂装

配属宁波至余姚城际铁路运用的 CRH6F-A 型动车组采用的亦是“阳明号”特色涂装，与配属同一铁路运用的 CRH6F 型动车组相同。

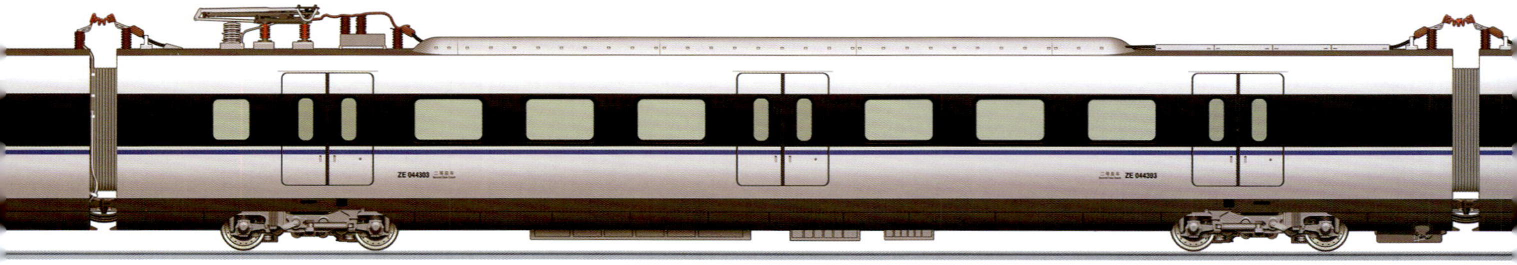

ZE 044303 二等座车

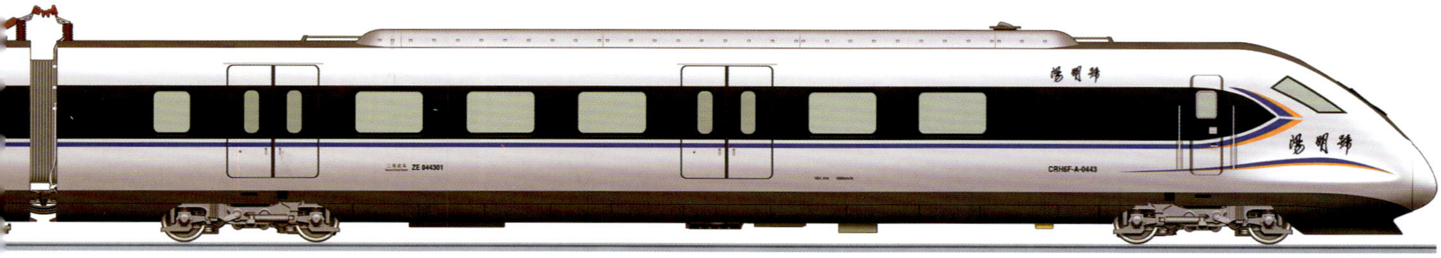

ZE 044301 二等座车

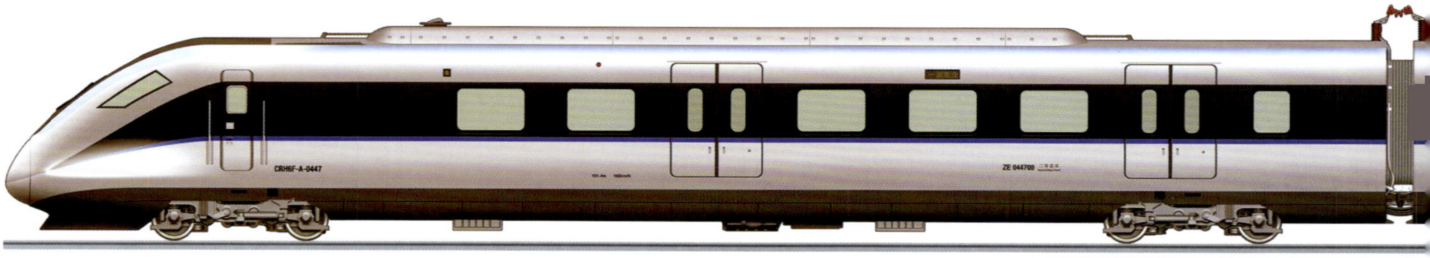

CRH6F-A-0447 ZE 044700 二等座车

ZE 044702 二等座车

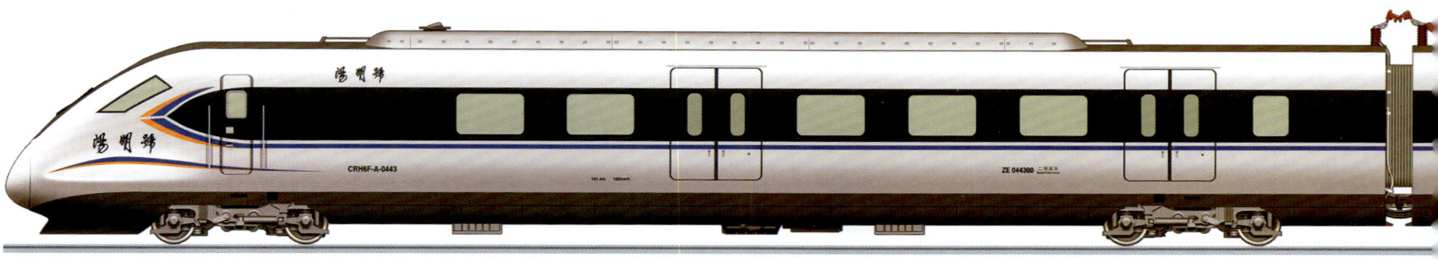

CRH6F-A-0443 ZE 044300 二等座车

ZE 044302 二等座车

CRH6F-A 型动车组湖南城际铁路涂装

湖南城际铁路涂装的 CRH6F-A 动车组沿用湖南城际铁路 CRH6F 灰黑色涂装。CRH6F-A 投入运营后，长沙至暮云、株洲、湘潭的发车平均间隔缩短，“公交化”运营程度明显提升。

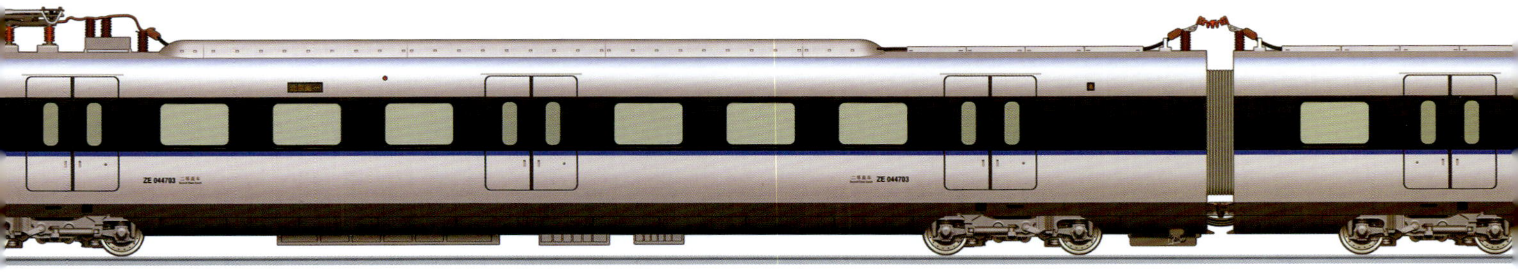

ZE 044703 二等座车

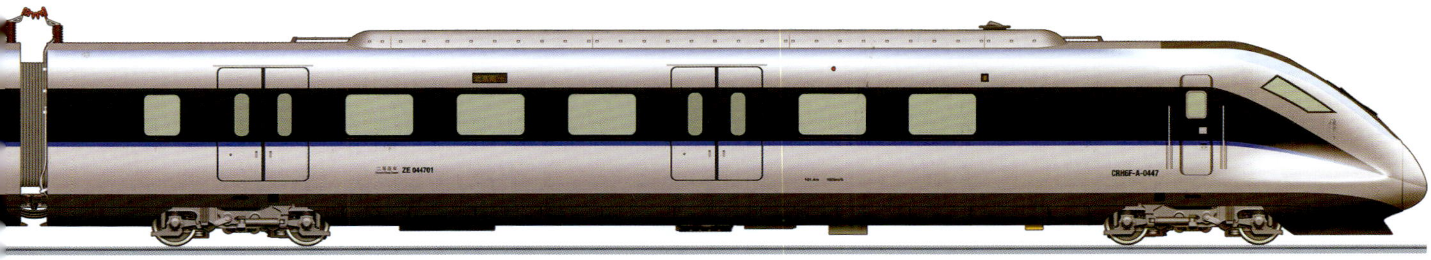

ZE 044701 二等座车

CRH6A

时速 200 公里级别
8 辆编组
两对单开塞拉门

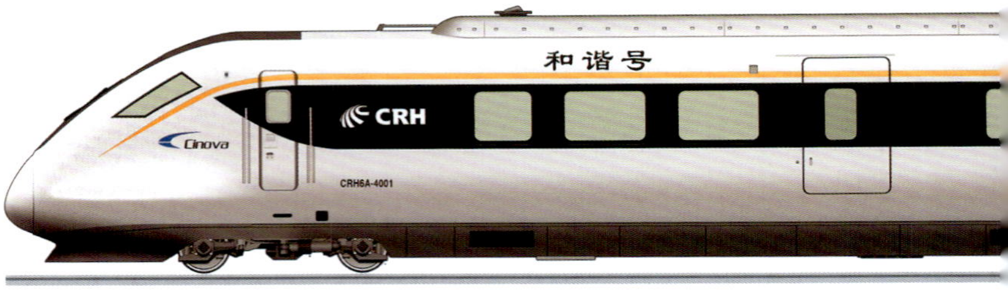

CRH6A–4001

CRH6A

时速 200 公里级别
8 辆编组
三对单开塞拉门

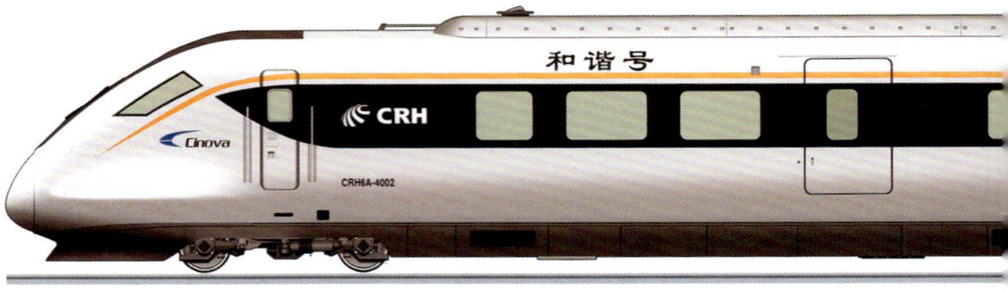

CRH6A–4002

CRH6F

时速 160 公里级别
8 辆编组
三对双开塞拉门

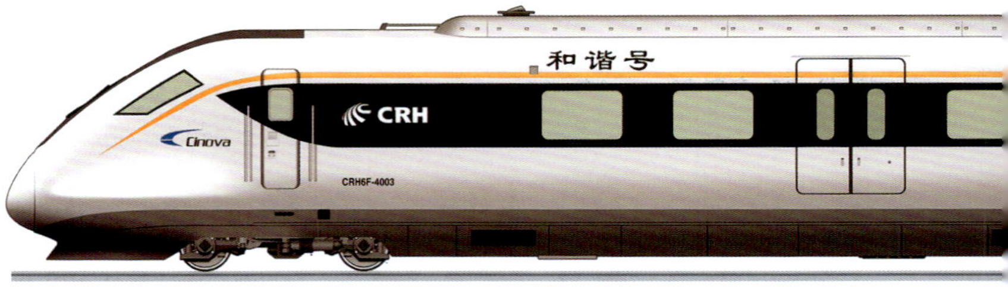

CRH6F–4003

CRH6A–A

时速 200 公里级别
4 辆编组
两对单开塞拉门

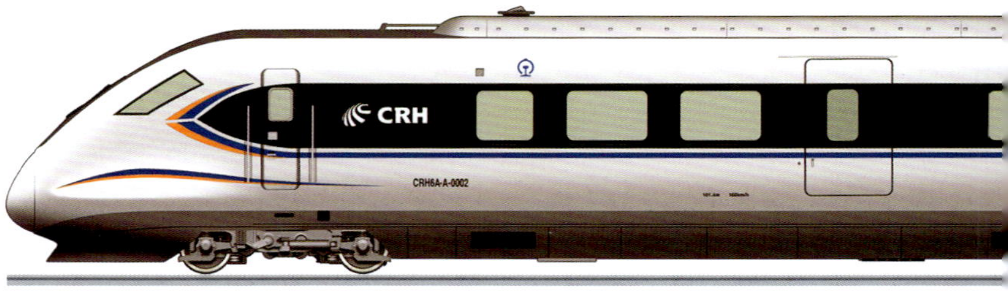

CRH6A–A–0002

CRH6F–A

时速 160 公里级别
4 辆编组
三对双开塞拉门

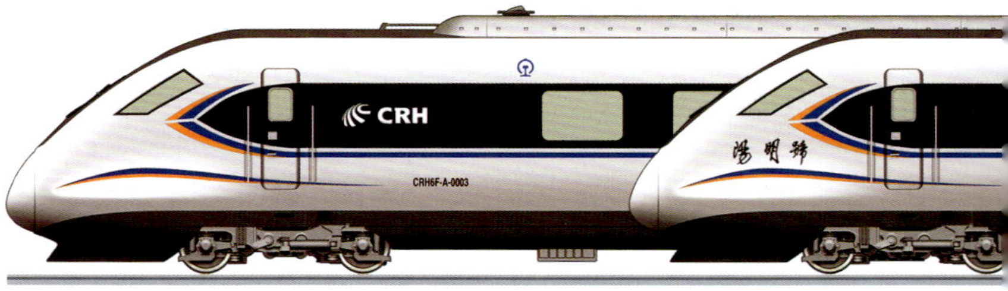

CRH6F–A–0003

宁波至余姚城际铁路涂装

珠三角城际铁路涂装

中原城市圈城际铁路涂装

上海金山城际铁路涂装

北京城市副中心线涂装

宁波至余姚城际铁路涂装

长株潭城际铁路涂装

成灌快速铁路涂装

绍兴风情旅游新干线涂装

长株潭城际铁路涂装

CRH380A 型动车组

CRH380A 型动车组是当前中国高铁的主力车型之一，由中车青岛四方机车车辆股份有限公司在 CRH2C 型动车组的基础上进行升级改变后研发生产。CRH380A 型动车组采用 6 动 2 拖 8 辆编组，最高设计速度 380km/h。2010 年 9 月 28 日，CRH380A 曾在沪杭高铁上以 416.6km/h 的试验速度创造了当时的“中国铁路第一速”。

CRH380A	基本数据
制造厂商	中车青岛四方机车车辆股份有限公司
下线时间	2010 年
列车编组	8 辆编组（6M2T）
当前运营速度	300km/h
最高试验速度	416.6km/h

ZE 250107 二等座车

ZEC 250105 二等座车 / 餐车

ZYT 250103 一等座车 / 特等座车

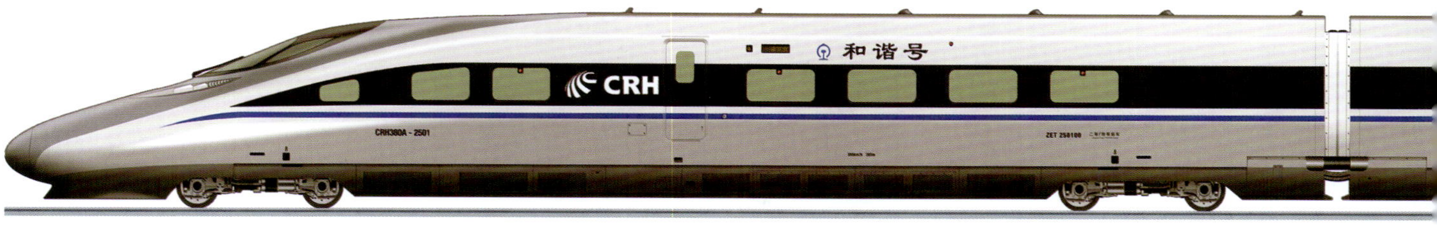

CRH380A-2501 **ZET 250100** 二等座车 / 特等座车：CRH380A 型动车组的头型采用低阻力流线型设计，其理念源自长征火箭，是在对比了近 20 种列车头型方案中后优选胜出的。

ZE 250106 二等座车：CRH380A 型动车组受电弓外侧的车体上安装有巨大的挡板，这是延续自 CRH2C 型动车组的成熟设计。

ZY 250104 一等座车

ZE 250102 二等座车

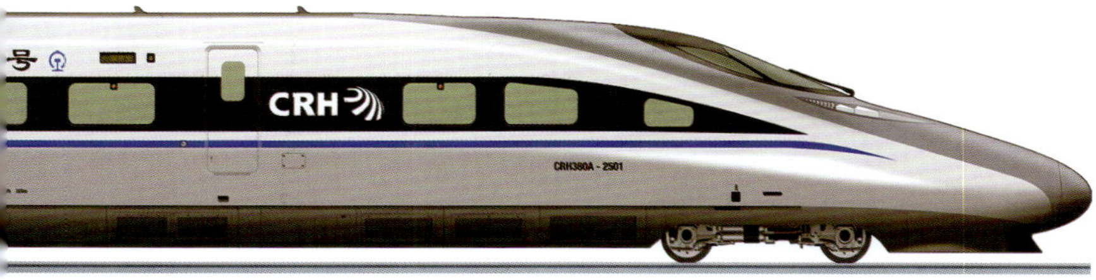

ZET 250101 二等座车 / 特等座车

CRH380AL 型动车组

CRH380AL 型动车组是 CRH380A 型动车组的长编组版本，列车采用 14 动 2 拖 16 辆编组。CRH380AL 型动车组的研发初衷，是为了适应京沪高铁等高客流、长距离的干线运输需要。同时，为了提高服务水平，自 CRH380AL 型动车组开始设置了高级的商务座席。2010 年 12 月 3 日，CRH380AL 型动车组在京沪高速铁路先导试验段宿州东站附近达到 486.1km/h 的“正常营运编组列车最高试验速度”。

CRH380AL	基本数据
制造厂商	中车青岛四方机车车辆股份有限公司
下线时间	2010 年
列车编组	16 辆编组（14M2T）
当前运营速度	300km/h
最高试验速度	486.1km/h

ZY 257702 一等座车

ZE 257704 二等座车

ZE 257706 二等座车

ZE 257708 二等座车

CRH380AL-2577 **ZYS 257701** 一等座车 / 商务座车：CRH380AL-2577 是 CRH380AL 型动车组二阶段车型。与一阶段相比，头车车窗尺寸及数量有所调整。

ZY 257703 一等座车

ZE 257705 二等座车：CRH380AL 型动车组的 05 车车门尺寸加大，便于轮椅通过。动车组共有四组受电弓，两两组对，集中设置在 05 车和 13 车的车顶。

ZE 257707 二等座车

ZEC 257709 二等座车 / 餐车

ZE 257708 二等座车

ZE 257710 二等座车

ZE 257712 二等座车

ZE 257714 二等座车

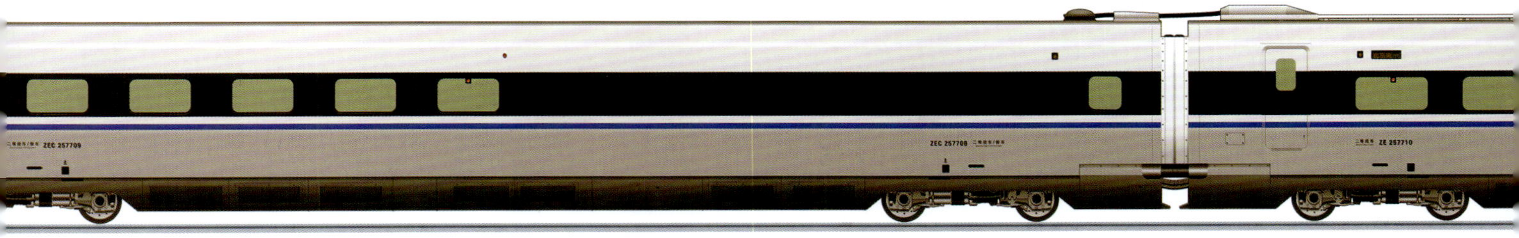

ZEC 257709 二等座车 / 餐车

ZE 257711 二等座车

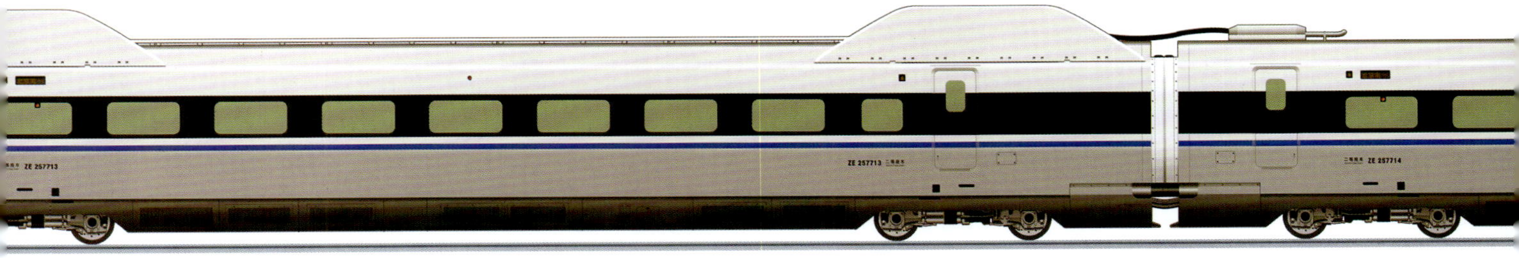

ZE 257713 二等座车

ZE 257715 二等座车

ZYS 257700 一等座车 / 商务座车

CRH380A 统型动车组

CRH380A 型动车组统型车是在 CRH380A 型动车组的基础上，与其他时速 350 公里级别型号的动车组采用统一定员、统一座位布局、统一的车端车钩生产的动车组。统型车的优点是同一级别不同型号的动车组列车在旅客定员、服务设施、司机操纵设施、列车的主要性能等方面完全相同，方便旅客乘车和临时更换车型、故障时互相救援等实际需要。

CRH380A 统型　　基本数据

制造厂商	中车青岛四方机车车辆股份有限公司
下线时间	2013 年
列车编组	8 辆编组（6M2T）
当前运营速度	300km/h

ZE 280602 二等座车：CRH380A 型动车组统型车车厢顶部连接处的高压设备由 CRH380A 型动车组的内藏式的结构改为绝缘瓷瓶。

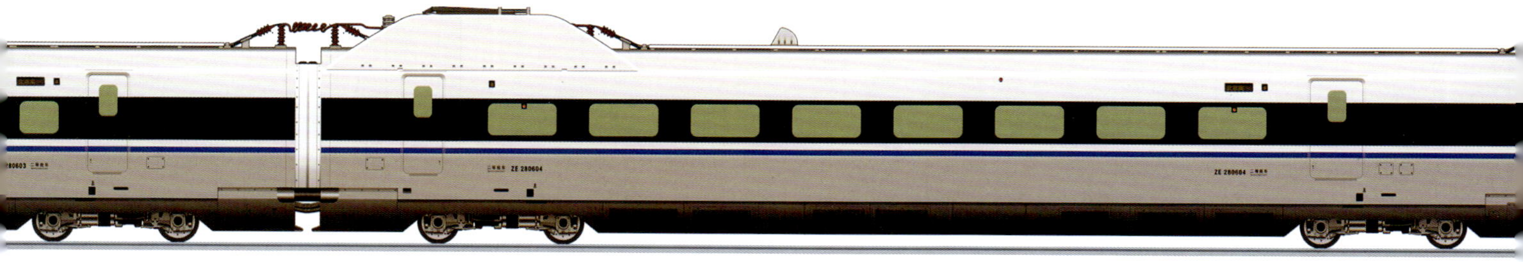

ZE 280604 二等座车：CRH380A 型动车组统型车的 04 号车有协助残障旅客乘车的特殊设施，同时其中一对车门尺寸增大，方便轮椅通过。

ZE 280606 二等座车

CRH380A-2806 **ZYS 280601** 一等座车 / 商务座车：由于需要统一座席布局，CRH380A 型动车组统型车对头车车体车窗位置进行了调整。同时车头侧面“CRH”的标志喷涂位置由车门前方改为车门后方。

ZE 280603 二等座车

ZEC 280605 二等座车 / 餐车：CRH380A 型动车组统型车的餐车 / 二等座车合造车取消了餐桌餐座，仅保留餐车吧台，同时增加了二等座席的空间。

ZE 280607 二等座车

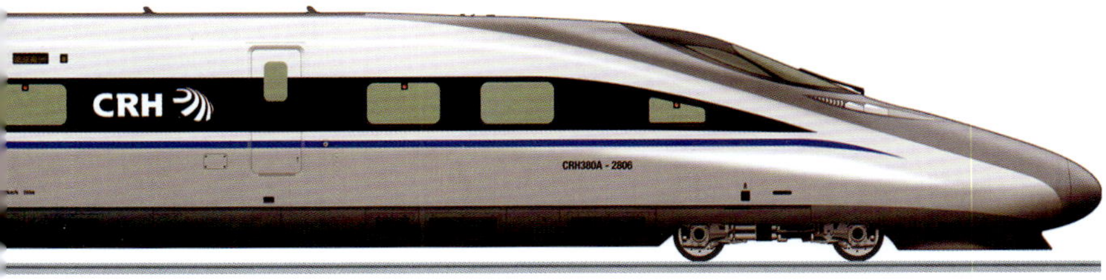

ZES 280600 二等座车 / 商务座车

CRH380A 型港铁动感号动车组

CRH380A 动感号型动车组是香港特别行政区政府委托港铁公司招标采购并运营的动车组列车，专门运用于广深港高铁开行跨境高铁列车。CRH380A 动感号型动车组由中车青岛四方机车车辆股份有限公司基于 CRH380A 型动车组为港铁量身订做，并根据港铁及广深港高铁的技术特点、旅客构成、运用习惯和文化传统进行了细节优化。

港铁 CRH380A 基本数据

制造厂商	中车青岛四方机车车辆股份有限公司
下线时间	2013 年
列车编组	8 辆编组（6M2T）
当前运营速度	300km/h

ZE 025607 二等座车

ZE 025605 二等座车

ZE 025603 二等座车

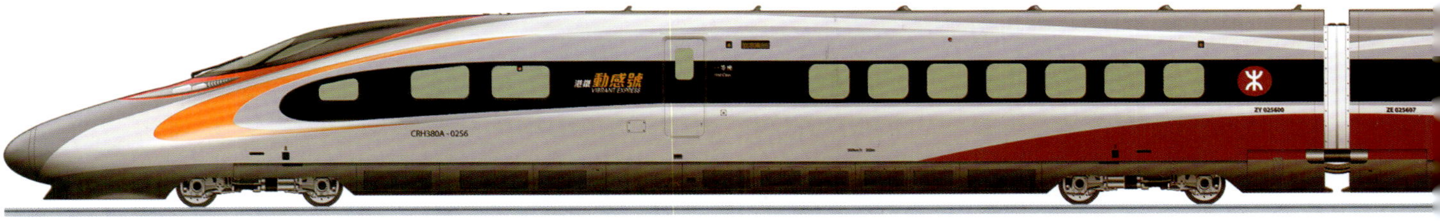

CRH380AL-0256 ZY 025600 一等座车：CRH380A 型动感号动车组列车的车身主色调为银灰色，波浪形的红白两色腰线贯穿列车，配以头车两侧的橙色弧形纹饰。整车涂装设计象征着中国飞龙，寓意承传中华传统。

ZE 025606 二等座车

ZE 025604 二等座车

ZE 025602 二等座车

ZY 025601 一等座车

CRH380BL 型动车组

CRH380BL 型动车组是 CRH380B 系列动车组平台的首款车型，由中车长春轨道客车股份有限公司和中车唐山机车车辆有限公司联合研发生产，列车采用 8 动 8 拖 16 辆编组，最高设计速度 380km/h。CRH380BL 型动车组研发的初衷，同样是为了适应京沪高铁等高客流、长距离的干线运输需要。

CRH380BL	基本数据
制造厂商	中车长春轨道客车股份有限公司 中车唐山机车车辆有限公司
下线时间	2010 年
列车编组	16 辆编组（8M8T）
当前运营速度	300km/h

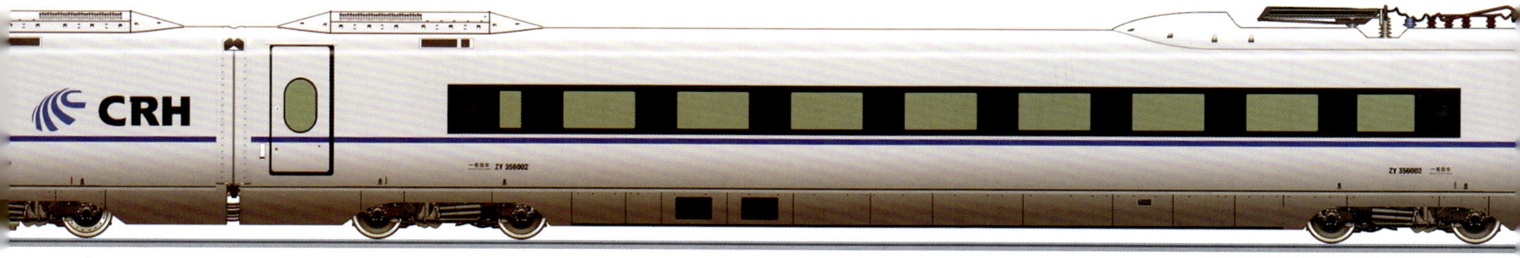

ZY 356002 一等座车

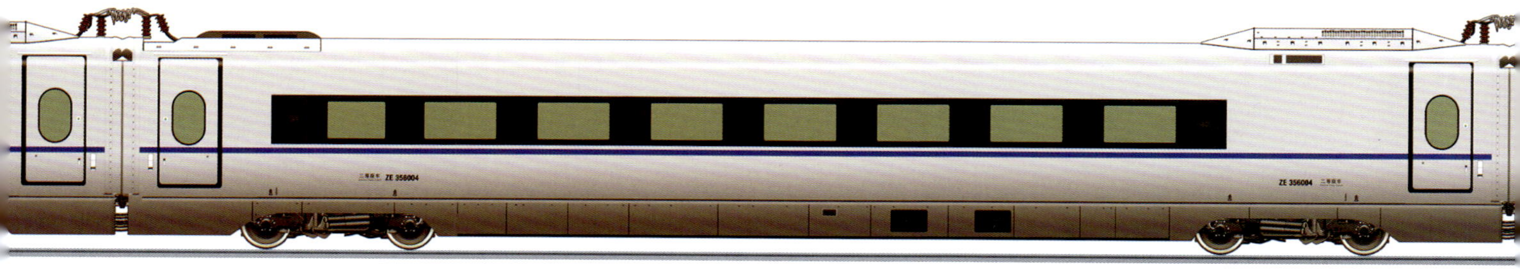

ZE 356004 二等座车

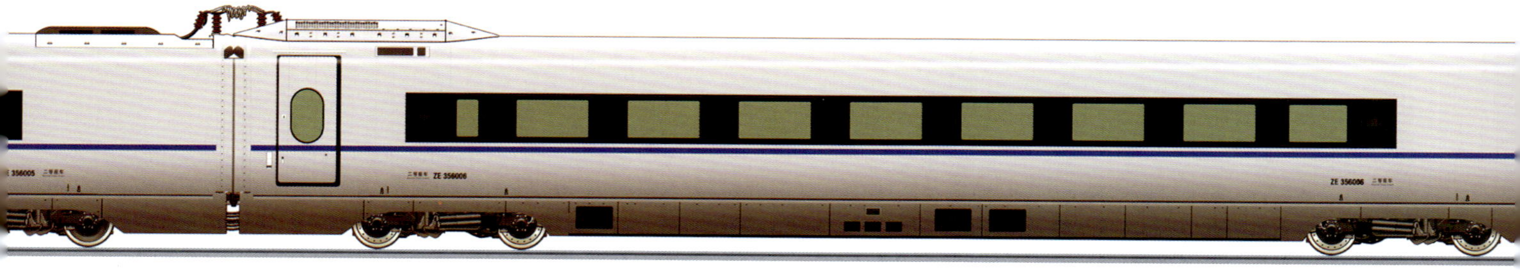

ZE 356006 二等座车

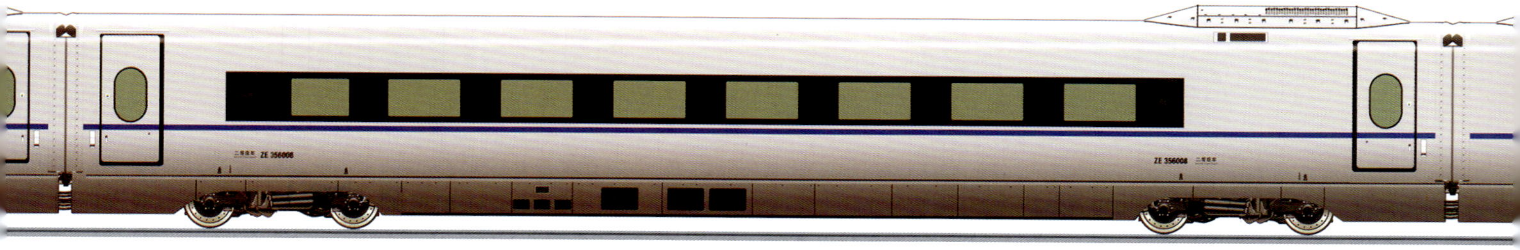

ZE 356008 二等座车

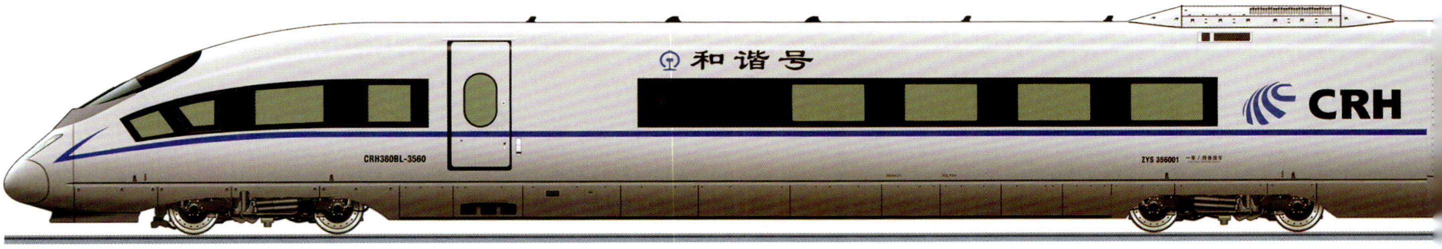

CRH380BL-3560 ZYS 356001 一等座车 / 商务座车：CRH380BL 型动车组共有两个生产版本，一种是商务座位于头车，一种是商务座位于中间车厢。

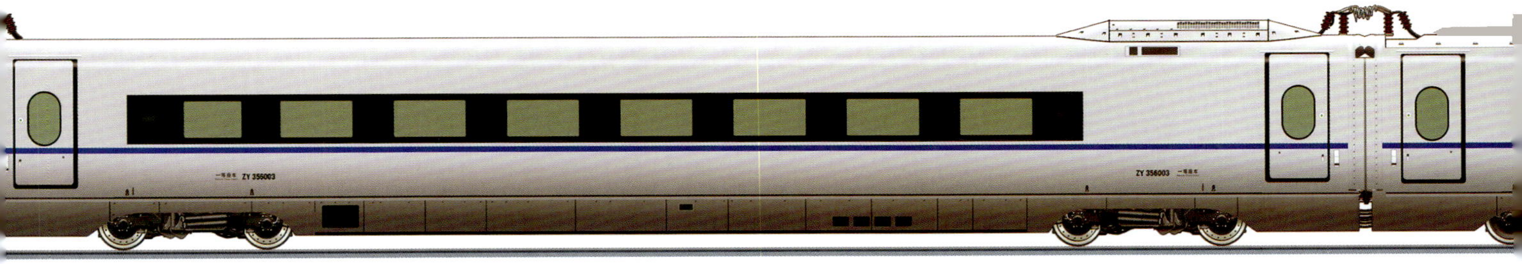

ZY 356003 一等座车

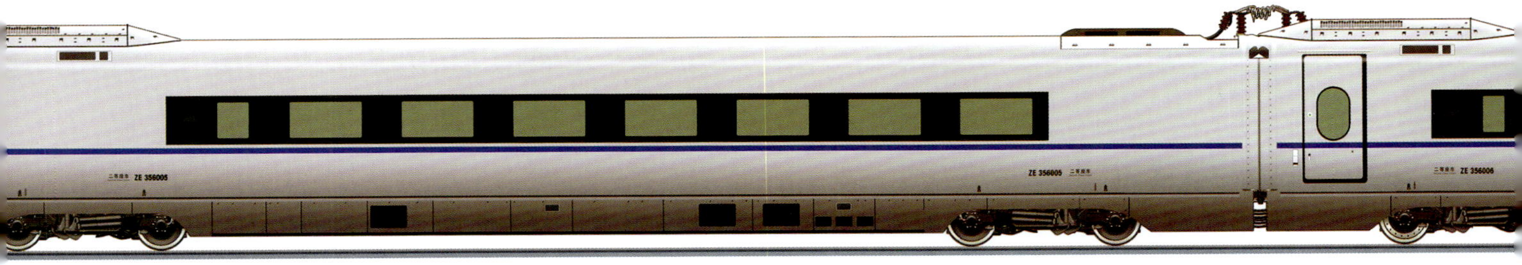

ZE 356005 二等座车

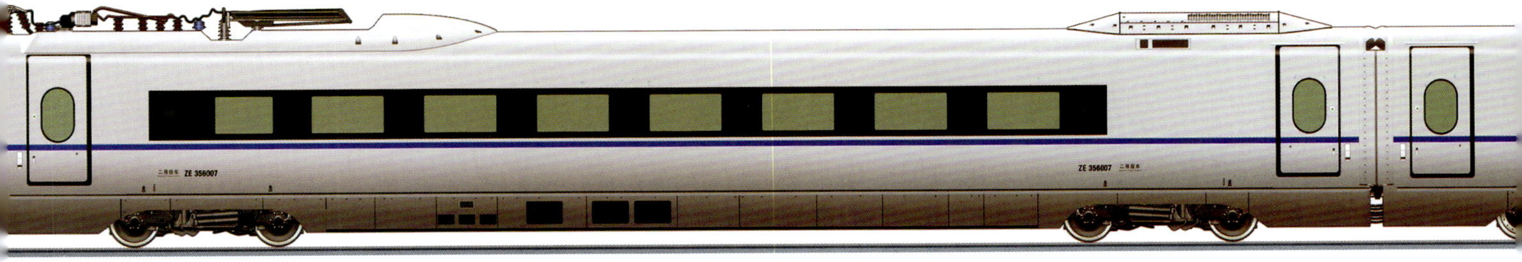

ZE 356007 二等座车

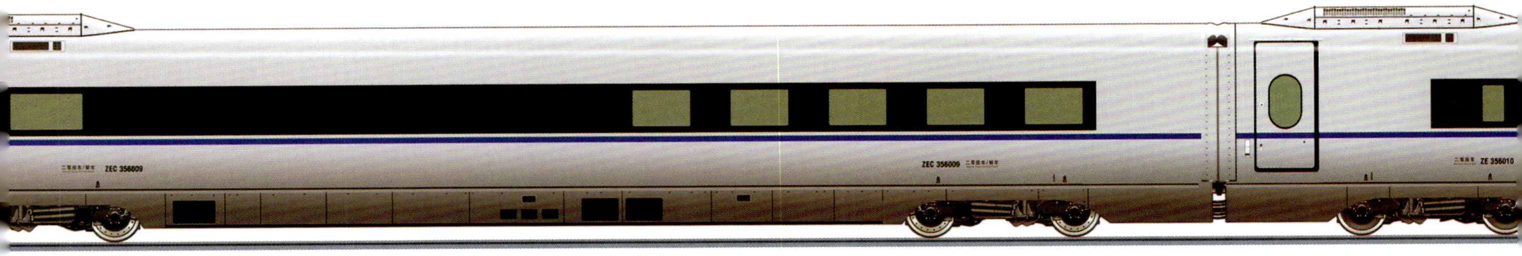

ZEC 356009 二等座车 / 餐车

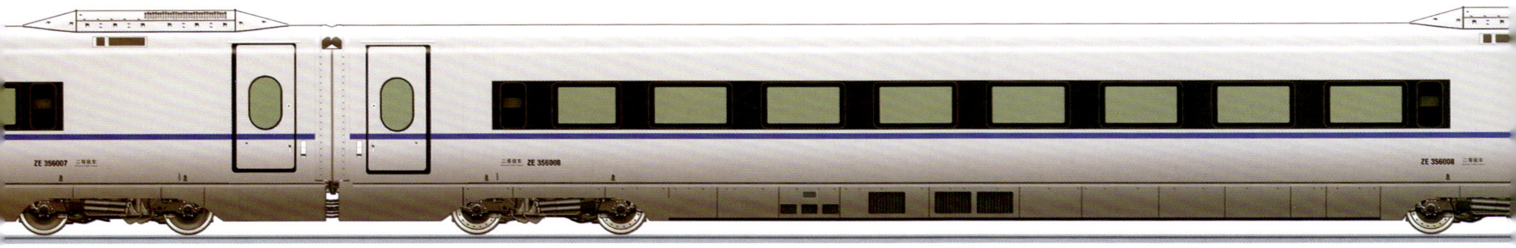

ZE 356008 二等座车

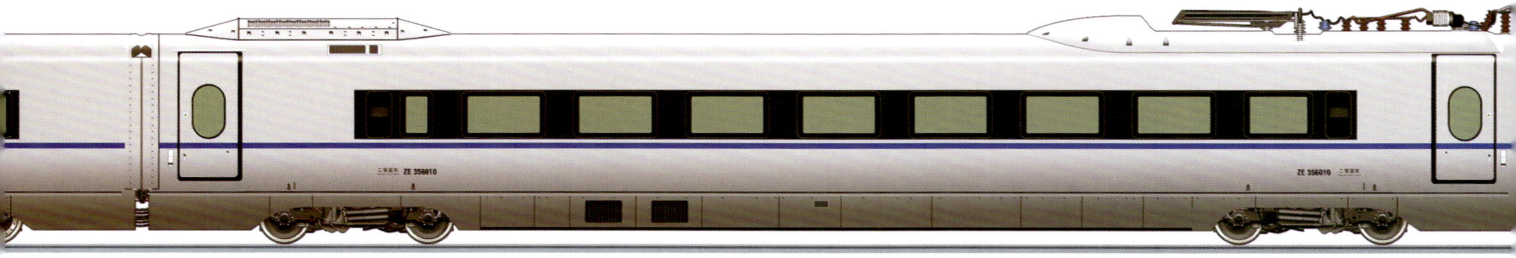

ZE 356010 二等座车

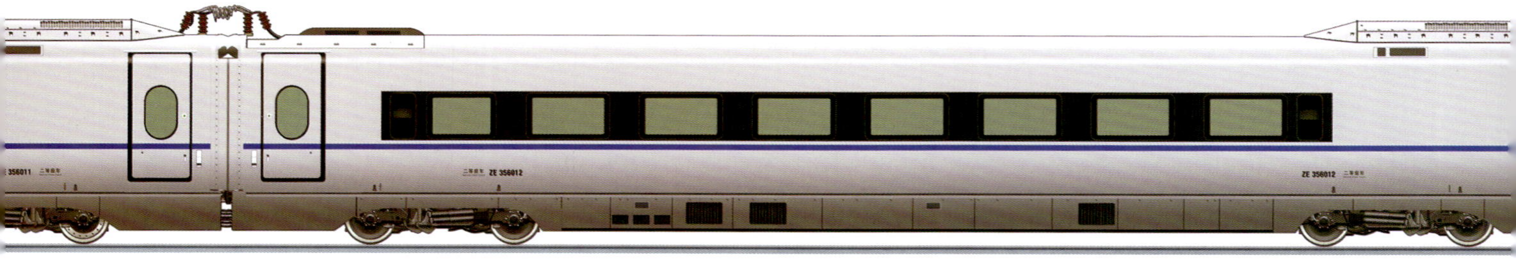

ZE 356012 二等座车

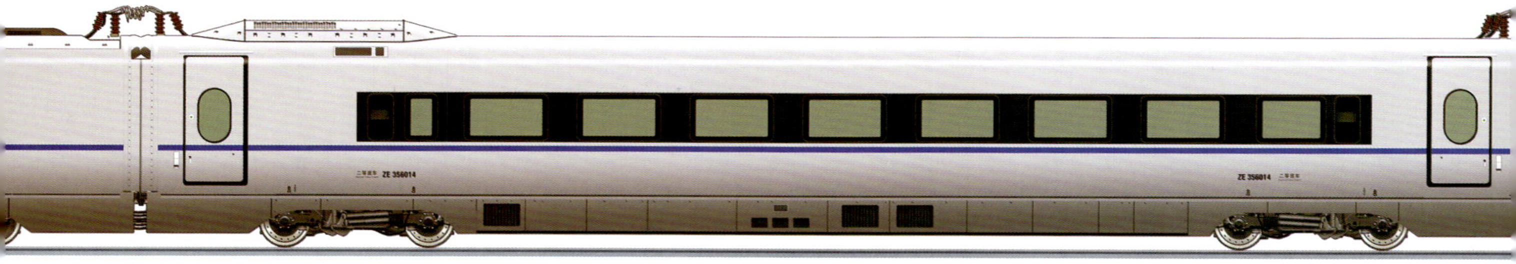

ZE 356014 二等座车

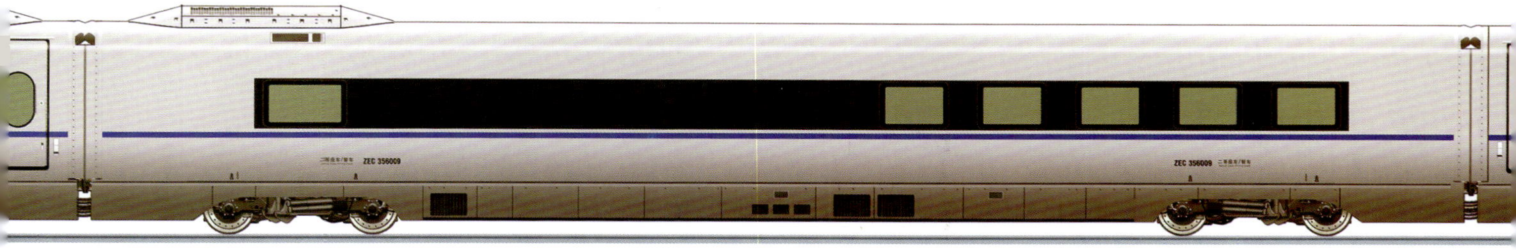

ZEC 356009 二等座车 / 餐车

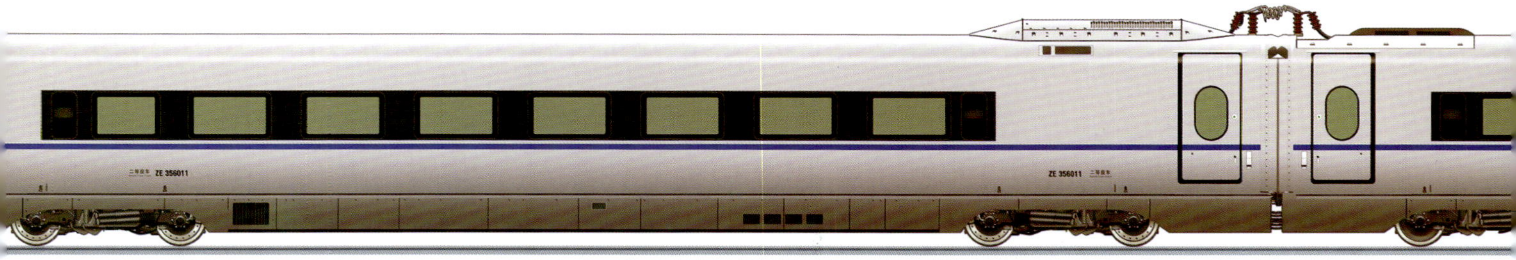

ZE 356011 二等座车

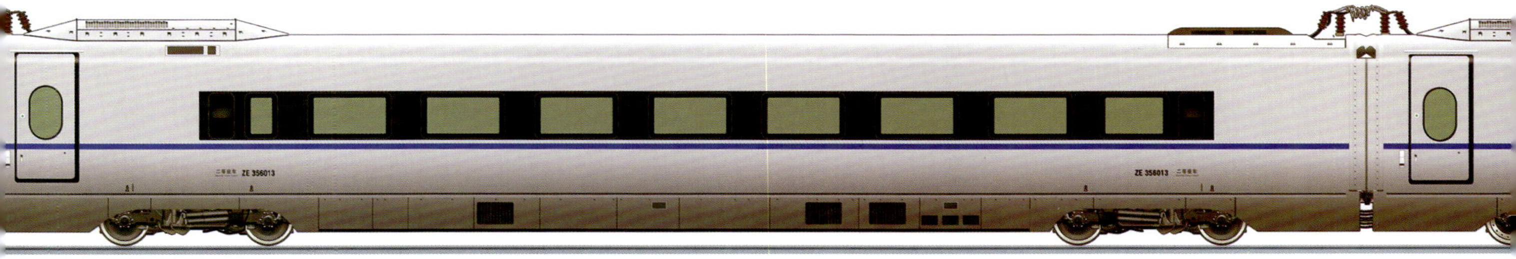

ZE 356013 二等座车

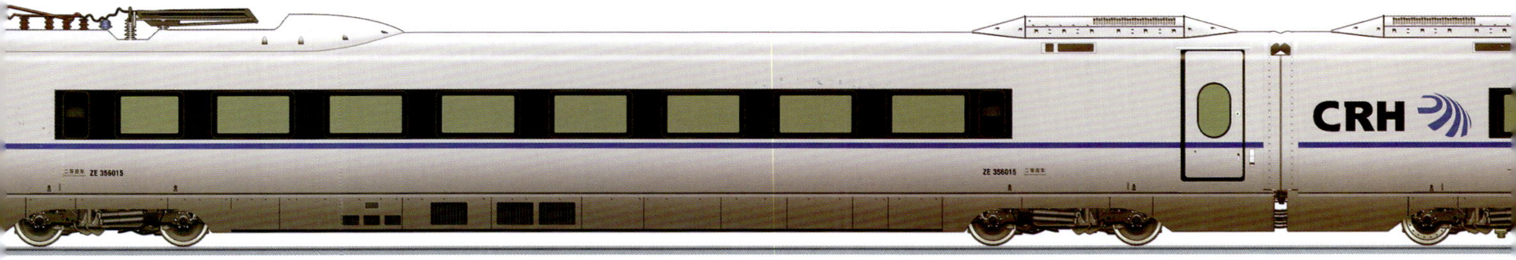

ZE 356015 二等座车

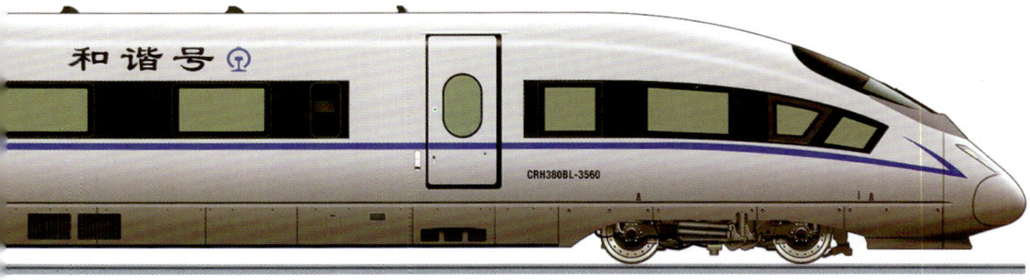

ZYS 356000 一等座车 / 商务座车

CRH380BG 型动车组

CRH380BG 型动车组是由中车长春轨道客车股份有限公司在 CRH380BL 和 CRH3C 的基础上，专门为哈大高铁研发生产的高寒型动车组。

CRH380BG 基本数据

制造厂商	中车长春轨道客车股份有限公司
下线时间	2012 年
列车编组	8 辆编组（4M4T）
当前运营速度	300km/h

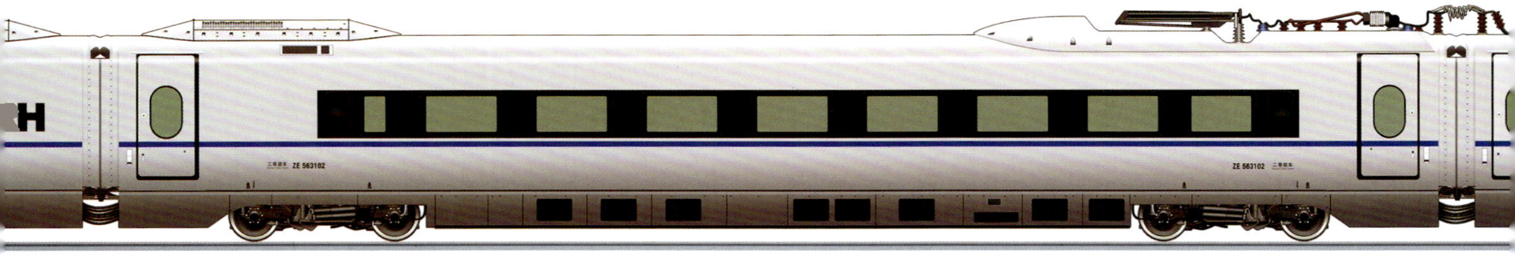

ZE 563102 二等座车

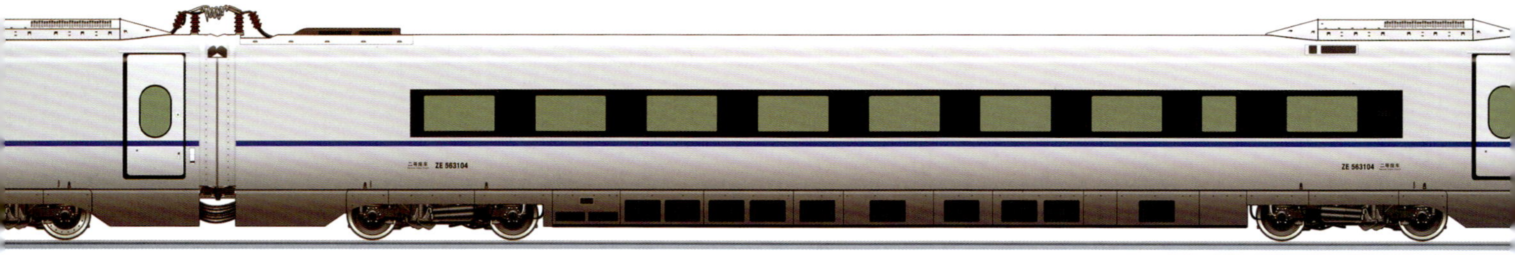

ZE 563104 二等座车

ZE 563106 二等座车

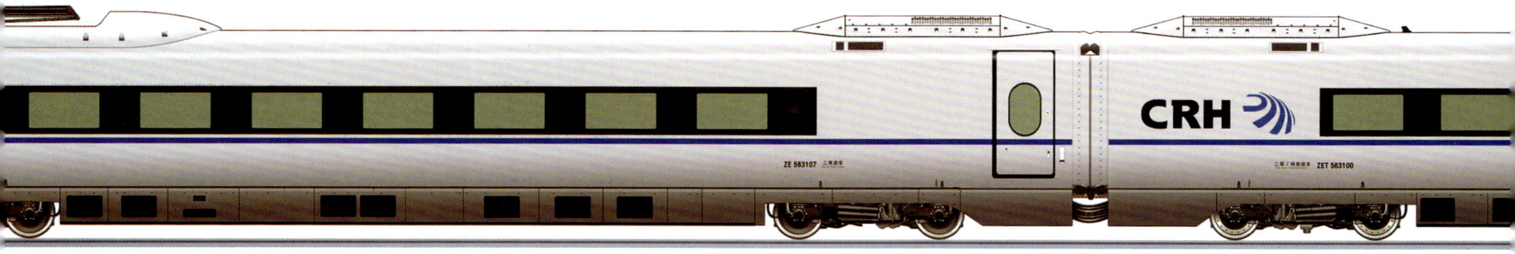

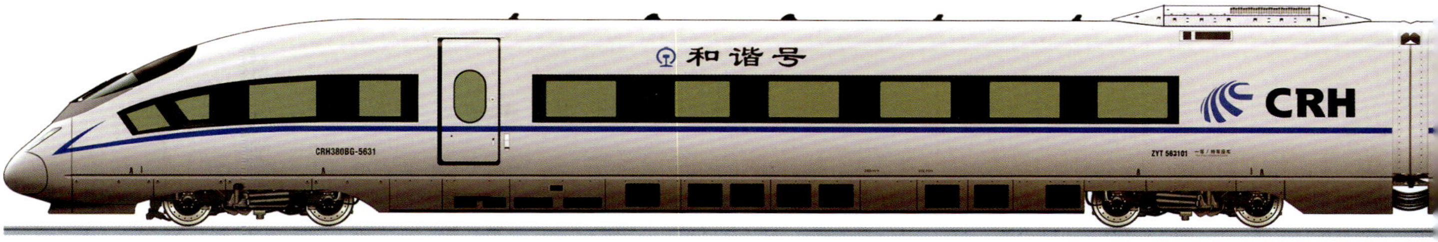

CRH380BG-5631 ZYT 563101 一等座车 / 特等座车

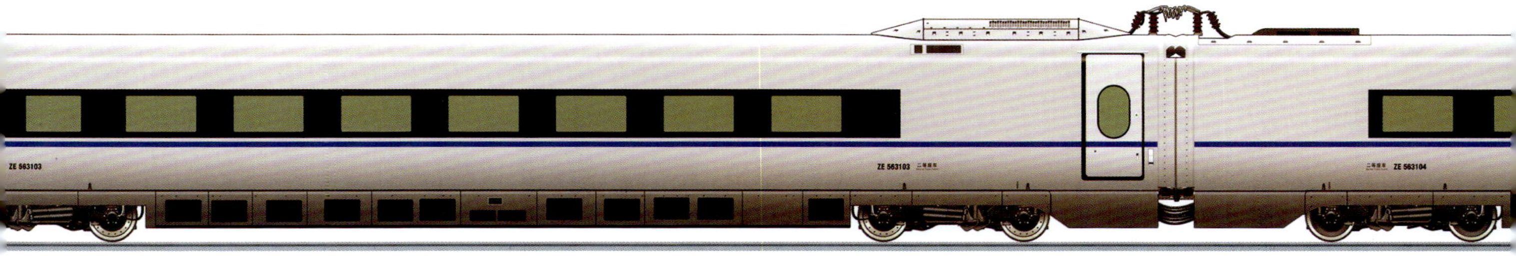

ZE 563103 二等座车

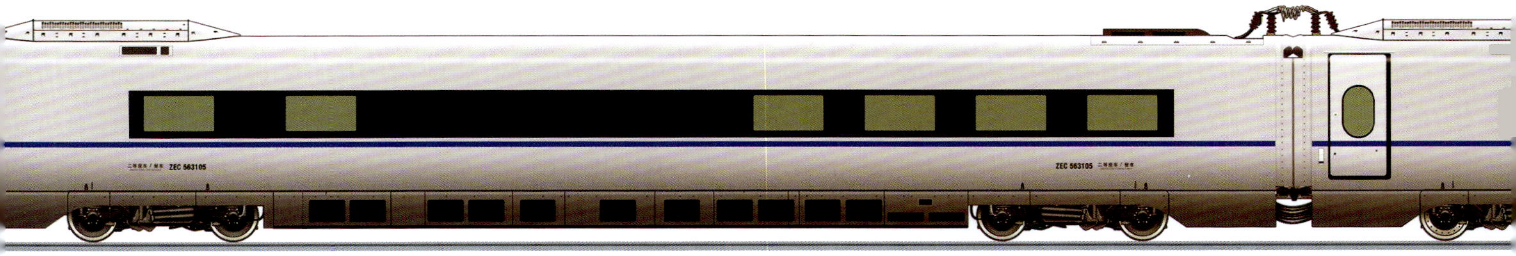

ZEC 563105 二等座车 / 餐车

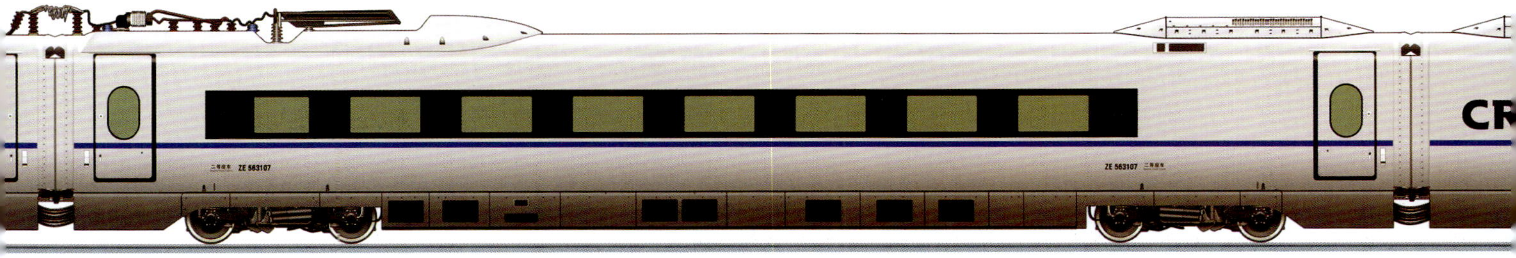

ZE 563107 二等座车

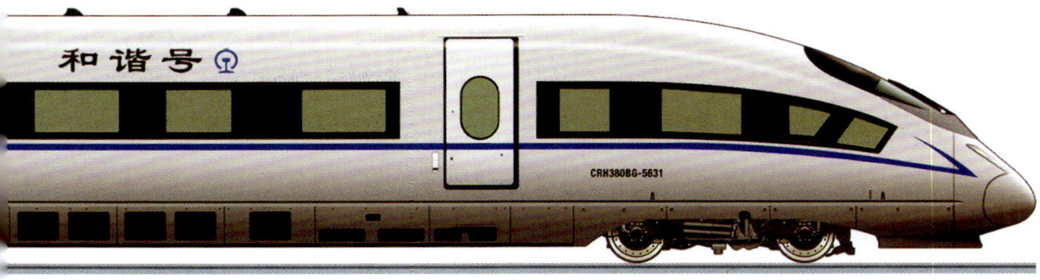

ZET 563100 二等座车 / 特等座车

CRH380BG 统型动车组

CRH380BG 型动车组统型车是在 CRH380BG 型动车组的基础上，与其他时速 350 公里级别型号的动车组采用统一定员、统一座位布局、统一的车端车钩生产的动车组。此外，CRH380BG 型动车组统型车延续了原 CRH380BG 型动车组的适高寒性能。

CRH380BG 统型	基本数据
制造厂商	中车长春轨道客车股份有限公司
投入运营时间	2013 年
列车编组	8 辆编组（4M4T）
当前运营速度	300km/h

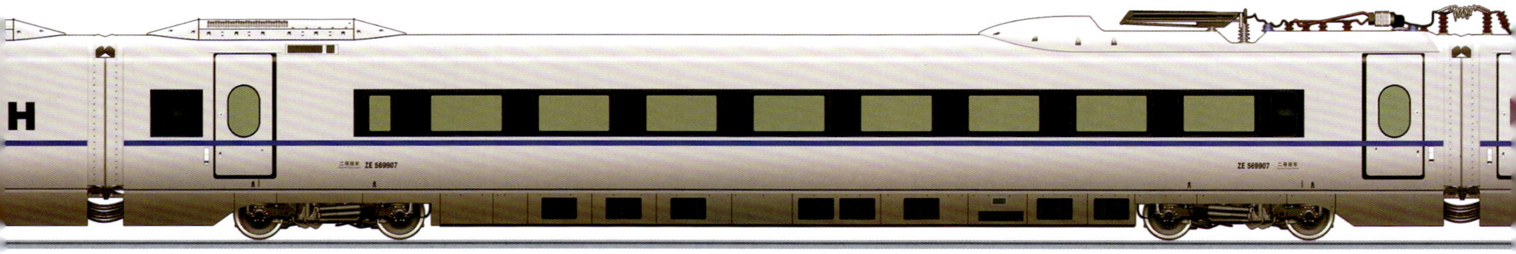

ZE 569907 二等座车

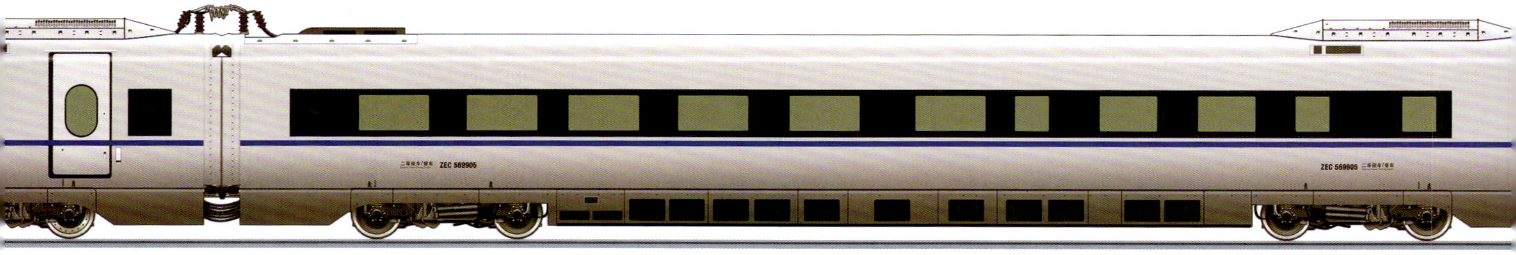

ZEC 569905 二等座车 / 餐车

ZE 569903 二等座车

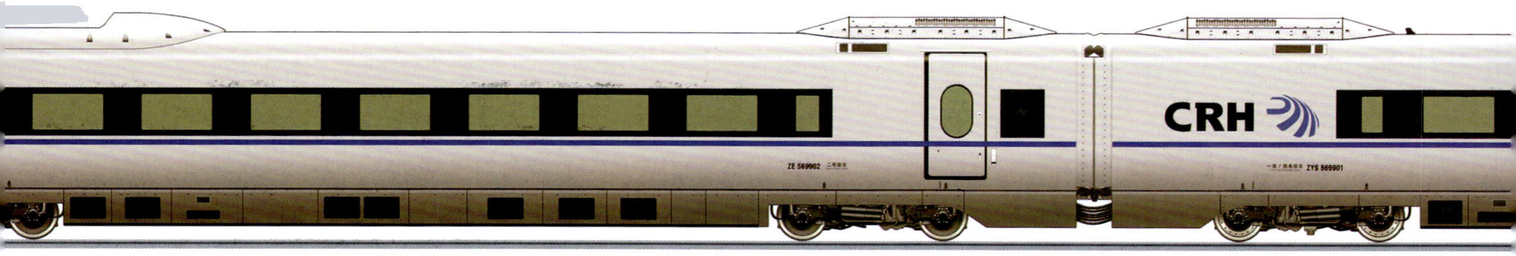

CRH380BG-5699 ZES 569900 二等座车 / 商务座车

ZE 569906 二等座车

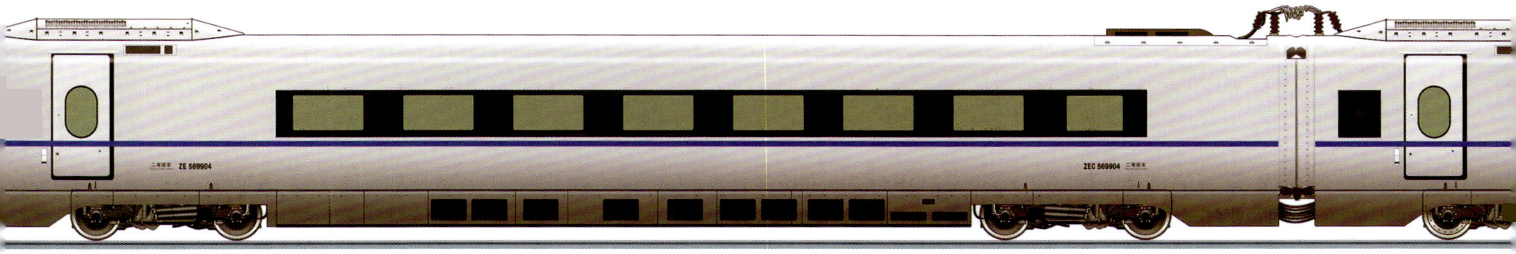

ZE 569904 二等座车

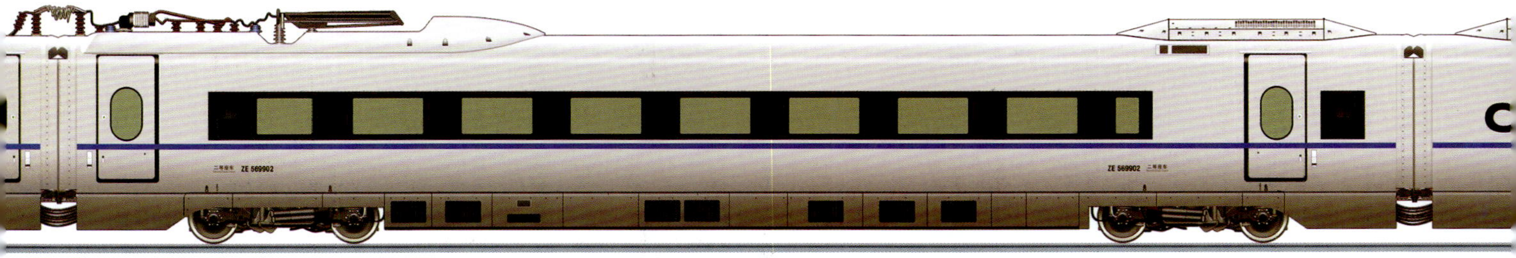

ZE 569902 二等座车

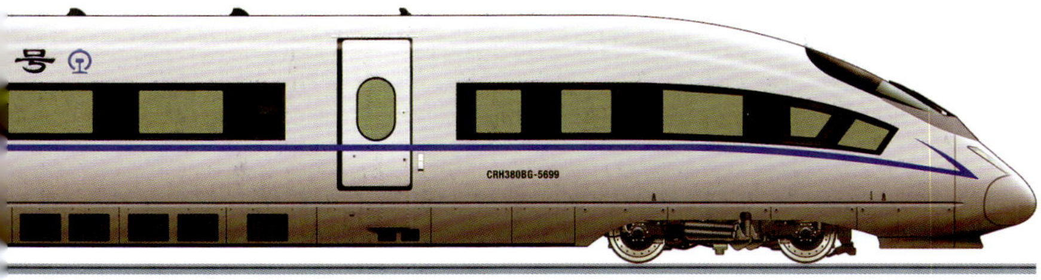

ZYS 569901 一等座车 / 商务座车

CRH380B 型动车组

CRH380B 型动车组是当前中国高铁的主力车型之一，由中车长春轨道客车股份有限公司和中车唐山机车车辆有限公司在 CRH380BL 型动车组基础上研发生产。CRH380B 型动车组采用 4 动 4 拖 8 辆编组，最高设计速度 380km/h。由于和 CRH3C 型动车组、CRH380BL 型动车组的技术体系一脉相承，故而几款动车组的外观极其相似。

CRH380B	基本数据
制造厂商	中车长春轨道客车股份有限公司 中车唐山机车车辆有限公司
下线时间	2013 年
列车编组	8 辆编组（4M4T）
当前运营速度	300km/h

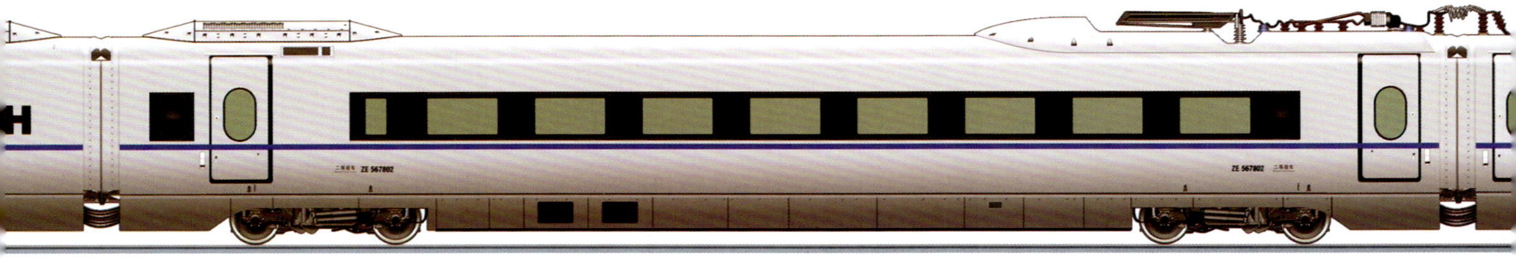

ZE 567802 二等座车

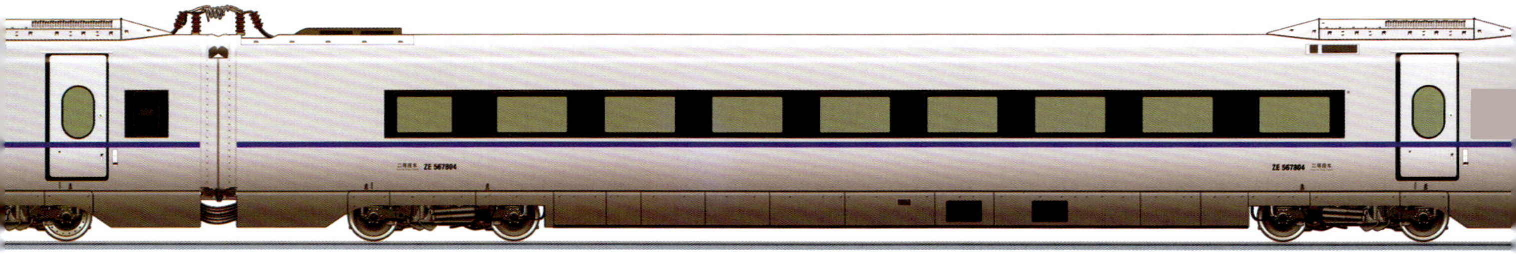

ZE 567804 二等座车

ZE 567806 二等座车

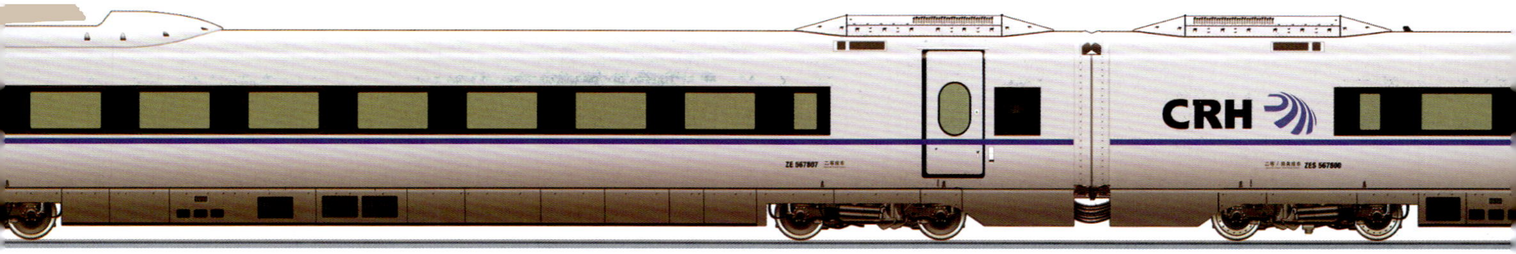

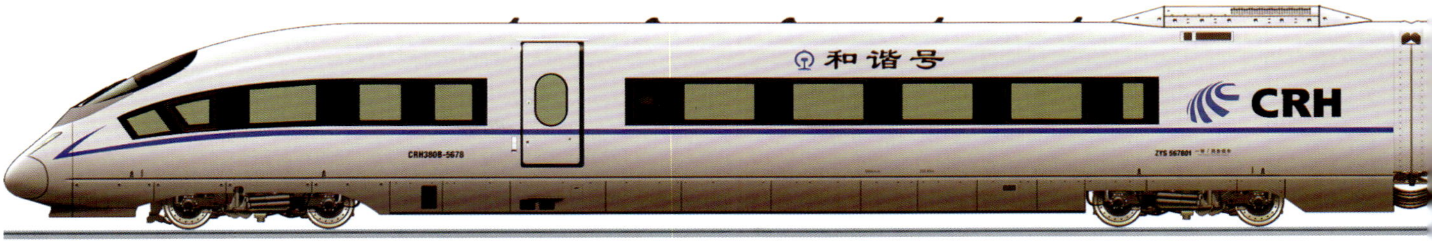

CRH380B-5678 **ZYS 567801** 一等座车 / 商务座车：与 CRH3C 型动车组不同，CRH380B 型动车组取消了列车车头车钩罩的把手，改为密封式车钩罩。

ZE 567803 二等座车

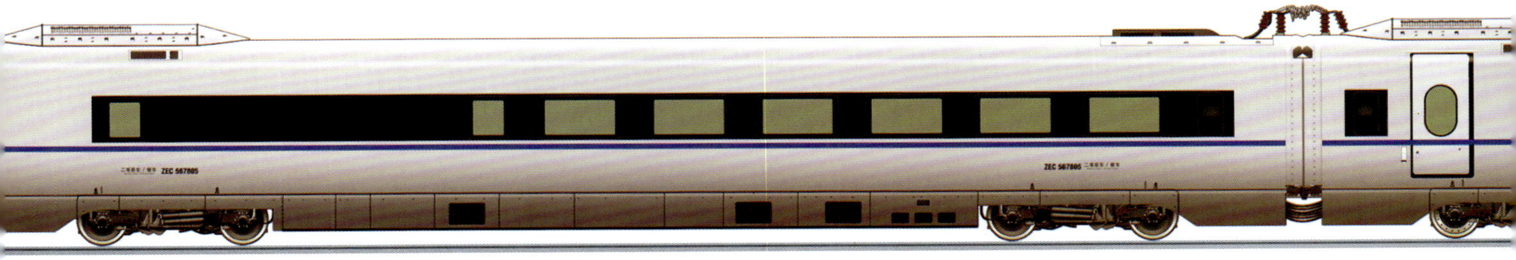

ZEC 567805 二等座车 / 餐车

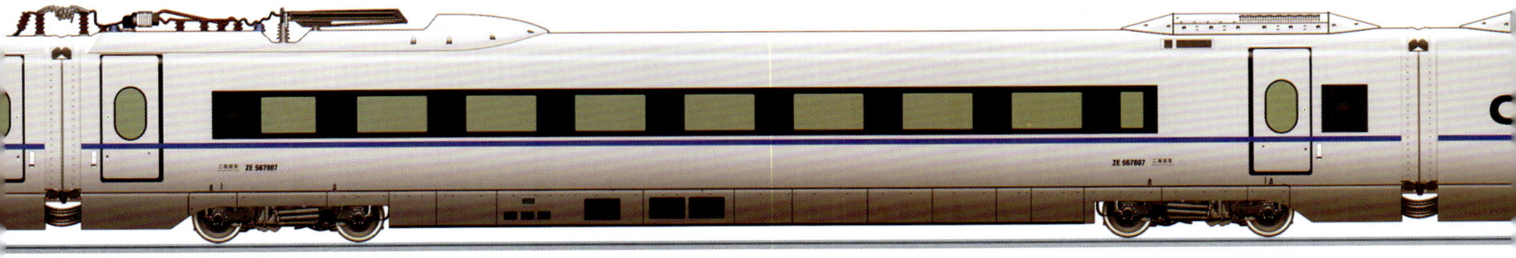

ZE 567807 二等座车

ZES 567800 二等座车 / 商务座车：CRH380B 型动车组与 CRH3C 型动车组在头车车灯及转向架裙板设计上有着明显区别。

CRH380CL 型动车组

CRH380CL 型动车组是中车长春轨道客车股份有限公司在 CRH3C 型动车组、CRH380BL 型动车组基础上全新研发生产而来。CRH380CL 型动车组与 CRH380BL 型动车组相比，最大的特点是采用了全新的头型设计和全新的牵引系统。

CRH380CL	基本数据
制造厂商	中车长春轨道客车股份有限公司
投入运营时间	2013 年
列车编组	16 辆编组（8M8T）
当前运营速度	300km/h

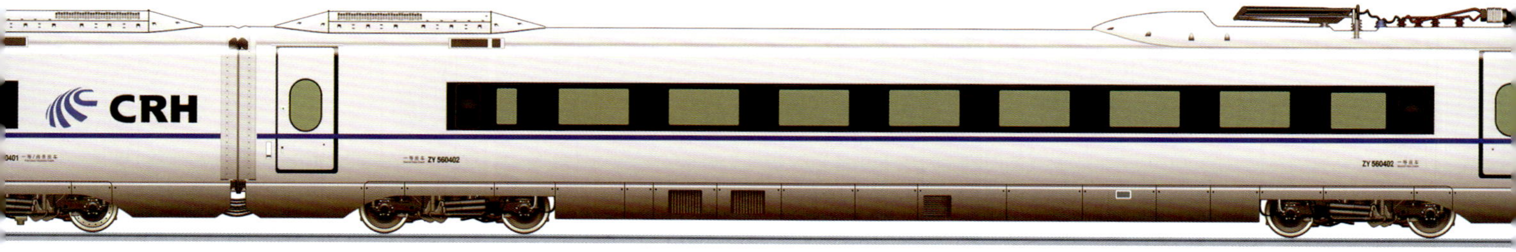

ZY 560402 一等座车

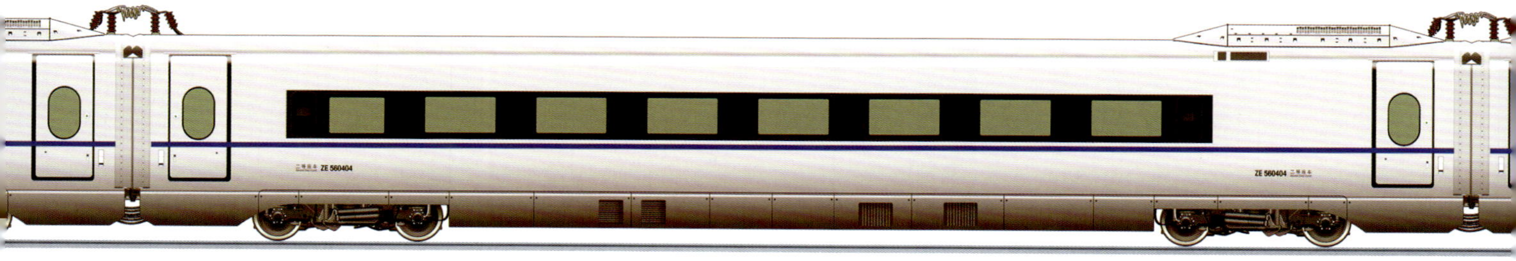

ZE 560404 二等座车

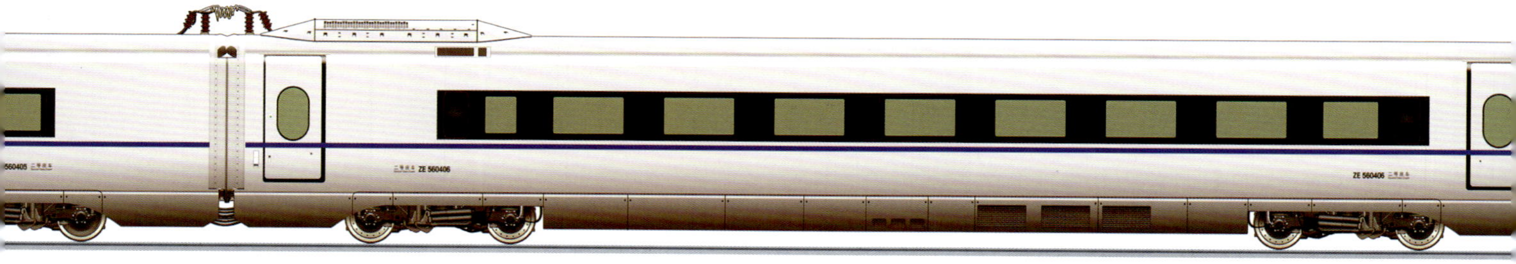

ZE 560406 二等座车

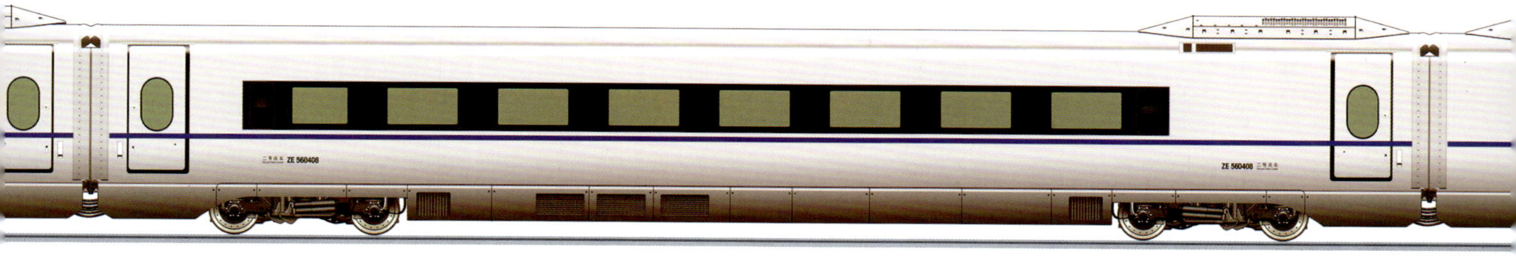

ZE 560408 二等座车

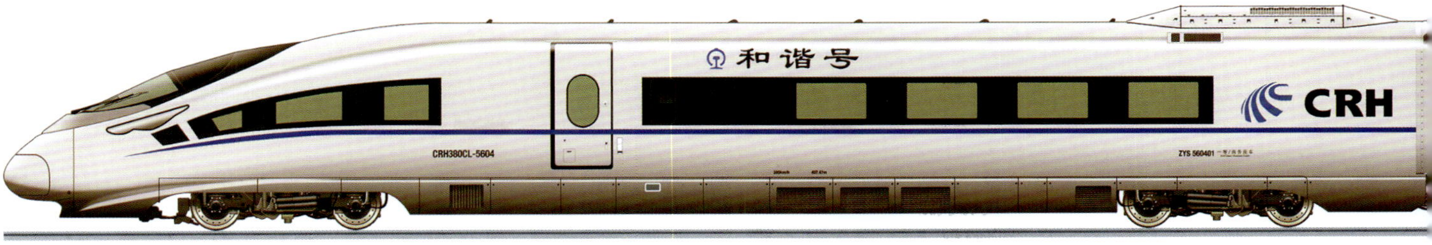

CRH380CL-5604 ZYS 560401 一等座车 / 商务座车

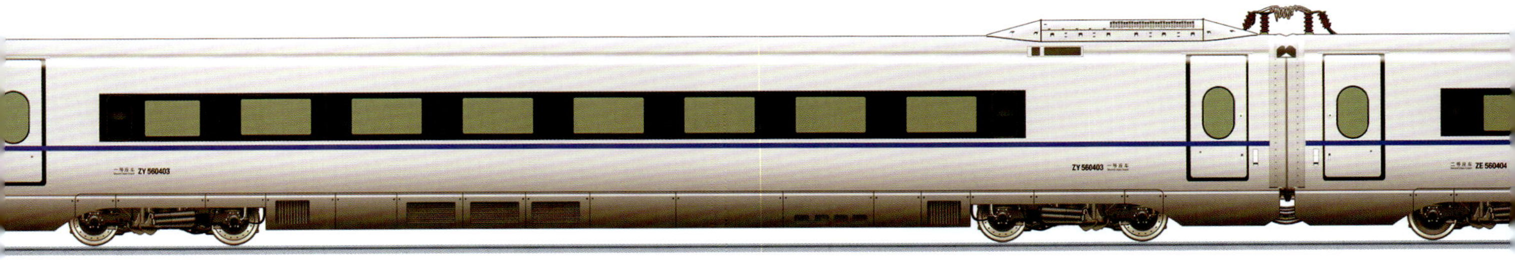

ZY 560403 一等座车

ZE 560405 二等座车

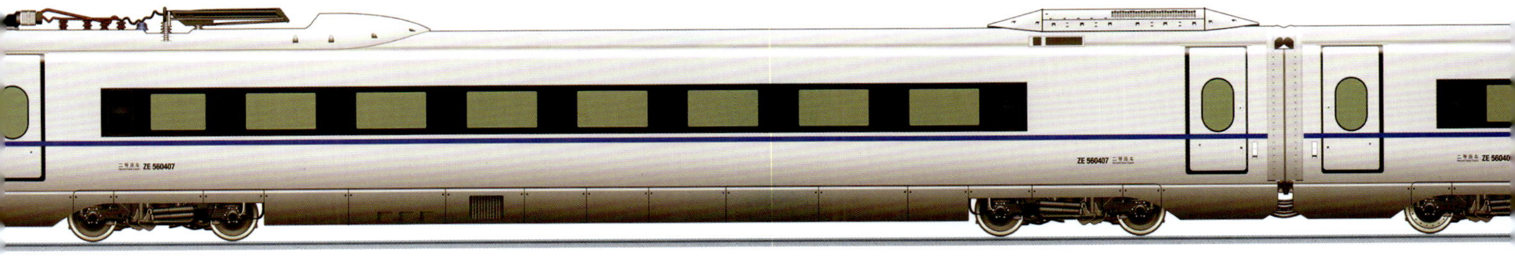

ZE 560407 二等座车

ZEC 560409 二等座车 / 餐车

ZE 560408 二等座车

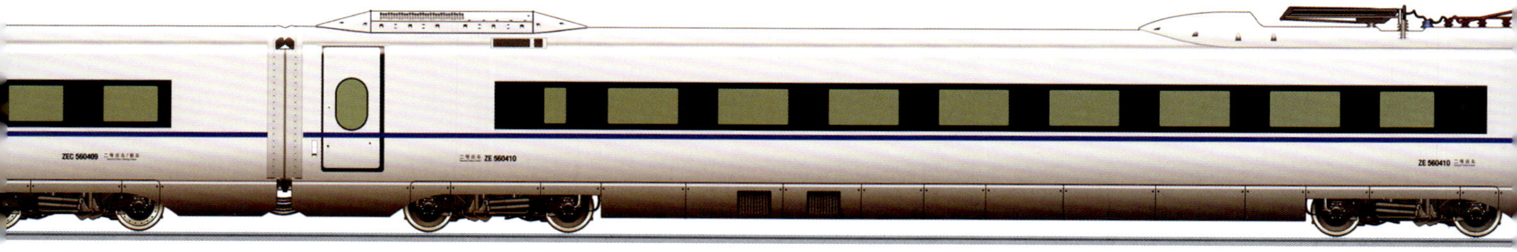

ZE 560410 二等座车

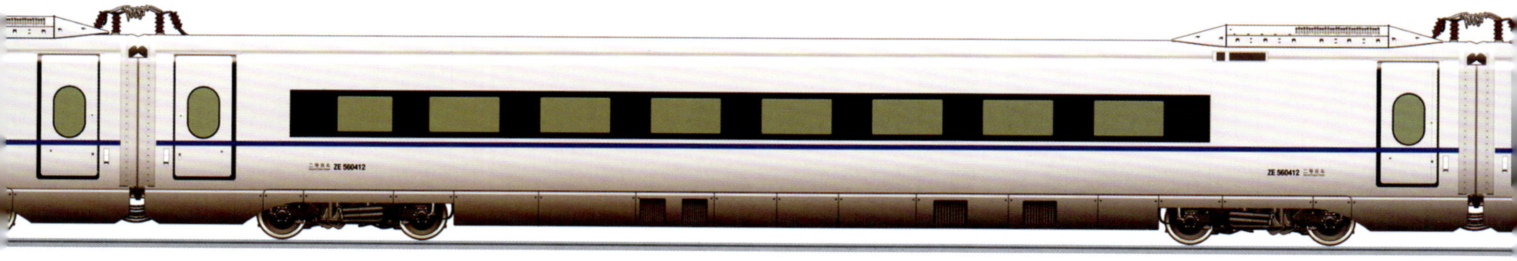

ZE 560412 二等座车

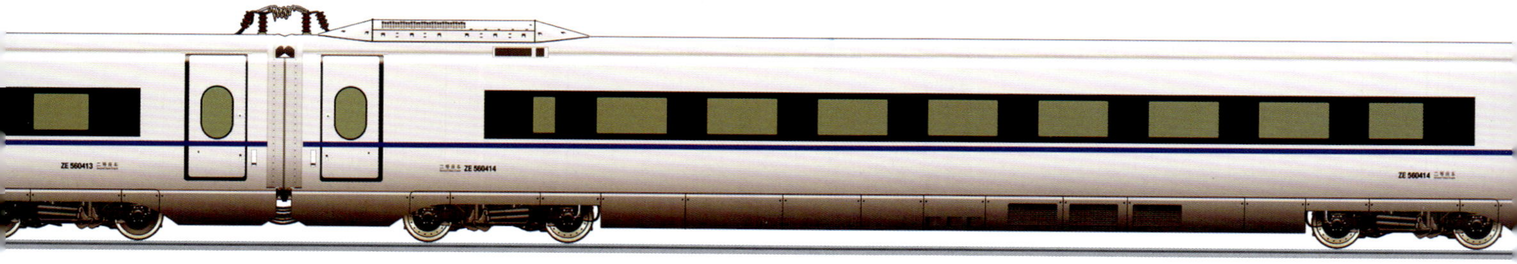

ZE 560414 二等座车

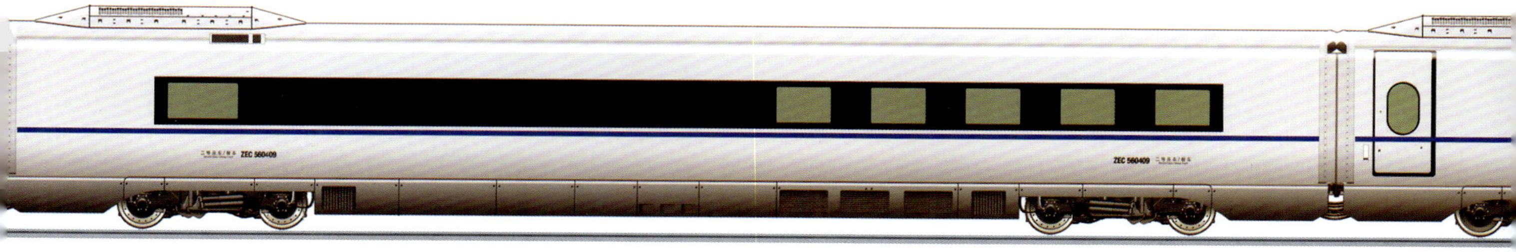

ZEC 560409 二等座车 / 餐车

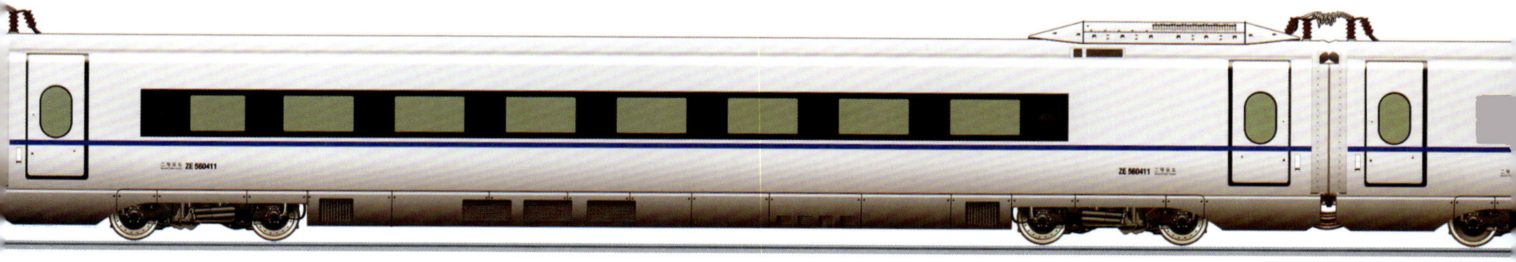

ZE 560411 二等座车

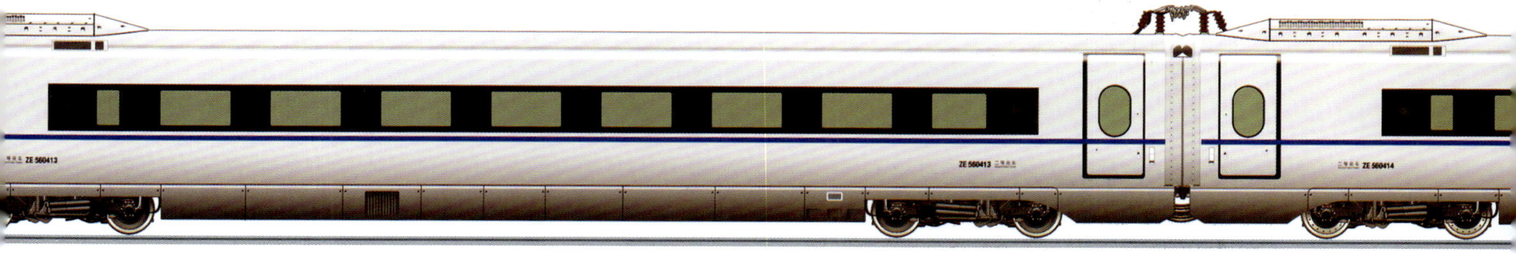

ZE 560413 二等座车

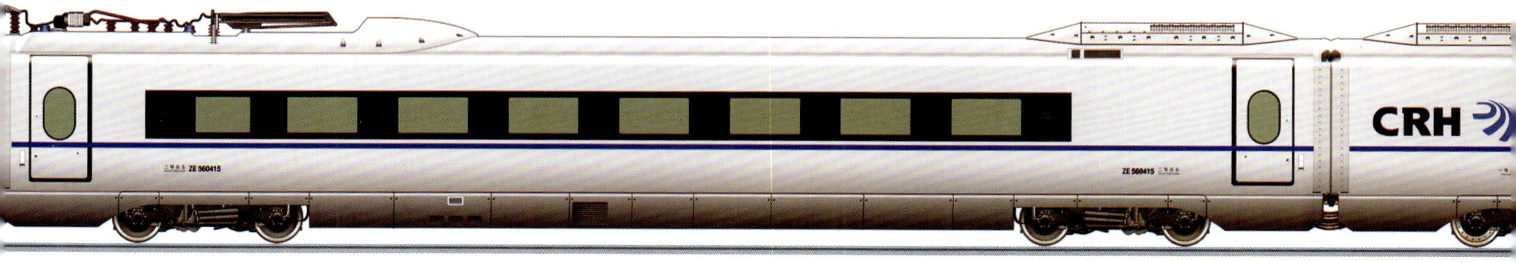

ZE 560415 二等座车

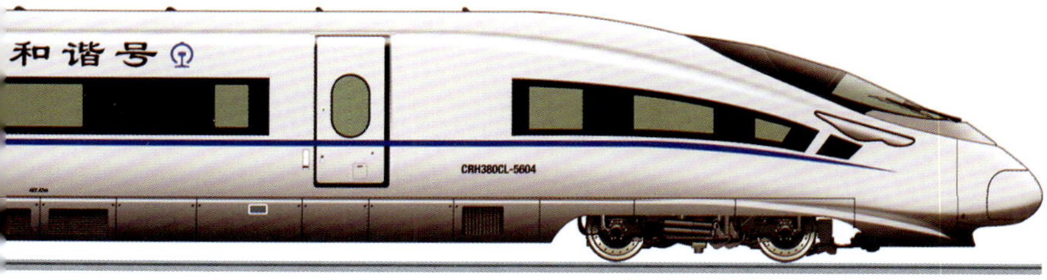

ZYS 560400 一等座车 / 商务座车

CRH380D 型动车组

CRH380D 型动车组是青岛四方庞巴迪铁路运输设备有限公司基于 ZEFIRO 380 技术平台生产的时速 350 公里级别动车组，这也是 ZEFIRO 380 技术平台的首次实际应用。

CRH380D	基本数据
制造厂商	青岛四方庞巴迪铁路运输设备有限公司
下线时间	2012 年
列车编组	8 辆编组（4M4T）
当前运营速度	300km/h

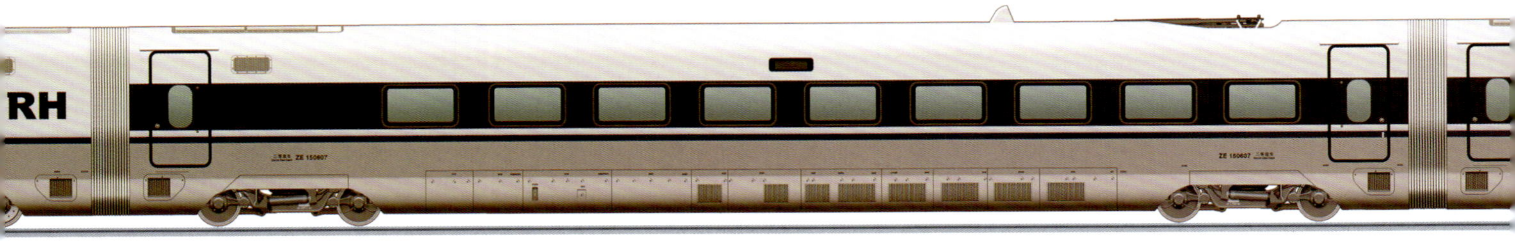

ZE 150607 二等座车

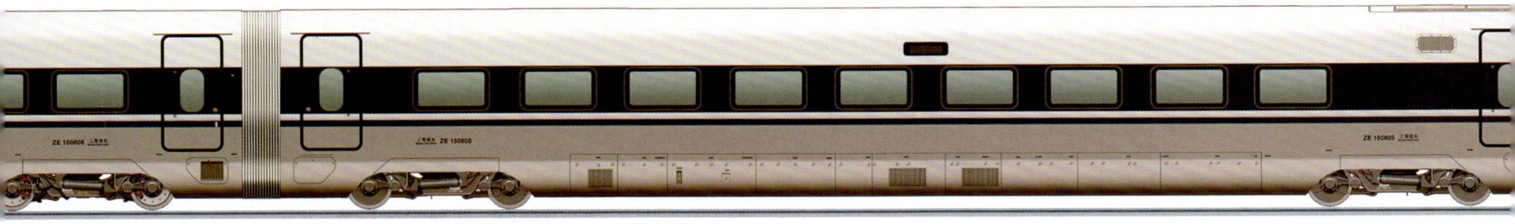

ZE 150605 二等座车

ZE 150603 二等座车

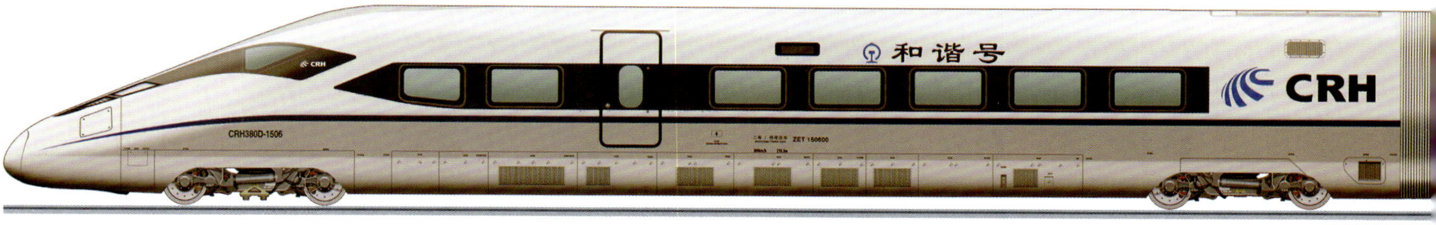

CRH380D-1506 | **ZET 150600** 二等座车 / 特等座车

ZE 150606 二等座车

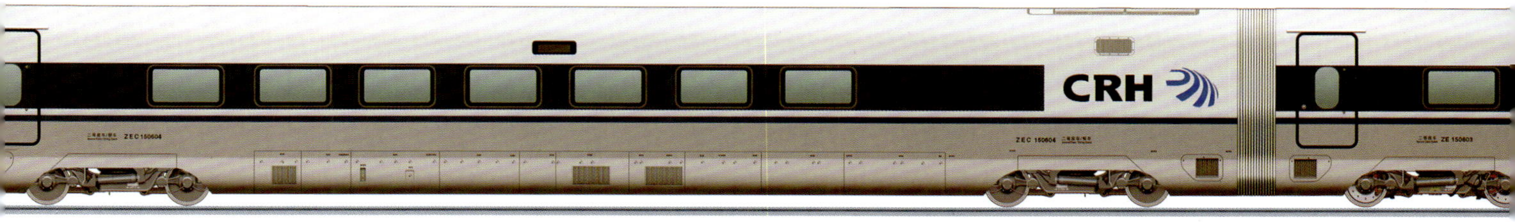

ZEC 150604 二等座车 / 餐车

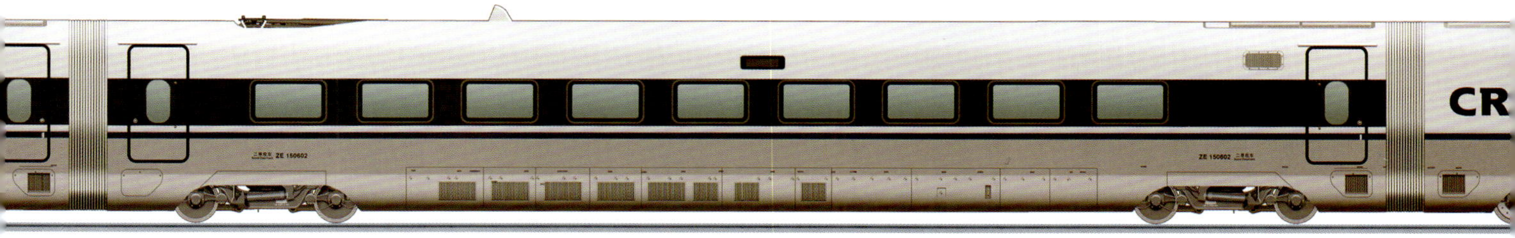

ZE 150602 二等座车

ZYT 150601 一等座车 / 特等座车

CRH380D 统型动车组

CRH380D 型动车组统型车是在 CRH380D 型动车组的基础上，与其他时速 350 公里级别型号的动车组采用统一定员、统一座位布局、统一的车端车钩生产的动车组。

CRH380D 统型	基本数据
制造厂商	青岛四方庞巴迪铁路运输设备有限公司
投入运营时间	2015 年
列车编组	8 辆编组（4M4T）
当前运营速度	300km/h

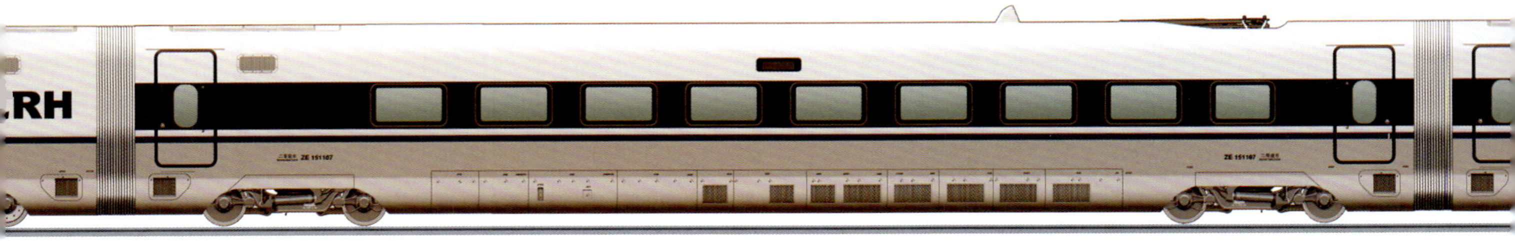

ZE 151107 二等座车

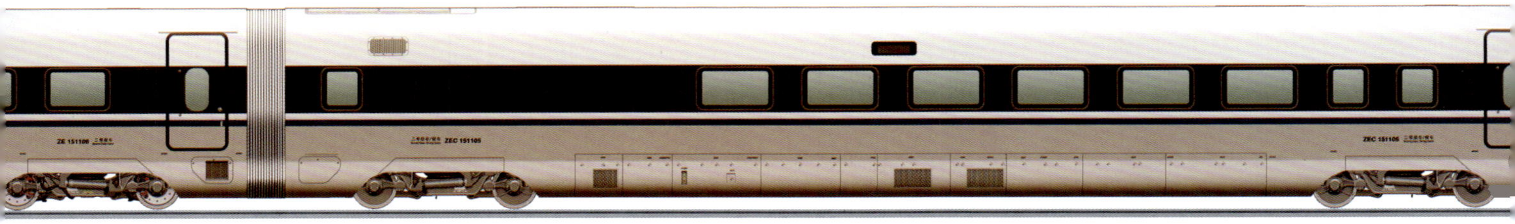

ZEC 151105 二等座车 / 餐车

ZE 151103 二等座车

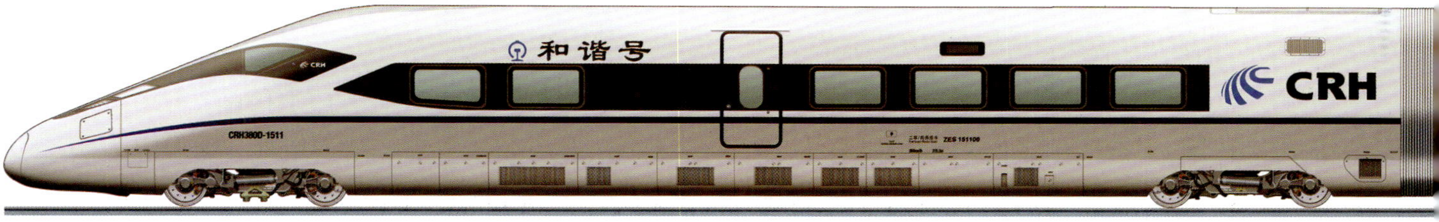

CRH380D-1511 ZES 151100 二等座车 / 商务座车

ZE 151106 二等座车

ZE 151104 二等座车

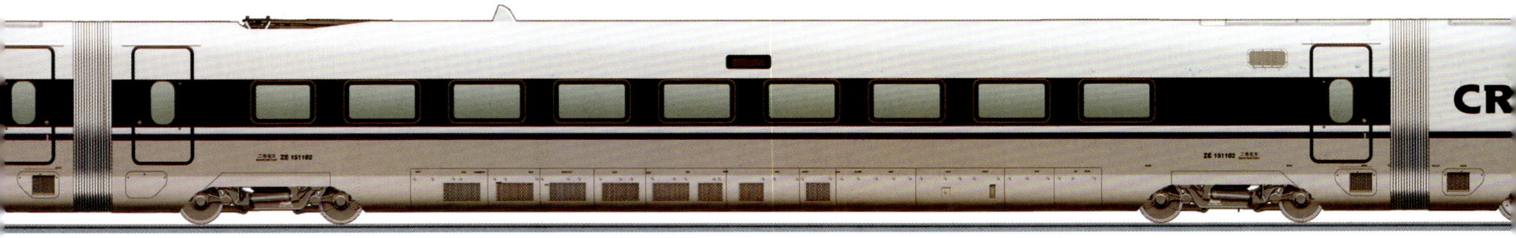

ZE 151102 二等座车

ZYS 151101 一等座车 / 商务座车

CRH2A-2010 号综合检测列车

CRH2A-2010 号综合检测列车是中国铁路第一列专用的综合检测动车组，在 2007 年由 CRH2-010A 号动车组改造而成。列车最初主要用于中国铁路第六次大提速开行动车组列车的相关线路的检测，目前则主要用于各大高铁和客运专线的线路检测工作。

CRH2A-2010	基本数据
制造厂商	中车青岛四方机车车辆股份有限公司
下线时间	2006 年
列车编组	8 辆编组（4M4T）
列车标记速度	250km/h

ZE 201002 二等座车

ZE 201004 二等座车

ZE 201006 二等座车

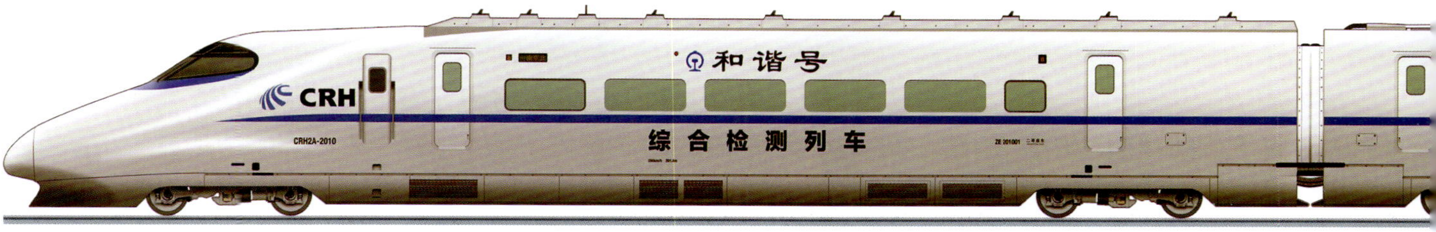

CRH2A-2010 ZE 201001 二等座车：CRH2-2010 号综合检测列车由量产型 CRH2A 改造而来，因此列车车身编号保持了量产型列车的编号规则。

ZE 201003 二等座车

ZEC 201005 二等座车 / 餐车

ZY 201007 一等座车

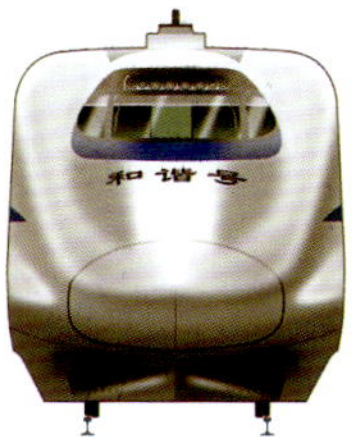

ZE 201000 二等座车

CRH5J-0501 0 号高速综合检测列车

CRH5J-0501 号高速综合检测列车又称“0 号高速综合检测列车”，是中国铁路第一列全新制造的综合检测动车组。该列车由中车长客轨道客车股份有限公司根据 CRH5A 型动车组的技术平台全新生产，包含了检测、办公、会议、生活等不同功能的车厢，可同时进行通信信号、接触网、轨道等多个项目的检测。

CRH5J-0501	基本数据
制造厂商	中车长春轨道客车股份有限公司
下线时间	2008 年
列车编组	8 辆编组（5M3T）
列车标记速度	250km/h

JC 050102 会议车

JC 050104 数据综合处理车

JC 050106 餐车

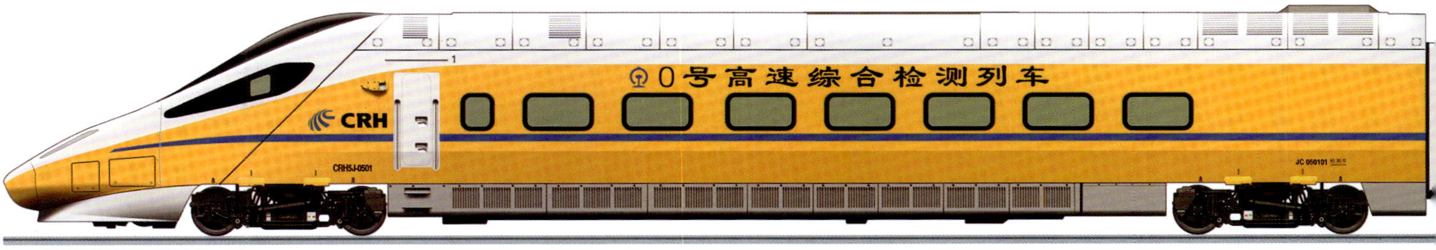

CRH5J-0501 JC 050101 通信信号检测车：CRH5J-0501 号高速综合检测列车通体采用黄色涂装，这也是中国铁路第一列采用黄色涂装的综合检测动车组。

JC 050103 接触网检测车

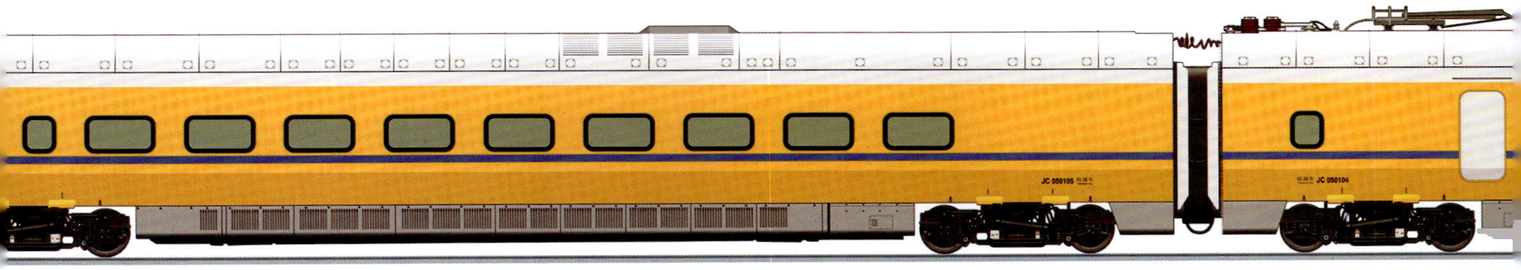

JC 050105 轨道检测车

JC 050107 卧铺车

JC 050100 通信信号检测车：CRH5J-0501 号高速综合检测列车头车侧面顶部喷涂有“0 号高速综合检测列车”字样。

CRH2C-2150 号试验车

CRH2C-2150 号试验车是 CRH2C 型动车组二阶段最后生产的一列，其主要技术性能和 CRH2C 型动车组二阶段量产车完全一致，但采用了 CRH380A 型动车组的头型。该试验车主要为了通过实际运行来验证 CRH380A 型动车组头型的空气动力效能并积累试验数据。在完成相关实验工作后，CRH2C-2150 号试验车被改装为综合检测列车使用。

CRH2C-2150	基本数据
制造厂商	中车青岛四方机车车辆股份有限公司
下线时间	2010 年
列车编组	8 辆编组（6M2T）
列车标记速度	350km/h

JC 215002 试验车

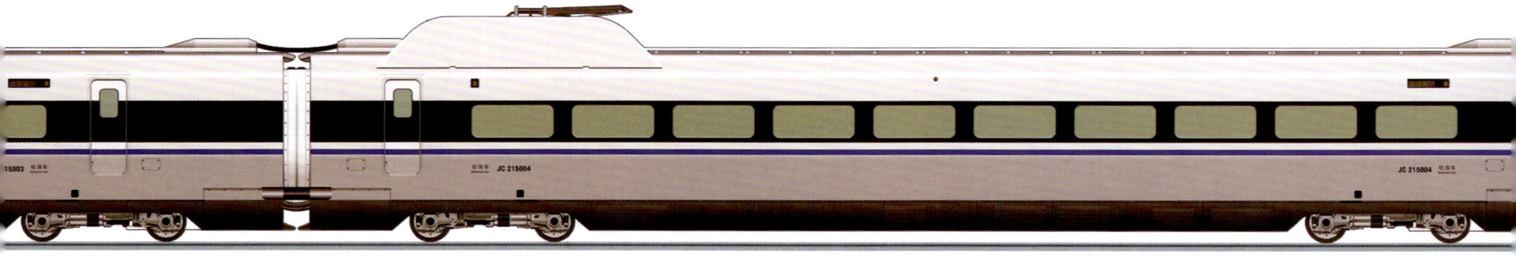

JC 215004 软卧车

JC 215006 试验车

CRH2C-2150 JC 215001 试验车：CRH2C-2150 号试验车采用了 CRH380A 型动车组的头型。

JC 215003 软卧车

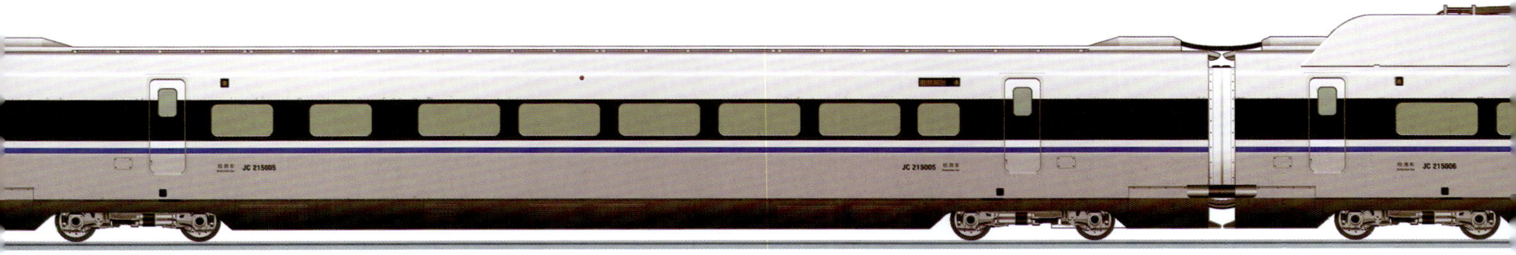

JC 215005 二等座车 / 餐车

JC 215007 试验车

JC 215000 检测车

CRH2J-0205 号高速综合检测列车

CRH2J-0205 号高速综合检测列车是利用原 CRH2-139E 号卧铺动车组的 6 辆车厢经过检修改造，并补充两节新造车体而成的高速综合检测列车。

CRH2J-0205	基本数据
制造厂商	中车青岛四方机车车辆股份有限公司
下线时间	2015 年
列车编组	8 辆编组（6M2T）
列车标记速度	250km/h

JC 020502 检测车

JC 020504 检测车

JC 020506 检测车

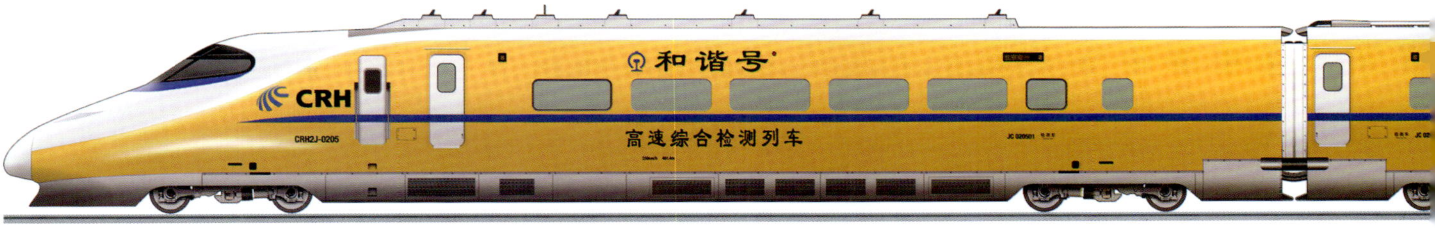

CRH2J-0205 JC 020501 检测车

JC 020503 检测车

JC 020505 检测车

JC 020507 检测车

JC 020500 检测车

CRH380AJ-0201 号高速综合检测列车

CRH380AJ 型高速综合检测列车是基于 CRH380A 型动车组技术平台全新制造的高速综合检测列车，列车采用 7 动 1 拖 8 辆编组，总计生产三列。在研发生产初期，CRH380AJ 型高速综合检测列车曾短暂使用过 CRH400A 的称谓。

CRH380AJ-0201	基本数据
制造厂商	中车青岛四方机车车辆股份有限公司
下线时间	2011 年
列车编组	8 辆编组（7M1T）
列车标记速度	400km/h（下线初期车身速度标记）

JC 020102 轨道、动力学、综合检测车

JC 020104 接触网检测车

JC 020106 餐车

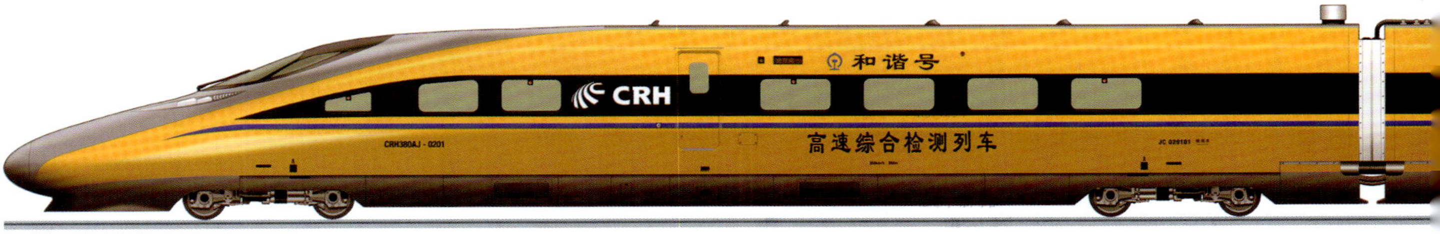

CRH380AJ-0201 JC 020101 设备车：CRH380AJ 高速综合检测列车，通体采用黄色涂装。

JC 020103 通信、信号检测车

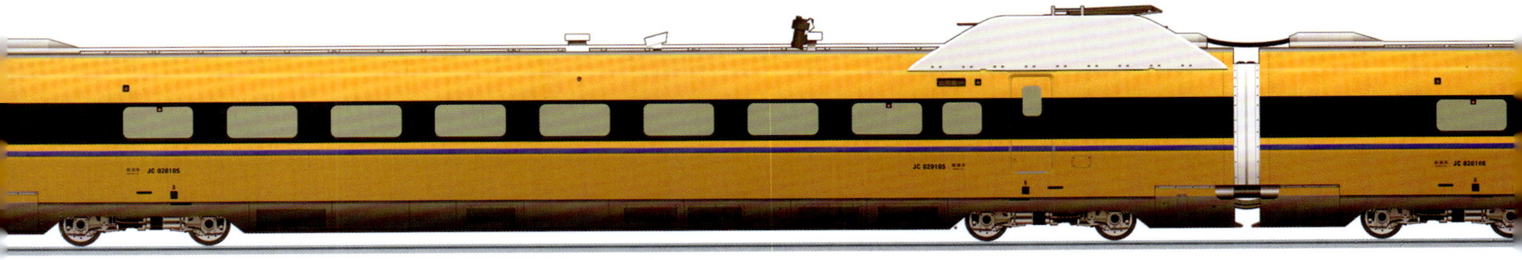

JC 020105 会议车

JC 020107 卧铺车

JC 020100 设备车

CRH380BJ-0301 号高速综合检测列车

CRH380BJ-0301	基本数据
制造厂商	中车唐山机车车辆有限公司
下线时间	2011 年
列车编组	8 辆编组（6M2T）
列车标记速度	350km/h

CRH380BJ 型高速综合检测列车是基于 CRH380B 型动车组技术平台全新制造的高速综合检测列车，换用了 CRH380CL 型动车组的头型。列车采用 8 辆编组，每辆车均有安装了牵引动力线路，可实现 8 辆全动车运行。同时，其中两辆车可以灵活地变换装配动车或拖车转向架，因而亦可以 6 动 2 拖的编组模式运行。

JC 030102 接触网检测车：CRH380BJ 型高速综合检测列车的车窗与普通动车组相比有明显不同，尺寸更小，数量也更少。

HY 030104 会议车

CA 030106 检测生活车：餐车

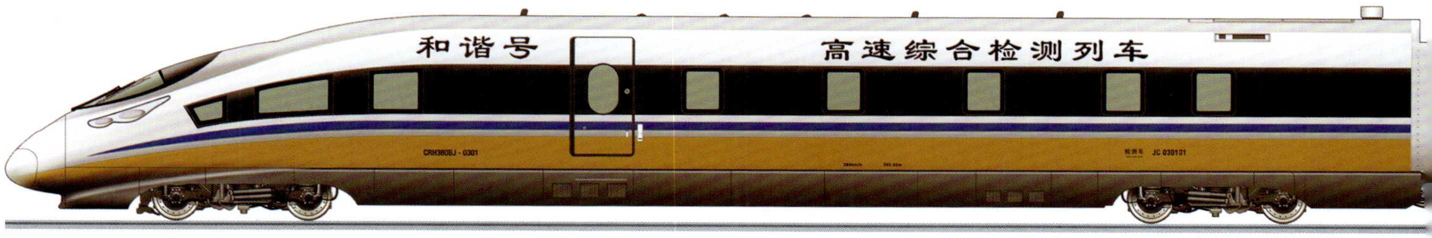

CRH380BJ-0301 **JC 030101** 通信及信号检测车：由于检测任务的需要，CRH380BJ 型高速综合检测列车将部分位于车顶的设备进行了内藏设计处理，因此车顶高度与 CRH380BL 型动车组、CRH380CL 型动车组相比有明显的增高。

JC 030103 轨道与动力学检测车

SB 030105 设备车：CRH380BJ 型高速综合检测列车的 05 车为设备车，车身侧面顶部安装了多个通风设备。

RW 030107 卧铺车：软卧车

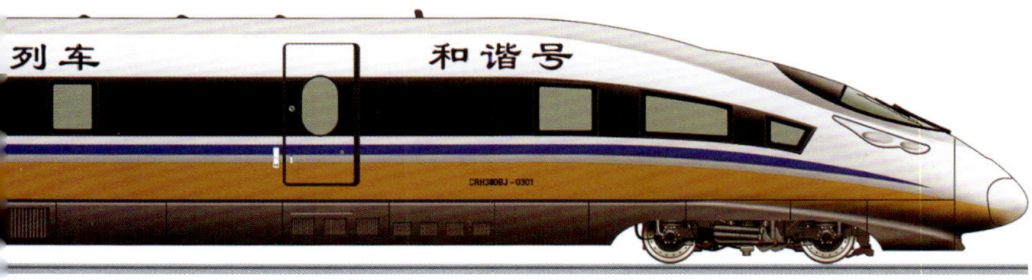

SY 030100 试验车

CRH380BJ-A-0504 号高速综合检测列车

CRH380BJ-A-0504 号高速综合检测列车是基于 CRH380BG 型动车组研发生产的高寒地区专用高速综合检测列车，主要用于哈大高铁等高寒地区高铁及客专线路的检测。

CRH380BJ-A-0504	基本数据
制造厂商	中车长春轨道客车股份有限公司
下线时间	2016 年
列车编组	8 辆编组（4M4T）
列车标记速度	350km/h

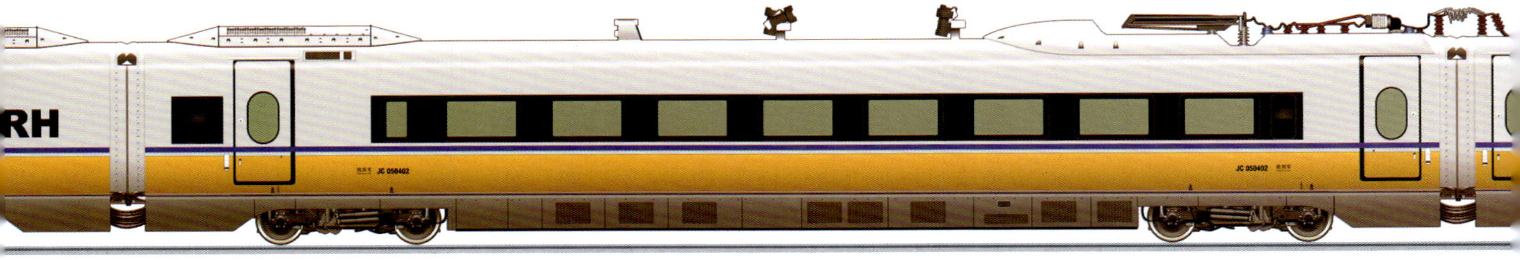

JC 050402 检测车

JC 050404 检测车

JC 050406 检测车

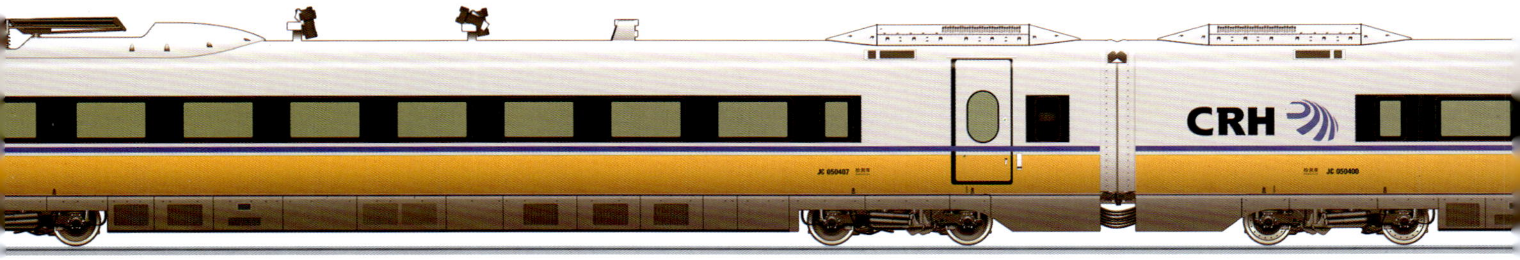

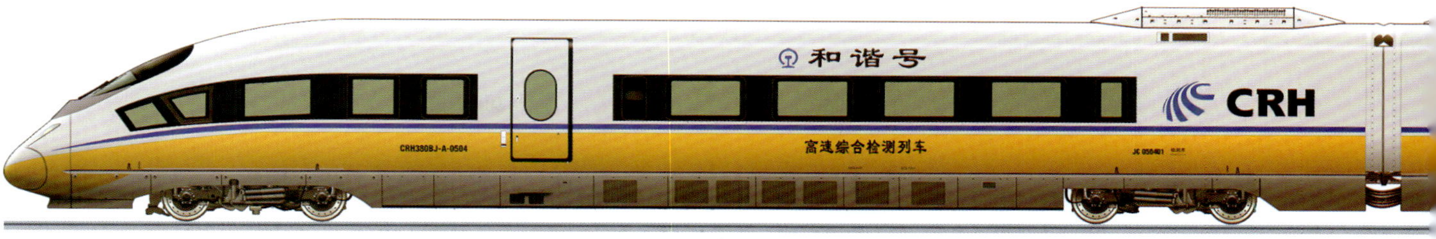

CRH380BJ-A-0504 JC 050401 检测车：CRH380BJ-A 型高速综合检测列车的主体外观造型与 CRH380B 基本一致。为区分检测列车的特殊性，列车下半部分采用黄色涂装。同时取消了蓝色边条头部的倒角部分。

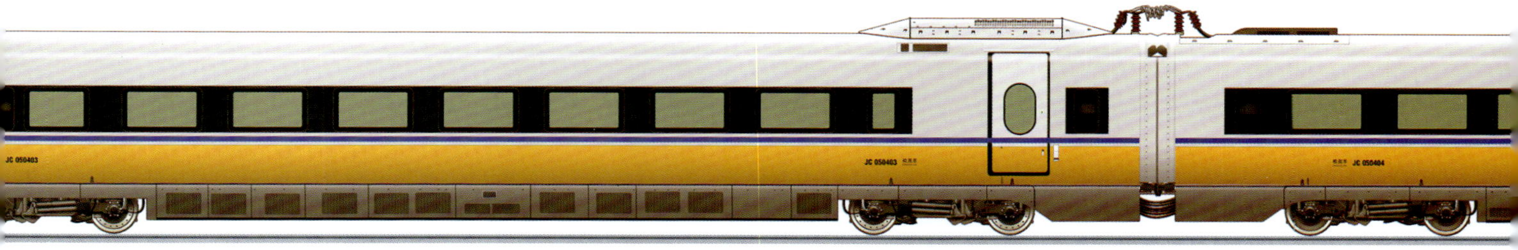

JC 050403 检测车

JC 050405 检测车

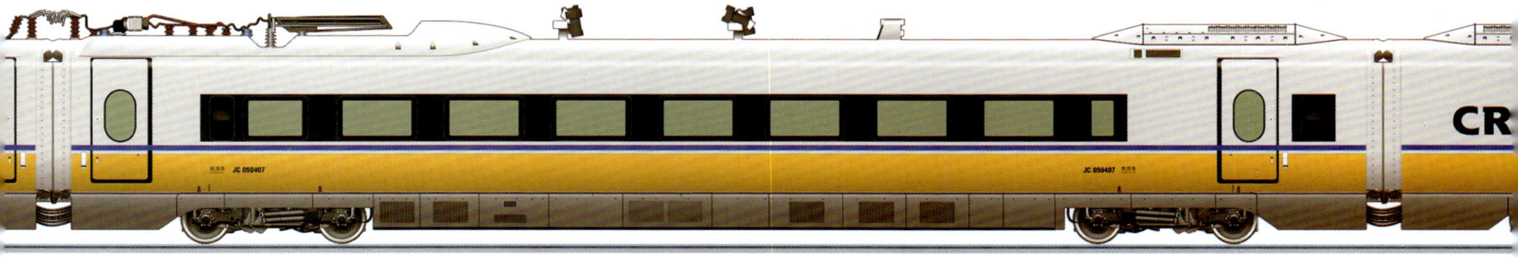

JC 050407 检测车

JC 050400 检测车

CRH380AM-0204 号高速综合检测列车

CRH380AM-0204 号高速综合检测列车其前身是"更高速度试验列车"。CRH380AM-0204 号高速综合检测列车全列 6 辆均为动力车，使用的是 CRH380A 型动车组的技术平台。为了进行相关试验，CRH380AM-0204 号高速综合检测列车的头车使用了一种全新设计的特殊头型。

JC 020402 轨道几何、弓网检测车：在改为综合检测列车后，CRH380AM-0204 号高速综合检测列车的 02 车与 05 车在车顶加装了部分监控与检测设备，用于弓网方面的检测和试验。

JC 020405 接触网检测车

CRH380AM-0204 基本数据

制造厂商	中车青岛四方机车车辆股份有限公司
下线时间	2011 年
列车编组	6 辆编组（6M）
列车标记速度	350km/h

更高速度试验列车

SY-02 弓网关系、牵引系统、制动系统、振动模态试验研究

SY-03 综合系统、动力学试验研究

SY-05 动应力、动力学试验研究：CRH380AM-0204 号高速综合检测列车的 02 车、03 车和 05 车车顶均安装有测试风阻制动设备。

CRH380AM-0204 **JC 020401** 信号检测车：CRH380AM-0204 号列车目前编入检测列车序列，故车厢编号以 JC 开头。

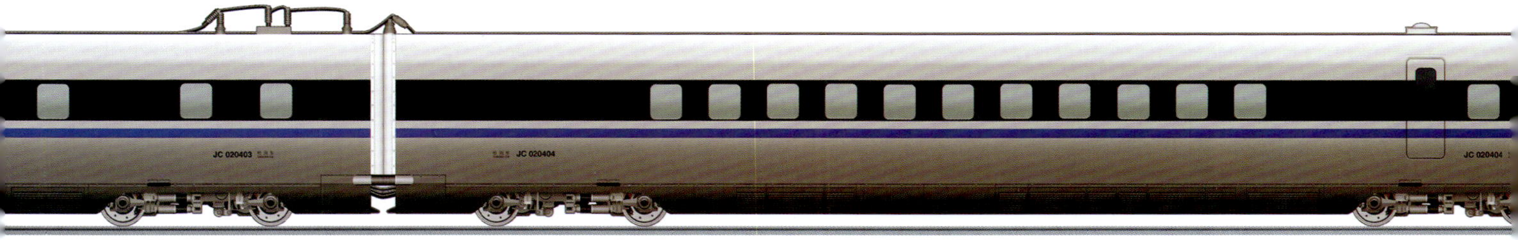

JC 020403 通信、综合检测车

JC 020404 生活车

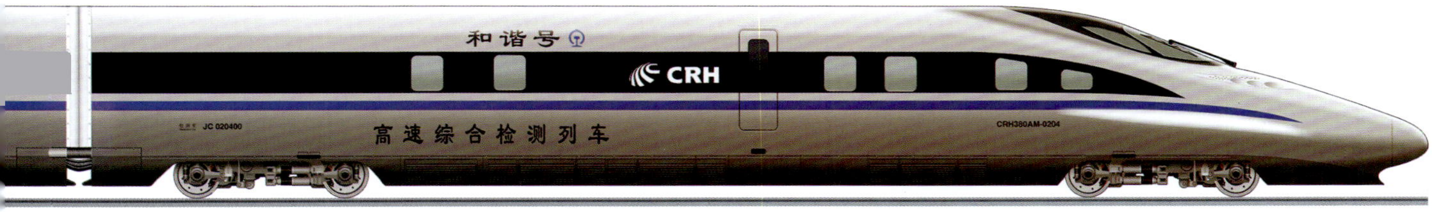

JC 020400 信号检测车

SY-01 动力学、振动模态、空气动力学试验研究：列车车身早期喷涂有“更高速度试验列车”字样，且车厢编号采用 SY 前缀（意为“试验”）。

SY-04 噪声、综合舒适度、动力学试验研究

SY-00 空气动力学、动力学试验研究

CJ1 型动车组

CJ1型动车组是中车长春轨道客车股份有限公司和中车唐山机车车辆有限公司共同研发生产的城际铁路动车组，其技术基础源自CRH380BL型动车组，主要用于城际铁路、市郊铁路和中短途客运。在研发生产之初，CJ1型动车组曾内部使用过CRH3A的称谓。

CJ1	基本数据
制造厂商	中车长春轨道客车股份有限公司 中车唐山机车车辆有限公司
下线时间	2013 年
列车编组	8 辆编组（4M4T）
最高运营速度	250km/h

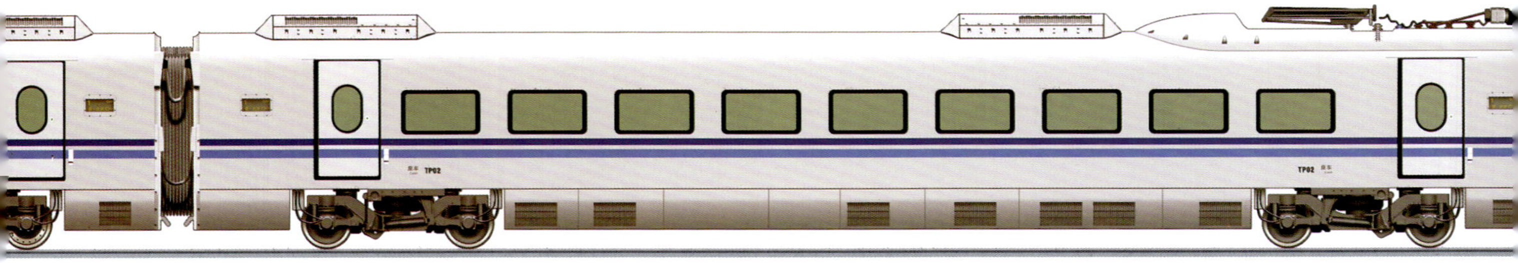

TP02 座车：列车涂装通体白色，蓝色边条有深浅之分。

T04 座车

M06 座车

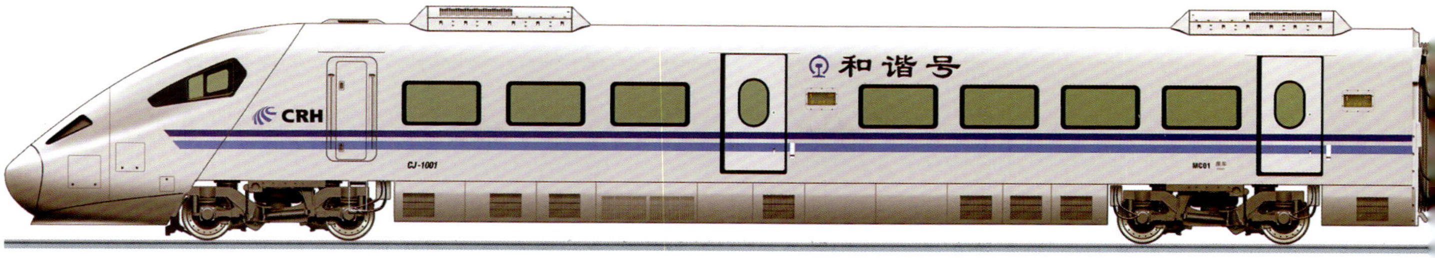

CJ-1001 MC01 座车：CJ1 型动车组的头型采用了全新的设计。本图采用列车下线初期的列车型号及车厢编号。

M03 座车

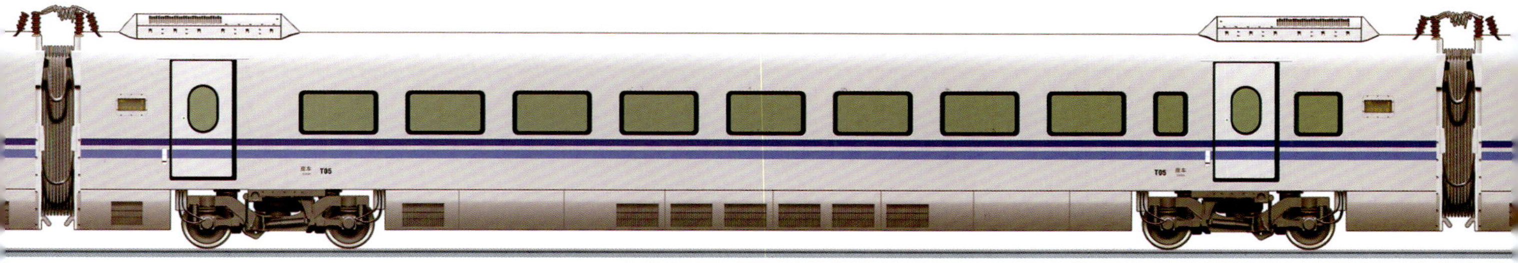

T05 座车

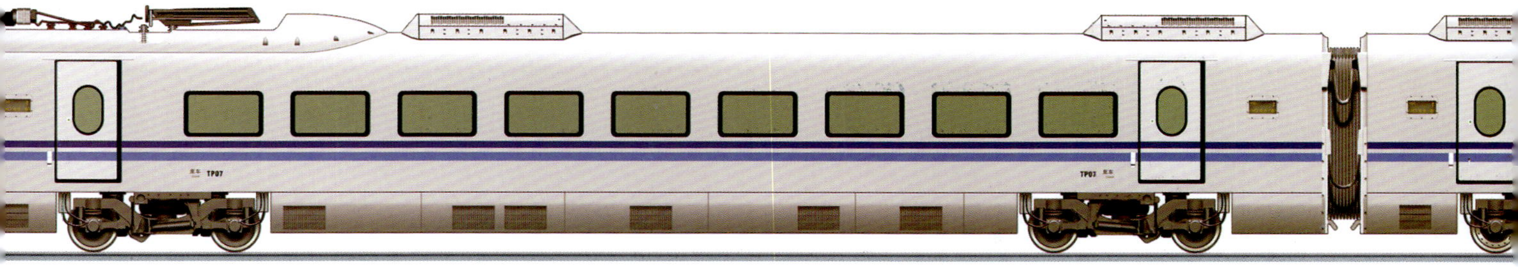

TP07 座车

MC00 座车

CJ2 型动车组

CJ2 型动车组是中车唐山机车车辆有限公司在 CRH3C 基础上研发生产的时速 250 公里级别中长途城际动车组。CJ2 型动车组仅生产有一列。在研发生产之初，CJ2 型动车组曾内部使用过 CRH3G 的称谓。

CJ2	基本数据
制造厂商	中车唐山机车车辆有限公司
下线时间	2013 年
列车编组	8 辆编组（4M4T）
最高运营速度	250km/h

200102 二等座车

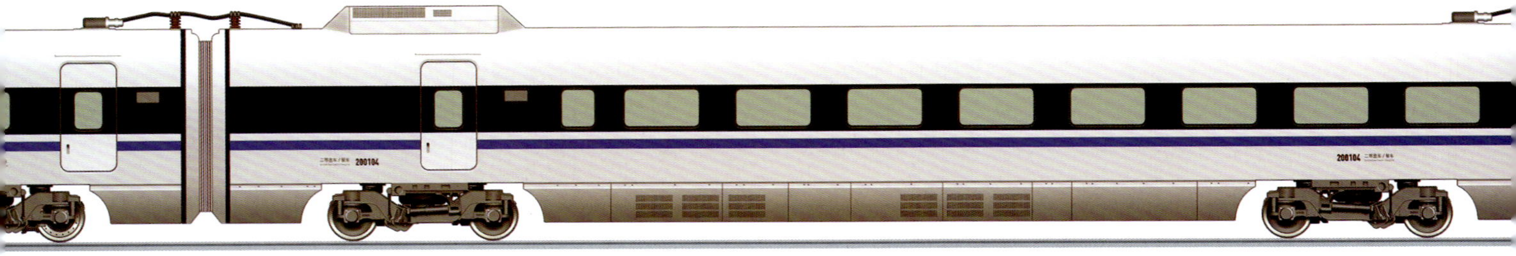

200104 二等座车 / 餐车

200106 二等座车

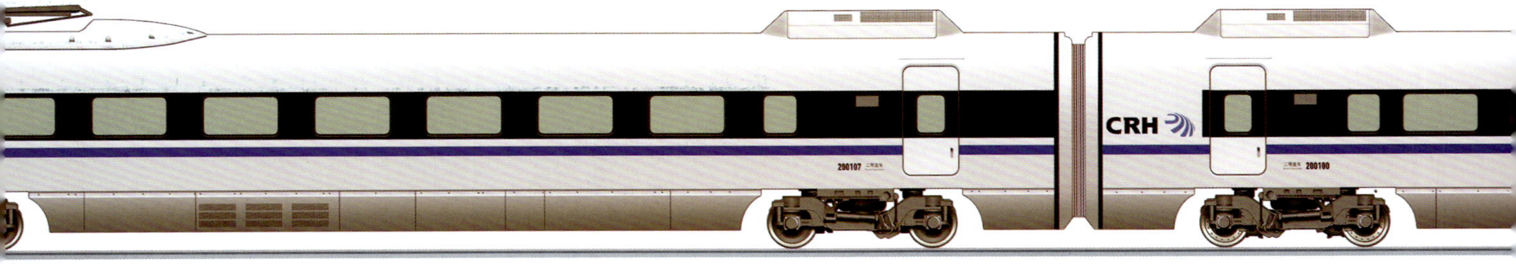

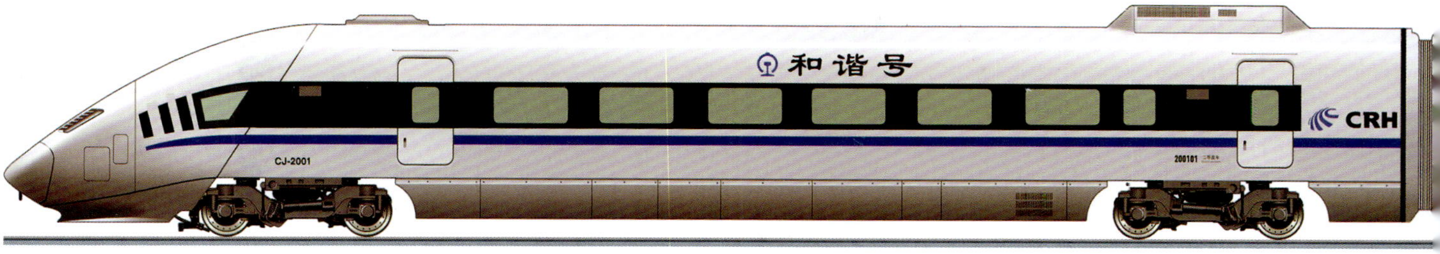

CJ-2001 200101 二等座车：CJ2 型动车组的头型设计在社会层面极具争议。列车涂装整体沿用和谐号动车组的统一风格。

200103 二等座车

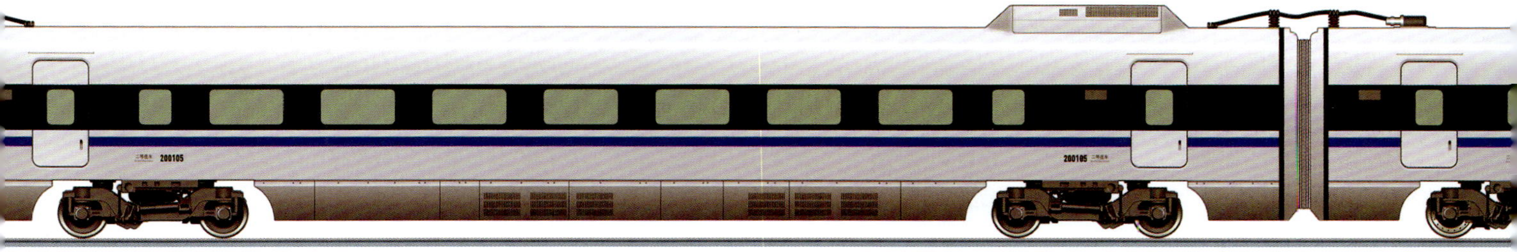

200105 二等座车

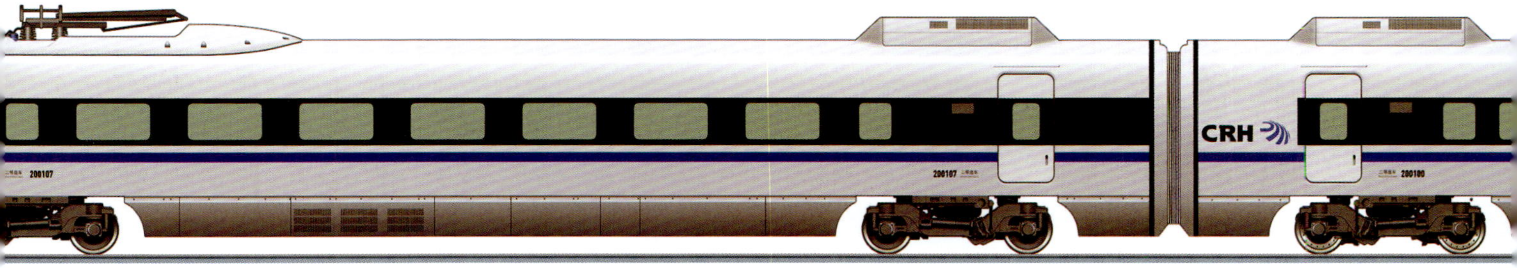

200107 二等座车

200100 二等座车

CJ3 型动车组

CJ3 型动车组是中车唐山机车车辆有限公司研制生产的时速 160 公里级别市域动车组，目前仅生产一列。CJ3 型动车组采用单车两侧前中后三门设计，且使用的是对开双扇塞拉门，拥有极强的市域铁路专用动车组属性。

CJ3	基本数据
制造厂商	中车唐山机车车辆有限公司
下线时间	2015 年
列车编组	4 辆编组
最高运营速度	160km/h

CJ3

CJ5-0505

CJ5-0505

CJ3　座车：CJ3 型动车组将整个车门部分喷涂为警示的橙色。

CJ5-0505 号混合动力动车组

CJ5 型混合动力动车组是中车长春轨道客车股份有限公司研发生产的混合动力动车组。CJ5-0505 号混合动力动车组同时具备接触网供电、蓄电池供电两种动力模式，可以自由灵活选择切换。

CJ5-0505	列车基本数据
制造厂商	中车长春轨道客车股份有限公司
下线时间	2015 年
列车动力	接触网供电＋电池供电
列车编组	3 辆编组（2M1T）

二等座车：CJ5 型动车组的两列样车配色方案完全一致。列车采用青灰色底色，橙色边条设计。由于是试验列车，列车车体并未喷涂车厢编号。

CJ5-0506 号混合动力动车组

CJ5-0506 号混合动力动车组是中车长春轨道客车股份有限公司研发生产的一款试制样车。CJ5-0506 号混合动力动车组同时具备接触网供电驱动和内燃动力驱动两种动力性能，因此尤其适用于干线铁路与非电气化支线铁路的跨线运营。

CJ5-0506	基本数据
制造厂商	中车长春轨道客车股份有限公司
下线时间	2015 年
列车动力	接触网供电 + 内燃动力
列车编组	3 辆编组（2M1T）

CJ6 型动车组

CJ6 型动车组是中车株洲电力机车有限公司研发的时速 160 公里级别动力分散式城际动车组。其主要适用于城际铁路和市郊铁路，亦可用于中短途客运运输。

CJ6	基本数据
制造厂商	中车株洲电力机车有限公司
下线时间	2016 年
列车编组	4 辆编组（2M2T）
最高速度	160km/h

CJ6-0601　060100　座车

060102　座车

CJ5-0506 二等座车：由于两组 CJ5 型动车组动力形式不同，头车底部设备保护结构的外观有所差异。

CJ5-0506

CJ6

060103 座车

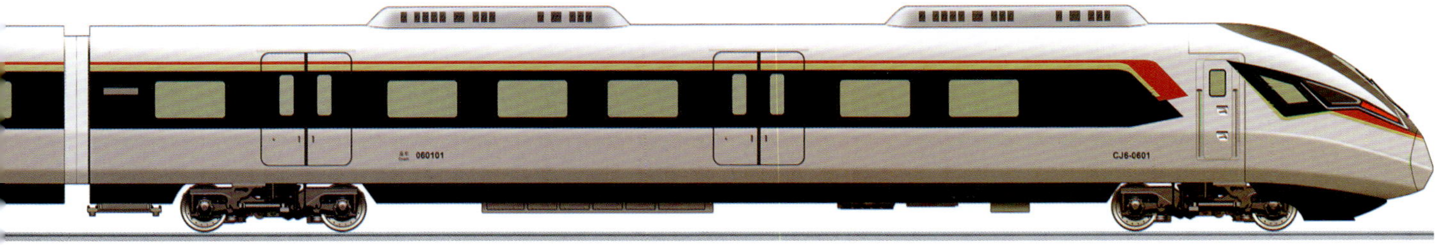

060101 座车

KDZ1 型电力动车组

KDZ1 型动车组是我国第一列电力动车组。列车由长春客车厂于 1988 年 9 月组装完成。列车采用 2 动 2 拖 4 辆编组，设计最高速度 140km/h。KDZ1 型电力动车组完成试验后，由于我国客观条件的制约并未实现商业运营。列车最终被送返长春客车厂封存至今。

KDZ1	基本数据
制造厂商	中车长春轨道客车股份有限公司
下线时间	1988 年
列车编组	4 辆编组（2M2T）
最高速度	140km/h

DYZ 0002 电动硬座车

DYZ 0004 电动硬座车

KDZ1A RZ25DT 110876 软座拖车

YZ25DD 345769 硬座动车

KDZ1　DYZ 0001　电动硬座车

DYZ 0003　电动硬座车

KDZ1A 型“春城号”电力动车组

KDZ1A 型春城号电力动车组由长春客车厂于 1999 年 3 月研制成功，是我国首列投入商业运行的电力动车组。列车采用 3 动 3 拖 6 辆编组，最高运行速度为 120km/h。目前，春城号电力动车组封存于昆明机务段广通车间，备用头车则保存于云南铁路博物馆。

KDZ1A 春城号	基本数据
制造厂商	中车长春轨道客车股份有限公司
下线时间	1999 年
列车编组	6 辆编组（3M3T）
最高速度	120km/h

YZ25DT 345768　硬座拖车

RZ25DT 110892　软座拖车

DDJ1 型电力动车组

DDJ1 型电力动车组是中国铁路研制的第一代时速 200 公里级别电力动车组，昵称“大白鲨”，由国内多家单位于 1999 年联合研制成功。DDJ1 型电力动车组为动力集中式动车组，采用单端动力推挽式运行。列车最高运营速度为 200km/h。DDJ1 型电力动车组仅试制一列，并未投入批量生产，目前该列车封存于铁科院国家铁道试验中心。

DDJ1	基本数据
制造厂商	中车株洲电力机车有限公司 中车长春轨道客车股份有限公司 中车青岛四方机车车辆股份有限公司 中车唐山机车车辆有限公司 中车南京浦镇车辆有限公司
制造年代	1999 年
列车编组	7 辆编组（Mc+5T+Tc）
最高试验速度	223.2km/h

SRZ25DT 10881　双层软座车

RZ125DT 10882　软座车

RZ225DT 10885　软座车

DJJ2 型“中华之星”电力动车组

DJJ2 型“中华之星”电力动车组是中国自行设计试制的一款高速动车组，也是中国铁路领域早期探索的标志之一。DJJ2 型“中华之星”电力动车组采用动力集中设计，2 动 9 拖 11 辆编组，最高设计速度 270km/h。2002 年 11 月 27 日，DJJ2 型“中华之星”电力动车组在秦沈客运专线创造了 321.5km/h 的“中国铁路第一速”。退役后，DJJ2 型“中华之星”电力动车组入藏中国铁道博物馆。

DJJ2 中华之星	基本数据
制造厂商	中车株洲电力机车有限公司 中车大同电力机车有限公司 中车长春轨道客车股份有限公司 中车青岛四方机车车辆股份有限公司
制造年代	2002 年
列车编组	11 辆编组（Mc+9T+Mc）
列车定员	673 人

DDJ$_1$ 电力动车组 DJJ$_1$-001 动力车

RZ2$_{25DT}$ 10883 软座车

RZ2$_{25DT}$ 10884 软座车

RZ2$_{25DK}$ 10886 软座车 / 控制车

DJJ$_2$ 电力动车组 DJJ$_2$-0001A 动力车 A

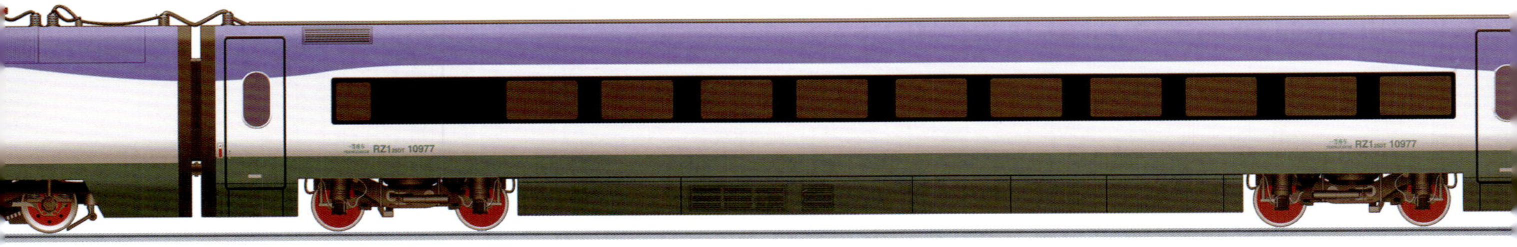

RZ1$_{25DT}$ 10977 一等座车

RZ2$_{25DT}$ 10982 二等座车

DJF1 型“中原之星”电力动车组

DJF1 型“中原之星”电力动车组为中国铁路于 2000 年前后研发生产的动力分散式电力动车组。DJF1 型“中原之星”电力动车组采用动力分散设计，交流传动，早期为 4 动 2 拖 6 辆编组，后期扩编至 8 动 6 拖 14 辆编组。2001 年 11 月 18 日，DJF1 型“中原之星”电力动车组正式投入运营，担当郑州与武昌之间的城际特快列车，至 2006 年 6 月停运封存。

DJF1 中原之星	基本数据
制造厂商	中车株洲电力机车有限公司 中车青岛四方机车车辆股份有限公司 中车株洲电力机车研究所有限公司
制造年代	2001 年
列车编组	14 辆编组（8M6T）
最高试验速度	178km/h

YZ$_{25DT}$ 348274 硬座车

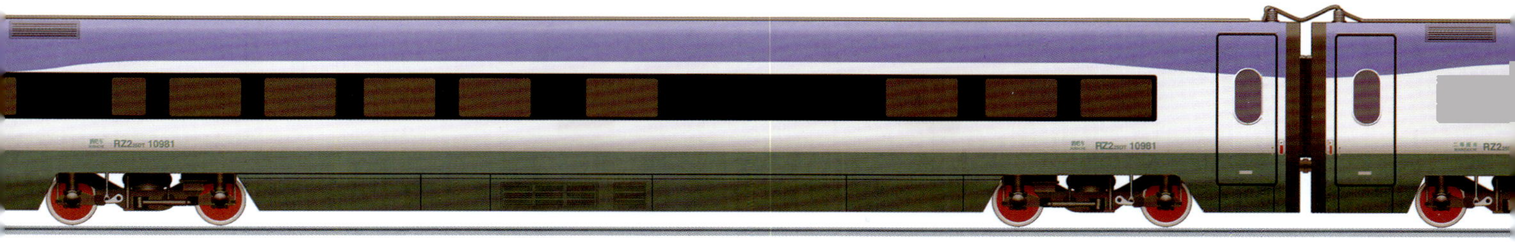

RZ2$_{25DT}$ 10981 酒吧车

DJJ$_2$-0001B 动力车 B

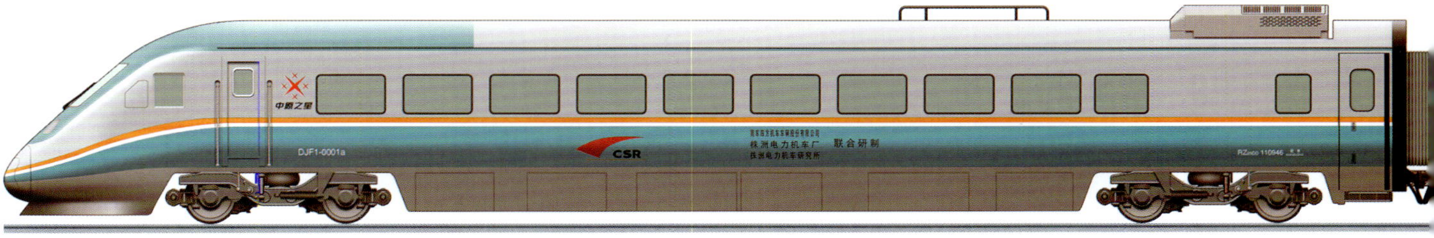

DJF$_1$ 电力动车组 DJF$_1$-0001A RZ$_{25DD}$ 110946 软座车

YZ$_{25DD}$ 348272 硬座车

YZ$_{25DT}$ 349110 硬座车

DJJ1 型“蓝箭”电力动车组

DJJ1 型“蓝箭”电力动车组是一款专为广深线运输需求研发的动力集中式电力动车组，由中车株洲电力机车有限公司、中车长春轨道客车股份有限公司于 2000 年联合研制。列车标准编组为 1 动 5 拖 1 控 7 辆编组，亦可以根据需求重联组合成 2 动 10 拖 12 辆编组，最高运用速度为 210km/h。

DJJ1 蓝箭	基本数据
制造厂商	中车株洲电力机车有限公司 中车长春轨道客车股份有限公司
列车编组	标准编组：6 辆编组（Mc+5T+Tc） 重联编组：12 辆编组（Mc+10T+Mc）
下线时间	2000 年
最高运用速度	210km/h

RZ25DT 110924 软座车

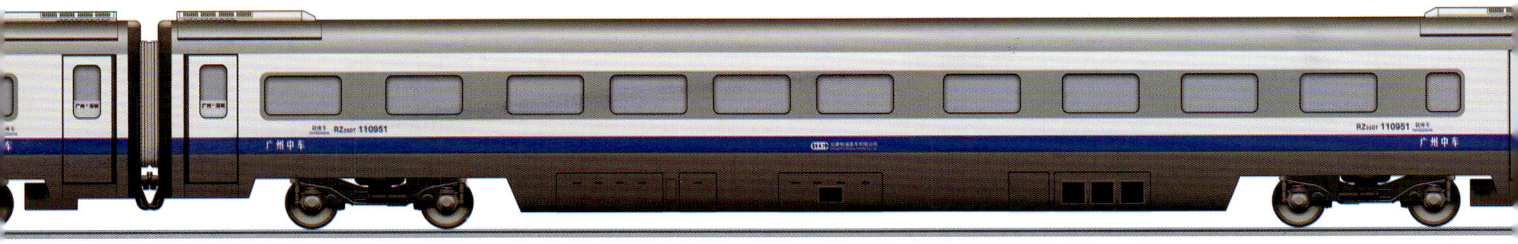

RZ25DT 110951 软座车

RZ25DT 110930 软座车

蓝箭 DJJ1 DJJ1 0001 动力车：列车在配属成都铁路局后对车身标识进行了变更。

蓝箭 DJJ$_1$ DJJ$_1$ 0001 动力车

RZ$_{25DT}$ 110944 软座车

RZ$_{25DT}$ 110937 软座车

RZ$_{25DK}$ 110920 软座车 / 控制车

DJF2 型“先锋号”电力动车组（早期涂装）

DJF2 型“先锋号”电力动车组是中国铁路于 2001 年前后研发生产的动力分散式电力动车组。DJF2 型“先锋号”电力动车组采用动力分散设计，4 动 2 拖 6 辆编组。2007 年 7 月 7 日起，成都铁路局使用 DJF2 型“先锋号”电力动车组增开重庆北至成都城际特快旅客列车，此后一直配属成都铁路局直至退役。

DJF2 先锋号	基本数据
制造厂商	中车南京浦镇车辆有限公司
制造年代	2001 年
列车编组	6 辆编组（4M2T）
最高速度	200km/h

RZ225DT 111158 二等软座车

RZ225DD 111157 二等软座车

DJF2 型“先锋号”电力动车组（后期涂装）

DJF2 型“先锋号”电力动车组于 2010 年 9 月退役，后曾经被封存于南京北站，目前部分车体保存在湖南交通工程学院，作为教学用车使用。由于 DJF2 型“先锋号”电力动车组曾经更改过车身涂装，一度引发混淆，但事实上仅生产过一列。

先锋号 DJF2　RZ125DD 111155　一等软座车

RZ225DD 111156　二等软座车

RZ225DT 111159　二等软座车

RZ225DD 111154　二等软座车

先锋号 DJF2　RZ125DD 111155　一等软座车

RZ225DT 111158 二等软座车

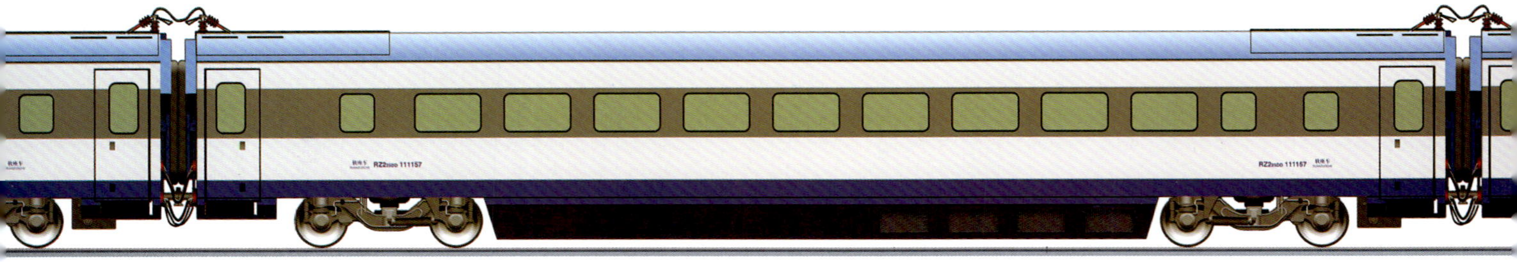

RZ225DD 111157 二等软座车

RZ225DD 111154 二等软座车

NZJ 庐山号动车组 SYZ25DD 345937 双层硬座车

SYZ25DT 345936 双层硬座车

RZ2$_{25DD}$ 111156　二等软座车

RZ2$_{25DT}$ 111159　二等软座车

NZJ 型“庐山号”内燃动车组

NZJ 型“庐山号”内燃动车组是由中车唐山机车车辆有限公司于 1998 年 5 月完成试制。列车采用 2 动 2 拖 4 辆编组，最高运营速度 120km/h。目前两组列车已被拆解。

NZJ 庐山号	基本数据
制造厂商	中车唐山机车车辆有限公司
下线时间	1998 年
列车编组	4 辆编组（Mc+2T+Mc）
最高运营速度	120km/h

SYZ$_{25DT}$ 345935　双层硬座车

SYZ$_{25DD}$ 345938　双层硬座车

NYJ1 型内燃动车组

NYJ1 型内燃动车组是一款由中车青岛四方机车车辆股份有限公司、中车长春轨道客车股份有限公司设计生产的动力集中式液力传动内燃动车组。列车标准编组为 2 动 4 拖 6 辆编组，编组可以按用户运营需要进行调整。同时，NYJ1 型内燃动车组也是我国早期动车组中运用数量最多，运用范围最广的车型，列车曾在南昌局、哈尔滨局、太原局、集通铁路、广西沿海及神华集团等地使用。

NYJ1　基本数据

制造厂商	中车青岛四方机车车辆股份有限公司 中车长春轨道客车股份有限公司
下线时间	1998 年
列车编组	标准编组 6 辆编组（Mc+4T+Mc）
最高运营速度	120km/h；140km/h

RZYW$_{25DT}$ 100451　软座硬卧合造车

YZ$_{25DT}$ 346840　硬座拖车

北海号内燃动车组　NYJ$_1$-4011A　动力车 A　YZ$_{25DD}$-0168　硬座动车

YZ$_{25DT}$ 030702　硬座拖车

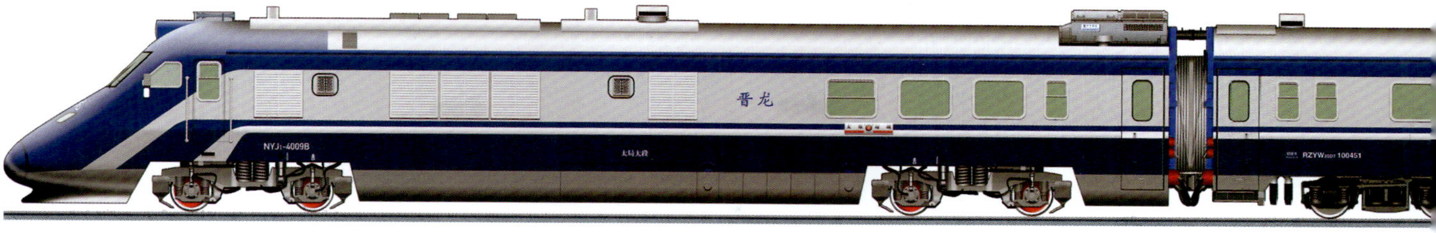

晋龙号内燃动车组 NYJ_1-4009B 硬座动车

YZ_{25DT} 347946 硬座拖车

NYJ_1-4009A 动力车 A

YZ_{25DT} 030700 硬座拖车

NYJ_1-4011B 动力车 B YZ_{25DD}-0169 硬座动车

NZJ1 型“新曙光号”内燃动车组

NZJ1 型“新曙光号”内燃动车组是由中车戚墅堰机车有限公司、中车南京浦镇车辆有限公司和上海铁路局于 1999 年联合研制的动力集中式准高速内燃动车组。NZJ1 型“新曙光号”内燃动车组采用 2 动 9 拖 11 辆编组，全列客车均采用双层设计，最高设计速度 180km/h。

NZJ1 新曙光号	基本数据
制造厂商	中车戚墅堰机车有限公司 中车南京浦镇车辆有限公司
投入运营时间	1999 年
列车编组	11 辆编组（Mc+9T+Mc）
最高设计速度	180km/h

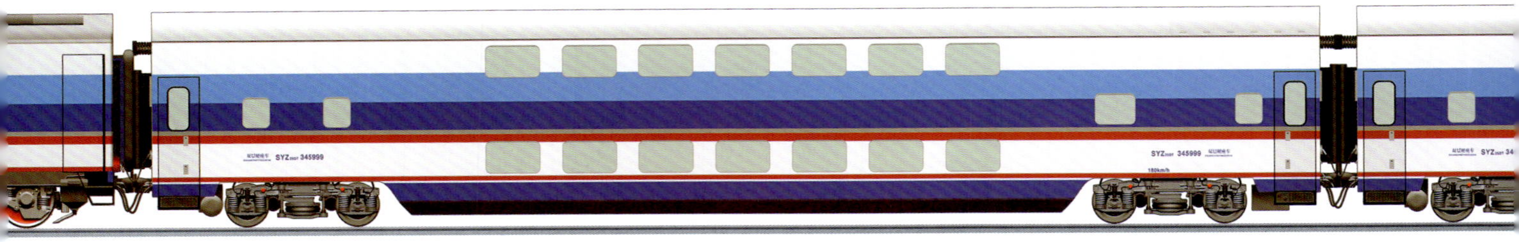

SYZ25DT 345999 双层硬座车

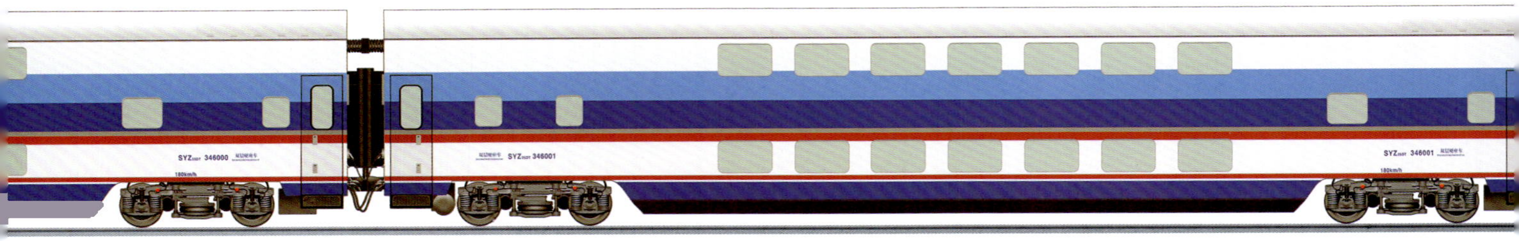

SYZ25DT 345601 双层硬座车

SRZ25DT 110888 双层软座车

SYZ25DT 346002 双层硬座车

SYZ25DT 346004 双层硬座车

新曙光号内燃动车组 NZJ_1-7001A 动力车 A：“新曙光号”在运用过程中，机车及车厢会定时进行检修，列车编组顺序及编号仅供示意。

SYZ$_{25DT}$ 345600 双层硬座车

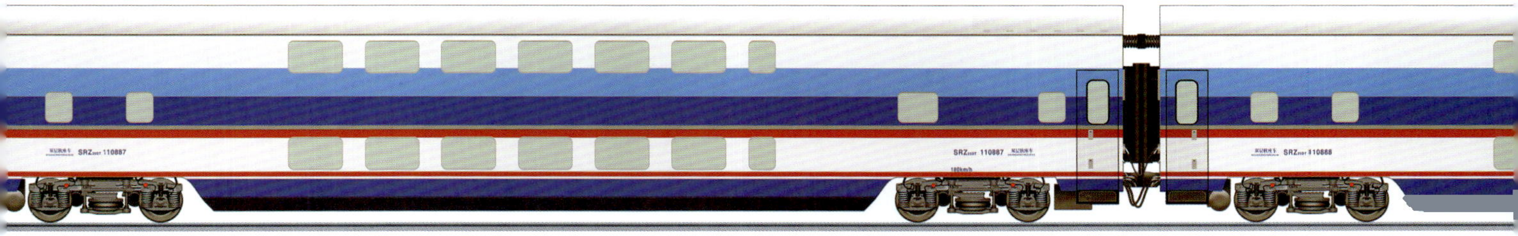

SRZ$_{25DT}$ 110887 双层软座车

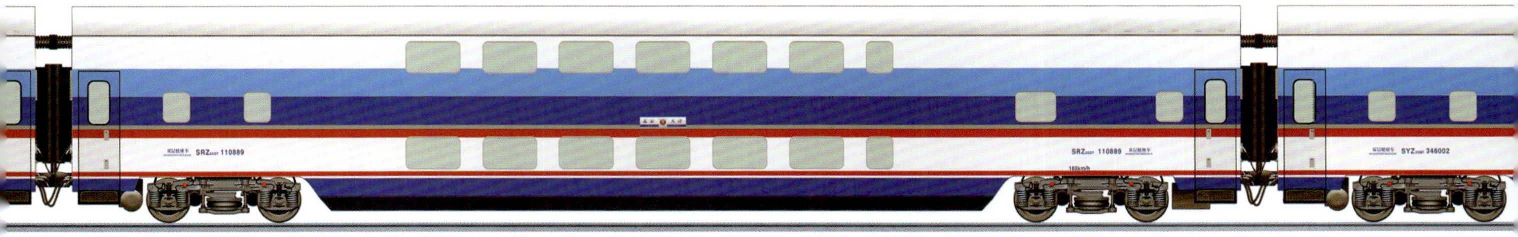

SRZ$_{25DT}$ 110889 双层软座车

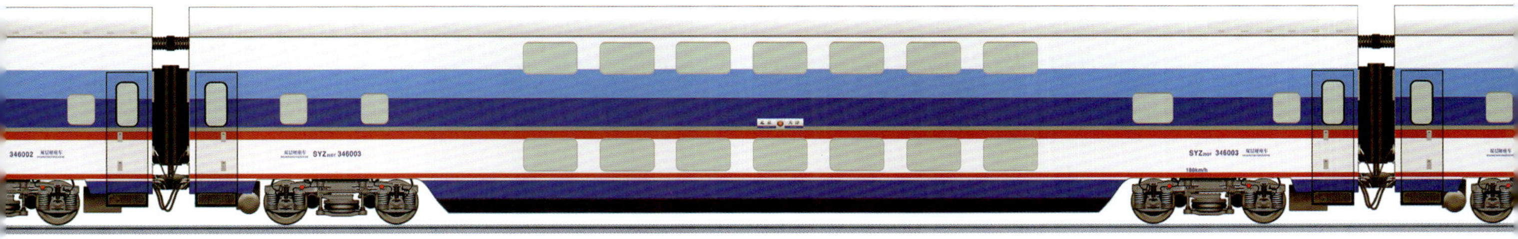

SYZ$_{25DT}$ 346003 双层硬座车

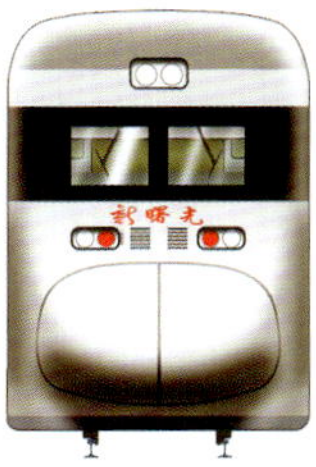

NZJ_1-7001B 动力车 B

NZJ2 型“神州号”内燃动车组

NZJ2 型神州号准高速内燃动车组是由中车大连、中车长春及中车四方联合研制的双层内燃动车组。神州号动车组采用动力集中式设计，最高速度 180km/h。2000 年 10 月至 2007 年 7 月，神州号动车组运用于北京与天津之间的京津城际特快列车。2007 年八月转配柳州铁路局（现南宁）和武汉铁路局，2013 年 4 月全部退役。

NZJ2 神州号　　基本数据

制造厂商	中车大连机车车辆有限公司 中车长春轨道客车股份有限公司 中车青岛四方机车车辆股份有限公司
投入运营时间	2000 年
列车编组	12 辆编组（Mc+10T+Mc）
最高速度	180km/h

SRZ$_{25DT}$ 110898　双层软座车；列车编组顺序及编号仅供示意。

SYZ$_{25DT}$ 346882　双层硬座车

SYZ$_{25DT}$ 346883　双层硬座车

SYZ$_{25DT}$ 346885　双层硬座车

SYZ$_{25DT}$ 346887　双层硬座车

SYZ$_{25DT}$ 346890　双层硬座车

神州号内燃动车组 NZJ$_2$-0001A 动力车 A：神州号动车组在北京局运用期间，采用红灰色涂装设计。

SYZ$_{25DT}$ 346894 双层硬座车：列车大修后，取消了裙板的深灰色配色，同时列车调离北京局继续服役。

SYZ$_{25DT}$ 346884 双层硬座车

SYZ$_{25DT}$ 346886 双层硬座车

SYZ$_{25DT}$ 346889 双层硬座车

NZJ$_2$-0001B 动力车 B

NZJ2 型“金轮号”内燃动车组

NZJ2 型金轮号准高速内燃动车组与神州号系出同源，是专用于兰州铁路局的内燃动车组。与神州号不同的是，金轮号进行了高原性增压处理、防风沙设计，以适应中国西部地区的高海拔、大风沙环境。此外，不同于神州号仅有双层硬座车和软座车的设计，金轮号还有单层硬座车、单层软座车、单层硬卧车和单层软卧车。

NZJ2 金轮号	基本数据
制造厂商	中车大连机车车辆有限公司 中车青岛四方机车车辆股份有限公司
投入运营时间	2001 年
列车编组	10 辆编组（Mc+8T+Mc）可扩编
最高速度	160km/h

SRZ25DT 双层软座车：因资料有限，列车编组顺序及编号仅供示意。

SYZ25DT 双层硬座车

SYZ25DT 双层硬座车

SYZ25DT 双层硬座车

金轮号内燃动车组 NZJ2-0009A 动力车 A：列车整体外观与神州号基本一致，配色采用红蓝色调的涂装设计。

SYZ25DT 双层硬座车

SYZ25DT 双层硬座车

SYZ25DT 双层硬座车

SRZ25DT 双层软座车

NZJ2-0009B 动力车 B

NDJ3 型“和谐长城号”内燃动车组

NDJ3 型内燃动车组是由中车戚墅堰机车有限公司和中车南京浦镇车辆有限公司研发生产的动力集中式内燃动车组，又名“和谐长城号”。NDJ3 型内燃动车组采用 2 动 7 拖 9 辆编组，能良好的适应京张铁路特别是关沟段的坡度。同时因为 NDJ3 型内燃动车组主要用于开行赴八达岭长城及周边旅游景区的市郊列车，因此车厢采用了便于观景的大尺寸车窗。

NDJ3 和谐长城号　基本数据

制造厂商	中车戚墅堰机车有限公司 中车南京浦镇车辆有限公司
下线时间	2008 年
列车编组	9 辆编组（Mc+7T+Mc）
最高运营速度	160km/h

ZE25DT 010073 二等座车：为方便游客，NDJ3 型内燃动车组的客车采用了超大车窗设计，同时使用滤色玻璃，使游客在拥有更好的视野欣赏沿途长城美景的同时，避免阳光直射带来的不便。

ZE25DT 010071 二等座车

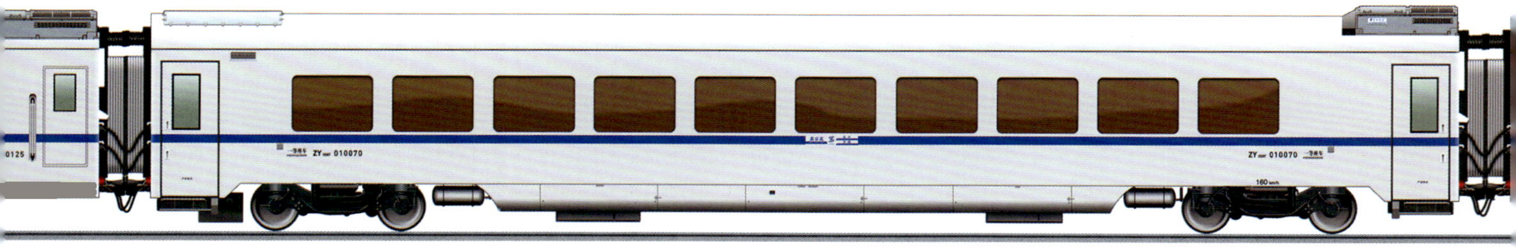

ZY25DT 010070 一等座车：后期变更型号为 RZ1 25DT。

ZY25DT 010068 一等座车

和谐长城号 **NDJ3-0001A** A 端动力车：NDJ3 型内燃动车组的涂装配色与 CRH 系列动车组的涂装类似，但没有喷涂“CRH”的标志。“和谐长城号”列车编组为非固定模式，绘图中的列车编组顺序及车号，仅供参考。

ZE25DT 010072 二等座车：和谐长城号拖车型号命名及编号规则曾参照动车组的相关规则执行，后期逐步变更型号为 RZ2 25DT。

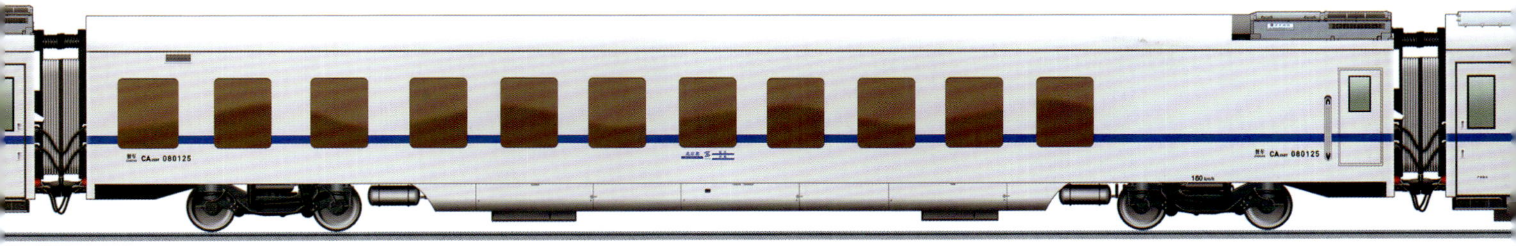

CA25DT 080125 餐车：NDJ3 型内燃动车组的餐车采用落地车窗设计，尤其适合观赏沿线景观。

ZY25DT 010069 一等座车

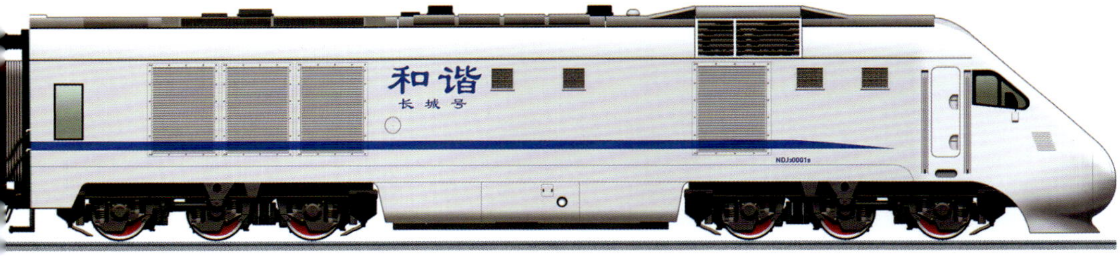

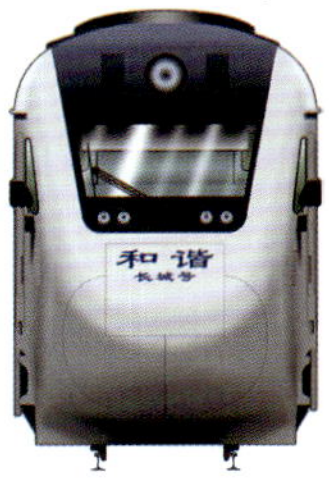

NDJ3-0001B B 端动力车

X2000“新时速”摆式电力动车组

X2000 型“新时速”摆式电力动车组是广铁集团自瑞典国铁引进的高速列车，其原型为瑞典国铁使用的 SJ2000 型动力集中式高速摆式列车，列车采用 1 动 5 拖 1 控 7 辆编组，最高速度 200km/h。1998 年，X2000 高速列车以租用的形式来到中国，在进行了测试和研究后用于广深港之间的客运运输，并执行广九直通车任务，后由广铁集团整组购入。2012 年，已处于封存状态的 X2000 高速列车被瑞典国铁回购继续使用，结束了其在中国的历程。

X2000 新时速　基本数据

制造厂商	ASEA、ABB、Adtranz
运用年代	1998~2007 年
列车编组	7 辆编组（Mc+5T+Tc）
列车最高速度	200km/h

110987 CUB2FK 二等座车（带小型行李仓）

110991 CUBS2FK 二等座车（带车长室、餐室）

110990 CUB2FK 二等座车

X2000 电力动车组 **2088 CX2** 动力车 A:X2000 动车组涂装的造型与后来的 CRH1-001A 极为接近。红色色彩由头部开始收缩，并向列车后部延伸。车体中部的蓝色部分则采用斜角造型。

110988 CUB2FK 二等座车

110989 CUB2FK 二等座车

110986 CUB2XFK 二等座车（控制车）

中国火车大图集

AN ILLUSTRATED GUIDE TO CHINESE TRAINS

下册｜机车车辆分册

罗一童 著绘

中国铁道出版社有限公司
CHINA RAILWAY PUBLISHING HOUSE CO., LTD.

图书在版编目（CIP）数据

中国火车大图集 / 罗一童著绘 . — 北京 : 中国铁道出版社，2019.4（2025.2 重印）
ISBN 978-7-113-25089-8

Ⅰ . ①中… Ⅱ . ①罗… Ⅲ . ①列车 – 中国 – 图集
Ⅳ . ① U292.9-64

中国版本图书馆 CIP 数据核字 (2018) 第 247833 号

书　　名：**中国火车大图集**
作　　者：罗一童

策划编辑：许士杰
责任编辑：许士杰　郭　静　　编辑部电话：（010）51873204　　电子信箱：syxu99@163.com
出品策划：罗春晓　罗一童
特约编辑：吕　彪
装帧设计：罗一童　崔丽芳
责任校对：王　杰
责任印制：赵星辰

出版发行：中国铁道出版社有限公司（100054，北京市西城区右安门西街 8 号）
网　　址：https://www.tdpress.com
印　　刷：北京盛通印刷股份有限公司
版　　次：2019 年 4 月第 1 版　2025 年 2 月第 15 次印刷
开　　本：889mm × 1194mm　1/16　印张：25.75　字数：623 千
书　　号：ISBN 978-7-113-25089-8
定　　价：188.00 元（上、下册）

目录

CONTENTS

中国火车大图集

AN ILLUSTRATED GUIDE TO CHINESE TRAINS

上册 动车组分册

中国动车组

中国火车大图集

AN ILLUSTRATED GUIDE TO CHINESE TRAINS

下册 机车车辆分册

中国内燃机车

中国电力机车

中国蒸汽机车

中国铁路客车

车型检索 Index

复兴号系列动车组

和谐号系列动车组

综合检测列车

CJ 系列动车组

中国早期动车组

东风系列内燃机车

东方红系列内燃机车

北京系列内燃机车

和谐系列内燃机车

复兴系列内燃机车

其他内燃机车

韶山系列电力机车

和谐系列电力机车

复兴系列电力机车

其他电力机车

中国蒸汽机车

18 型、22 型、24 型铁路客车

25 型铁路客车

中国铁路旅游专用客车

其他铁路车辆

中国内燃机车
DIESEL LOCOMOTIVE

巨龙型内燃机车

1958 年 9 月底，大连机车厂仿照前苏联 ТЭ3 型直流电传动干线内燃机车设计并试制出 2 台巨龙型干线客货运内燃机车。作为我国首台自己制造的内燃机车，它对我国内燃机车的研发制造积累了宝贵的技术和经验，具有非常深远的历史意义。

ND/ 巨龙	基本数据
制造厂商	大连厂
装车功率	约 1470kW
机车轴式	Co-Co
最高运营速度	100km/h

ND / 巨龙型

巨龙型内燃机车整体采用红黄色涂装，机车正面悬挂龙形徽章，徽章中央引用五星红旗元素。

东风型、东风 3 型内燃机车

东风型内燃机车是是我国第一代电传动内燃机车，其原型为巨龙型内燃机车，后期改称ND型，最终采用东风型为机车代号。东风3型内燃机车的构造与东风型基本相同，是一款干线客运机车。由于东风3型并不适合高速运营，1985年起大部分东风3型改造为东风型使用。

DF、DF3	基本数据
制造厂商	大连厂、戚墅堰厂
标称功率	1050kW
机车轴式	Co-Co
最高运营速度	100km/h

DF1021

东风型内燃机车早期涂装。因资料有限，机车涂装色彩仅供参考。

DF1231

早期的东风型内燃机车外观结构与后期不同，瞭望车窗为两扇。

ND0041

东风型内燃机车的红黄色涂装极为少见。可见当时的机车型号为 ND 型。

DF2129

东风型内燃机车采用三扇瞭望车窗和墨绿色配色方案，是东风型比较常见的车体结构与涂装样式。

DF2201

曾运用于广东三水机务段的蓝色涂装的东风型内燃机车

东风 3 型 0058 号内燃机车　第一代周恩来号

1978 年 1 月，上海机务段东风 3 型 0058 号机车，被党中央、国务院正式命名为“周恩来号”机车，是当时唯一担当旅客列车牵引任务的“伟人号”机车。

DF30058

东风 3 型 0058 号是第一代周恩来号，机车两侧悬挂“周恩来号”铜字

东风 2 型内燃机车

东风 2 型内燃机车是戚墅堰厂于 1964 年在东风型内燃机车的基础上研制的电传动调车内燃机车，机车采用动力室走廊外置设计。该型机车截止停产，共生产 139 台。

DF2	基本数据
制造厂商	戚墅堰厂
标称功率	650kW
机车轴式	Co-Co
最高运营速度	95.3km/h

DF23201

东风 2 型内燃机车是我国较早采用走廊外置的内燃机车。该设计为我国之后的调车机车设计产生了深厚的影响。

东风 4B 货运型内燃机车

东风 4B 型内燃机车是大连厂在东风 4 型的基础上不断改进攻关研制的新型机车，并于 1984 年投入批量生产。东风 4B 型内燃机车是中国铁路发展历史上产量最大、运用广泛、技术最成熟的车型之一，也是中国铁路历史上涂装样式最多的车型之一。

DF4B 货运型	基本数据
制造厂商	大连厂、资阳厂、大同厂等
标称功率	1990kW
机车轴式	Co-Co
最高运营速度	100km/h

DF41612

采用墨绿底色、淡蓝色边条涂装东风 4B 货运型内燃机车。由于整体色彩偏冷，也被爱好者称之为“西瓜”。

DF46225

采用黄色边条的东风 4B，其色彩与武警制服色彩接近，因此被称为“武警”。

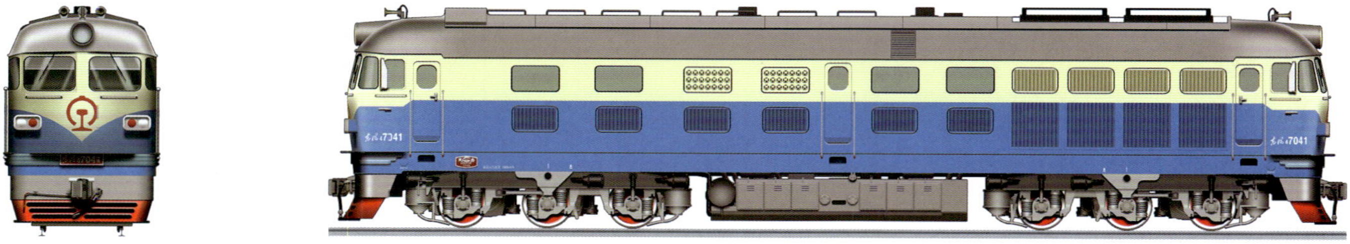

DF47041

部分东风 4B 采用了东风 4D 货运型的车身涂装。

DF49464

运用于金温铁路的东风 4B 型内燃机车，机车采用金温铁路的专用涂装，且驾驶室顶部安装了空调设备。

DF47721

采用淡蓝色涂装的东风 4B 型 7721 号内燃机车，该台机车由辽宁铁法煤业集团运用。

DF47786

运用于漯阜公司的深蓝色涂装东风 4B 型内燃机车。

DF49570

9570 号机车采用的酒红色涂装，与东风 4D 客运型涂装相似。

DF49571

9571 号机车采用的涂装和东风 4D 型 7000 系内燃机车类似。

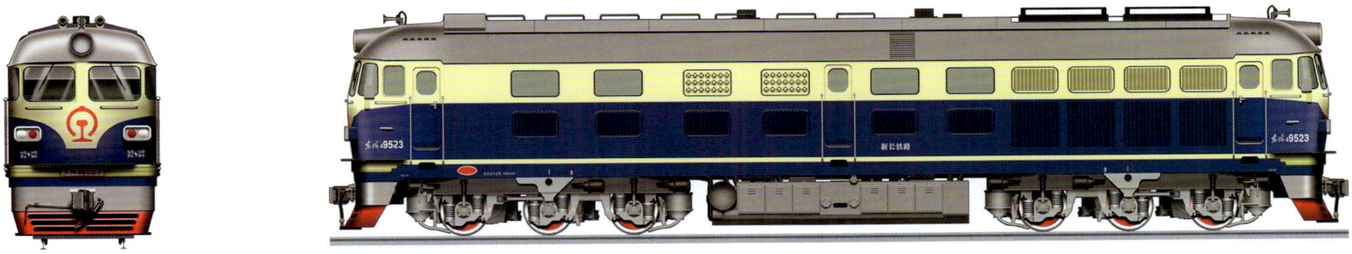

DF49523

运用于新长铁路的东风 4B 型内燃机车，采用黄蓝色涂装设计。

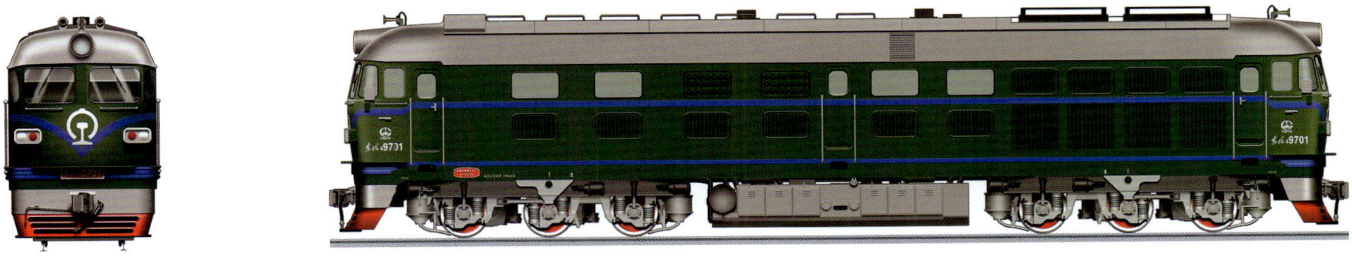

DF49701

专为中国中铁制造用于工程运输需要的东风 4B 型内燃机车，车号上方喷涂中国中铁标志。

DF47782

7782 号机车的特殊涂装。

东风 4B 货运型内燃机车 青岛四方产

1994 年，四方厂试制了两台东风 4B 型内燃机车（7364 号及 7365 号）。机车采用了全新的车体设计，随后该车体设计应用于批量生产的东风 4E 型内燃机车。截止 2018 年底，7364 号及 7365 号在海南运用。

DF4B 货运型 基本数据

制造厂商	四方厂
标称功率	1990kW
机车轴式	Co-Co
最高运营速度	100km/h

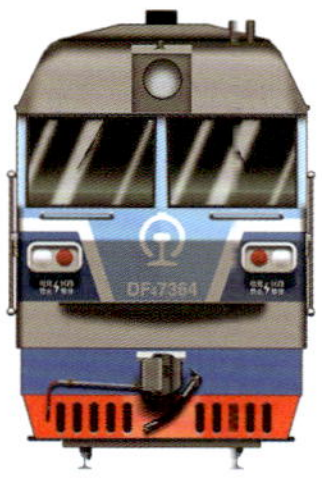
DF47364
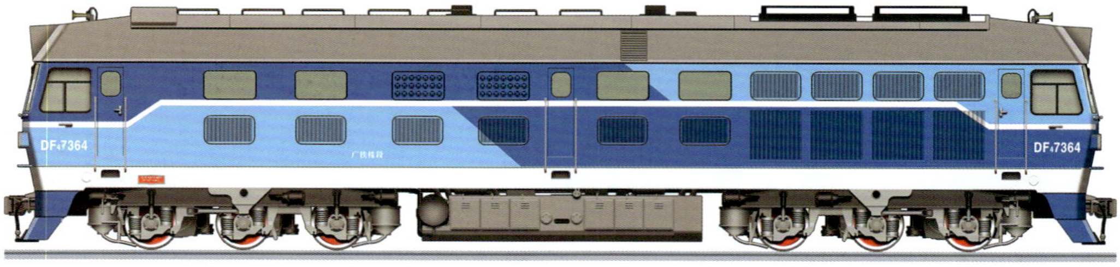
四方厂生产的 7364 号车出厂涂装。

DF47365

后期运用过程中，7365 号车曾采用了东风 4D 货运型内燃机车涂装。

DF47364

7364 号车的橙蓝色涂装。

DF47365

7365 号目前采用东风 4B 货运型内燃机车涂装样式，机车目前在海南运用。

DF41986

1986 号由大连厂生产，机车因故在四方厂大修，并按四方厂试制的东风 4B 型机车修改了机车车体。

东风 4B 客运型内燃机车

1986 年底，大连厂研制了第一台东风 4B 客运型机车。东风 4B 客运型是在东风 4B 货运型机车的基础上改造而成，两种机车除传动齿轮比不同外，机车结构基本相同。客运型机车构造速度为 120km/h，以适应扩大旅客列车编组及提高速度的需要。

DF4B 客运型	基本数据
制造厂商	大连厂
标称功率	1990kW
机车轴式	C0-C0
最高运营速度	120km/h

DF42116

东风 4B 客运型内燃机车早期出厂涂装。

DF42144

东风 4B 客运型后期大多采用橙色涂装。俗称“橘子”。

DF42465

曾经配属上海铁路局集团的东风 4B 型 2465 号机车，机车正面悬挂“先锋号”铜牌。

DF42368

东风 4B 型内燃机车大红鹰涂装，也是国内较早采用商业广告涂装的内燃机车之一。

DF42490

2490 号机车是沈阳铁路局用于牵引“党员流动课堂”列车的专用机车之一。

东风4型0002号内燃机车　第二代毛泽东号

1977年2月，“毛泽东号”由蒸汽机车换型为东风4型内燃机车，车号0002号。该机车也是第二代“毛泽东”号机车。车身侧面悬挂有书法体的“毛泽东号”铜字。

DF4	基本数据
制造厂商	大连厂
标称功率	1920kW
机车轴式	Co-Co
最高运营速度	100km/h

DF40002

与常规东风4型内燃机车不同的是，机车并未喷涂机车上部淡蓝色边条。

东风4B型1893号内燃机车　第三代毛泽东号

1991年8月，“毛泽东号”换型为东风4B型1893号内燃机车，用以替换东风4型0002号车。是第三代“毛泽东号”。并以此编号纪念毛泽东同志诞辰。

DF41893

东风4B型“毛泽东号”机车车身不再悬挂铜字，机车正面的“毛泽东号”字体也由书法字体更新为粗宋体。车身侧面的车号、段属更新为带有浮雕字体的车牌。

东风4B型1886号内燃机车　第四代朱德号

东风4B型1886号机车于1991年被命名为“朱德”号，以替换“朱德”号前进型蒸汽机车。机车以1886为车号，以纪念朱德同志诞辰。

DF41886

东风4B型“朱德号”的侧面边条设计与量产型由所区别，如一个桥梁贯穿全车。机车侧面车号位置，挂有“朱德号”浮雕铜字。

东风4B型2106号内燃机车　第二代周恩来号

1987年，在“周恩来号”机车命名10周年之际，配属上海机务段的东风3型“周恩来号”机车换型为东风4B型内燃机车。也是最早换型为东风4B型的“伟人号”机车。

DF42106

机车车身的涂装设计与其他量产东风4B型客运内燃机车有明显差异，“周恩来号”涂装以香槟红为主色调，上部色彩及底部边条采用米黄色设计。

东风4B型1220号内燃机车　第四代黄继光号

1986年，配属齐齐哈尔机务段的“黄继光号”机车迎来第三次换型。由前进型1820号蒸汽机车换型为东风4B型1220号内燃机车。机车正面悬挂中国共青团团徽及“黄继光号”铜字。

DF41220

“黄继光号”机车侧面的车号、段属、及车名，均采用了金黄色铜字浮雕造型。

东风4B型3943号内燃机车　第二代雷锋号

1995年12月，“雷锋号”机车由蒸汽机车换型为东风4B型3943号内燃机车，实现了“机车转型，精神永存”的“雷锋精神”的第一次岗位传承。

DF43943

东风 4C 货运型内燃机车

东风 4C 货运型内燃机车是一款干线货运机车，是在东风 4B 型内燃机车基础上研制的功率更大的升级产品。1985 年 9 月，第一台东风 4C 货运型内燃机车下线。

DF4C 货运型	基本数据
制造厂商	大连厂、大同厂、资阳厂、四方厂
标称功率	2165kW
机车轴式	C0-C0
最高运营速度	100km/h

DF44001

现保存于中国铁道博物馆的东风 4C 货运型 4001 号机车，机车采用东风 4B 型机车的车体设计。

DF44003

首台采用全新车体设计的东风 4C 型内燃机车。驾驶室侧窗与后期有所不同。

DF40014

大同工厂生产的东风 4C 机车由 0001 号起。0014 号车采用深蓝色配米黄色的涂装。

DF44235

淡蓝色涂装的东风 4C 型内燃机车。

DF44407

采用深蓝色涂装的东风 4C 型内燃机车。

DF$_4$2001

2001 号机车曾配属怀柔机务段，是北京铁路局的“先锋号”挂牌车。由青岛四方工厂生产。

DF$_4$4466

4466 号机车的转向架与量产型不同。机车封存前在四方厂内使用。

东风 4C 客运型准高速内燃机车

东风 4C 客运型准高速内燃机车，是资阳厂根据市场需求自行研发的准高速客运型机车。以满足城际快速客运、小编组运输的需要。机车仅试制两台（5274 号、5275 号），于 1999 年在广东三茂铁路运用，目前机车处于封存状态。

DF4C 客运型	基本数据
制造厂商	资阳厂
标称功率	2165kW
机车轴式	A_01A_0-A_01A_0
最高运营速度	160km/h

DF$_4$5275

东风 4C 客运型内燃机车。5275 出厂涂装。

DF$_4$5275

东风4C 客运型机车头型与东风11 型机车相同，机车的运用涂装则与东风8B 型相同。

DF$_4$5275

东风 4C 客运型后期的淡蓝色涂装。

东风 4D 客运型内燃机车

东风 4D 客运型内燃机车是一款干线准高速客运内燃机车。是为了适应铁路客运的需要，由大连厂于 1996 年在东风 4B 型、东风 4C 型的基础上成功。

DF4D 客运型　基本数据

制造厂商	大连厂
标称功率	2425kW
机车轴式	C0-C0
最高运营速度	145km/h

DF4D0001

早期生产的东风 4D 型内燃机车车体结构采用东风 4C 型的样式，机车头顶部是方形的。

DF4D0005

机车后期采用了更加圆润车头顶部结构，且早期生产的机车在后期厂修后对头部进行了改造。

DF4D0489

采用东风 4D 准高速型涂装的东风 4D 型 0489 号内燃机车。

东风 4D 型准高速内燃机车

2000 年，为满足铁路进一步提速的需要，大连厂在东风 4D 客运型的基础上研制了全新的准高速客运机车。东风 4D 准高速型是东风 4D 客运型系列化变型产品之一。3001、3002 号车采用了 16V240ZJE 型柴油机，后续量产型采用 16V240ZJD 型柴油机。

DF4D 准高速　基本数据

制造厂商	大连厂
标称功率	2830kW / 2425kW
机车轴式	C0-C0
最高运营速度	170km/h

DF4D3001

东风 4D 准高速型的 3001 号车车顶并未采用采光窗设计，动力室侧面的车窗分布与量产型有所区别。

DF$_{4D}$3200

青藏公司的 3200 号车，中间的设备通风窗与量产型有所不同。

DF$_{4D}$3253

3253 号机车在运用在杭州机务段运用时，曾在车顶喷涂上海铁路局的标志。

DF$_{4D}$3307

3307 号车的圆角瞭望车窗和宽大的司机室侧窗设计是比较常见的外观之一。

DF$_{4D}$3309

悬挂有先锋号铜牌的 3309 号车。

DF$_{4D}$3333

3333 号保留圆角矩形的瞭望车窗，改进了司机室侧窗。

DF$_{4D}$3283

沈阳铁路局开行流动党员课堂列车，列车的专用机车 3283 号采用新的深红涂装。

东风 4D 货运型内燃机车

东风 4D 货运型内燃机车是东风 4D 客运型系列化变型产品之一。为了适应货运的需求，机车牵引齿轮传动比改变后，牵引力提高到 480kN，最高速度变为 100km/h，从而使牵引特性符合货运需求。货运型加装了机车重联装置，并取消了抗蛇行减振器。

DF4D 货运型	基本数据
制造厂商	大连厂
标称功率	2425kW
机车轴式	Co-Co
最高运营速度	100km/h

DF4D4054

东风 4D 货运型 4054 号车采用淡蓝色的主色调，运用于集通铁路，机车中部车窗与其他量产版有所不同。

DF4D4129

4129 号机车改造瞭望车窗为直角，司机室侧窗改为尺寸更小的圆角车窗。

DF4D4170

4170 号机车的车体造型比较常见。

DF4D4252

4252 号机车为了获取更大的牵引能力，增加轴重，机车车体外加装了 8 块压铁。

DF4D4162

采用金温铁路蓝色涂装的 4162 号机车。

DF4D4082

天津地方铁路早期的橘色涂装，侧面“天津南环铁路”六个大字是其显著的标志。

DF4D4082

天津地方铁路的后期涂装，除了车身“天津市铁路集团”字样外，侧面还喷有中国铁路的路徽。

DF4D4354

巴新铁路采用与天津地方铁路相同的涂装，机车侧面安装压铁。

DF4D4408

2018 年新造 4408 号机车的彩色涂装，专门牵引秦旅山海号列车，被赋予极富美感的名称“紫罗兰”。

东风 4D 货运型 1893 号内燃机车　第四代毛泽东号

2000 年 12 月 26 日，东风 4D 货运型 1893 号机车接过东风 4B 型 1893 号机车的“毛泽东号”铜牌，这是“毛泽东号”第三次换型。机车采用有别于普通货运型的深蓝色涂装。

DF4D1893

毛泽东号机车除正面的铜牌之外，机车车号和段属标牌也采用浮雕设计。

东风 4D 货运型径向转向架内燃机车

东风 4D 货运型径向转向架内燃机车采用大连厂研制的 Co-Co 轴式径向转向架。首台样车于 2000 年 5 月下线。机车主要技术指标与东风 4D 客运型相同。径向转向架可以降低轮轨磨耗并改善机车在小曲线线路上的牵引能力。

DF4D 径向型	基本数据
制造厂商	大连厂
标称功率	2425kW
机车轴式	Co-Co
最高运营速度	100km/h

DF4D7001

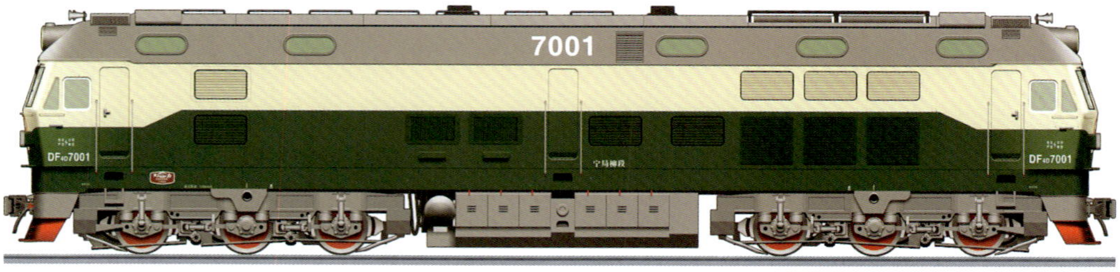

机车采用径向转向架，径向转向架有着比普通转向架更加复杂的机械结构。

DF4D7021

机车厂修后，所有的径向转向架被更换为东风 4D 货运型转向架。

东风 4DF 型内燃机车

东风 4DF 型内燃机车是东风 4D 客运型系列的化变型之一，其总体结构与东风 4D 客运型基本相同，部分结构有所改进。同时东风 4DF 型也是一款既能牵引列车，也可以为客车的空调、照明设施、加热设备供电的内燃机车。

DF4DF	基本数据
制造厂商	大连厂
标称功率	2425kW
机车轴式	Co-Co
最高运营速度	120km/h；145km/h

DF4DF0351

东风 4DF 型内燃机车外观与东风 4D 型基本一致，仅在车顶部分额外设计了通风窗口。

DF4DF0530

0530 号车正面拥有更多的插座接口。

DF4DF4059

采用东风 4D 准高速型涂装的东风 4DF 型内燃机车。

东风 4DJ 型内燃机车

东风 4DJ 型内燃机车在保留东风 4D 型内燃机车原有设计的同时，在电气室内安装以变流器为主的交流传动部件。两台机车（0001 号、0002 号）于 2000 年内先后落成。是我国在交流电传动技术应用过程中具有重要意义的一款内燃机车。

DF4DJ	基本数据
制造厂商	大连厂
最大运用功率	2940kW
机车轴式	Co-Co
最高运营速度	145km/h

DF4DJ0001

东风 4DJ 型 0001 号内燃机车曾用编号为东风 4DAC 型 8001 号。机车于 2010 年收藏至中国铁道博物馆。

东风 4DD 型内燃机车

东风 4DD 型是一款调车兼小运转内燃机车，机车主要技术装备与东风 4D 客运型内燃机车相同。机车按照调车机车的技术要求及相应运输任务的需要，更换为 ZD109Z 型牵引电机、应用外廊单头司机室设计。

DF4DD	基本数据
制造厂商	大连厂
标称功率	2425kW
机车轴式	Co-Co
最高运营速度	80km/h

DF4DD1028

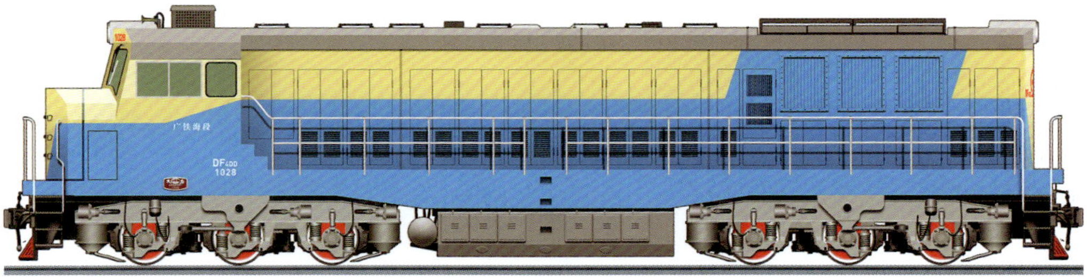
运用于粤海铁路港区的东风 4DD 型 1028 号机车。

DF4DD1019

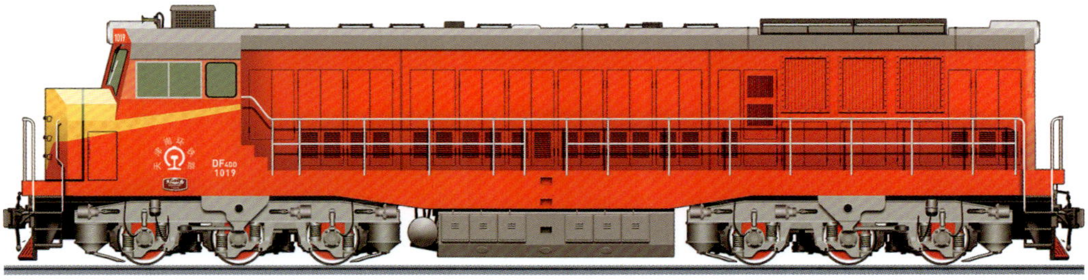
运用于天津地方铁路的东风 4DD 型内燃机车采用橘红色涂装。

东风 4E 型内燃机车

东风 4E 型内燃机车是一款干线重载货运内燃机车，每组机车由两节机车重联组成，每节机车可独立担当运输任务。机车采用了与东风 4B 相同的 16V240ZJB 型柴油机。后期由于使用中的客观原因，戚墅堰厂将东风 4E 型全部改造为东风 4B 型内燃机车运用。

DF4E	基本数据
制造厂商	四方厂
标称功率	2×2000kW
机车轴式	2×(C_0-C_0)
最高运营速度	100km/h

DF$_{4E}$0001

东风 4E 型 0001 号机车的瞭望车窗采用矩形直角玻璃。

东风 5 型“抗震号”内燃机车

1976 年 1 月，采用 8V240ZJ 型柴油机的东风 5 型内燃机车在唐山下线，是一款调车兼小运转内燃机车。同年，唐山大地震使唐山遭受灭顶之灾。震后仅两个月，机车便被工人完好修复。修复后的机车车头镶嵌“抗震”两个大字，机车也因此被称为“抗震号”机车。

DF5 抗震号	基本数据
制造厂商	唐山厂
标称功率	930kW
机车轴式	C_0-C_0
最高运营速度	80km/h

DF$_5$0002

东风 5 型 0002 号车在震后修复，车头镶嵌“抗震”金色大字。

DF$_5$0022

曾运用于上海军工路港的东风 5 型 0022 号车。

东风 5 型内燃机车

1985 年，通过不断改进、完善设计的东风 5 型内燃机车由四方厂开始进行批量生产，是我国运用范围较广的调车机车之一。截至目前，东风 5 型内燃机车已超过 1000 多台。

DF5	基本数据
制造厂商	四方厂
标称功率	930kW
机车轴式	C_0-C_0
最高运营速度	80km/h

DF$_5$1749

1749 号机车采用了东风 5 型最常见的外观结构及涂装样式。

DF$_5$1248

橘红色涂装的东风 5 型内燃机车。

东风 5 口岸型准轨内燃机车

我国铁路口岸车站大多存在宽轨、准轨并存的情况。口岸型的东风 5 型内燃机车便是满足口岸不同轨距运输的需要，对车钩、转向架进行改进设计的内燃机车。准轨型的机车采用 1435mm 的标准轨距转向架。主要用于运输进出口岸的中国各型客货车辆。

DF5 口岸型准轨	基本数据
制造厂商	四方厂
标称功率	930kW
机车轴式	C_0-C_0
最高运营速度	80km/h

DF55001

配属乌鲁木齐铁路局的橙色涂装东风 5 口岸型机车，司机室外侧悬挂国徽。

DF55014

口岸型 5014 号机车，机车涂装配色非常少见。机车右侧安装有监控摄像头，方便司机瞭望、操控。

东风 5 口岸型宽轨内燃机车

东风 5 型宽轨内燃机车是采用 1520mm 轨距转向架的口岸型机车。机车车钩及转向架可以根据运输需求进行快速的更换，以适应口岸车型复杂、轨距不统一的车站条件。宽轨型的内燃机车主要用以运输口岸站中俄罗斯、蒙古及哈萨克斯坦的宽轨车辆。

DF5 口岸型宽轨	基本数据
制造厂商	四方厂
标称功率	930kW
机车轴式	C_0-C_0
最高运营速度	80km/h

DF54003

4003 号机车采用蓝色涂装，样式与普通东风 5 型接近。

东风 5 改进型内燃机车

1998 年，四方厂开始对东风 5 型内燃机车进行全面技术升级，升级后的车型被命名为东风 5 改进型内燃机车。2000 年起，对机车零部件及制造工艺方面进行全面改进，机车外观也和东风 5 型有所区别。2001 年起，四方厂开始批量生产东风 5 改进型内燃机车。

DF5 改进型	基本数据
制造厂商	四方厂
标称功率	1040kW
机车轴式	C_0-C_0
最高运营速度	100km/h

DF52025

东风 5 改进型机车将电气室高度降低，扩大了司机的瞭望视野。配属南昌铁路局的 2025 号机车两端分别装有监控摄像头。

东风 5B 型内燃机车

DF5B	基本数据
制造厂商	大连厂
标称功率	1500kW
机车轴式	Co-Co
最高运营速度	100km/h

东风 5B 型内燃机车是大连厂于 1996 年在东风 5 型内燃机车基础上进行变型设计的新型机车。机车总体采用原东风 5 型机车的布置方式。按照习惯，机车动力室为机车后端（长端），电气室为机车前端。

DF5B0023

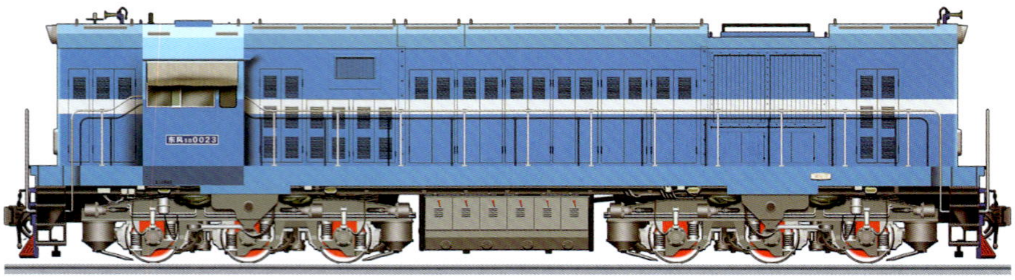

东风 5B 型内燃机车驾驶室宽度较车体宽度略宽。

东风 5C 型内燃机车

DF5C	基本数据
制造厂商	四方厂
标称功率	1500kW
机车轴式	Co-Co
最高运营速度	100km/h

东风 5C 型内燃机车是一款小批量生产，用以满足铁路外市场需求的调车及小运转内燃机车。机车外观与东风 5 改进型基本一致，动力室、辅助室及电气室的检修门与东风 5 改进型有所差异。

DF5C0006

图中东风 5C 型内燃机车为四方厂使用的厂内调车机车，机车外观结构与东风 5 改进型基本一致。

东风 5D 型内燃机车

东风 5D 型内燃机车采用大连厂改进设计后的 8V240ZJD 型柴油机。机车采用单司机室外走廊式设计，前端电气室与后端动力、辅助室高度不同，使司机室拥有更好的运行瞭望视野。

DF5D	基本数据
制造厂商	大连厂
标称功率	1200kW
机车轴式	Co-Co
最高运营速度	100km/h

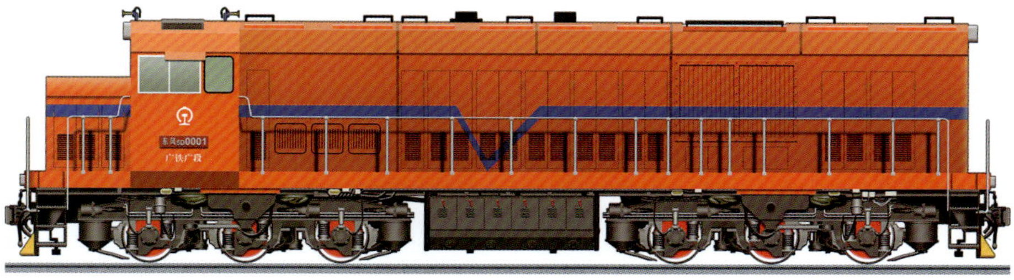

DF5D0001

东风 5D 型机车的前端设备室高度降低，改善了司机瞭望的视野。

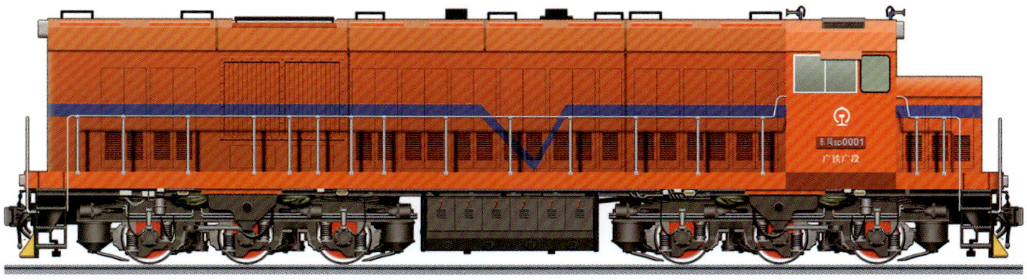

东风 6 型内燃机车

东风 6 型干线货运内燃机车是由大连厂与美国 GE 公司合作开发的内燃机车。首批两台样车于 1989 年 4 月落成。机车融合了东风 4 系列内燃机车的优点，吸收了 GE 公司 DASH8 系列机车的技术优势。机车采用了当时先进的微机控制、电阻制动等多项技术。

DF6	基本数据
制造厂商	大连厂
标称功率	2425kW
机车轴式	Co-Co
最高运营速度	118km/h

DF60001

0001 号车采用的橙色涂装。

DF60002

0002 号车采用了东风 4D 客运型的涂装样式。

东风 7 型内燃机车

东风 7 型内燃机车是二七厂设计制造的调车机车。机车采用罩式车体、外走廊结构。机车装用 12V240ZJ1 型柴油机。装车功率 1470kW。1982 年，东风 7 型首批两台样车下线。1985 年开始投入批量生产。

DF7	基本数据
制造厂商	二七厂
标称功率	1180kW
机车轴式	Co-Co
最高运营速度	100km/h

DF70173

东风 7 型内燃机车车体造型圆润，该设计在二七厂设计生产的东风 7 系列调车机车上经常采用。

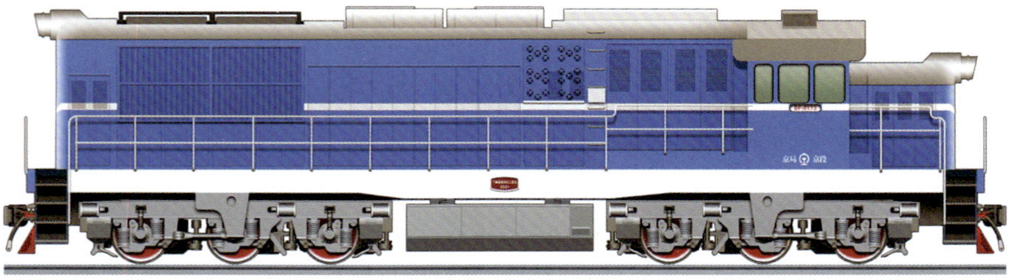

东风 7B 型内燃机车

东风 7B 型内燃机车是二七厂在东风 7 型内燃机车基础上经过较大设计改进的调车内燃机车。机车装用 12V240ZJ5 型柴油机，装车功率提高至 1840kW，增设电阻制动装置。机车适合大坡道、铁路大型编组站使用，也可担任支、干线货运运输的牵引任务。

DF7B	基本数据
制造厂商	二七厂
标称功率	1470kW
机车轴式	Co-Co
最高运营速度	100km/h

DF73001

3001 号车是东风 7B 型调车机车样车。采用蓝色涂装样式。机车虽被定型为东风 7B 型，但车身编号则继续使用东风 7 型为车型代号。

DF76026

东风 7B 型 6026 号机车采用橙色涂装样式。东风 7B 型内燃机车分为调车型机车和货运型机车。其中以 3001 号起始的为调车机车，以 6001 号起始的是货运型机车。机车在后期均统一为调车机车使用。

东风 7C 型内燃机车

东风 7C 型内燃机车是二七厂为改善机车零部件互换性而开发的系列产品。1991 年，首批两台东风 7C 型样车 5001 号、5002 号试制成功，机车首次采用了 12V240ZJE 型柴油机，主要零部件可与东风 4B 型机车通用。从 5008 号起装用二七厂的 12V240ZJ6 型柴油机。

DF7C	基本数据
制造厂商	二七厂
标称功率	1180kW
机车轴式	C0-C0
最高运营速度	100km/h

DF7C5318

东风 7C 型内燃机车外观和东风 7B 型基本一致，机车侧面平整度有所提升。取消了侧面电阻制动装置的风扇。机车两端设备室检修门不再带有玻璃窗。

东风 7C 型内燃机车　标准化司机室

2002 年，北京二七厂研制了采用标准化司机室的东风 7C 型内燃机车。机车采用全新的外观设计，降低了电气室高度，改善了司机室的嘹望条件。

DF7C	基本数据
制造厂商	二七厂
标称功率	1180kW
机车轴式	C_0-C_0
最高运营速度	100km/h

DF7C5632

标准化司机室东风 7C 型机车前端设备室高度降低，扩大了司乘人员的瞭望视野。

东风 7C 型内燃机车　模块化型

二七厂先后研制了多种型号的东风 7 系列内燃机车。为了满足不同用户的不同需求，加强系列产品的部件通用性，降低维护成本。二七厂于 2004 年开发了东风 7C 和东风 7G 模块化机车的技术平台。其中东风 7C 内燃机车主要面向路外厂矿企业使用。

DF7C	基本数据
制造厂商	二七厂
标称功率	1500kW
机车轴式	C_0-C_0
最高运营速度	100km/h

DF7C5667

东风 7C 型模块化机车外观和二七厂东风 7G 型机车基本一致。

东风 7D 型内燃机车

东风7D 型内燃机车是为了满足山区铁路和高寒地区运输需要，由二七厂在东风 7B 型、东风 7C 型基础上研制的干线货运内燃机车。机车分为山区型、防寒型两大类。其中防寒型机车还生产了双端司机室功能的机车。

DF7D	基本数据
制造厂商	二七厂
标称功率	1500kW
机车轴式	Co-Co
最高运营速度	100km/h

DF7D0001

山区型东风 7D 型内燃机车采用了适应山区小半径曲线线路的转向架。在坡度大、曲线多的山区铁路有着良好的表现。东风 7D 型内燃机车日常运用时，通常为两台独立的机车重联运行。

DF7D3001

高寒型单司机室的东风 7D 型内燃机车采用橘红色的涂装设计。转向架与山区型有所区别，转向架牵引杆距离轨道的面高度较山区型略高。东风 7D 型 3001 号机车退役前转配柳州，现保存于中国铁道博物馆东郊馆。

DF7D3045

高寒型双司机室东风 7D 型内燃机车是为了满足高寒地区的用户需求而专门研制开发的。

东风 7E 型内燃机车

东风 7E 型内燃机车是一款为满足 5000 吨货运重载列车调车任务，由二七厂研发的调车内燃机车，是东风 7 系列机车之一。二七厂于 1999 年 7 月完成两台样车的研制，并投入运用考核。机车装用 12V240ZJ6E 型柴油机，装车功率达到 2200kW。

DF7E	基本数据
制造厂商	二七厂
标称功率	1800kW
机车轴式	Co-Co
最高运营速度	100km/h

DF7E0001

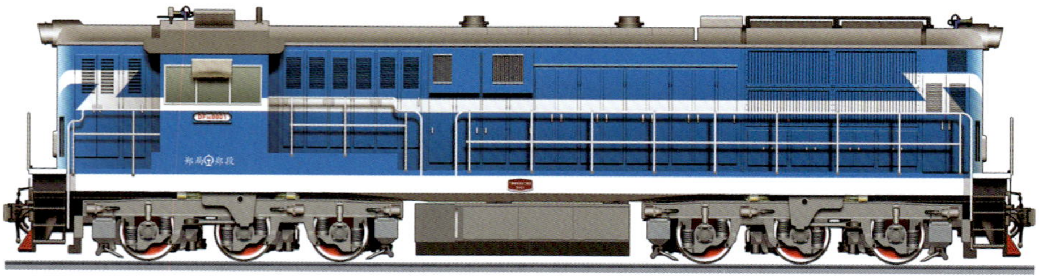

东风 7E 型机车最终未能量产，其外观与东风 7B，东风 7C 早期型基本一致。

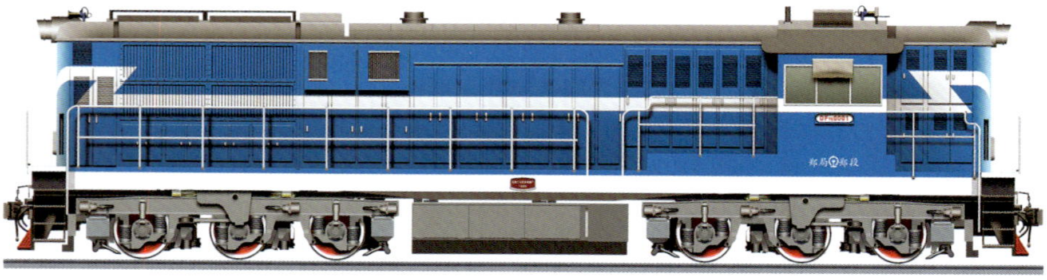

东风 7G 型内燃机车 二七厂设计生产

东风 7G 型内燃机车是二七厂研制的面向中国铁路的模块化内燃机车。机车装用 12V240ZJ6F 型柴油机。机车采用规范化的调车机车司机室，适用于大型编组站及小运转作业。二七厂制造的东风 7G 内燃机车与四方厂研制的东风 7G 型内燃机车为同型号产品。

DF7G 二七厂	基本数据
制造厂商	二七厂
标称功率	1500kW
机车轴式	Co-Co
最高运营速度	100km/h

DF7G5036

机车外观与东风 7C 型模块化机车完全一致，两者仅通过车体上喷涂的机车代号进行识别。

东风 7G 型内燃机车 四方厂设计生产

四方厂开发研制的东风 7G 型大功率调车内燃机车是一款主型调车内燃机车，机车主要用于大、中型编组站的调车作业。机车装用 12V240ZJ 型柴油机，并按照通用化、系列化、模块化、标准化原则研制，且机车总体布置与东风 5 改进型机车基本相同。

DF7G 四方厂	基本数据
制造厂商	四方厂、戚墅堰厂
标称功率	1610kW
机车轴式	Co-Co
最高运营速度	100km/h

DF7G0078

四方厂东风 7G 型机车整体外观造型与东风 5 改进型基本一致，涂装是区分两者型号的显著标识。

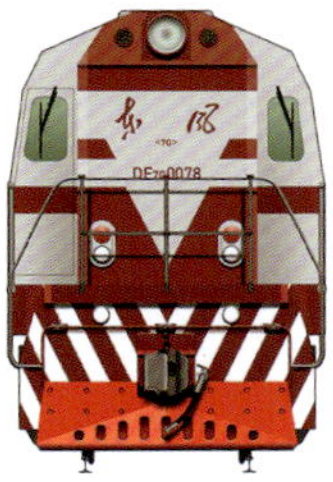

东风 7J 型内燃机车

东风 7J 型内燃机车是以东风 7C 型、东风 7E 型为基础研制的适应重载货运的需要、满足牵引 5000 吨级列车的交流传动调车机车。2003 年首台机车下线，2005 年 9 月通过当时中国北车集团的科技成果鉴定。机车仅试制一台，并在退役后保存于中国铁道博物馆。

DF7J	基本数据
制造厂商	二七厂
标称功率	1730kW
机车轴式	Co-Co
最高运营速度	100km/h

DF7J0001

东风 7J 型机车的无论从机车外观还是机车涂装样式都与标准司机室东风 7C 型极其接近。

东风 8 型内燃机车

作为干线货运机车的东风 8 型内燃机车是 20 世纪 80 年代我国单机装车功率最大的内燃机车。机车装用 16V280ZJ 型柴油机，装车功率达到 3310kW。1984 年第一台机车组装完成，1989 年通过技术鉴定，机车累计生产 141 台。

DF8	基本数据
制造厂商	戚墅堰厂
标称功率	2720kW
机车轴式	Co-Co
最高运营速度	100km/h

DF80001

东风 8 型 0001 号机车的头型设计显得较为复杂。

DF80027

可以看出后续量产的东风 8 型机车，头部造型已经没有 0001 号车复杂，机车头型更简洁。

东风 8B 型内燃机车

东风 8B 型内燃机车是东风 8 型内燃机车的升级换代产品，装车功率达到 3680kW。1998 年 10 月，机车通过铁道部的科技成果鉴定，并由戚墅堰厂与资阳厂同时批量生产，资阳厂在生产中对机车做了多项改进。

DF8B	基本数据
制造厂商	戚墅堰厂、资阳厂
标称功率	3100kW
机车轴式	Co-Co
最高运营速度	100km/h

DF8B0001

0001 号机车为戚墅堰厂生产的首台东风 8B 型内燃机车。戚墅堰厂早期生产的机车头部采用折角形的设计。

DF8B5001

5001 号机车为资阳厂生产的首台东风 8B 型内燃机车。机车外观与戚墅堰厂早期生产的东风 8B 型基本一致。

DF8B0038

戚墅堰厂及资阳厂后期生产的东风 8B 型机车头部顶端均改为圆滑过渡。

DF8B0096

0096 号机车侧面中间增加了通风窗口，后续新造东风 8B 型机车大多采用该设计。

DF8B0211

天津地方铁路的橙色涂装东风 8B 型机车。

DF8B5579

资阳厂为金温铁路生产的东风 8B 型机车，机车采用金温铁路的专用蓝色涂装样式。

东风 8B 型 0177 号内燃机车　第五代黄继光号

2005 年“黄继光号”由东风 4B 型内燃机车更换为东风 8B 型 0177 号内燃机车。机车侧面悬挂“黄继光号”铜字，车号采用金属浮雕工艺。同时，机车正面悬挂中国共青团团徽。

DF8B0177

东风 8B 型“黄继光号”内燃机车侧面安装金属车号和“黄继光号”浮雕字。

东风 8B 径向型内燃机车

径向转向架能有效降低轮轨磨损，增强轮轨动力作用性能，是国外发展高速重载机车车辆的一个重要方向。我国于 2000 年前后，以东风 8B 型内燃机车为基础，研发试制了三台东风 8B 型径向转向架内燃机车（7001 号、5507 号、5508 号）。

DF8B 径向型	基本数据
制造厂商	戚墅堰厂、资阳厂
标称功率	3100kW
机车轴式	Co-Co
最高运营速度	100km/h

DF8B7001

7001 号机车转向架由戚墅堰厂研制。机车外观与东风 8B 型一致。

DF8B5507

资阳机车厂通过技术合作，引进美国 EMD 公司的 HTCR 径向转向架技术，用于 5507、5508 两台样车。

东风 8B 型 3000 系内燃机车

东风 8B 型 3000 系内燃机车（最早称东风 8D 型）是大连厂在东风 4D 型的基础上研制的新型货运内燃机车，机车与东风 11 型 3001 号属于同一技术平台的产品。机车设计方面保留东风 4 系列的设计优点，并吸收了其他机车的成功经验。

DF8B 3000 系	基本数据
制造厂商	大连厂
标称功率	3320kW
机车轴式	Co-Co
最高运营速度	100km/h

DF8B3001

东风 8B 型 3001 号机车与戚墅堰厂的东风 8B 隶属于不同的技术平台，机车采用淡蓝色涂装样式。机车侧面装有压铁。

DF8B3001

东风 8B 型 3000 系机车进行了小批量生产，量产的 3004 号车采用了 3001 样车的车号。

东风8B型9000系内燃机车

为满足青藏铁路建设及运输需要，戚墅堰厂于2002年10月底，以东风8B型机车为基础，试制了两台高原内燃机车样车。同年11月机车定型为东风8B型9001号及东风8B型9002号。目前东风8B型9000系内燃机车主要在青藏和新疆地区使用。

DF8B 9000系	基本数据
制造厂商	戚墅堰厂
标称功率	3100kW
机车轴式	C0-C0
最高运营速度	100km/h

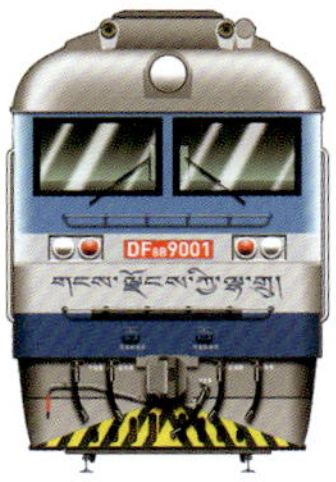

DF8B9001

采用“雪域神舟”特殊涂装的东风8B型9001号内燃机车。雪域神舟为青藏铁路建设做出了不可磨灭的贡献。

DF8B9006

采用东风8B型普通涂装的9000系内燃机车。

东风8B型5672号内燃机车

东风8B型5672号内燃机车是资阳厂研发的大功率交流内燃机车，曾使用东风8DJ型作为机车代号。机车车体采用全新外观设计，并沿用了HTCR三轴径向转向架。2015年，5672号机车被改造为以甲烷+柴油为燃料的LNG双燃料机车。

DF8B 5672	基本数据
制造厂商	资阳厂
装车功率	4800kW；3680kW（LNG双燃料）
机车轴式	C0-C0
最高运营速度	100km/h

DF8DJ0001

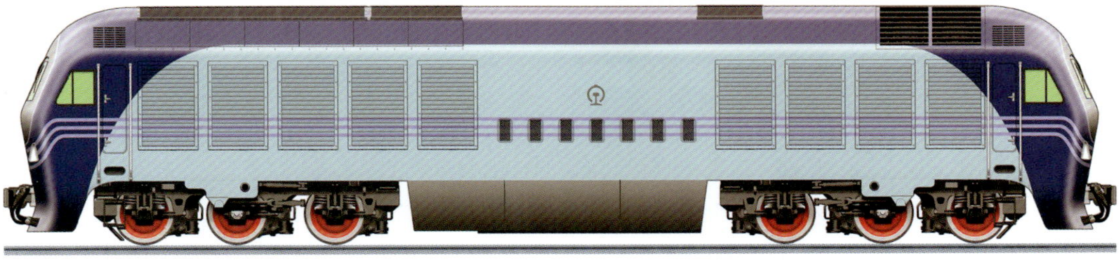

机车定型后为东风8B型5672号，但机车已和东风8B型系列内燃机车不存在技术关系。

DF8B5672

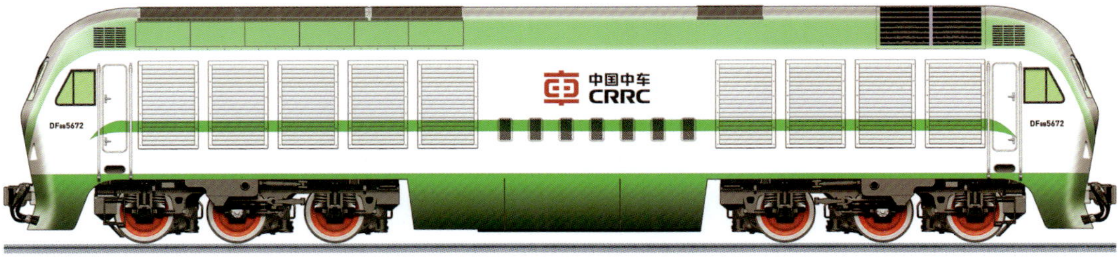

2015年经过改造的东风8B型5672号内燃机车采用全新的白绿色涂装。

东风 8BJ 型内燃机车

东风 8BJ 型内燃机车是一款交流传动干线货运内燃机车。机车装用 16V280ZJG 型电喷柴油机，最大运用功率达到 4000kW。东风 8BJ 型内燃机车仅制造一台，于 2002 年起固定运行。2006 年机车在完成祥车考核拆检、恢复后，存放于资阳厂内。

DF8BJ	基本数据
制造厂商	资阳厂
额定功率	3710kW
机车轴式	Co-Co
最高运营速度	120km/h

DF8BJ0001

东风 8BJ 型最早采用的黄色涂装。机车侧面书写“西部之光”书法字体。

DF8BJ0001

机车后期固定运用后采用的深蓝色涂装。

DF8BJ0001

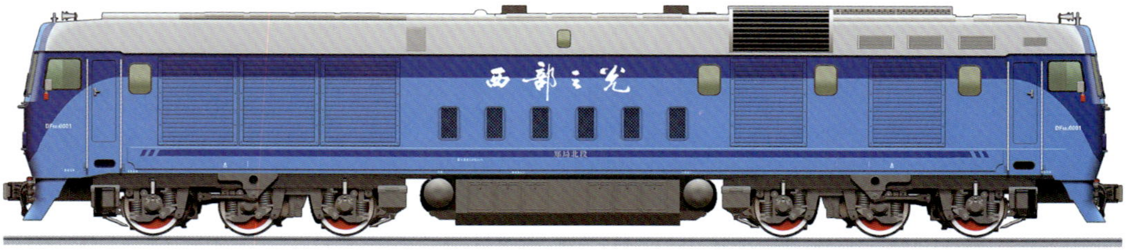

西部之光后期采用的淡蓝色涂装，直至机车回厂封存。

东风 8CJ 型内燃机车

东风 8CJ 型内燃机车是交流传动重载货运内燃机车。机车额定功率 4100kW，最高运行速度达到 120km/h。为满足不同线路需要，0001 号车可以采用 23t、25t 两种轴重形式，0002 号及 0003 号则以 25t 轴重出厂。

DF8CJ	基本数据
制造厂商	戚墅堰厂
额定功率	4100kW
机车轴式	Co-Co
最高运营速度	120km/h

DF8CJ0001

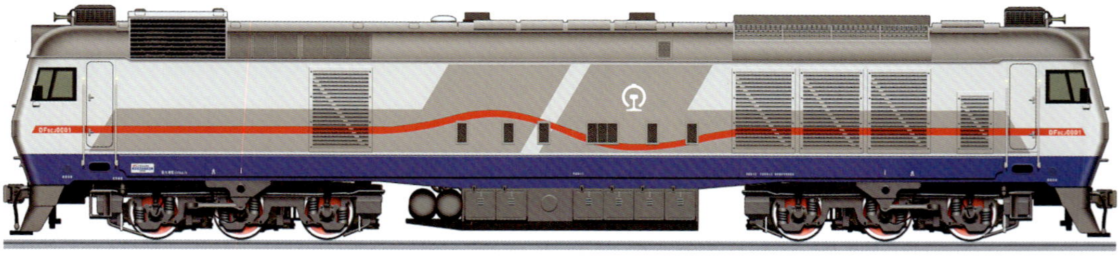

0001 号机车在国家铁道试验中心试验时期采用的涂装。

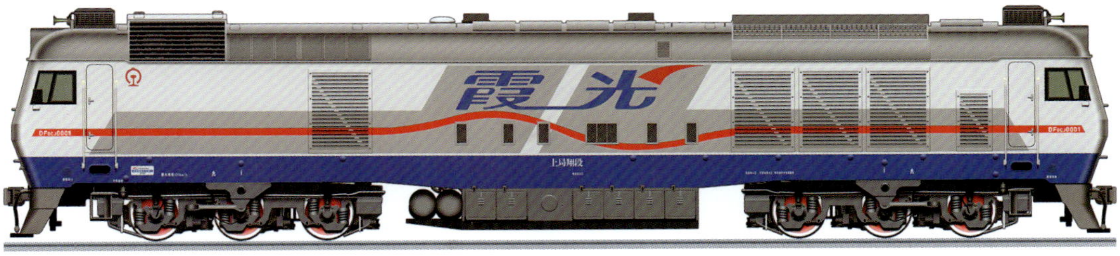

DF8CJ0001

0001号机车在运用时被命名为“霞光号”。

DF8CJ0002

0002号机车应用了流线型头型设计。

东风9型内燃机车

东风9型内燃机车是一款基于东风8型内燃机车研制的准高速干线客运内燃机车。机车装用16V280ZJ型柴油机。为满足广深线准高速铁路的运用要求，0002号车最高运行速度由0001号车的140km/h调整至160km/h，之后两车最高速统一至160km/h。

DF9	基本数据
制造厂商	戚墅堰厂
标称功率	3040kW
机车轴式	C_0-C_0
最高运营速度	160km/h

DF90001

0001号车下线时采用的红色涂装。

DF90001

0001号车改造后的蓝色涂装样式，机车顶部结构和早期也有所差异。

东风 10 型内燃机车

东风 10 型内燃机车是大连厂开发研制的装用 12V240ZJ 型柴油机、满足铁路重载、牵引长大列车需要的一系列机车。东风 10 型内燃机车包括 1988 年制造的东风 10A 型内燃机车、1992 年设计试制的东风 10D 型内燃机车及 1993 年设计的东风 10C 型内燃机车三个品种。东风 10A 型内燃机车装用 12V240ZJC 型柴油机；东风 10D、东风 10C 则装用装用 12V240ZJC 型柴油机。三组机车中只有计划采用两台三轴转向架、双节联挂的东风 10C 型未能生产样车。

东风 10A 型内燃机车　第一组东风 10 型内燃机车样车

东风 10A 型内燃机车是大连厂针对铁路运输需要，优先研制的一款双机联挂的东风 4 系列化机车，是东风 10 型机车的样车之一。东风 10A 型内燃机车可双机联挂使用，也可分开单节使用，也可与东风 4 型机车组合成各种不同轴数的机车组使用。

DF10A	基本数据
制造厂商	大连厂
标称功率	2×1600kW
机车轴式	2×（Bo-Bo）
最高运营速度	100km/h

DF100001

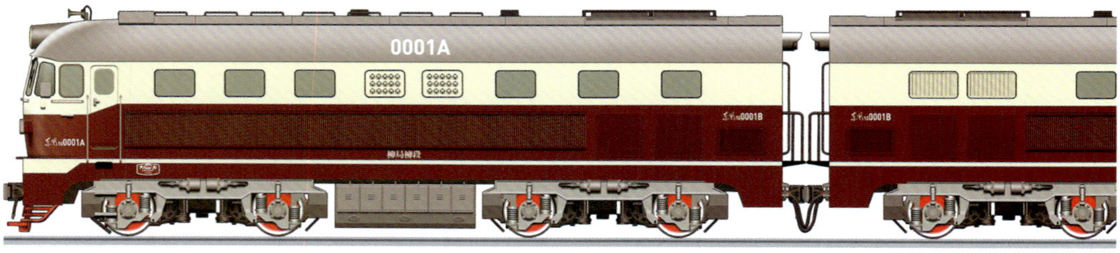

机车采用了东风 4 型机车的头型设计元素。图为机车下线时的红色涂装。

DF100001

机车在运行考核试验阶段采用的蓝色涂装。

DF100001

机车采用的浅蓝色涂装，通常见到该车单节运用。机车设计之初曾考虑将单节机车与东风 4 型机车进行联挂，组合成(Bo-Bo)+(Co-Co)的 10 轴机组车使用。随着东风 4B 型机车技术日趋成熟稳定，东风 10A 型机车便失去量产的可能性。

东风 10D 型内燃机车 第二组东风 10 型内燃机车样车

东风 10D 型内燃机车以东风 10A 型机车样车为基础，吸收当时先进的技术经验研制的一款干线重载货运内燃机车。机车兼顾国际市场的需要进行设计，是大连厂生产的东风 4 型、东风 6 型简统化、系列化的机车。也是东风 10 型机车中第二组样车。

DF10D	基本数据
制造厂商	大连厂
标称功率	2×1795kW
机车轴式	2×（B_0-B_0）
最高运营速度	不详

DF100002

东风 10D 型内燃机车与东风 10A 型内燃机车一样采用东风 10 型为机车代号。

东风 10D 型内燃机车

东风 10D 型内燃机车是大连厂与 1999 年研发制造的自销型调车内燃机车。机车装车功率 2200kW，采用 12V240ZJD 型柴油机。机车主要适用于大型编组站的列车编组及调车作业，也可用于大型工矿企业的调车及小运转作业。

DF10D	基本数据
制造厂商	大连厂
标称功率	1880kW
机车轴式	C_0-C_0
最高运营速度	100km/h

DF10D1001

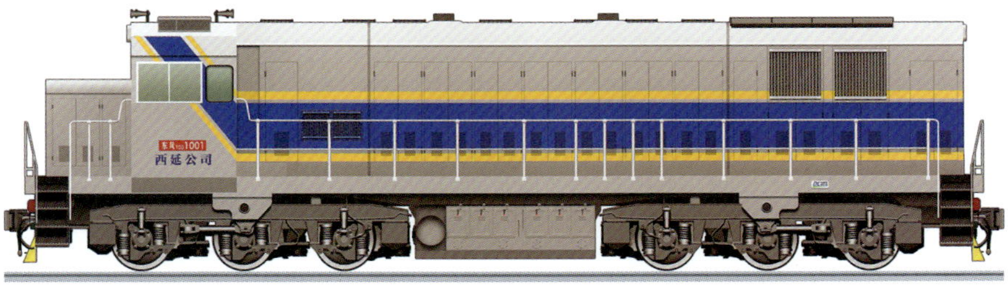

东风 10D 型西延公司涂装样式。东风 10D 型代号，最终赋予该款调车内燃机车。

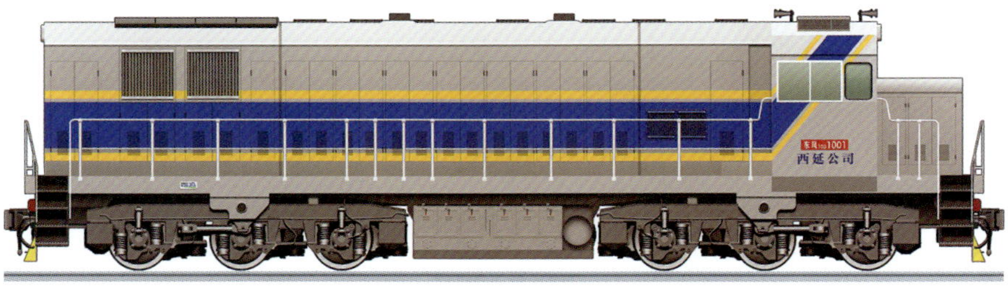

东风 10DDB 型内燃机车

东风 10DDB 型内燃机车在东风 10D 内燃机车的基础上，吸收先进的模块化设计经验，进行优化设计的调车内燃机车。机车主要面向路外厂矿企业及海外用户，因此机车在国内较为罕见。

DF10DDB	基本数据
制造厂商	大连厂
装车功率	2200kW
机车轴式	Co-Co
最高运营速度	100km/h

DF10DDB0219

济南钢铁股份有限公司运用的东风 10DDB 型内燃机车。

东风 10F 型内燃机车

1993 年，为适应铁路提速的需要，大连厂研发了该款双节联挂的准高速干线客运内燃机车，最高速度可达 160km/h。并于 1996 年制造了 4 组东风 10F 型内燃机机车。随后机车经过改进后作为专运机车使用，并生产 8 组新车（2001 号 -2008 号）。

DF10F	基本数据
制造厂商	大连厂
标称功率	2×1800kW
机车轴式	2×（Co-Co）
最高运营速度	160km/h

DF10F0001

0001 号机车的出厂时采用的东风 4B 客运型机车橘黄色涂装。

$DF_{10F}0001$ 0001 号车在后期改用近似东风 4B 货运型的深绿色、米黄色条带涂装样式。

$DF_{10F}2001$ 2001 号车初期采用的蓝色涂装。

$DF_{10F}2001$ 2001 号车退役前采用的近似东风 4B 货运型机车涂装样式。

东风 11 型内燃机车

东风 11 型内燃机车是我国准高速机车中最具标志性的机车之一。机车早先为广深线开行 160km/h 旅客列车而进行设计制造，随后在试验、运用过程中展现了优异性能。东风 11 型内燃机车为 1997 年我国铁路第一次大提速打下了坚实的技术基础。

DF11	基本数据
制造厂商	戚墅堰厂
标称功率	3040kW
机车轴式	C_0-C_0
最高运营速度	170km/h

DF$_{11}$0001

0001 号机车是东风 11 型内燃机车的首台样车。下线初期，0001 号和 0002 号车均采用了红色涂装。

DF$_{11}$0001

东风 11 型 0001 号机车在后续运用过程中按照量产型几经维修及改造。

DF$_{11}$0008

0008 号机车车灯设计与其他量产车有着明显的不同。

DF$_{11}$0222

东风 11 高原型内燃机车加装了双侧进风空气滤清 / 滤沙装置。

DF$_{11}$0419

后期生产的东风 11 型内燃机车车体结构与前期量产型相比有所调整。

东风 11 型 1898 号内燃机车 第三代周恩来号

伴随着 1997 年中国铁路第一次提速，“周恩来号”换型为由戚墅堰厂生产的东风 11 型 1898 号内燃机车。机车除了正面悬挂周恩来铜像，侧面还安装刻有“上局沪段”浮雕字样的金属牌。

DF111898

1898 号车由于要悬挂“周恩来号”铜牌，调整了正面车灯位置。

东风 11 型 0128 号内燃机车 先锋号

东风 11 型 0128 号机车，隶属北京局集团公司北京机务段，被评为中国“先锋号”。机车多次担当专运列车、重点列车的牵引任务。

DF110128

0128 号车配属北京铁路局，正面悬挂“先锋号”铜牌。

东风 11 型 3001 号内燃机车

东风 11 型 3001 号内燃机车（最早称东风 11D 型）与东风 8B 型 3000 系内燃机车属于同一系列机车产品，是在东风 4D 的基础上研制的新型准高速干线客运内燃机车。机车仅生产一台样车，曾配属济南铁路局进行短暂运用。

DF11 3001	基本数据
制造厂商	大连厂
标称功率	3270kW
机车轴式	Co-Co
最高运营速度	170km/h

DF113001

3001 号车的车体外观与东风 8B 型 3001 号车完全一致，转向架加装了抗蛇行减振器。

东风 11G 型内燃机车

东风 11G 型内燃机车是在东风 11 型基础上研发的双节组合式准高速客运内燃机车。机车具备向客运列车供电的功能。东风 11G 型内燃机车的成功研制，实现了当时机车车辆装备现代化和提升制造水平的铁路发展要求。

DF11G	基本数据
制造厂商	戚墅堰厂
标称功率	2×3040kW
机车轴式	2×（Co-Co）
最高运营速度	170km/h

DF11G0001

东风 11G 型内燃机车是中国国内首款采用流线型头型的干线客运内燃机车。中国铁路第五次大提速时期，曾经承担京沪直达特快的牵引工作。

东风 11Z 型内燃机车

东风 11Z 型内燃机车的研制采用了东风 11 型内燃机车的成熟技术，并将可靠性放在第一位。是为了实现专运内燃机车升级换代的新型机车产品。

DF11Z	基本数据
制造厂商	戚墅堰厂
标称功率	2×3040kW
机车轴式	2×（Co-Co）
最高运营速度	160km/h

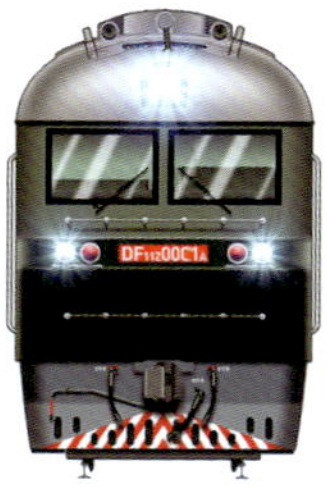

DF11Z0001

东风 11Z 型内燃机车通体采用墨绿色涂装，并采用了东风 11 型内燃机车的车体设计。

东风 12 型内燃机车

东风 12 型内燃机车是由资阳厂在东风 4B 型内燃机车的基础上研制一款满足大型编组站、厂矿企业、小运转作业及一般干线运输的内燃机车。机车首台样车（GKD4 型 0001 号）1997 年开始投入使用，机车定型后正式命名为东风 12 型。

DF12	基本数据
制造厂商	资阳厂
标称功率	1985kW
机车轴式	C0-C0
最高运营速度	100km/h

DF120001

东风 12 型内燃机车的深蓝色涂装。

DF120026

在山东日照港使用的东风 12 型机车，车体通体绿色，驾驶室侧面喷有“日照港”的标志。

DF120036

采用橘黄色涂装方案的东风 12 型 0036 号内燃机车。

DF120142

华润集团的自备车，车体侧面喷有华润集团标志。

DF120038

金温铁路的东风 12 型内燃机车，采用金温铁路的特色涂装。机车在长端连接处加装供调车人员使用的遮雨棚。

东风 21 型内燃机车

2001 年，为替代昆明铁路局米轨线路上运用的东方红 21 型内燃机车，四方厂研制了该款米轨电传动内燃机车。机车采用了大量先进技术和免维护结构，使机车的技术水平和可靠性提升到了较高的水平。

DF21	基本数据
制造厂商	四方厂
标称功率	1110kW
机车轴式	C_0-C_0
最高运营速度	60km/h

DF210001

0001 号车车体结构与后续生产的东风21 型有所不同，瞭望窗向内凹陷，车顶的通风口也相对较小。车体涂装采用红蓝两色为主色调。

DF210003

后续生产的东风 21 型机车以蓝色为主色调。瞭望窗与车体的表面平齐，车顶通风口更大，并在车体中间增设车门。

DF210012

2018 年 7 月 20 日，开远市与昆明铁路局依托现有米轨铁路，开行南北轨道交通公交列车。列车全列采用深绿色涂装，运行于开远 - 大塔段。

DF210008

2015 年 5 月 1 日，昆明铁路局在个碧临屏铁路（个碧石铁路）建水东至团山间改造后的米轨铁路上开行“建水古城小火车”旅游列车。上图便是该旅游列车的特色涂装。

东方红 1 型内燃机车

东方红 1 型内燃机车是四方厂在 1959 年试制的卫星型内燃机车基础上，经过大量改进的液力传动内燃机车。机车采用双机联挂设计，也可单机投入使用。4274 号之前的机车构造速度达到 140km/h，4275 号之后的机车为 120km/h。

DFH1	基本数据
制造厂商	四方厂
标称功率	1060kW；1220kW
机车轴式	B-B
最高运营速度	140km/h；120km/h

DFH1 4222

由于机车是在卫星型机车上研制，机车车体部分除头型外，与卫星型机车接近。

东方红 2 型内燃机车

东方红 2 型内燃机车是资阳厂建厂后生产的第一款内燃机车，由资阳厂与四方厂共同设计。机车构造速度 62km/h，最小通过曲线半径 100m。1973 年第一台东方红 2 型内燃机车在资阳工厂内诞生。

DFH2	基本数据
制造厂商	资阳厂
标称功率	650kW
机车轴式	B-B
最高运营速度	62km/h

DFH2 0006

东方红 2 型机车早期运用时采用的黄色条带涂装样式。

DFH2 0006

后期，机车涂装进行了调整。

东方红 3 型内燃机车

东方红 3 型内燃机车是一款干线客运内燃机车。机车采用双机组设计，装用两台 12V180ZL 型高速柴油机和 SF2010-1A 型双变扭器液力传动装置。在 20 世纪 80 年代 90 年代初，东方红 3 型是当时我国东北地区铁路客运的主力。

DFH3	基本数据
制造厂商	四方厂
标称功率	730kW × 2；820kW × 2
机车轴式	B-B
最高运营速度	120km/h

DFH10264

东方红 3 型内燃机车红色涂装。

DFH10246

东方红 3 型内燃机车深蓝色涂装。

DFH10252

东方红 3 型机车牵引辽东半岛号列车时期采用的红蓝涂装。

东方红 4 型 4001 号内燃机车

1969 年 9 月，为庆祝二十周年国庆，四方厂试制成功第一台东方红 4 型内燃机车。该型机车为干线客货运双机组液力传动内燃机车，装用 16V200ZL 型柴油机。第一台东方红 4 型机车出厂后经过了初步试验和线路试运行，便因国情变化停止研发。

DFH4 4001	基本数据
制造厂商	四方厂
装车功率	2 × 1640kW
机车轴式	C-C
机车构造速度	100km/h（货运）；160km/h（客运）

DFH44001

东方红 4 型 4001 号是东方红 4 型系列中首台样车。机车头型与东方红 1 型较接近。因绘制资料有限，机车涂装参考东方红 1 型进行复原，可能与实际涂装存在较大出入。

东方红 4 型 0001 号内燃机车

四方厂研制东方红 4 型机车试制成功后，机车后续的试制和改进任务转由戚墅堰厂承担。1971 年，戚墅堰厂试制的 0001 号机车出厂，机车装用两台 16V200ZL-1 型柴油机。1974 年底，2001 号机车出厂，机车装用两台 16V200ZL-2 型柴油机。

DFH4 0001	基本数据
制造厂商	戚墅堰厂
装车功率	2×1654kW
机车轴式	C-C
机车构造速度	100km/h（货运）；140km/h（客运）

DFH40001

0001 号车是东方红 4 型系列中第二台样车，机车采用湖蓝色涂装。

东方红 4 型 0002 号内燃机车

1975 年初，东方红 4 型机车的试制和改进任务交由资阳厂继续进行。1977 年，资阳内燃机车厂试制的首台东方红 4 型 0002 号机车出厂。与之前几台东方红 4 型机车相比，大幅度改变了机车总体布置和液力传动系统。

DFH4 0002	基本数据
制造厂商	资阳厂
装车功率	2×1654kW
机车轴式	C-C
机车构造速度	100km/h

DFH40002

资阳生产的首台样车，机车外观造型与东风 4 型接近。

东方红 5 型内燃机车

东方红 5 型内燃机车根据中国铁路大中型编组站的调车作业特点，由资阳厂于 1976 年研制成功并投入批量生产的调车和小运转用液力传动内燃机车。机车调车工况下最高构造速度 40km/h，小运转工况最高构造速度 80km/h。

DFH5	基本数据
制造厂商	资阳厂
标称功率	690kW
机车轴式	B-B
最高构造速度	40km/h（调车）；80km/h（小运转）

DFH50426

0426 号机车采用的绿色涂装样式，目前停放于北京 798 艺术园区内。

北京型内燃机车

北京型液力传动内燃机车是我国铁路历史上最为成功的液力传动客运内燃机车之一。20 世纪 70 年代至 90 年代初期，北京型的身影遍布华北、华中地区的铁路干线。由于短小精干的体型，北京型内燃机车被亲切地称为“小北京”。

北京型	基本数据
制造厂商	二七厂
标称功率	1500kW
机车轴式	B-B
最高运营速度	120km/h

BJ 3003

3003 号采用的蓝色涂装，也是小北京最常见的涂装样式。

BJ 3001

3001 的橙色涂样式。

BJ 3093

北京型早期采用的绿色涂装。

北京型 8 轴内燃机车

20 世纪 80 年代，根据当时铁道部的安排，二七厂研制生产了专门用于特殊任务的八轴干线客运内燃机车。八轴的北京型内燃机车亦可拆开，单节运用。因身形较四轴北京型更加长大，也被称为“大北京”。

北京型	基本数据
制造厂商	二七厂
标称功率	2×1500kW
机车轴式	2×（B-B）
最高运营速度	120km/h

BJ 2008

大北京总体与小北京基本一致，为两节机车联挂组成。

北京型 6001 号内燃机车

北京型 6001 号内燃机车是一台液力传动干线货运内燃机车。机车装用两台 12V240Z 型增压中冷柴油机，其主要特点为牵引力大、结构简单易操作。单节八轴内燃机车方案在提高单机牵引力，保持采购及运用成本的经济性方面具有一定的优势。

北京型 6001 号	基本数据
制造厂商	二七厂
机车功率	约 4413kW（6000 马力）
机车轴式	D-D
机车构造速度	100km/h

BJ 6001 绘图色彩参考资料照片进行绘制，与实际情况可能有出入。仅供参考。

NJ1 型内燃机车

NJ1 型内燃机车是我国第一台交流传动内燃机车。于 1999 年研制完成，2001 年通过鉴定。机车采用了多项先进技术和免维护结构，使机车的作业效率明显高于同等功率的交直流传动内燃机车。NJ1 型内燃机车共生产 3 台，已于 2015 年停用报废。

NJ1	基本数据
制造厂商	四方厂
标称功率	1050kW
机车轴式	C_0-C_0
最高运营速度	80km/h

NJ10002

NJ1 型机车车体结构与东风 5 型改进型基本一致。

HXN3 型内燃机车

2005 年，在原铁道部主导下，中车大连机车有限公司对美国 EMD 公司的先进机车技术进行引进和消化吸收，并结合我国铁路情况联合研发了 HXN3 型交流传动内燃机车。首台机车于 2009 年 5 月交付。向神华集团提供的 HXN3 型机车则进行了改进设计，编号自 7001 开始。

HXN3	基本数据
制造厂商	中车大连机车有限公司
额定功率	4410kw
机车轴式	Co-Co
最高运营速度	120km/h

HXN30001

HXN3 型内燃机车外观棱角分明，机车侧面的车体加强结构特征明显。

HXN37001

HXN3 型 7000 系列专为神华铁路设计研制。机车瞭望车窗采用整幅式设计。

HXN3 高原过渡型内燃机车

为满足拉萨至日喀则铁路开通对高原机车使用的需求，中车大连机车有限公司在 HXN3 型内燃机车的基础上对机车进行高原适应性调整，并增加制氧系统等，并将机车作为高原过渡方案内燃机车使用。机车功率拥有随海拔高度自动修正的功能。

HXN3 高原过渡型	基本数据
制造厂商	中车大连机车有限公司
额定功率	4410kw
机车轴式	Co-Co
最高运营速度	120km/h

HXN30301

HXN3 型 0300 系为高原过渡方案内燃机车。该批 HXN3 型内燃机车将机车一侧驾驶室取消，改为乘务员休息室，并对机车进行技术调整，以适应高原使用环境。机车涂装采用 NJ2 型相同的墨绿色设计。在日常使用中通常由两台及以上机车重联组成机车组使用，且机车充分考虑了将来恢复平原使用的措施。

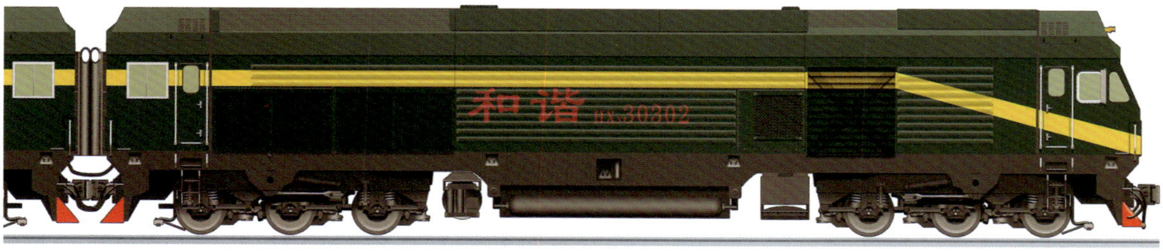

HXN3B 型内燃机车

HXN3B 型交流传动调车内燃机车沿用了 HXN3 型机车成熟结构和技术特点，是大功率交流传动内燃机车技术平台的拓展。是一款适合我国路网特性和编组站使用环境的现代化交流传动内燃机车。目前机车主要承担部分地区的路网大型编组场站的调车任务。

HXN3B	基本数据
制造厂商	中车大连机车有限公司 中车北京二七机车有限公司
额定功率	3250kw
机车轴式	Co-Co
最高运营速度	100km/h

HXN3B0001

HXN3B 型 0001 号是该型机车的首台样车，机车头部造型借鉴了东风 4DD 型内燃机车的头部设计。

HXN3B0030

HXN3B 型的量产车对机车头部造型进行了改进设计。

HXN5 型内燃机车

HXN5	基本数据
制造厂商	中车戚墅堰机车有限公司
额定功率	4400kW
机车轴式	C_0-C_0
最高运营速度	120km/h

HXN5 型内燃机车是由中车戚墅堰机车有限公司与美国 GE 公司在 AC6000 型内燃机车的技术平台基础上联合研制的重载内燃机车。2005 年之后，戚墅堰厂对 AC6000 型技术平台进行消化吸收，并于 2009 年 6 月交付首台国产 HXN5 型内燃机车。

HXN50001

HXN5 型内燃机车车体结构采用外走廊设计。

HXN5 型 0001 号内燃机车　第六代黄继光号

2011 年 9 月，经铁道团委、共青团黑龙江省委及哈尔滨铁路局批准，“黄继光号”机车换型为 HXN5 型 0001 号机车。HXN5 型机车是当时全路技术领先，具有高效节能、载重量大等优点的大功率内燃机车。

HXN50001

“黄继光号”采用的 0001 号车在外走廊护栏上安装了铜字车牌。机车两侧安装“敢打敢拼，勇往直前”和“传承奉献兴路铸魂”的标语。

HXN5 型 2000 系内燃机车

2013 年，中车戚墅堰机车有限公司结合我国铁路机车运用实践，对 HXN5 型机车进行适应性改进。机车改为双司机室设计，加装多项系统，并对电传动系统和操纵台进行改造。

HXN5 2000 系	基本数据
制造厂商	中车戚墅堰机车有限公司
额定功率	4400kW
机车轴式	C_0-C_0
最高运营速度	120km/h

HXN52001 HXN5 型 2000 系机车的显著特色是双司机室设计，同时转向架也采用了全新的设计。

HXN5B 型内燃机车

HXN5B 型内燃机车是中车戚墅堰机车有限公司自主研发的具有完全自主知识产权的交流传动调车内燃机车。2012 年，首台样车下线，并于 2014 年完成运用考核。目前机车已配属十余个铁路局，承担其铁路网大型编组场站的调车任务。

HXN5B	基本数据
制造厂商	中车戚墅堰机车有限公司
额定功率	3250kW
机车轴式	C_0-C_0
最高运营速度	100km/h

HXN5B0001

HXN5K 型内燃机车

HXN5K 型内燃机车是与 HXN3K 型内燃机车针对同一目标研制的时速 160 公里交流传动客运内燃机车。机车装用 R12V280ZJ 型柴油机，最大运用功率达到 2×3530kW，具备向旅客列车供电功能。首台样车于 2016 年 11 月 11 日下线。

HXN5K	基本数据
制造厂商	中车戚墅堰机车有限公司
额定功率	2×3270kW
机车轴式	2×(A01A0-A01A0)
最高运营速度	170km/h

HXN5K0001 HXN5K 型内燃机车头型圆润，车体侧面各种通风机散热风扇排布密集，复杂的车体结构使机车极具机械感。

信宜、高州－茂名城际列车

2018 年年中，信宜、高州至茂名间开行公交化快速列车。列车是在现有硬件基础上通过系统调整优化后实现了动力集中动车组的运行模式。每趟列车挂有四节车厢，两端由拆解后的 DF11G 型内燃机车牵引，列车在运用中不必再将机车换端运行，提高了列车的运用效率。

YZ25G 357752 25G 型硬座车：车厢设置有无障碍座席空间和无障碍卫生间。

HXN6 型混合动力内燃机车

HXN6 型内燃机车是中车资阳机车有限公司研制的油－电混合动力交流传动内燃机车。机车装用 NY6240ZJA 型柴油机和磷酸铁锂动力电池组，为机车提供动力来源。动力电池组总标称容量 1070A · h。机车可在柴油机停机状态下，依靠电池移动。

HXN6	基本数据
制造厂商	中车资阳机车有限公司
额定功率	中间直流环节小时功率 2200kW
机车轴式	C0-C0
最高运营速度	100km/h

HXN60001

HXN6 型电力机车的出厂涂装，车体中部喷涂有中国中车的企业标志。

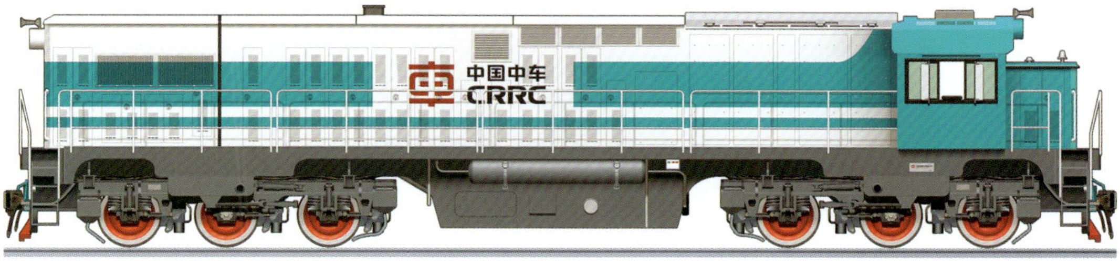

DF11G0162　DF11G 型内燃机车的动力特性能除了能够满足为列车提供动力外，还可为列车空调的运转提供电力。

FXN3 型内燃机车

FXN3 型交流传动客运内燃机车是我国目前最大功率的客运型内燃机车之一。机车研发融合了电力机车和内燃机车的设计优势，具有轻量化特点、并应用主辅一体交流传动、变频启动等技术。机车的成功研制进一步带动了我国内燃机车技术发展。

FXN3	基本数据
制造厂商	中车大连机车有限公司
额定功率	2×3250kW
机车轴式	2×(A_01A_0-A_01A_0)
最高运营速度	160km/h

FXN30002 FXN3 型内燃机车采用国旗红为主色调，黄色腰带贯穿全车。

FXN3 型内燃机车样车（HXN3K）

为满足我国铁路干、支线内燃客运、快速货运的牵引和动力储备，实现 160km/h 内燃机车由直流传动向交流传动的升级，中车大连机车有限公司研发了该款采用双机固定重联模式的 HXN3K 型交流传动内燃机车。机车装用 12V265 型柴油机，具有列车供电功能。

FXN3 样车	基本数据
制造厂商	中车大连机车有限公司
额定功率	2×3250kW
机车轴式	2×（A_01A_0-A_01A_0）
最高运营速度	160km/h

HXN3K0001 机车在下线初期暂定型号 HXN3K 型，图为机车下线初期采用的涂装。

FXN3B 型内燃机车

FXN3B 内燃机车是一款采用柴油机和动力电池作为双源动力的混合动力机车，可根据需要进行不同动力配置的输出。FXN3B 内燃机车动力电力最大功率达到 400kW，在减少柴油机工作时间的同时降低燃油消耗，减少有害气体排放及降低噪声污染。

FXN3B	基本数据
制造厂商	中车大连机车有限公司
装车功率	2500kW
机车轴式	Co-Co
最高运营速度	100km/h

FXN3B0001

FXN3B 型内燃机车整体结构紧凑，以红色为主要色调。

FXN3B 型内燃机车样车（HXN3C）

HXN3C 型内燃机车是 FXN3B 型内燃机车的试验样车。机车技术指标与 FXN3B 基本一致。机车可回收制动能量，在柴油机关闭状态下为辅助系统供电 3 小时左右，为机车单机运行供电 30 公里，以此达到节能环保的目的。

FXN3B 样车	基本数据
制造厂商	中车大连机车有限公司
装车功率	2500kW
机车轴式	Co-Co
最高运营速度	100km/h

HXN3C0001

图为 HXN3C 型内燃机车在下线初期及试验阶段采用的涂装。

ND1 型内燃机车

ND1 型内燃机车是我国于 20 世纪 50 年代，从国外引进的一款调车内燃机车。机车由匈牙利岗茨（Ganz Mavag）工厂于 1958 年制造，机车构造速度 80km/h。

ND1	基本数据
制造厂商	匈牙利岗茨工厂
装车功率	600kW
机车轴式	B_0-B_0
机车构造速度	80km/h

ND115-108

因资料照片年代久远，本图中 ND1 型内燃机车涂装仅供参考。

ND2 型内燃机车

ND2 型内燃机车原为罗马尼亚偿还贷款而向我国出口的 060DA 型内燃机车。机车在进口过程中进行了多项适应性改进，如：双端司机室车门、机车头部头型改进等。由于首批机车在运用中性能表现良好，我国又追加订购了更多数量的 ND2 型内燃机车。

ND2	基本数据
制造厂商	罗马尼亚克拉约瓦电力机车设备公司
标称功率	1280kW
机车轴式	C_0-C_0
机车构造速度	120km/h

ND20006

配属上海铁路局集团的 ND2 型内燃机车排障器采用灰色涂装。

ND20036

0036 号车配属到海口机务段东方机务车间后，用于牵引三亚至石碌的混编列车。

ND20282

部分 ND2 型内燃机车的调车人员作业踏板及机车风笛接受了改造。

ND20225

配属长沙的部分 ND2 型内燃机车采用的韶山 8 型电力机车的涂装设计。

ND3 型内燃机车

自 1989 年起，随着我国铁路日趋繁忙的运输和大编组客运列车的开行。ND2 型内燃机车已经不能满足铁路发展的需要。故从 1989 年起，对后续进口的 ND2 型内燃机车的车体进行改型并修改了转向架设计，改为调车机车使用。

ND3	基本数据
制造厂商	罗马尼亚克拉约瓦电力机车设备公司
标称功率	1280kW
机车轴式	Co-Co
机车构造速度	100km/h

ND30001

图为初期的 ND3 型内燃机车车体结构

ND30006

图为后期的 ND3 型内燃机车车体结构，与初期相比，车体结构差异明显。

ND4 型内燃机车

20 世纪 70 年代，由于当时东风 4 型内燃机车研制尚未成熟，内燃机车产能不足，我国决定从法国阿尔斯通公司进口一批 ND4 型内燃机车。该型机车是我国铁路在由蒸汽动力转向内燃动力道路上的一款过渡性装备。

ND4	基本数据
制造厂商	法国阿尔斯通公司
标称功率	3650kW
机车轴式	Co-Co
机车构造速度	100km/h

ND4-15

ND4 型机车的蓝色涂装使其拥有一个上口的昵称 – “法国蓝”。

ND5 型内燃机车

ND5	基本数据
制造厂商	美国 GE 公司
标称功率	2550kW
机车轴式	Co-Co
机车构造速度	118km/h

ND5 型内燃机车是我国在改革开放之后引进的大功率内燃机车，其原型车为美国 GE 公司于 1978 年研制的 C36 型内燃机车。机车引进共分为两批，其中第二批机车针对我国使用环境进行了多项改进，最为直观的是加大了瞭望窗的尺寸及机车前端的车体结构改进。

ND50123

第一批机车采用浅绿色涂装。机车运行中柴油机轰鸣声低沉、美式风笛声音浑厚，ND5 型机车也被称为“大老美”。

ND50350

相比第一批机车，第二批 ND5 型机车车体略有加宽，并对整车进行了适应性改进。

NY5 型内燃机车

NY5	基本数据
制造厂商	德国汉寿尔公司
标称功率	2020kW
机车轴式	C-C
最高运营速度	160km/h；120km/h

NY5 型内燃机车是我国于 1965 年向汉寿尔公司正式引进四台以德国 V320 型机车为基础，专为我国研制的液力传动内燃机车。机车采用双机组设计，并且拥有当时国际上最为先进的液力传动技术。可以说 NY5 型机车的引进，对我国液力传动内燃机车发展产生了重要的促进作用。

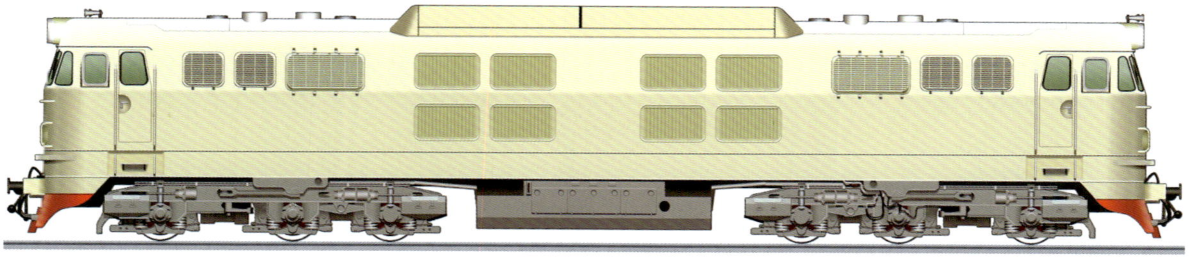

NY5 型内燃机车在工厂的内部代号为 DHG 4000 型，机车在工厂制造调试期间车钩暂用链式车钩，并安装有缓冲装置。

DHG 4000 31 199

图为该型机车在工厂制造调试期间的状态。

NY50001

NY5 型 0001 号车的出厂涂装。机车采用米黄色和蓝色为主色调。

NY50001

NY5 型 0001 号车在使用后期进行了涂装修改，采用墨绿底色白色腰带式设计。

NY6 型内燃机车

由于 NY5 型内燃机车的良好表现，我国于 1970 年正式向汉寿尔公司订购 30 台大马力液力传动内燃机车。NY6 型为该批前 10 台订单产品，装用 MB16V652TB10 型柴油机。

NY6	基本数据
制造厂商	德国汉寿尔公司
标称功率	2380kW
机车轴式	C-C
机车构造速度	108.2km/h

NY60001 NY6 型内燃机车的外形与 NY5 型机车基本一致。

NY7 型内燃机车

NY7 型内燃机车是 1970 年向汉寿尔公司订购的 30 台内燃机车的后 20 台。机车装用 VA12V956SB10 型柴油机。机车标称功率达到 2750kW，机车除个别配件以外与 NY6 型基本相同。

NY7	基本数据
制造厂商	德国汉寿尔公司
标称功率	2740kW
机车轴式	C-C
机车构造速度	113.4km/h

NY70018 NY7 型内燃机车外观和 NY6 型基本一致，除安装柴油机不同以外，车体细节略有差异。

NJ2 型内燃机车

NJ2 型内燃机车由美国 GE 公司制造的专用于青藏铁路的高原内燃机车。NJ2 型内燃机车应用防风沙雨雪、防紫外线及雷电设施，并提供供氧装置。同时机车采用具备电子喷射系统及功率自动修正的柴油机，以满足青藏铁路的特殊运行条件。

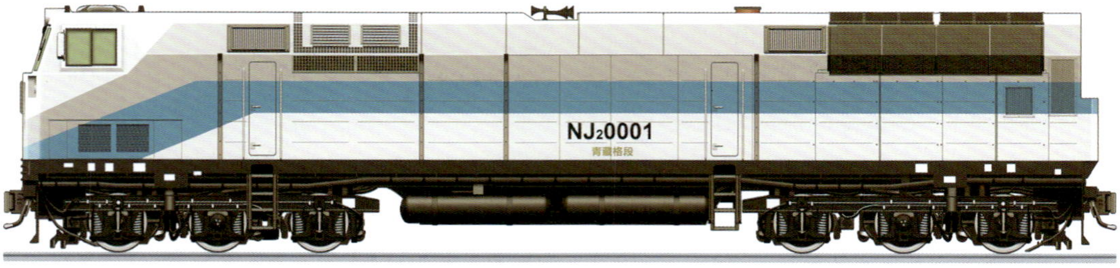

NJ20001

NJ2 型内燃机车初期采用的白色涂装，使用时间较为短暂。

机车右侧外观

NJ20001 2018 年起，HXN3 型高原过渡型机车正式承担格拉线客运的牵引任务，以解决机车数量有限造成的运能的不足问题。

NJ2	基本数据
制造厂商	美国 GE 公司
额定功率	3000kW
机车轴式	C_0-C_0
最高运营速度	120km/h

NJ20001

机车在青藏铁路运用后，逐步改为与青藏铁路客车一致的配色设计。

机车右侧外观

HXN30302 机车前期运行方式由 HXN3 高原过渡型机车与 NJ2 型机车重联运行。NJ2 型内燃机车在满足牵引任务之外，主要承担通信的角色。HXN3 型则作为动力支持附挂于列车之中。

中国电力机车
ELECTRIC LOCOMOTIVE

韶山1型电力机车

韶山1型电力机车是我国第一代交－直流传动电力机车。首台机车使用型号为6Y1型0001号，机车命名为“韶山号”。通过不断改进，008号车正式改名为韶山1型电力机车。自此，开创了韶山系列干线电力机车的历史。

SS1	基本数据
制造厂商	株洲厂
持续功率	3780kW
机车轴式	C0-C0
最高运营速度	90km/h

SS1008

韶山1型008号机车，为6Y1型的第八台试制样车。目前008号车已被中国铁道博物馆收藏。

SS1139

139号车采用了不同的散热侧窗布局。

SS10681

0681号车的百叶窗式通风侧窗。车顶部的通风风扇外观有所改动。

SS1061

061号车在使用期间采用的红色涂装。

韶山 2 型电力机车

1969 年，在吸收了法国阿尔斯通公司 6Y2 型电力机车先进技术的基础上，由株洲厂试制的韶山 2 型电力机车下线。韶山 2 型电力机车仅试制一台，但为韶山 3 型及后续机车的设计制造积累大量宝贵的经验。

SS2	基本数据
制造厂商	株洲厂
持续功率	4440kW
机车轴式	Co-Co
最高运营速度	100km/h

SS2001　韶山 2 型借鉴了 6Y2 型电力机车的经验，车底部分设备及转向架参考了 6Y2 型电力机车设计。

韶山 3 型电力机车（含 4000 系）

1978 年年底，在吸收韶山 1 型和韶山 2 型电力机车的基础上，由株洲厂研制的韶山 3 型电力机车下线。在经过大量试验和运行考核后，机车于 1989 年开始大批量生产。后期对机车转向架等设备进行了改进，改进后的机车定型为韶山 3 型 4000 系。

SS3	基本数据
制造厂商	株洲厂、大同厂、资阳厂、太原厂
持续功率	4320kW
机车轴式	Co-Co
最高运营速度	100km/h

SS3001

韶山 3 型电力机车的首台样车，机车使用代号韶山 3 型 001 号，司机室侧窗与转向架与量产型不同。

SS30676

0676 采用的深蓝色涂装。

SS30671

0671 号车采用的神华铁路韶山 4 型机车的涂装。

SS$_3$0673

0673 号机车曾采用草绿色涂装的构图，使用红色为主色调。

SS$_3$0027

0027 号机车采用的墨绿色涂装。

SS$_3$4115

4115 号车采用的韶山3型草绿色涂装，该涂装也是韶山3型的经典涂装之一。

SS$_3$4115

4115 号车曾经采用的红色涂装。

韶山 3 型 5035 号电力机车 第三代雷锋号

2001 年 2 月，“雷锋号”机车由东风4B型 3943 号内燃机车换型为韶山3型 5035 号电力机车。

SS$_3$5035

雷锋号机车正面悬挂雷锋铜像。

韶山3B型电力机车

SS3B	基本数据
制造厂商	株洲厂、大同厂、资阳厂、大连厂
持续功率	2×4320kW
机车轴式	2×(Co-Co)
最高运营速度	100km/h

韶山3B型电力机车是由两节完整系统的机车重联组成的一款固定重联12轴大功率干线货运电力机车。机车在韶山3型4000系电力机车基础上改造完成，其总体设计、布局、性能等均未作大的调整。其中机车头型、及尾部采用韶山4型电力机车结构。

SS3B0001

韶山3B型机车头型采用韶山4改进型的头型设计及车体功能设计。机车的涂装采用蓝色底色白色条带的涂装样式。

韶山3C型电力机车

SS3C	基本数据
制造厂商	太原厂
持续功率	2×4320kW
机车轴式	2×(Co-Co)
最高运营速度	100km/h

2008年3月，太原厂将两台韶山3型4000系电力机车进行固定重联改造，增加列车通信网络系统，将两台完全相同的六轴机车通过机械、电气和制动空气管路改造进行重联，并组成一组十二轴大功率重载货运机车。韶山3C型电力机车仅试制了一台。

SS3C0001

韶山3C型通过改造两台韶山3型4000系电力机车进行重联。机车外观造型与韶山3型完全一致，并采用与韶山3B型的深蓝色涂装样式。

韶山 4 型电力机车

韶山 4 型电力机车是我国第三代电力机车的起点。株洲厂于 1985 年研制首台 001 号样车，1986 年底试制 002 号和 003 号样车，并先后投入运营考核。机车由两节完全相同的四轴机车重联组合而成。1988 年，韶山 4 型正式成为我国当时功率最大的货运电力机车。

SS4	基本数据
制造厂商	株洲厂
持续功率	2×3200kW
机车轴式	2×(Bo-Bo)
最高运营速度	100km/h

SS40001　韶山 4 型首台样车采用的橙色涂装，机车转向架与后续生产的机车有所区别。转向架仅根据有限资料进行还原，仅供参考。

SS40154　0154 号车早期采用的白色涂装。

SS40095　0095 号车后期采用的白色涂装。车顶及车灯涂为蓝色。

SS$_4$0070

韶山4型采用的深蓝色涂装。

SS$_4$0149

部分机车采用韶山4改进型机车涂装。韶山4型车顶部分高度比改进型稍矮。

韶山 4 改进型电力机车

韶山 4 改进型是在韶山 4 型机车基础上进行了简统化、系列化等重大改进后研制的电力机车。机车从 0159 号机车开始替代韶山 4 型电力机车，并沿用韶山 4 型的机车代号及车号。该型机车在全路电气化铁路上得到了广泛的应用。

SS4 改进型	基本数据
制造厂商	株洲厂、大连厂、大同厂、资阳厂
持续功率	2×3200kW
机车轴式	2×(B_0-B_0)
最高运营速度	100km/h

SS40168

黄色的头部配色，蓝色的车体涂装成为韶山 4 改进型的标志性涂装之一。自 1994 年起，由大同厂、资阳厂、大连厂先后接受株洲厂最新图纸和技术，生产韶山 4 改进型电力机车。其中，大同厂生产的车号由 6001 号起；资阳厂车号由 3001 号开始；大连厂车号自 7001 开始。不同厂家生产的韶山 4 改进型电力机车在车体结构上存在着细节差异。

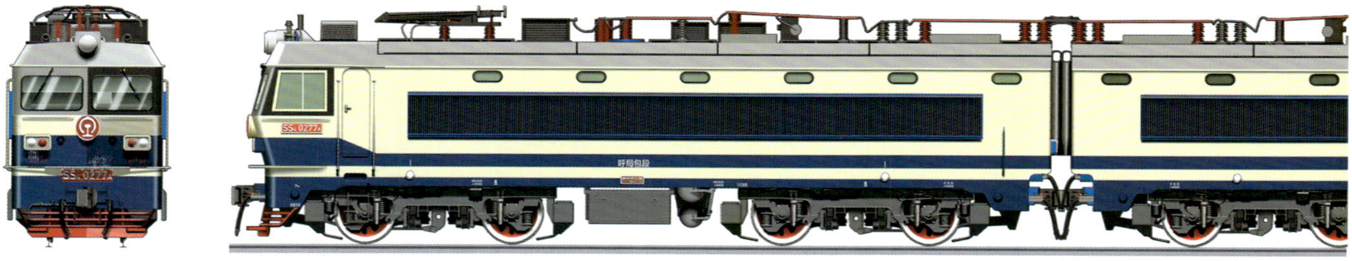

SS40277

图为 0277 号机车采用的涂装样式。由于韶山 4 型及韶山 4 改进型均有相同的涂装样式，要区分采用相同涂装的两种车型，仅需通过车体尺寸的差异和机车代号进行分别：韶山 4 改进型机车顶部较韶山 4 型机车略高，视觉上改进型机车的车顶厚度显得较厚。

韶山4B型电力机车

韶山4B型电力机车是在韶山4型、韶山4改进型基础上吸收国内外先进技术，对机车简统化、系列化的产品，机车功率达到2×3200kW。韶山4B型电力机车主要在神华集团下属各机务段使用，担负其煤炭及货物运输任务。

SS4B	基本数据
制造厂商	株洲厂
持续功率	2×3200kW
机车轴式	2×(B0-B0)
最高运营速度	100km/h

SS4B0002

韶山4B型机车基本配属在神华集团下属单位，机车采用的蓝、灰、红涂装样式。

韶山4C型电力机车

韶山4C型电力机车是针对中国铁路于2000年在主要铁路干线上实现开行5000吨级重载货物列车要求，在韶山4改进型、韶山4B型的基础上研制的25吨轴重实验性机车，机车仅试制两台。韶山4C型电力机车沿用了韶山4改型、韶山4B型机车的主要结构。

SS4C	基本数据
制造厂商	株洲厂
持续功率	2×3200kW
机车轴式	2×(B0-B0)
最高运营速度	100km/h

SS4C0002

韶山4C型机车的涂装样式与韶山4B涂装构图一致，仅配色不同。

韶山 4 改进型 1886 号电力机车 第五代朱德号

2002 年 11 月，朱德号进行了第四次换型。机车由东风 4B 型 1886 号换型为韶山 4 改进型 1886 号电力机车。机车牵引定数由 5800 吨提升至 6000 吨，并完成由内燃动力向电力牵引的转变。

SS41886

朱德号机车采用了米黄色的排障器。

韶山 5 型电力机车

为实现以北京为中心开行编组 20 节、最高速度 140km/h 的“朝发夕至”或“夕发朝至”特快旅客列车，株洲厂在消化吸收进口电力机车先进技术的基础上研制了韶山 5 型电力机车。该型机车是我国首型四轴干线客运电力机车，机车仅生产 2 台。

SS5	基本数据
制造厂商	株洲厂
持续功率	3200kW
机车轴式	B0-B0
最高运营速度	140km/h

SS50001

0001 号出厂涂装，后期机车涂装与 0002 号车相同，机车目前收藏于中国铁道博物馆。

SS50002

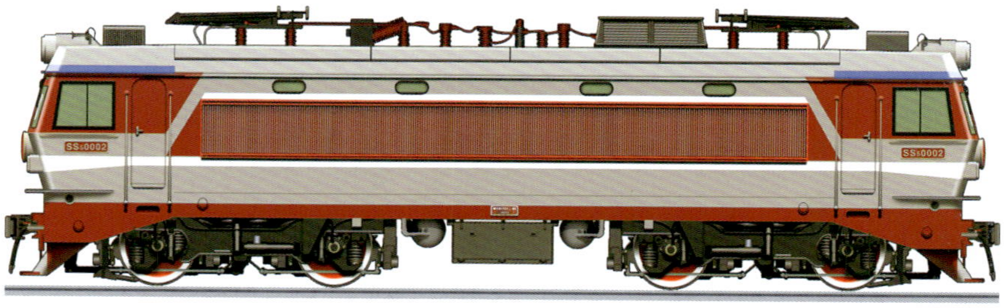

保存于郑州世纪欢乐园的 0002 号车，机车涂装与出厂时相比增加蓝色顶部条纹。

韶山 5 型 0002 号在出厂之初，车身涂装并未采用蓝色顶部条带，并且与 0001 号车涂装有所区别。因此可以通过涂装样式快速识别两台机车。

韶山 6 型电力机车

韶山 6 型电力机车是为了满足 1989 年陇海铁路郑州 - 宝鸡段复线电气化工程的要求而设计的六轴 4800kW 电力机车。机车以韶山 3 型电力机车为基础，大量消化吸收了 8K 型电力机车的先进技术。该型机车是陇海铁路郑宝段电气化铁路的第二批电力机车。

SS6	基本数据
制造厂商	株洲厂
持续功率	4800kW
机车轴式	Co-Co
最高运营速度	100km/h

SS60001

采用黄色涂装的韶山 6 型电力机车。由于机车设计沿袭了韶山 3 型机车的车体设计，因此机车外观与韶山 3 型基本一致。

SS60014

部分韶山 6 型电力机车采用的红色涂装样式。

韶山 6B 型电力机车

SS6B	基本数据
制造厂商	株洲厂、大同厂
持续功率	4800kW
机车轴式	C_0-C_0
最高运营速度	100km/h

韶山 6B 型电力机车是为满足陇海铁路郑宝段电气化需要的第三批 4800 千瓦六轴电力机车。机车由株洲厂研制，采用了简统化、系列化设计。首批 30 台机车装用 HS14263-02R 型牵引电动机，后续生产的机车装用国产化的 ZD114 型牵引电机。

SS6B1001

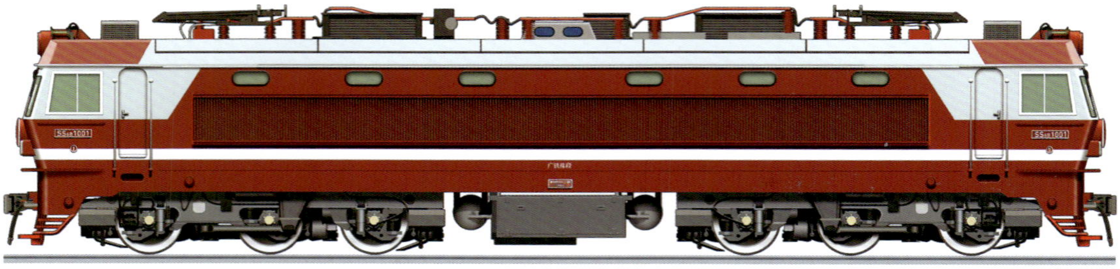

韶山 6B 型机车采用韶山 4 系列机车的头型设计。可以说在一定程度上，韶山 3、韶山 4 的头型成为了韶山系列电力机车的标志性设计。

韶山 7 型电力机车

SS7	基本数据
制造厂商	大同厂
持续功率	4800kW
机车轴式	B_0-B_0-B_0
最高运营速度	100km/h

韶山 7 型电力机车是根据我国 80 年代铁路发展、山区线路特点研制的适用型电力机车。机车最大的特点是采用了 B_0-B_0-B_0 轴式转向架布局。首台机车于 1992 年底落成出厂。该型机车固定轴距短、采用高速机车结构，主要在我国西南地区使用。

SS70001

韶山 7 型机车借鉴了 6K 型电力机车的 B_0-B_0-B_0 轴式。

韶山 7B 型电力机车

SS7B	基本数据
制造厂商	大同厂
持续功率	4800kW
机车轴式	B_0-B_0-B_0
最高运营速度	100km/h

韶山 7B 型电力机车是以韶山 7 型机车为基础，由大同厂于 1997 年 12 月试制的 25t 轴重干线重载货运电力机车。机车车体结构与韶山 7 型机车大致相同。机车可根据需要，通过装卸配重压铁调整机车轴重。

SS7B0001

韶山 7B 型采用的红色涂装。

韶山 7C 型电力机车

韶山 7C 型电力机车是客、货两用干线电力机车。机车转向架增加抗蛇行减振器。机车主要有三种总体布置。0081 号之前为车体通风；0082-0141 为标准化司机室；0142 机车开始，除司机室外，车内各室布置及设备基本与韶山 7D 电力机车相同。

SS7C	基本数据
制造厂商	大同厂
持续功率	4800kW
机车轴式	B0-B0-B0
最高运营速度	120km/h

SS70083

韶山 7 型 0083 号是韶山 7C 型的首台样车，机车两端转向架增加了抗蛇行减振装置。机车涂装延续了韶山 7 型的样式。

SS7C0001

韶山 7C 型的红色涂装，结构与配色与韶山 7B 型一致，驾驶室车窗底色使用了黑色。

SS7C0159

配属昆明铁路局的黄色韶山 7C 型电力机车，机车也因此涂装称为“黄香蕉”。

韶山 7D 型电力机车

韶山 7D 型电力机车是在韶山 7C 型机车基础上遵循了简统化、标准化、系列化设计原则研制的准高速客运电力机车。机车沿用了韶山 7 系列电力机车的 B0-B0-B0 轴式，并通过技术改进措施，使机车既能够适应小半径曲线线路，又满足直线区段提速需要。

SS7D	基本数据
制造厂商	大同厂
持续功率	4800kW
机车轴式	B0-B0-B0
最高运营速度	170km/h

SS7D0001

韶山 7D 型机车沿用了韶山 7C 型机车的转向架设计，车体造型设计棱角分明，极具机械感。机车昵称“变形金刚”。

韶山 7E 型电力机车

韶山 7E 型电力机车是借鉴了韶山 7D 型机车部分成熟技术由大同厂、大连厂和株洲所联合开发的准高速干线电力机车。首台 0001 号机车于 2001 年 12 月 30 日竣工，并开始量产。大连厂也于 2002 年完成首台机车试制，并小批量生产三台。

SS7E	基本数据
制造厂商	大同厂、大连厂
持续功率	4800kW
机车轴式	Co-Co
最高运营速度	170km/h

SS7E0079

韶山 7E 型电力机车拥有极具女性化的绰号 - “美女” 。机车圆润的外形和红色配色，在以往中国铁路机车车辆略显深沉的配色体系中显得尤为亮眼。

韶山 7E 型 6000 系电力机车

2003 年 10 月，由大同厂设计改进的模块化韶山 7E 型电力机车开始投入试制。模块化韶山 7E 型电力机车是在韶山 7E 型机车基础上重点对机车设备布置、通风系统、控制系统、辅助系统、变压器等进行了技术升级。

SS7E 6000 系	基本数据
制造厂商	大同厂
持续功率	4800kW
机车轴式	Co-Co
最高运营速度	170km/h

SS7E6001

6000 系电力机车车体造型与韶山 7E 型基本相同，机车侧面的通风窗口设计有所变化。

SS7E6002

6002 号车的瞭望车窗采用整幅式车窗。机车改造后，瞭望窗改为采用与量产型相近的车窗设计。

韶山 8 型电力机车

韶山 8 型电力机车原为广深准高速铁路设计的准高速干线客运电力机车，最高速度 170km/h。1998 年 6 月 24 日，韶山 8 型 0001 号机车于京广铁路许昌至小商桥区段的实验中，最高速度达到 240km/h，创下了当时的“中国铁路第一速”的速度纪录。

SS8	基本数据
制造厂商	株洲厂
持续功率	3600kW
机车轴式	Bo-Bo
最高运营速度	170km/h

SS$_8$0001

0001 号车出厂时期采用的红色涂装。涂装根据中车株机资料进行复原，绘图细节仅供参考。

SS$_8$0001

0001 号车在后期改为韶山 8 型机车的标志性涂装。并在机车侧面安装速度纪录牌。

SS$_8$0064

0064 号机车侧面曾喷涂“广深铁路股份有限公司”标识。当时机车尚未装配空调及列车供电设备。

SS$_8$0074

韶山 8 型机车在厂修期间改造了瞭望窗的尺寸，以满足高速运行的需要。

SS$_8$0188

部分韶山 8 型机车采用了圆柱形头灯设计。

韶山 9 型电力机车

韶山 9 型电力机车是株洲厂以简统化、标准化、系列化为原则，研制的准高速干线客运电力机车。机车采取了特殊的防寒设计，并能满足大编组旅客列车的牵引和长交路运行的需要。

SS9	基本数据
制造厂商	株洲厂
持续功率	4800kW
机车轴式	Co-Co
最高运营速度	170km/h

SS90010

韶山 9 型电力机车头型扁平，蓝绿色的机车配色为机车带来“青蛙”这个动物化的绰号。

韶山 9 改进型电力机车

2002 年，株洲厂在早期生产的韶山 9 型电力机车的基础上，采用了韶山 6B 型、韶山 8 型机车的成熟技术，对机车进行了重大的设计改进，是株洲厂开发的一种新型机车平台。机车采用流线形车身设计，性能均优于前期机车，是当时我国最先进的客运电力机车。

SS9 改进型	基本数据
制造厂商	株洲厂
持续功率	4800kW
机车轴式	Co-Co
最高运营速度	170km/h

SS90045

0045 号机车出厂后参加了 2003 年初举行的“铁道部新造机车质量展示会”，上图为参展时采用的蓝白色涂装样式。展示结束后机车重新使用红白色涂装。

SS90044

初期生产的韶山 9 改进型机车驾驶室侧窗仅有一扇。

SS$_9$0094

后续生产的韶山9改进型机车驾驶室侧窗更改为两扇。

SS$_9$0145

配属北京、沈阳的韶山9改进型机车并未安装车头顶部的流线型车体结构。

AC4000 型电力机车

AC4000 型电力机车是我国第一台国产四轴交流传动电力机车。虽然该型机车属于实验性车型，仅试制一台，但机车的研制及试验过程为我国探索交流传动电力机车发展做出了重要的贡献。目前机车被保存于中车株洲电力机车有限公司厂内。

AC4000	基本数据
制造厂商	株洲厂
持续功率	4000kW
机车轴式	B_0-B_0
最高运营速度	120km/h

AC4000

AC4000 型机车使用韶山4型系列机车头型设计。机车侧面喷涂有“AC4000”标志。

DJ 型（熊猫）电力机车

DJ 型电力机车是由株洲厂、株洲所、铁科院、西南交大、湖南大学、中南大学等多家单位共同研制的时速 200 公里交流传动干线客运电力机车。机车于 1998 年开始研制，至 2000 年共制造两台。DJ 型电力机车为当时国内单轴功率最大的电力机车。

DJ 熊猫	基本数据
制造厂商	株洲厂
持续功率	4800kW
机车轴式	B_0-B_0
最高运营速度	200km/h

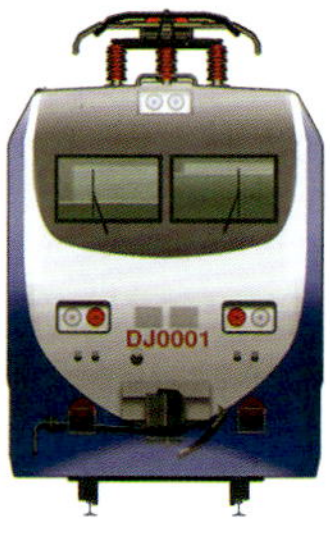

DJ0001

DJ 型机车涂装以蓝、灰、白色为主颜色基调。机车采用流线型头型设计。

DJ2 型（奥星）电力机车

DJ2 型电力机车是我国第一台具有自主知识产权的四轴交流传动客运电力机车。首台机车于 2001 年 9 月下线，当时为庆祝北京申办奥运成功，机车被命名为“奥星”。

DJ2 奥星	基本数据
制造厂商	株洲厂
持续功率	4800kW
机车轴式	B_0-B_0
最高运营速度	200km/h

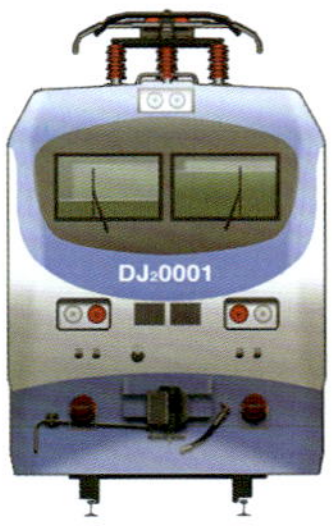

DJ20001

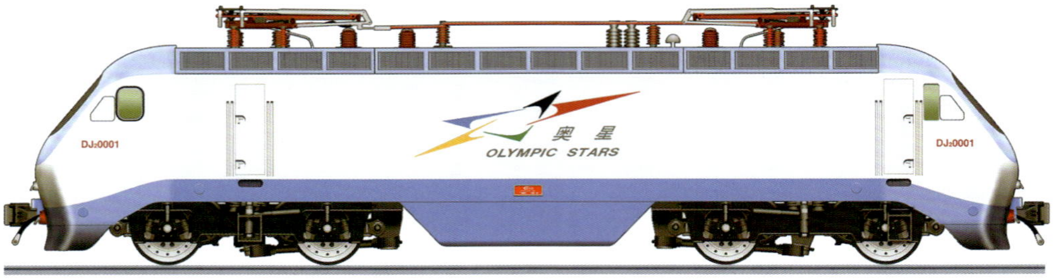

DJ2 型机车的车体造型与 DJ 型机车基本一致，机车侧面喷涂有为庆祝北京申奥成功而专门设计的“奥星”标志。

DJ3 型（天梭）电力机车

DJ3 型（天梭）电力机车是由原北车集团牵头、大同厂联合多家单位研制的时速 200 公里交流电力机车。机车研制目标主要用于满足秦沈客运专线 200km 以上高速客运列车或既有线时速 160km 准高速旅客列车的牵引需要。机车完成运行考核后，被命名为“天梭号”。

DJ3 天梭	基本数据
制造厂商	大同厂
持续功率	4800kW
机车轴式	B_0-B_0
最高运营速度	200km/h

DJ30001

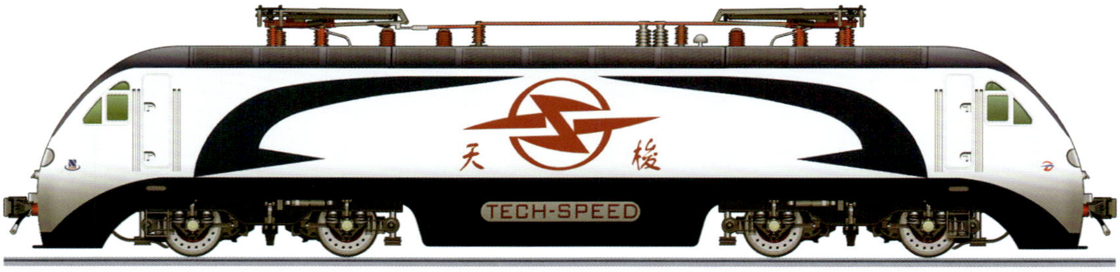

DJ3 型机车车体圆润，采用蓝白色涂装。

韶山 J3 型电力机车

韶山 J3 型电力机车是我国自主研制的大功率交流传动干线货运电力机车。机车于 2004 年由大连厂采用国外先进的交流传动技术研制成功，机车持续功率达到 7200kW。韶山 J3 型电力机车仅生产一台。

SSJ3	基本数据
制造厂商	大连厂
持续功率	7200kW
机车轴式	C_0-C_0
最高运营速度	120km/h

SSJ30001

韶山 J3 型机车的车体外观设计一直沿用到 HXD3 型时期。机车中部设置裙板，二端侧面设置了三扇通风窗。

DJ3 型电力机车

DJ3 型电力机车是以 SSJ3 型电力机车及日本 EH500 型电力机车作为技术平台，由大连厂和东芝公司联合设计。是为满足我国铁路重载货运需要而研发的大功率交流传动干线货运用六轴电力机车。机车初期被定型为 DJ3 型。

DJ3	基本数据
制造厂商	大连厂
持续功率	7200kW
机车轴式	Co-Co
最高运营速度	120km/h

DJ30001

DJ3 型电力机车采用的绿色涂装，已基本有了和谐系列机车的影子。

SL1 型电力机车

2006 年 10 月，首台由大连厂生产的国产化机车 DJ3 型 0017 号落成，更名为神龙 1 型（SL1）电力机车。从技术层面来讲，DJ3 型、SL1 型及 HXD3 型是同一款机车在三个发展阶段的三个名称。本质上来讲他们是同一款机车。

SL1	基本数据
制造厂商	大连厂
持续功率	7200kW
机车轴式	Co-Co
最高运营速度	120km/h

SL10017

神龙 1 型的蓝色涂装。

DJG2 型电力机车

DJG2 型电力机车是为验证和试验大功率交流传动牵引变流及控制系统，由大同厂开发研制的实验性高速交流传动电力机车。机车外观设计独特，极窄的车体横截面极具辨识度。

DJG2	基本数据
制造厂商	大同厂
持续功率	6400kW
机车轴式	Bo-Bo
最高运营速度	200km/h

DJG20001

DJG2 电力机车作为一款高速试验机车，车体宽度明显较窄。

HXD$_1$ 型电力机车

HXD$_1$ 型电力机车是一款诞生于我国对国外交流传动电力机车进行技术吸收和消化阶段的机车产品。机车由西门子公司提供技术支持和部件支持，由中车株洲电力机车有限公司负责整车总成。是一款逐步通过国产化生产实现技术转移的交流传动货运电力机车。

HXD$_1$	基本数据
制造厂商	中车株洲电力机车有限公司
持续功率	9600kW
机车轴式	2×(B$_0$-B$_0$)
最高运营速度	120km/h

DJ$_4$0001

HXD$_1$ 早先型号命名为 DJ$_4$ 型电力机车，初期样车的涂装采用头部蓝色，后部全身浅灰色设计。机车正面车钩上方安装了金属车号牌，与 HXD$_1$ 量产型直接油漆喷涂的车号，有所区别。

HXD$_1$0001

HXD$_1$ 型电力机车的早期涂装之一。当时机车已定型为 HXD$_1$ 型。机车涂装与 DJ$_4$ 型时期接近，机车顶部的蓝色贯穿全车。侧面喷涂有天鹅形状的图形和英文的“Harmony”字样。机车车号均采用金属牌设计。

HXD10001

HXD1 量产型涂装。

新 HXD1 型电力机车

2011-2015 年，中车株洲电力机车有限公司在引进消化吸收 HXD1 型电力机车基础上，装用自主研发的机车牵引变流器、网络控制系统等关键部件。该批机车简称新 HXD1 型电力机车。机车基本结构和技术指标与 HXD1 型电力机车相同，同时对机车头型进行了改进。资阳中车电力机车有限公司制造的新 HXD1 电力机车由 6001 号开始。

新 HXD1	基本数据
制造厂商	中车株洲电力机车有限公司 资阳中车电力机车有限公司
持续功率	9600kW
机车轴式	2×(Bo-Bo)
最高运营速度	120km/h

HXD11001

浅蓝和白色的配色，加之圆润的头部，如同动画片中的“蓝精灵”一般，“蓝精灵”也自然而然称为新 HXD1 型机车的绰号。新 HXD1 型机车作为 HXD1 型机车的深度国产化产品，采用了全新设计的头部造型。

HXD$_1$ 型 7000 系电力机车

2011 年，中车株洲电力机车有限公司与神华集团合作，在新 HXD$_1$ 型电力机车基础上研制了两款大功率交流传动电力机车。其中 9600 千瓦的八轴电力机车定型为 HXD$_1$ 型，机车编号由 7001 起始，机车头型设计圆润。

HXD$_1$ 7000 系	基本数据
制造厂商	中车株洲电力机车有限公司
持续功率	9600kW
机车轴式	2×(B$_0$-B$_0$)
最高运营速度	120km/h

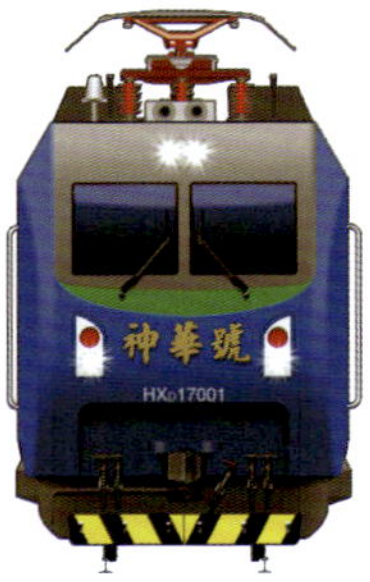

HXD$_1$7001

初期出厂 7000 系电力机车正面安装了“神华号”的鎏金铜字。

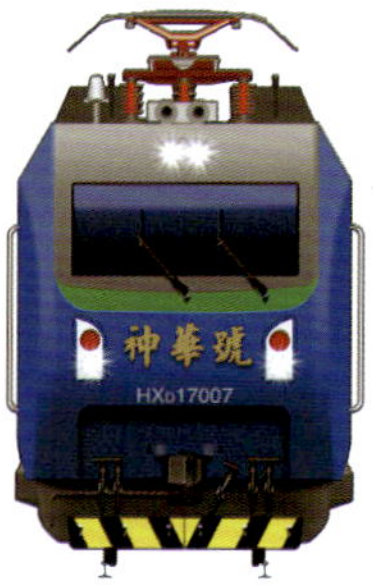

HXD$_1$7007

7007 号机车采用了整幅驾驶室瞭望窗设计。

神华铁路 12 轴电力机车

在中车株洲电力机车有限公司为神华集团研制的两款电力机车中，该款机车由于采用国内独一无二的重联组成方式，实现了机车超大功率重载牵引能力。机车由三台 4 轴 4800kw 的机车重联组成一组机车组，机车持续功率达到 14400kW，是我国目前使用的单机功率最大的重载货运电力机车。

神华铁路 12 轴	基本数据
制造厂商	中车株洲电力机车有限公司
持续功率	14400kW
机车轴式	3×(Bo-Bo)
最高运营速度	120km/h

神华 12 轴机车拥有全国独一无二的单机长度，机车并未在外部喷涂机车编号，但机车的独特组成形式使得机车拥有极高的辨识度。

HXD1B 型电力机车

HXD1B 型交流传动电力机车是在引进、消化、吸收 HXD1 型机车基础上，按照模块化、标准化、系列化进行自主创新的机车产品。机车在牵引重量为 5000 吨时，在平直道的最高运营速度达到 120 km/h。

HXD1B	基本数据
制造厂商	中车株洲电力机车有限公司
持续功率	9600kW
机车轴式	Co-Co
最高运营速度	120km/h

HXD1B0001 HXD1B 型机车车体造型延续了 HXD1 型机车设计。

HXD1C 型电力机车

HXD1C 型电力机车以 HXD1B 型机车设计平台为基础，运用国内外先进技术，进行自主创新和集成设计的成果。该型机车打破了跨国公司对重载电力机车核心技术的垄断，是我国新一代干线主型电力机车。

HXD1C	基本数据
制造厂商	中车株洲、中车资阳、中车戚墅堰
持续功率	7200kW
机车轴式	C_0-C_0
最高运营速度	120km/h

HXD1C0001 HXD1C 型机车延续使用 HXD1B 型机车的车体外观设计，机车头部取消了侧面扶手和正面的部分踏板装置。

HXD1C 高原型电力机车

2011 年，中车株洲电力机车有限公司研制两台经高原环境适应性改进的 HXD1C 型电力机车。机车攻克了高原特殊环境下的多项技术难题。机车于 2011 年投产，主要在青藏铁路西格段担当货运列车牵引任务。

HXD1C 高原型	基本数据
制造厂商	中车株洲电力机车有限公司
持续功率	7200kW
机车轴式	C_0-C_0
最高运营速度	120km/h

HXD1C3003 高原型 HXD1C 型机车为了适应高原恶劣环境，车顶不再布满各种高压设备，车体外部平整度得到大大提升。

中车株洲时速 200 公里 6 轴客运电力机车

2012 年，我国铁路既有线迫切需要大功率客运交流传动电力机车来满足干线客运运输需求。为此，中车株洲电力机车有限公司试制了该台时速 200 公里 6 轴客运电力机车，为后续 HXD1D 型机车的研制积累了技术和经验。

200 公里 6 轴试验车	基本数据
制造厂商	中车株洲电力机车有限公司
持续功率	9600kW
机车轴式	C_0-C_0
最高运营速度	200km/h

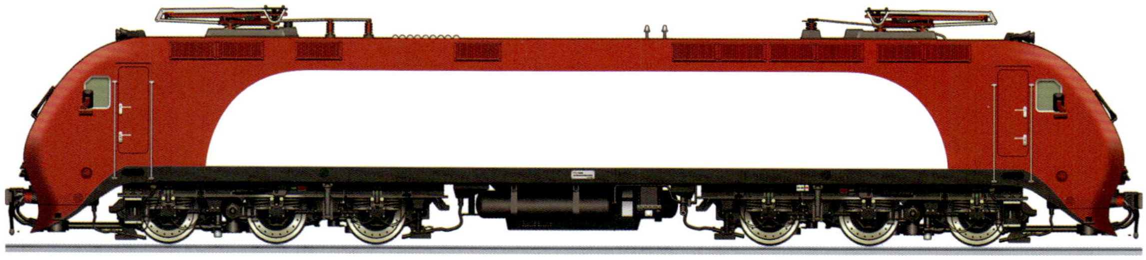

该型机车是 HXD1D 型电力机车的技术平台，机车外观与 HXD1D 型基本一致，仅在细节上有细微差异。

HXD1D 型电力机车

HXD1D 型电力机车是在中车株洲电力机车有限公司研制的时速 200 公里 6 轴客运电力机车基础上研制的，满足我国干线铁路客运需求的新型电力机车。机车采用轻量化车体设计，车体结构与时速 200 公里 6 轴客运电力机车基本一致。

HXD1D	基本数据
制造厂商	中车株洲电力机车有限公司
持续功率	7200kW
机车轴式	C0-C0
最高运营速度	160km/h

HXD1D0001 0001 号车是 HXD1D 型机车的首台样车。机车顶部并未将高压设备做内藏设计处理。

HXD1D0005 0005 号机车将车顶高压电气设备做内藏处理，顶部显得干净整洁，便于日常维护。机车正面瞭望窗下增加了红色涂装。

HXD1D0018 0018 号机车在机车两端增设了扶手。

HXD1D 型 1898 号电力机车 第四代周恩来号

2015 年 5 月 5 日，第四代“周恩来号”机车 HXD1D 型 1898 号正式投入运行。40 年来，从最初的东风3 型内燃机车到现在的 HXD1D 型电力机车，“周恩来号”机车见证了中国铁路的发展历程。

HXD1D1898 “周恩来号”机车配属采用浮雕铜牌设计，机车正面的黑色配色部分改为藏青色，并悬挂周恩来铜像。

HXD2 型电力机车

HXD2 型电力机车是我国对国外交流传动电力机车进行技术吸收和消化阶段的机车产品。首批 12 组机车由阿尔斯通公司提供，中车大同电力机车有限公司在后续的生产过程中，开展对阿尔斯通公司的机车技术吸收、消化的工作。

HXD2	基本数据
制造厂商	中车大同电力机车有限公司
持续功率	10000kW
机车轴式	2×（Bo-Bo）
最高运营速度	120km/h

HXD20001

HXD2 型 0001 号车在法国出厂时采用的蓝白涂装。

HXD20001

机车后期采用的和谐系列电力机车涂装。

新 HXD2 电力机车

新 HXD2 型电力机车是在 HXD2 型电力机车基础上进行自主化生产的机车产品。机车装用原北车自主研制的牵引变流器和网络控制系统。机车结构较 HXD2 型略有调整。

新 HXD2	基本数据
制造厂商	中车大同电力机车有限公司 中车大连机车有限公司
持续功率	9600kW
机车轴式	2×(Bo-Bo)
最高运营速度	120km/h

HXD21001 新 HXD2 型机车量产后取消了车体加强结构，同时增加了驾驶室内部空间。图为保持车体加强结构的 1001 号机车。

HXD2 型 7000 系电力机车

2012 年，原中国北车在 HXD2 型电力机车技术平台的基础上，为神华集团研制该批新型 9600kW 电力机车，机车编号由 7001 起排序。新机车改为采用江苏常牵庞巴迪公司的牵引变流系统。首台机车于 2011 年 12 月底完成落车。

HXD2 7000 系	基本数据
制造厂商	中车大同电力机车有限公司
持续功率	9600kW
机车轴式	2×(Bo-Bo)
最高运营速度	120km/h

HXD27001 7000 系机车采用了新 HXD2 型机车的头型设计，原整体式瞭望窗改为两面。

HXD2B 型电力机车

HXD2B 型电力机车由中车大同电力机车有限公司和法国阿尔斯通公司在“Prima”机车技术平台上联合开发研制。该型机车是满足铁路货物重载快运的战略需求，提升自主研发和再创新能力的机车产品。机车设计由中车大同电力机车有限公司主导进行。

HXD2B	基本数据
制造厂商	中车大同电力机车有限公司
持续功率	9600kW
机车轴式	Co-Co
最高运营速度	120km/h

HXD2B0001 HXD2B 型电力机车车底设备及车顶的高压电气设备较多。

HXD2C 型电力机车

HXD2C 型电力机车在吸收 HXD2 型、HXD2B 型机车先进技术的基础上，由中车大同电力机车有限公司自主设计制造。是我国新一代主型货运电力机车。目前机车主要配属郑州局集团新乡机务段担当干线货运任务。

HXD2C	基本数据
制造厂商	中车大同电力机车有限公司
标称功率	7200kW
机车轴式	Co-Co
最高运营速度	120km/h

HXD2c0001 HXD2C 型电力机车车底设备及车顶的高压设备较少，机车外观更简洁。

列车试验

新型机车车辆在工厂下线后，都会被送到一个叫做“环形铁道”试验线路上进行相关的试验和测试。试验车辆有的加挂试验列车，有的加装各种实验设备，并不断在在铁道上“转圈”行驶。而这个“环形铁道”的真正名字叫作：国家铁道试验中心。铁道装备在这里可以进行机车车辆、铁道建筑、通信信号、铁道电气化设施、客货运输、特种运送等多项专业的科学试验。完成试验后，列车将开到铁路干线上，经受更加严苛的运行考验。

HXD2D 型电力机车

HXD2D 型电力机车是由中车大同电力机车有限公司研制的时速 160 公里级别的快速客运电力机车。由于机车处于实验阶段，机车并未最终定型，曾暂用代号 HXD2D 型。

HXD2D	基本数据
制造厂商	中车大同电力机车有限公司
持续功率	7200kW
机车轴式	C0-C0
最高运营速度	160km/h

HXD2D0001 HXD2D 型电力机车车体保留了 HXD2 系列机车的特点，机车头部采用圆润的头型设计。

中车大同永磁直驱电力机车

中车大同电力机车有限公司设计生产的永磁直驱交流传动客运电力机车是全球首款大功率永磁直驱干线电力机车。机车采用大功率永磁牵引电机、单轴控制、全悬挂直驱转向架、独立通风冷却等技术，最高运营速度 160km/h。

永磁直驱	基本数据
制造厂商	中车大同电力机车有限公司
持续功率	7200kW
机车轴式	C0-C0
最高运营速度	160km/h

永磁直驱 永磁直驱电力机车保留了了 HXD2D 型电力机车的车体造型及结构，并采用了全新的涂装设计。

中车大同时速 200 公里 8 轴客运电力机车

中车大同时速 200 公里 8 轴客运电力机车是根据铁路总公司 2014 年的科技研究开发计划要求研制的时速 200 公里等级的电力机车。机车在满足既有铁路旅客列车提速的同时，与相同速度等级车厢配套后，可组合成为动力集中式动车组运行。

200 公里 8 轴试验车	基本数据
制造厂商	中车大同电力机车有限公司
持续功率	11200kW
列车定员	2×(B_0-B_0)
最高运营速度	200km/h

大同厂 8 轴客运电力机车采用全新的外观设计。车体采用了红蓝黄三色涂装。黄色部分形成一种类似飞翼的造型，体现快速的含义。

HXD3 型电力机车

HXD3 型电力机车，曾采用 DJ3 型、SL1 型的车型代号。后根据原铁道部要求，统一使用 HXD3 型机车型号。

HXD3	基本数据
制造厂商	中车大连机车有限公司 中车北京二七机车有限公司 中车大同电力机车有限公司
持续功率	7200kW
机车轴式	C_0-C_0
最高运营速度	120km/h

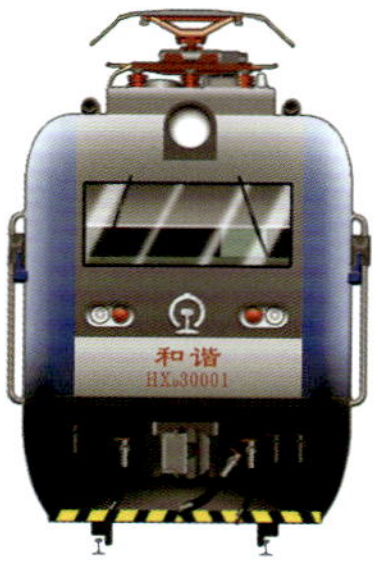

HXD30001

早期批次的 HXD3 型机车车顶空调高度较低

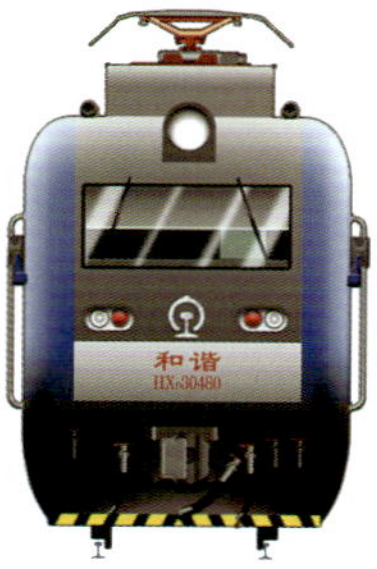

HXD30480

后续生产的 HXD3 型机车车顶空调高度较高。

HXD3A 型电力机车

HXD3A 型电力机车是中车大连机车有限公司生产，为满足中国铁路重载货运需要而研发的大功率交流传动干线货运用电力机车，功率为 9600 千瓦，最高运行速度为 120km/h。机车下线之初采用 HXD3E 型的车型代号，后改为 HXD3A 型。

HXD3A	基本数据
制造厂商	中车大连机车有限公司
持续功率	9600kW
机车轴式	2×（B0-B0）
最高运营速度	120km/h

HXD3A0001

HXD3A 型电力机车采用 HXD3C 型头型，车身涂装的灰色色块在机车尾部向内收缩。灰色前端采用三段弧形造型。

HXD3B 型电力机车

HXD3B 型电力机车由中车大连机车有限公司及加拿大庞巴迪运输集团联合研制。是在 HXD3 型电力机车设计制造技术平台的基础上，借鉴庞巴迪公司的 IORE 型电力机车，为满足中国铁路重载货运需要而研发的大功率交流传动干线货运用电力机车，机车被定型为 HXD3B 型。机车由中车大连机车有限公司负责进行整车主要设计，并由庞巴迪公司进行设计协助工作。

HXD3B	基本数据
制造厂商	中车大连机车有限公司
持续功率	9600kW
机车轴式	C0-C0
最高运营速度	120km/h

HXD3B0001　HXD3B 型机车造型与庞巴迪公司 IORE 电力机车外形较为接近。

HXD3B 型 1893 号电力机车 第五代毛泽东号

2010 年 12 月 20 日，“毛泽东号”机车第四次换型为 HXD3B 型 1893 号大功率交流传动电力机车。机车正面镶嵌带有毛泽东头像的铸铜喷金的铜牌。

HXD3B1893 HXD3B 型“毛泽东号”机车正面悬挂毛主席铜像，机车段属及机车代号采用浮雕铜字车牌。

HXD3B1893 HXD3B 型“毛泽东号”在换型 HXD3D 型机车后，摘牌运行。机车上的浮雕段属及机车代号保留。

HXD3B1893

机车正面悬挂巨大的“毛泽东号”徽章。

HXD3B1893

机车摘牌后继续保持运用。

HXD3C 型电力机车

HXD3C 型电力机车是为弥补当前我国 120 公里时速客运电力机车短缺局面，在 HXD3 型和 HXD3B 型基础上研制的干线货运电力机车。机车根据原铁道部要求加装了列车供电装置，以满足客运列车的牵引要求。

HXD3C	基本数据
制造厂商	中车大连机车有限公司
持续功率	7200kW
机车轴式	C_0-C_0
最高运营速度	120km/h

HXD3C0001

HXD3C 型电力机车车体短小精悍。

HXD3C 型 A 系电力机车

HXD3C 型 A 系电力机车是在 HXD3C 型电力机车基础上取消列车供电装置的机车产品。由中车大连机车有限公司生产的 A 系机车车号自 A8001 起始；中车北京二七机车有限公司生产的 A 系机车车号由 A6001 开始。为便于和用于客运运输的 HXD3C 型进行区分，俗称 HXD3CA 型。

HXD3C A 系	基本数据
制造厂商	中车大连机车有限公司 中车北京二七机车有限公司
持续功率	7200kW
机车轴式	C0-C0
最高运营速度	120km/h

HXD3cA6001

HXD3C 型 A 系电力机车和 HXD3C 型电力机车车体结构基本一致。

HXD3C 型 A8161 号电力机车 第七代黄继光号

2018 年 5 月 3 日“黄继光号”第六次换型为 HXD3C 型 A8161 号机车。机车隶属于哈尔滨局齐齐哈尔机务段。

HXD3cA8161

A8161 号电力机车侧面喷涂“黄继光号”字样，车号及段属牌均采用浮雕设计。

HXD3C 型 A8200 号电力机车 第四代铁牛号

哈尔滨机务段“铁牛号”于 2018 年 6 月 2 9日历经第五次换型，机车换型为 HXD3C 型 A8200 号电力机车。

HXD3cA8200

“铁牛号”机车侧面喷涂繁体字“铁牛号”。机车正面徽章采用碳纤维复合材料。

HXD3D 型电力机车

HXD3D 型电力机车与 HXD1D 型电力机车属于同一类型机车产品，是一款交流传动快速客运电力机车。该型机车集合了 HXD3 系列机车（HXD3 型、HXD3B 型、HXD3C 型）先进成熟的技术，满足我国铁路客运快速运输的需求，是我国现阶段的主型客运电力机车之一。

HXD3D	基本数据
制造厂商	中车大连机车有限公司 中车大同电力机车有限公司
持续功率	7200kW
机车轴式	C_0-C_0
最高运营速度	160km/h

HXD3D0001 HXD3D 型 0001 号及 0002 号车出厂时采用的彩虹造型涂装设计。

HXD3D0001 机车定型并投入量产后，0001 号及 0002 号机车与量产型涂装进行了统一。

HXD3D7001 配属广西沿海铁路股份有限公司的 HXD3D 型 7001 号电力机车。

HXD3D 型 1893 号电力机车 第六代毛泽东号

2014 年 12 月 12 日，镶嵌“HXD3D1893”金色标识的“毛泽东号”机车交付北京铁路局。

HXD3D1893 “毛泽东号”机车的车号及段属使用金属浮雕，车身深红色涂装部分采用弧线造型设计。

HXD3D 型 1886 号电力机车 第六代朱德号

2017 年 9 月，“朱德号”进行了第五次换型，机车选用 1886 号机车。“朱德号”机车自此由货运转为客运。

HXD3D1886 “朱德号”车身涂装造型源自“桥梁”概念。

HXD3D 型 1921 号电力机车 共产党员号

2016 年，沈阳铁路局将 HXD3D 型 1921 号电力机车，命名为“共产党员号”。这也是“共产党员号”首代机车。

HXD3D1921 “共产党员号”机车涂装样式与“毛泽东号”基本一致，侧面喷涂有毛体“共产党员号”五个大字。

HXD3D 型 0035 号电力机车 第四代雷锋号

2017 年 3 月 3 日，兰州铁路局为“雷锋号”机车换型。机车配属迎水桥机务段，担当客运列车牵引任务。

HXD3D0035 “雷锋号”机车涂装与普通量产型相同，机车正面悬挂雷锋铜像。

HXD3D 型 0631 号电力机车 第五代钢人铁马号

2018 年 4 月 28 日，西安机务段“钢人铁马”号机车正式换型为第五代 HXD3D 型大功率交流传动客运电力机车。

HXD3D0631 HXD3D 型电力机车前方悬挂“钢人铁马 631”铜牌，这也是“钢人铁马号”第一次在机车外悬挂铜牌。

FXD1 型电力机车

FXD1 型电力机车是在既有的交流传动系列机车的基础上，研制的能够满足客运专线及普速线路客运牵引要求的新型八轴交流传动快速客运电力机车。机车可实现双节八轴、单节四轴和双节推挽牵引模式，搭建了快速客运机车和动力集中动车组动力车通用技术平台。

FXD1	基本数据
制造厂商	中车株洲电力机车有限公司
持续功率	11200kW
机车轴式	2×(B0-B0)
最高运营速度	160km/h

FXD10002

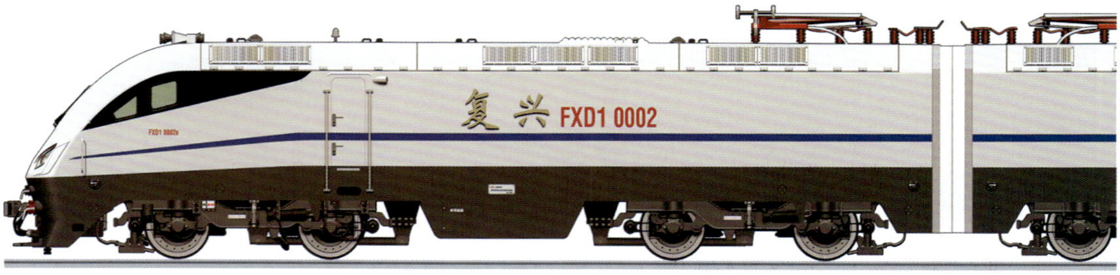

FXD1 型机车整体结构与 HXD1G 型机车 (FXD1 样车) 保持一致。

FXD1 型电力机车样车（HXD1G）

HXD1G 型 0001 号电力机车由中车株洲电力机车有限公司为满足高速及普速铁路客运牵引要求研制的新型快速客运电力机车，是 FXD1 型电力机车的首台样车。机车由两节四轴机车重联组成，持续功率达到 11200kW。机车完成试验后定型为 FXD1 型。

FXD1 样车	基本数据
制造厂商	中车株洲电力机车有限公司
持续功率	11200kW
机车轴式	2×(B0-B0)
最高运营速度	160km/h

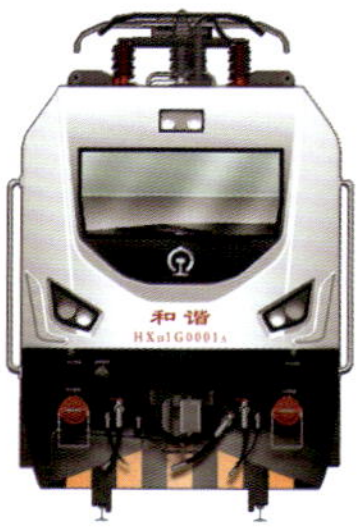

HXD1G0001

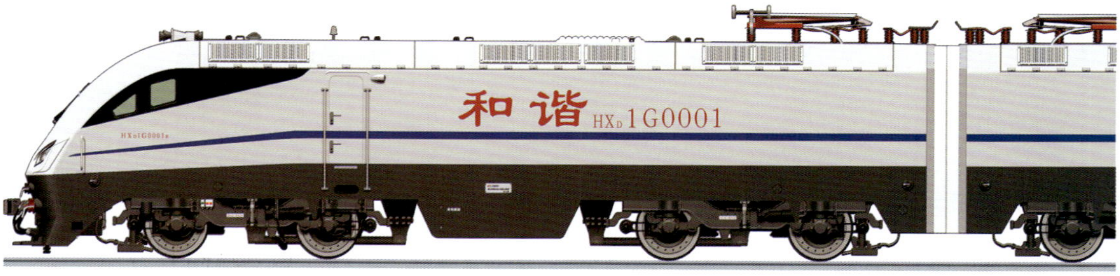

HXD1G 型机车头型采用流线型设计。目前我国的快速客运电力机车均采用低风阻的设计理念。

FXD1B 型电力机车

FXD1B 型电力机车是目前世界上轴重最大的交流传动电力机车之一，由中车株洲电力机车有限公司设计生产。整车可通过机械间配重及转向架一二系弹簧垫调整实现 30 吨至 27 吨轴重的转换。该机车的运用可大幅提高我国重载铁路的运能，提高机车车辆运转效率。

FXD1B	基本数据
制造厂商	中车株洲电力机车有限公司
持续功率	9600kW
机车轴式	2×(Bo-Bo)
最高运营速度	120km/h

FXD1B0001

FXD1B 型机车在参加 2018 年中国铁路科技创新成就展期间，车体的型号展示采用仿金立体字体。

FXD1B 型电力机车样车（HXD1F）

HXD1F 型 0001 号电力机车是 FXD1B 型电力机车的首台样车，由中车株洲电力机车有限公司设计生产。机车于 2013 年试制两台，与 2014 年进入晋中南铁路进行综合实验。2015 年开始在山西中南部铁路通道进行运用考核。机车完成试验后定型为 FXD1B 型。

FXD1B 样车	基本数据
制造厂商	中车株洲电力机车有限公司
持续功率	9600kW
机车轴式	2×(Bo-Bo)
最高运营速度	120km/h

HXD1F0001

HXD1F 型机车头型采用新 HXD1 型机车的设计元素，车钩部分的车体未使用圆滑过渡。

FXD2B 型电力机车

FXD2B 型电力机车与 FXD1B 型电力机车同属轴重 30 吨的 8 轴大功率交流传动货运电力机车。该型电力机车为目前世界上轴重最大的交流传动电力机车之一。机车技术指标与 FXD1B 型电力机车基本相同。

FXD2B	基本数据
制造厂商	中车大同电力机车有限公司
持续功率	9600kW
机车轴式	2×(B_0-B_0)
最高运营速度	100km/h

FXD2B0001

FXD2B 型电力机车的外观与样车基本一致。车体结构与样车相比稍作调整。

FXD2B 型电力机车样车（HXD2F）

HXD2F 型电力机车是 FXD2B 型电力机车的样车。HXD2F 型样车共生产两台，其中 0001 号车采用“车顶高压设备防护方案”，0002 号车采用“机械间网侧柜方案”。机车完成试验后定型为 FXD2B 型电力机车 。

FXD2B 样车	基本数据
制造厂商	中车大同电力机车有限公司
持续功率	9600kW
机车轴式	2×(B_0-B_0)
最高运营速度	100km/h

HXD2F0001

HXD2F 型电力机车采用了全新的头型设计，头型结构棱角分明。其中 1 号车车顶的高压电气设备安装了防护装置。

FXD3 型电力机车

FXD3 型电力机车是一款适用于客运专线及普速线路客运牵引的电力机车。该机车可实现双节八轴、单节四轴和双节推挽牵引模式。机车拥有良好的空气动力学性能的高强度轻量化的车体，司机室头罩采用粘接式复合材料。转向架采用驱动装置弹性悬挂等技术。

FXD3	基本数据
制造厂商	中车大连机车有限公司
持续功率	11200kW
机车轴式	2×（Bo-Bo）
最高运营速度	160km/h

FXD30001

FXD3 型 0002 号电力机车采用全新涂装。

FXD3 型电力机车样车（HXD3G）

HXD3G 型 0001 号电力机车是 FXD3 型电力机车的首台样车，与 HXD1G 型电力机车同属快速客运电力机车。由中车大连机车有限公司为满足高速及普速铁路客运牵引要求研制的新型机车。机车性能指标与 HXD1G 型基本相同。

FXD3 样车	基本数据
制造厂商	中车大连机车有限公司
持续功率	11200kW
机车轴式	2×（Bo-Bo）
最高运营速度	160km/h

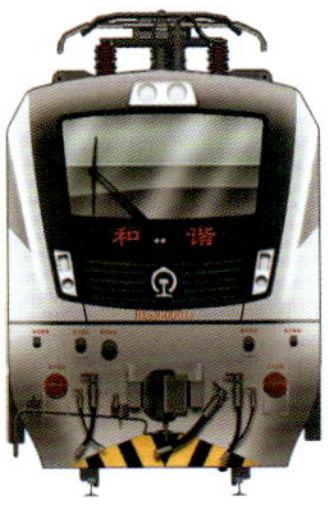

HXD3G0001

HXD3G 型电力机车头型与 HXN3K 型内燃机车接近，采用较为圆润的头型设计。

6Y$_2$ 型电力机车

6Y$_2$ 型电力机车是我国为满足宝成铁路电气化段的电力机车短缺情况下的运输需要，于 1960 年向法国阿尔斯通公司进口的第一批电力机车。目前所有 6Y$_2$ 型电力机车均已报废拆解。

6Y$_2$	基本数据
制造厂商	法国阿尔斯通公司
持续功率	4620kW
机车轴式	C$_0$-C$_0$
最大速度	100km/h

6Y$_2$-01　6Y$_2$ 型电力机车淡蓝色涂装。6Y$_2$ 的引进，对当时我国电力机车发展带来了先进的经验。

6G$_1$ 型电力机车

1971 年由罗马尼亚进口的 6G$_1$ 型电力机车采用硅二极管桥式整流，构造速度 120km/h。是我国为满足宝成铁路的运输需要进口的第二批电力机车。机车在宝成铁路仅经过短期运用，由于历史资料缺失，6G$_1$ 型电力机车是我国铁路历史上最为“神秘”的机车之一。

6G$_1$	基本数据
制造厂商	罗马尼亚克拉约瓦电力机车设备公司
持续功率	5100kW
机车轴式	C$_0$-C$_0$
最大速度	120km/h

6G$_1$-01　6G$_1$ 型电力机车可查询的资料极少，上图通过有限的资料尽可能的还原机车原貌。仅供参考。

6G 型电力机车

由于我国电力机车技术尚未成熟，加之 6Y$_2$ 机车数量不足，机车长期超负荷运营造成故障率逐步高发。1970 年代初，我国再次向阿尔斯通进口第二批电力机车，机车定型为 6G 型电力机车。

6G	基本数据
制造厂商	法国阿尔斯通公司
持续功率	5400kW
机车轴式	C$_0$-C$_0$
最大速度	112km/h

6G-84　6G 型电力机车采用通体的墨绿色涂装，机车目前已经全部报废拆解。

6K 型电力机车

6K 型电力机车是 1980 年代为满足陇海铁路郑宝段电气化铁路运输需要进口的电力机车。机车承袭了日本机车的设计和技术，选用 B_0-B_0-B_0 机车轴式。为我国成功研制韶山$_7$系列电力机车积累了大量经验。

6K	基本数据
制造厂商	三菱电机和川崎重工
持续功率	4800kW
机车轴式	B_0-B_0-B_0
最大速度	100km/h

6K-002 6K 型电力机车采用的独特的 B_0-B_0-B_0 转向架设计，为我国成功设计韶山$_7$系列电力机车提供了样本。

8G 型电力机车

8G 型电力机车，是我国在 1980 年代根据中苏贸易协定、按照易货贸易形式从苏联引进的电力机车。机车由诺沃切尔卡斯克电力机车厂生产。

8G	基本数据
制造厂商	诺沃切尔卡斯克电力机车厂
持续功率	6400kW
机车轴式	2×（B_0-B_0）
最大速度	100km/h

8G-081

8G 型电力机车虽然在当时不是最先进的，但为我国当时缓解铁路运能紧张做出了贡献。机车在出厂时并未安装空调装置，太原机务段在后期厂修时，为机车安装了空调设备。目前机车在中国铁道博物馆和太原机务段均有收藏。

8K 型电力机车

1980 年代，我国的铁路运输随着经济的发展日趋紧张。为解决当时煤炭外运运力不足、满足电气化铁路增长的需求。同时引进国外先进技术，尽快缩短中国与世界先进水平间的差距。由中国机械进出口总公司向欧洲五十赫兹集团购买 150 台 8K 型电力机车。

8K	基本数据
制造厂商	欧洲五十赫兹集团、株洲厂
持续功率	6400kW
机车轴式	2×(Bo-Bo)
最高运营速度	100km/h

8K-074

8K 型电力机车的橙色涂装，由于机车由法国进口，昵称“法国橙”。

DJ1 型电力机车

DJ1 型交流传动电力机车由西门子股份公司交通运输部在 EF64F 型电力机车基础上，专门为中国铁路设计。机车由株洲厂与西门子公司合作生产，其中前 3 台由西门子公司在奥地利的格拉茨工厂制造，后续 17 台机车由株洲厂生产。

DJ1	基本数据
制造厂商	株洲厂、西门子公司
持续功率	6400kW
机车轴式	2×(Bo-Bo)
最高运营速度	120km/h

DJ10001

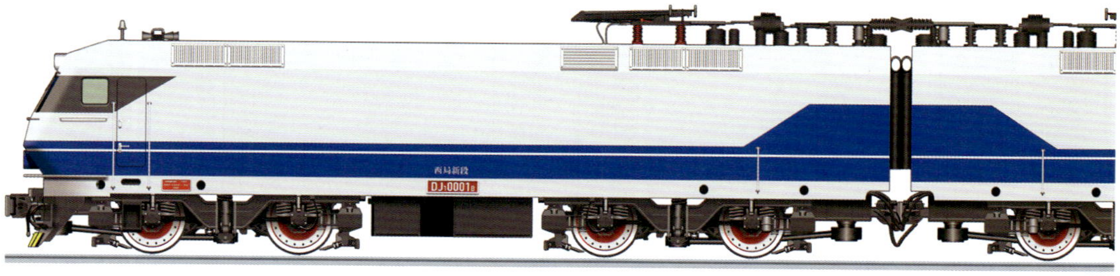

DJ1 型电力机车通体白色，机车也拥有一个美丽的昵称：“白天鹅”。

港铁 Lok 2000 型电力机车

为配合广深铁路电气化，香港九广铁路公司于 1995 年 11 月从 SLM 订购两辆 Lok 2000 型电力机车。机车最高运营速度 160km/h，用于牵引“九广通 KTT”直通列车。两台机车编号分别为 TLN001 和 TLS002。

港铁 Lok 2000 型	基本数据
制造厂商	SLM、ADtranz 等
持续功率	5000 kW
机车轴式	Bo-Bo
最高运营速度	160km/h

TLN001

机车涂装采用色块组合形式，机车一端为红色，一端为蓝白色。图为 TLN001 号机车左侧。

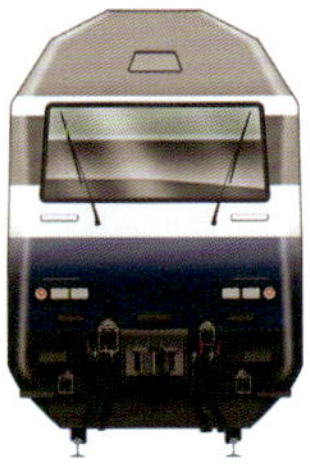

TLN001

TLS002 号机车右侧

港铁 Lok 2000 型电力机车 广州 2010 亚运直通车特别涂装

2010 年 4 月，为迎接 2010 年广州亚运会的举行，九广通列车披上“广州 2010 亚运直通车”的宣传广告，车身上展现了由香港设计师陈幼坚设计的“五瓣花”广州亚运会高级合作伙伴官方标识。

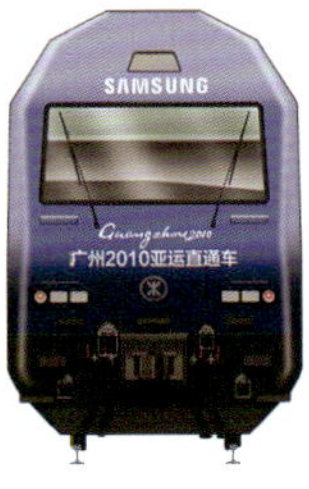

TLS002

TLS002 号车左侧涂装，涂装左侧展示 2010 广州亚运会吉祥物。广州 2010 亚运直通车可以说是中国第一次采用专属设计的列车广告彩绘涂装。

TLS002 号车右侧涂装

中国彩绘列车

随着我国铁路系统的改革深入，越来越多的高铁列车也在车体上张贴企业广告语及标识，而部分列车更是率先采用整车彩绘涂装的形式。如：北京至呼和浩特的伊利牛奶广告列车、昆明至丽江的“丽江号列车”，以及上图所示的广州 2010亚运直通车。2017年，中国铁路总公司面向社会，为京张高铁智能列车征集列车涂装创意，这对于我国的铁路文化发展来说有着划时代的意义。

中国蒸汽机车
STEAM LOCOMOTIVE

前进型蒸汽机车 六轴煤水车

前进型蒸汽机车是我国大功率的干线货运蒸汽机车。该型机车原型车系为和平型（HP）、反帝型（FD），1956 年由大连厂设计制造。1964 年，大同工厂对机车进行了一系列改造，改造后的机车便是我们所熟知的前进型蒸汽机车。

前进型六轴煤水车	基本数据
制造厂商	中车大同电力机车有限公司等
轮周功率	约 2177kW ~ 2190kW
机车轴式	1-5-1
构造速度	80km/h

QJ 0004 早期的前进型机车并未使用除烟板，煤水车转向架也与后期有所不同。

QJ 6301 集通铁路曾经运用的前进型 6301 号蒸汽机车，机车采用常见的大型除烟板，驾驶室镶有团徽和金属车号。

QJ 7127 7127 号机车采用小型除烟板，机车导向轮为黑色。

前进型 8001 号蒸汽机车 波特炉改造

大同工厂于 1986 年 4 月开始对前进型机车进行系统改造，将机车锅炉改为旋风式波特炉并进行相关试验。1987 年上半年试制成功 8001 号波特炉前进型机车。该型机车仅试制一台。

前进型 8001 号	基本数据
制造厂商	中车大同电力机车有限公司
轮周功率	不详
机车轴式	1-5-1
构造速度	80km/h

QJ 8001 8001 号机车的波特炉设计使得机车外观有所改变。

前进型蒸汽机车　四轴煤水车

我国蒸汽机车后部的煤水车大多采用四轴煤水车设计。前进型蒸汽机车则有采用滑动轴承的四轴煤水车和滚动轴承的六轴煤水车两种形式。前进型蒸汽机车的六轴煤水车拥有比四轴煤水车更大的载煤量和水容积，以满足重载列车运输的需要。

前进型四轴煤水车	基本数据
制造厂商	中车大同电力机车有限公司等
轮周功率	约 2177kW ~ 2190kW
机车轴式	1-5-1
构造速度	80km/h

QJ 105　采用四轴煤水车的 105 号前进型蒸汽机车。

前进型 2470 号蒸汽机车　第三代朱德号

1977 年 11 月，朱德号机车换型为前进型 2470 号蒸汽机车，是第三代朱德号机车，由大同机车厂生产。这也是朱德号机车首次安装朱德的铜像。1977 年是我国结束动乱的第二年，机车前端的车号牌雕刻有“抓紧治国，当好先行”的口号。伴随着改革开放新时期的到来，号牌上的口号与时俱进，改为“大干四化，当好先行”。

QJ 2470　“朱德号”蒸汽机车检修走廊加装金属护栏、驾驶室及煤水车侧面安装金属徽章及段属标识。

前进型蒸汽机车　美国 RJ CORMAN 公司静态保存

前进型 7040 号机车由美国铁路发展公司（RDC）于 2006 年与前进型蒸汽机车 6988 号和 7081 号一同进口至美国，并被分配予 R.J. Corman Railroad Group 使用。目前机车在 R.J. Corman Railroad Group 处于静态保存状态。

QJ 2008　RJ CORMAN 采购的该辆前进蒸汽机车原车号 7040，机车改造后额外安装美式告警钟，涂装采用红色腰条设计。

前进型蒸汽机车 美国 IAIS 动态保存

前进型蒸汽机车 6988 号和 7081 号，最初由美国铁路发展公司（RDC）于 2006 年进口至美国，并在爱荷华州际铁路运用。这两台机车是世界上仅存的，并处于正常使用状态的前进型蒸汽机车之一。目前，美国一家非营利性公司 - 美国中部蒸汽机车保存协会 (CSSPA) 从美国铁路发展公司接过管理权，并持续为两台前进型蒸汽机车募集社会资源，以便为两台前进型蒸汽机车提供日常的维护和运营。

QJ 7081 7081 号除车身的标志更改为 IAIS 外，机车整体外观并未有太多变化。与在国内运用时基本一致。

QJ 6988 IAIS 对 6988 号机车进行了修缮和改造，机车前部烟囱外部遮罩拆除，机车动轮的红色部分均改为黑灰色油漆重新喷涂。

QJ 6988 6988 号机车的第二次修缮后的全新涂装。

QJ 7081

7081 号机车并未进行较大改造，机车正面号牌取消中国铁路标志，更换为 IAIS 公司标志。

QJ 6988

6988 号机车按照美国蒸汽机车的惯用涂装进行了改造。机车锅炉前端采用浅灰色油漆，机车车号牌被拆除，并安装 IAIS 公司标志。锅炉前端正上方安装美国铁路使用的告警钟。

建设型蒸汽机车

建设型蒸汽机车是在国产解放型蒸汽机车的基础上，进行改进设计生产的新型蒸汽机车。机车在 1958 年国民经济大跃进时期制造成功，机车定型为建设型，代号 JS。

建设型	基本数据
制造厂商	大同厂，大连厂，戚墅堰厂、二七厂
轮周功率	约 1670kW
机车轴式	1-4-1
构造速度	85km/h

JS 14402 JS14402 号机车现保存于中车山东机车车辆有限公司。

JS 6502 退役前配属海南机务段的 6502 号机车。不同批次的机车传动结构及煤水车转向架均有所不同。

JS 5001 5001 号机车由大连厂生产，机车烟囱头部采用圆弧形造型。

JS 5303 安装有小烟板的建设型蒸汽机车。

JS 5692 部分建设型机车采用了大型除烟板，并且烟囱外露。

建设型 8419 号蒸汽机车 美国动态保存

由大同机车厂于 1988 年生产的 8419 号建设型蒸汽机车出口美国，由美国依阿华州柏恩峡谷铁路公司作旅游用机车，机车被取名为 Iowan。

建设型 8419 号	基本数据
制造厂商	中车大同电力机车有限公司
轮周功率	约 1670kW
机车轴式	1-4-1
构造速度	85km/h

JS 8419

8419 号机车出厂交付时，烟囱侧面悬挂有中美两国国旗。机车正面装扮着传统的中国对联，正面书写的是“海内存知己，天涯若比邻”，煤水车侧面一边写“腾云越谷一声啸”，一边写“碧海游龙两国情”。

JS 8419

8419 号机车后期运用中，拆除了正面装饰牌，煤水车上的对联改喷为铁路线的标志。

建设型 8000 系蒸汽机车

大同厂于 1985 年对建设型机车作进一步改进，1986 年试制出第一台，机车沿用建设型为代号，车号从 8001 开始。该型机车更适于调车作业、小运转及工矿企业使用。机车的轴式、轮周功率与构造速度均与建设型相同，机车又称建设 B 型。

建设型 8000 系	基本数据
制造厂商	中车大同电力机车有限公司
轮周功率	约 1670kW
机车轴式	1-4-1
构造速度	85km/h

JS 8255

建设 B 型蒸汽机车外观与建设型基本相似。但通过车号可以快速识别。

JS 8158

8158 号机车安装小型挡烟板，机车目前存放于大安北沈阳铁路局机车封存基地。

JS 8418　8418 号机车安装的大型挡烟板，驾驶室侧方安装“民兵号”车牌。机车目前在大安北沈阳铁路局机车封存基地封存。

上游型蒸汽机车

上游型蒸汽机车是适用于上游型工矿用小型蒸汽机车。 1960 年，由唐山厂试制成功。上游型蒸汽机车在当时保有量较高，随着机车的逐步退役，众多公园、文化园区、企业单位将上游型蒸汽机车作为展品展出。

上游型	基本数据
制造厂商	中车唐山机车车辆有限公司等
轮周功率	约 1100kW
机车轴式	1-4-1
构造速度	80km/h

SY 0751　保存于北京 798 艺术园区的上游 0751 号机车。

3025 号　NEW HAVEN 运用的 3025 号机车。车轮配色采用美国常用的黑灰色。

胜利 6 型蒸汽机车

新中国成立后，接收了华北交通、华中铁道的 Pashiro 型机车，四方厂在 1956 年到 1958 年间仿制了 151 辆胜利 6 型，编号由 601 开始。主要用于旅客列车的牵引任务。胜利 6 型 601 号机车目前保存于中国铁道博物馆。

胜利 6 型	基本数据
制造厂商	中车青岛四方机车车辆股份有限公司
轮周功率	约 1084kW
机车轴式	2-3-1
构造速度	110km/h

SL6 601　601 号车是青岛四方仿制的首台车。

人民型蒸汽机车

1957 年，大连厂对胜利 6 型蒸汽机车进行改进设计，由四方厂进行改进以及机车试制。1958 年 4 月首台机车试制成功，命名为“人民型”，车型代号 RM，并开始批量生产。人民型蒸汽机车是 20 世纪 60 年代我国铁路干线客运用主型机车，适合长途运行。

人民型	基本数据
制造厂商	中车青岛四方机车车辆股份有限公司
列车编组	约 1397kW
机车轴式	2-3-1
构造速度	110km/h

RM 1001

2-3-1 轴式又称太平洋式轴式，主要应用于客运型蒸汽机车，该型轴式结构能够较好满足快速列车的牵引需求。

解放 1 型 304 号蒸汽机车 第一代毛泽东号

解放 1 型 304 号蒸汽机车由大连沙河口工厂制造。1946 年 10 月 30 日，这台机车被命名为“毛泽东号”。解放战争中，“毛泽东号”机车承担着运送部队和战争物资任务。目前机车被中国铁道博物馆永久收藏，是镇馆之宝。

解放 1 型 304 号	基本数据
制造厂商	原大连沙河口工厂
轮周功率	约 1136kW
机车轴式	1-4-1
构造速度	80km/h

ㄇㄎ 1-304

解放 1 型 -304 号几经改造，最终留存于世的“毛泽东号”机车已与最早修复时的模样有着较大的差异。

胜利 7 型蒸汽机车

胜利 7 型的原称 Pashina。是牵引亚细亚号列车的专用机车之一。为达到高速运营、长途无停车的要求，机车采用流线型设计，装有给水预热装置、自动加煤机等。中华人民共和国成立后，机车改编型号为胜利 7 型。胜利 7 型 751 号目前在沈阳铁路博物馆保存。

胜利 7 型	基本数据
制造厂商	原大连沙河口工厂、日本川崎重工
轮周功率	不详
机车轴式	2-3-1
构造速度	130km/h

SL7 751

胜利 7 型蒸汽机车采用流线型车体，将蒸汽机车复杂的结构封闭在外壳内，为高速运行创造条件。

胜利 8 型蒸汽机车

胜利 8 型原称 Pashiha。是以牵引高速旅客列车为目的设计的蒸汽机车，机车外观采用半流线型设计。1959 年机车改称为胜利 8 型，其中 811 号机车保存于沈阳铁路博物馆。

胜利 8 型	基本数据
制造厂商	大连沙河口工厂、日立制作所
轮周功率	约 1512kW
机车轴式	2-3-1
构造速度	120km/h

SL8 811 胜利 8 型蒸汽机车的采用的半流线型车体。除机车锅炉前部及机车顶部设备加装流线板面外，其余部分均无遮挡防护。

KF1 型蒸汽机车

中国铁路 KF1 型蒸汽机车最初称为粤汉铁路 600 型，为 1936 年粤汉铁路株韶段通车时向英国沃尔冈铸造厂订制的蒸汽机车机车，机车后改称 KF1 型。机车由应尚才组织团队设计，并赴英国进行监造。中华人民共和国成立后，机车由戚墅堰厂修复继续使用。

KF1 型	基本数据
制造厂商	英国沃尔冈铸造厂
轮周功率	不详
机车轴式	2-4-2
最高速度	120km/h

KF1 607 粤汉铁路时期的 607 号车，机车运用涂装采用了红色的边条。

KF1 007 007 号车现收藏于大英铁道博物馆，前部设备的保护罩保存良好。

KF1 006 006 号车现收藏于中国铁道博物馆内，机车修复的机车后采用深蓝色油漆。机车前部设备的保护罩并未保留。

中国铁路客车

PASSENGER COACH

18 型铁路客车 第四代国际联运客车

第四代 18 型客车是 1995 年向德国前“统一机车车辆制造联合体”（DWA-Deutsche Waggonbau AG）进口，部分车型由我国自主设计生产。本型车系以原社会主义国家用标准客车为标准进行制造，目前配属于北京铁路局，主要用于中俄国际联运客车。

18 型国际联运客车	基本数据
制造厂商	德国前统一机车车辆制造联合体 中车青岛四方机车车辆股份有限公司 中车唐山机车车辆有限公司 中车南京浦镇车辆有限公司
最高运营速度	120km/h

YW18 668402 18 型硬卧

RW18 551985 18 型软卧车

RW19 551981 19 型高级软卧车

CA18 892006 18 型餐车

XL18 205906 18 型行李车

22 型铁路客车

22 型客车是中国铁路第二代主型铁路客车，曾在中国铁路客运中长期使用。22 型客车于 1956 年开始设计、试制，1959 年生产，1994 年停止生产。该型客车被大众称之为“绿皮车”，目前已经基本退役，我国干线铁路上已经无法见到。

22 型	基本数据
制造厂商	中车青岛四方机车车辆股份有限公司 中车长春轨道客车股份有限公司 中车唐山机车车辆有限公司 中车南京浦镇车辆有限公司等
最高运营速度	120km/h

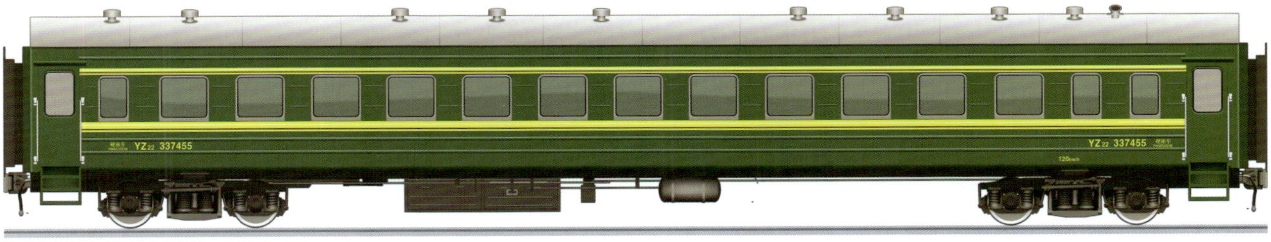

YZ$_{22}$ 337455　22 型硬座车

RZ$_{22}$ 110336　22 型软座车

YW$_{22}$ 663882　22 型硬卧车

RW$_{22}$ 551183　22 型软卧车

CA$_{23}$ 891554　23 型餐车

UZ22 7677 22 型邮政车

XL22 204525 22 型行李车

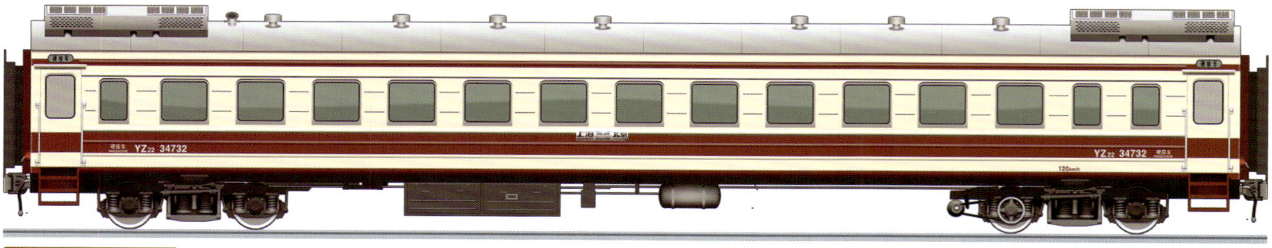

YZ22 34732 22 型硬座车：1980 年代京沪直达特快涂装。

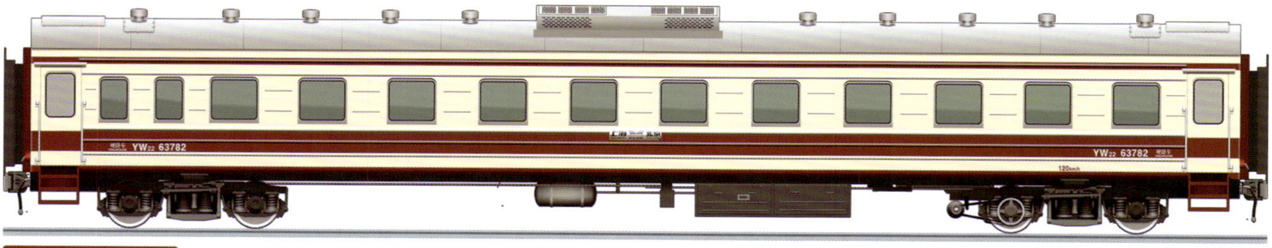

YW22 63782 22 型硬卧车：1980 年代京沪直达特快涂装。

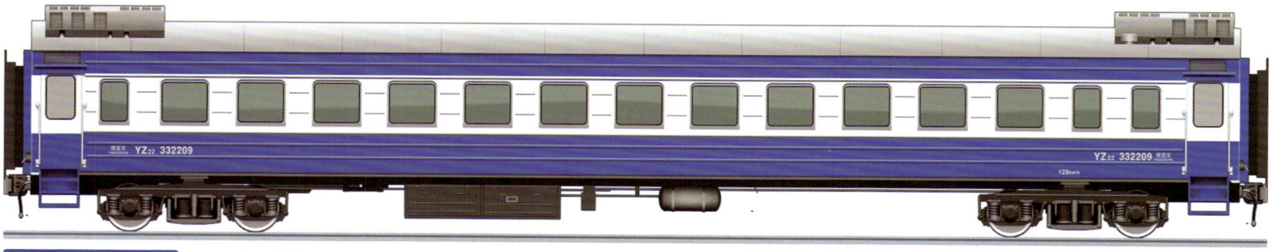

YZ22 332209 22 型硬座车：曾配属北京铁路局的 22 型硬座车。

YZ22 030594 22 型硬座车：三茂铁路涂装。

24 型铁路客车

24 型铁路客车是我国在 1980 年代，向前东德“统一机车车辆制造联合体”分别订造和进口的两批铁路客车，车体结构沿用了社会主义阵营标准国际联运列车的模式。

24 型　基本数据

制造厂商　前东德统一机车车辆制造联合体

最高运营速度　120km/h

RZ24 110037　24 型软座车：首批 24 型客车由东德生产，车厢底部安装有自发电设备，为车厢空调和照明提供电力。

RW24 51415　24 型软卧车：第二批 24 型客车取消了车体的加强筋结构，转向架结构相比第一批有所调整。

RZ24 110040　24 型软座车：24 型客车随着我国铁路客车技术的发展，历经多次改造，如：加装车顶空调、取消车底自发电设备并用集中供电方式供电。

25B 型铁路客车

25B 型客车是总结 22 型客车的设计、制造、运用经验的基础上而开发的非空调普通客车升级换代车型。25B 型的硬座车、软座车、硬卧车没有空调装置。部分非空调客车被分别改造为自发电或改造为 25G 型集中供电空调车使用。

25B 型　基本数据

制造厂商　中车青岛四方机车车辆股份有限公司
中车长春轨道客车股份有限公司
中车唐山机车车辆有限公司
中车南京浦镇车辆有限公司

最高运营速度　120km/h

YZ25B 342372　25B 型硬座车：早期无空调设备。

RZ$_{25B}$ 110440 25B 型软座车：车顶加装空调设备。

YW$_{25B}$ 672790 25B 型硬卧车：车顶加装空调设备，转向架保留自发电设备。

RW$_{25B}$ 553208 25B 型软卧车：车下有自发电设备，以方便给车厢空调供电。

CA$_{25B}$ 893249 25B 型餐车

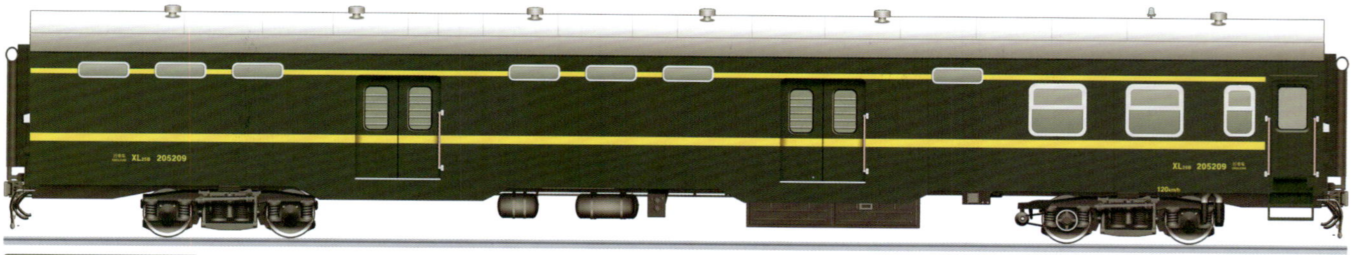

XL$_{25B}$ 205209 25B 型行李车

UZ$_{25B}$ 8021 25B 型邮政车

25B 型双层铁路客车 早期运营涂装

25B 型空调双层客车的前身为浦镇厂试制的“中短途用 25 型空调双层客车”。浦镇厂和长春厂对原来的 25 型双层客车进行改良后，于 1992 年定型为 25B 型空调双层客车并开始批量生产。

双层 25B 型	列车基本数据
制造厂商	中车南京浦镇车辆有限公司 中车长春轨道客车股份有限公司
最高运营速度	120km/h

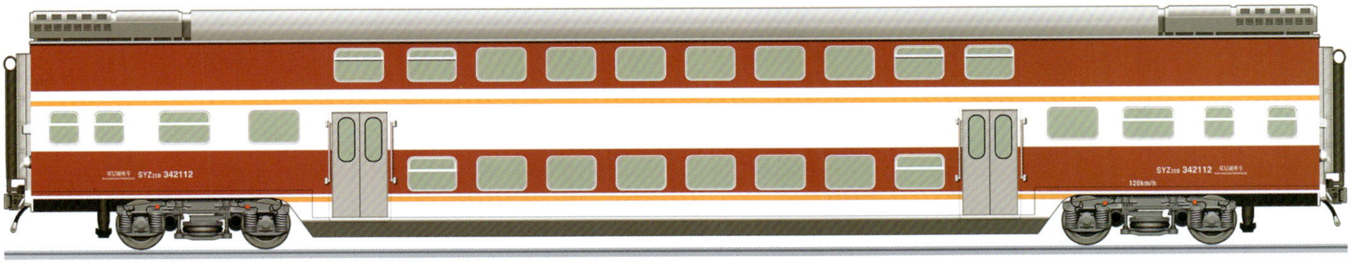

SYZ25B 332112 25B 型双层硬座车

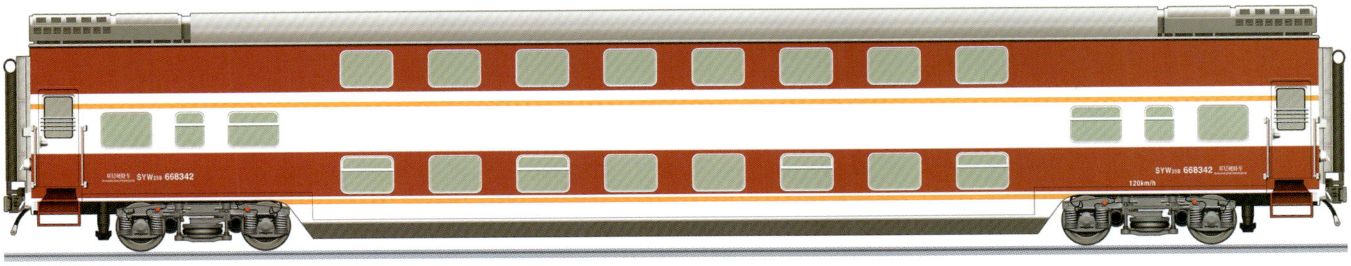

SYW25B 668342 25B 型双层硬卧车

SYZ25B 345082 25B 型双层硬座车

SYZ25B 339328 25B 型双层硬座车

25G 型铁路客车 早期运营涂装

25G 型客车是我国铁路时速 120 公里的主型客车之一，承担着我国铁路干线铁路客运任务。25G 型自量产后，经过多项改进，如：客室塞拉门设计、非直排集便器设备的使用、无障碍客车等。客车早期采用红、橙、白三色涂装。也被称为“红皮车”。

25G 型	基本数据
制造厂商	中车青岛四方机车车辆股份有限公司 中车长春轨道客车股份有限公司 中车唐山机车车辆有限公司 中车南京浦镇车辆有限公司
最高运营速度	120km/h

YZ$_{25G}$ 355750 25G 型硬座车。

YW$_{25G}$ 683203 25G 型硬卧车。

RW$_{25G}$ 556085 25G 型软卧车：通道侧

YZ$_{25G}$ 349303 25G 型硬座车：塞拉门。

YZ$_{25G}$ 350553 25G 型硬座车：塞拉门，含特殊乘客卫生间。

YW25G 675415 25G 型硬卧车：塞拉门。

RW25G 554006 25G 型软卧车：塞拉门。

CA25G 891977 25G 型餐车

XL25G 206922 25G 型行李车

UZ25G 8235 25G 型邮政车

KD25G 999008 25G 型空调发电车

25G 型铁路客车 当前运营涂装

YZ$_{25G}$ 355750 25G 型硬座车

YW$_{25G}$ 683203 25G 型硬卧车

RW$_{25G}$ 556085 25G 型软卧车：通道侧

YZ$_{25G}$ 349303 25G 型硬座车：客室塞拉门。

YW$_{25G}$ 675415 25G 型硬卧车：客室塞拉门。

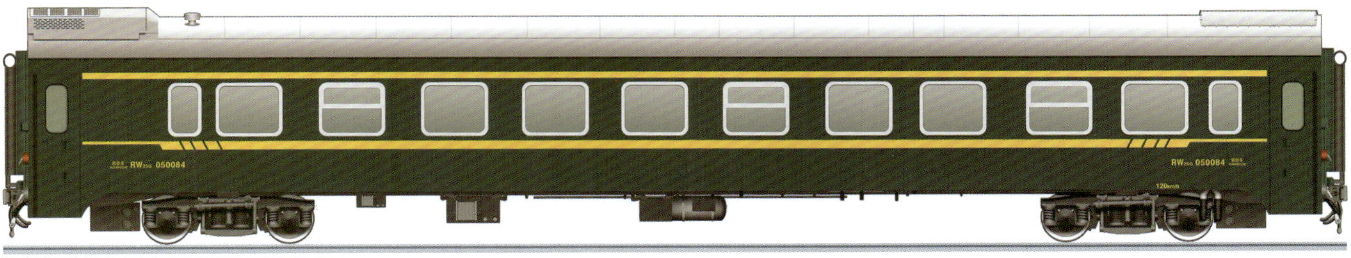

RW$_{25G}$ 050084 25G 型软卧车：客室塞拉门。

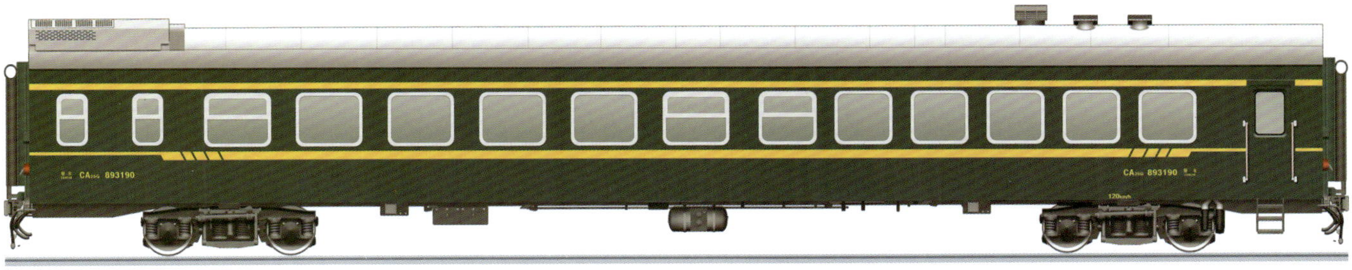

CA$_{25G}$ 893190 25G 型餐车

UZ$_{25G}$ 8235 25G 型邮政车

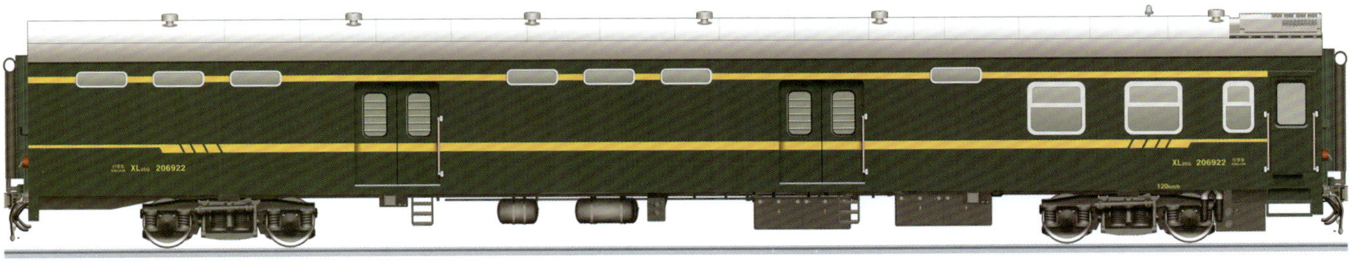

XL$_{25G}$ 206922 25G 型行李车

YW$_{25G}$ 666122 25G 型硬卧车：车厢通过改造后供乘客在旅行中洗浴使用，该车目前配属乌鲁木齐铁路局使用。

KD$_{25G}$ 999008 25G 型空调发电车

25G 型铁路客车 合九铁路涂装

YZ_{25G} 030226 合九铁路 25G 型硬座车

YW_{25G} 060084 合九铁路 25G 型硬卧车

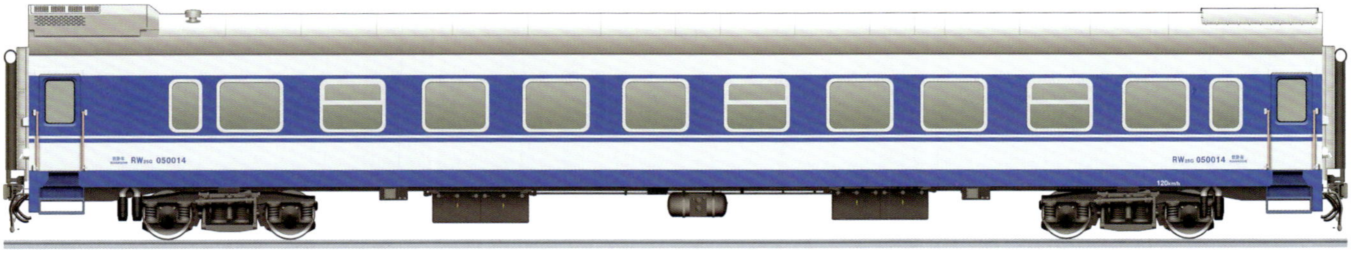

RW_{25G} 050014 合九铁路 25G 型软卧车

CA_{25G} 080024 合九铁路 25G 型餐车

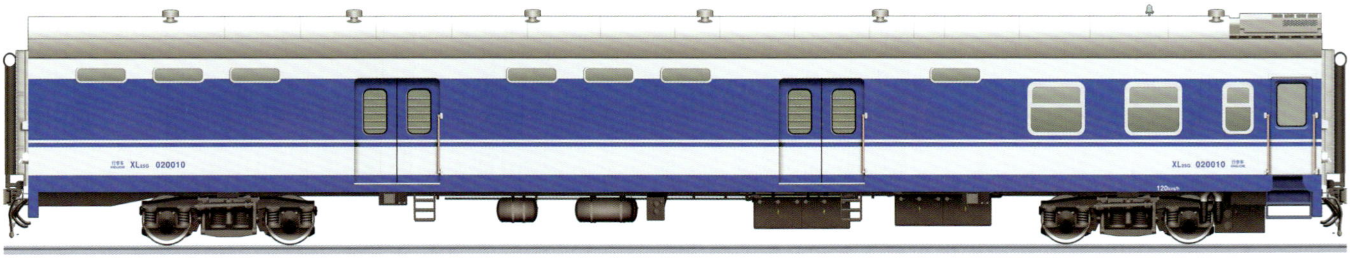

XL_{25G} 020010 合九铁路 25G 型行李车

KD_{25G} 090072 合九铁路 25G 型空调发电车

25G 型铁路客车 广梅汕地方铁路涂装

YZ_{25G} 030507 广梅汕铁路 25G 型硬座车

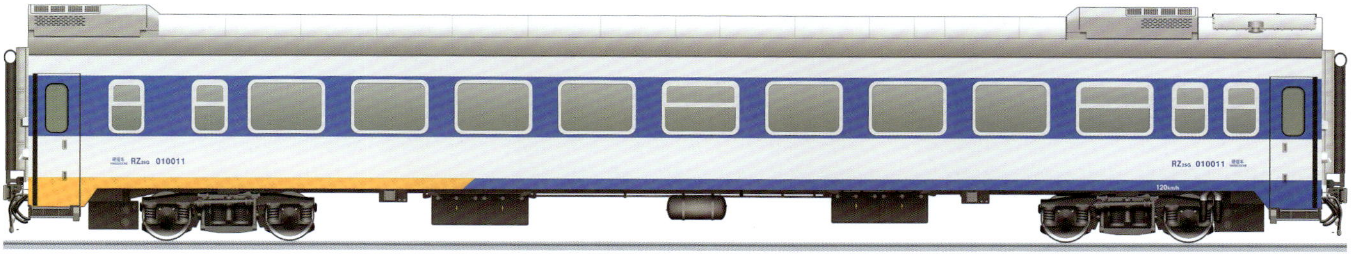

RZ_{25G} 010011 广梅汕铁路 25G 型软座车

YW_{25G} 060215 广梅汕铁路 25G 型硬卧车

RW_{25G} 050324 广梅汕铁路 25G 型软卧车

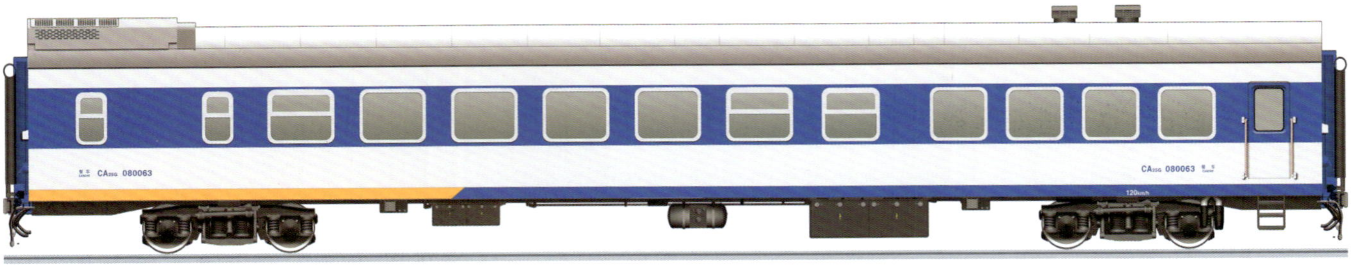

CA_{25G} 080063 广梅汕铁路 25G 型餐车

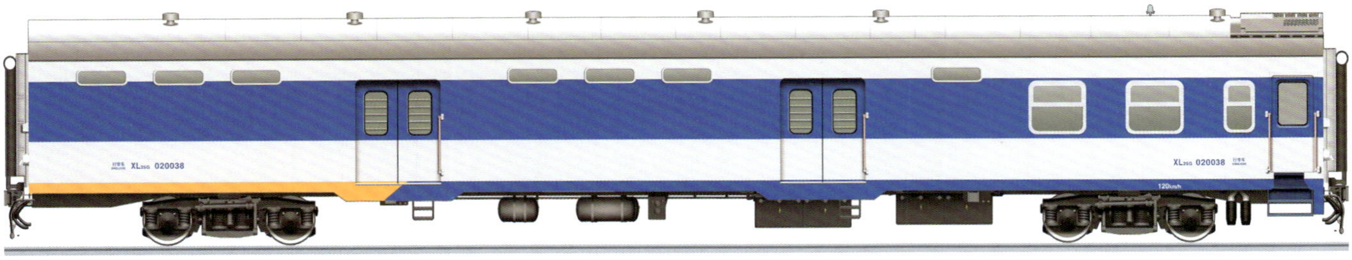

XL_{25G} 020038 广梅汕铁路 25G 型行李车

KD_{25G} 090044 广梅汕铁路 25G 型空调发电车

25G 型铁路客车 金温铁路涂装

YZ_{25G} 030282 金温铁路 25G 型硬座车

RZ_{25G} 010027 金温铁路 25G 型软座车

YW$_{25G}$ 060126 金温铁路 25G 型硬卧车

YW$_{25G}$ 060118 金温铁路 25G 型硬卧车（宽车窗）

RW$_{25G}$ 050029 金温铁路 25G 型软卧车

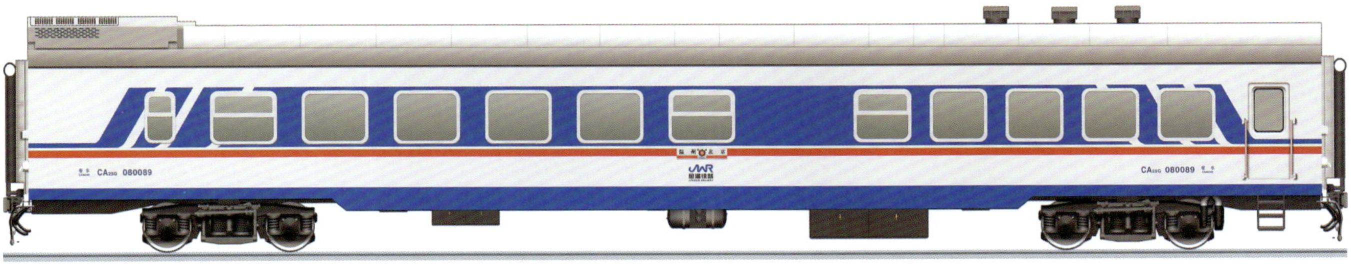

CA$_{25G}$ 080089 金温铁路 25G 型餐车

XL25G 020069 金温铁路 25G 型行李车

KD$_{25G}$ 090022 金温铁路 25G 型空调发电车

25G 型铁路客车 三茂铁路涂装

YZ_{25G} 030642 三茂铁路 25G 型硬座车

YW_{25G} 050337 三茂铁路 25G 型硬卧车

RW_{25G} 050053 三茂铁路 25G 型软卧车

CA_{25G} 080575 三茂铁路 25G 型餐车

KD_{25G} 090053 三茂铁路 25G 型空调发电车

25G 型铁路客车 福龙客车公司涂装

YZ$_{25G}$ 030168 福龙客车 25G 型硬座车

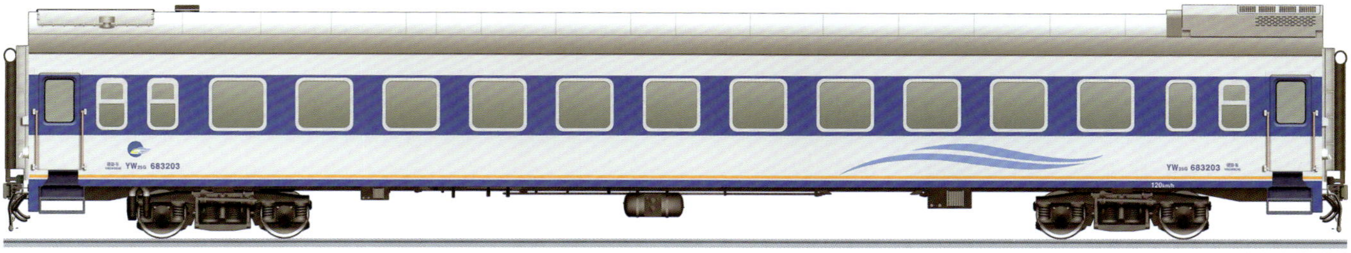

YW$_{25G}$ 683203 福龙客车 25G 型硬卧车

RW$_{25G}$ 050011 福龙客车 25G 型软卧车

CA$_{25G}$ 080017 福龙客车 25G 型餐车

KD$_{25G}$ 090001 福龙客车 25G 型空调发电车

25G 型铁路客车 其他涂装

YZ25G 030642 25G 型硬座车：沿海公司涂装

YW25G 050337 25G 型硬座车：萧甬铁路涂装

YW25G 671713 25G 型硬卧车：乌鲁木齐铁路局管内客车涂装

CA25G 25G 型餐车：橙色涂装（车号不详，图中车号仅供示意之用）。

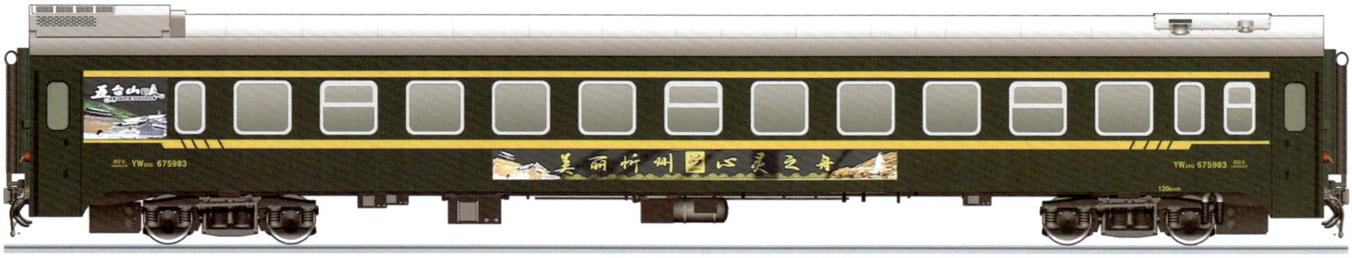

YW25G 675983 25G 型硬座车：随着铁路的发展，许多列车开始在车身上张贴广告。虽然美观性尚待商榷，但无疑是一种进步。

25G 型铁路客车 第五代国际联运客车

2012 年 9 月 9 日，3 组国际联运 25G 型客车在南车四方竣工下线。这是 16 年来我国国际联运列车首次升级。同年 9 月 24 日，列车开始上线空载试运行。列车由于中俄双方尚未就列车运营细节达成共识，列车现执行北京 - 乌兰巴托国际列车的运输任务。

25G 型国际联运	基本数据
制造厂商	中车青岛四方机车车辆股份有限公司
最高运营速度	120km/h

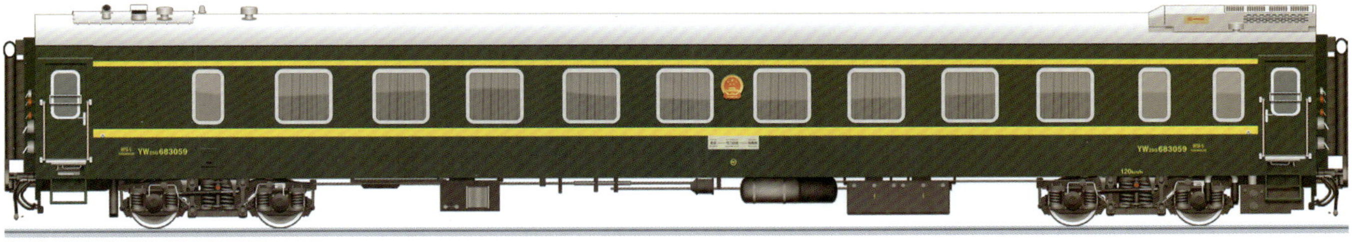

YW25G 683059 25G 型国际联运硬卧车：下线之初，列车原计划用于中俄国际列车。列车方向牌标注为：北京 - 乌兰巴托 - 莫斯科。

RW25G 555538 25G 型国际联运软卧车

RW25G 555543 25G 型国际联运高级软卧车：高级软卧车厢里每个包房内都有独立卫生间。

XL25G 260923 25G 型国际联运行李车

KD25G 999327 25G 型国际联运空调发电车

25K 型铁路客车　早期运营涂装

25K 型客车是我国铁路时速 140 公里级别的主型客车，承担着我国铁路特快列车的运输任务。因蓝色的车体涂装，也被称为“蓝皮车”。

25K 型	基本数据
制造厂商	中车青岛四方机车车辆股份有限公司 中车长春轨道客车股份有限公司 中车唐山机车车辆有限公司 中车南京浦镇车辆有限公司
最高运营速度	140km/h

YZ$_{25K}$ 345854　25K 型硬座车

YW$_{25K}$ 673533　25K 型硬卧车：CW-2 系列转向架。

YW$_{25K}$ 670087　25K 型硬卧车

RW$_{25K}$ 552340　25K 型软卧车

YW$_{25K}$ 673482　25K 型硬卧车：车厢设置列车广播室。

RW25K 553287 25K 型软卧车：客室塞拉门。

YZ25K 345854 25K 型硬卧车

YZ25K 346869 25K 型硬座车：客室塞拉门，含无障碍卫生间及无障碍乘客空间。

YW25K 672045 25K 型硬卧车：客室塞拉门，含无障碍卫生间及无障碍乘客铺位。

RZ25K 111111 25K 型软座车

RW19K 553909 19K 型高级软卧车：通道一侧车窗分布，客室塞拉门。

RW_{19K} 553909 19K 型高级软卧车：包厢一侧车窗分布。

CA_{25K} 892608 25K 型餐车：通道一侧车窗分布。

CA_{25K} 892608 25K 型餐车：厨房一侧车窗分布。

CA_{25K} 893021 25K 型餐车：通道一侧车窗分布。

CA_{25K} 893021 25K 型餐车：厨房一侧车窗分布。

UZ_{25K} 8101 25K 型邮政车：邮政车或行李车通常附挂在列车的两端，也因运用过程中的需要，车体两端的连接处形式也有不同。

XL_{25K} 206087 25K 型行李车

KD_{25K} 998160 25K 型空调发电车

KD_{25K} 998735 25K 型空调发电车

25K 型铁路客车 当前运营涂装

YZ_{25K} 345854 25K 型硬座车

YW_{25K} 670087 25K 型硬卧车

RW25K 552340 25K 型软卧车

YZ25K 346869 25K 型硬座车：客室塞拉门，含无障碍卫生间及无障碍乘客空间。

YZ25K 345854 25K 型硬座车：客室塞拉门。

RZ25K 111111 25K 型软座车：客室塞拉门。

YW25K 673533 25K 型硬卧车

YW25K 672045 25K 型硬卧车：车内设有无障碍卫生间及无障碍乘客专用铺位。

YW25K 673482 25K 型硬卧车：客室塞拉门，含无障碍卫生间及无障碍乘客铺位。

RW25K 553287 25K 型软卧车：客室塞拉门。

RW19K 553909 19K 型高级软卧车：通道一侧车窗分布，客室塞拉门。

RW19K 553909 19K 型高级软卧车：通道一侧车窗分布，客室塞拉门。

CA25K 893021 25K 型餐车：厨房一侧车窗分布。

CA25K 893021 25K 型餐车：通道一侧车窗分布。

CA$_{25K}$ 892608 25K 型餐车：通道侧车窗分布

CA$_{25K}$ 892608 25K 型餐车：厨房侧车窗分布

UZ$_{25K}$ 8101 25K 型邮政车

XL$_{25K}$ 206087 25K 型行李车

KD$_{25K}$ 998160 25K 型空调发电车

KD$_{25K}$ 998735 25K 型空调发电车

25K 型双层铁路客车

为了满足中短途城际特快列车的需求，浦镇厂和长春厂先后研制了 25K 型双层硬座车、双层软座车和双层餐车。浦镇厂还生产了中长途用的双层硬卧车和双层软卧车。

双层 25K 型	列车基本数据
制造厂商	中车南京浦镇车辆有限公司 中车长春轨道客车股份有限公司
最高运营速度	140km/h

SYZ_{25K} 345623　25K 型双层硬座车

SRZ_{25K} 110847　25K 型双层软座车

SYW_{25K} 671797　25K 型双层硬卧车

SRW_{25K} 552708　25K 型双层软卧车

SCA_{25K} 892717　25K 型双层餐车

25K 型双层铁路客车 蓝色涂装

为了满足中短途城际特快列车的客流，浦镇厂研制了 25K 型双层硬座车、双层软座车和双层餐车。图中客车为在上海铁路局使用的双层 25K 客车涂装。

双层 25K 型	列车基本数据
制造厂商	中车南京浦镇车辆有限公司等
最高运营速度	140km/h

SRZ$_{25K}$ 110691 25K 型双层软座车

SYZ$_{25K}$ 345064 25K 型双层硬座车

25K 型双层铁路客车 绿色涂装

由长春厂生产的双层25K型的特点是车门位于两个转向架之间，车门位置及列车地板较低，以适应低站台的环境，方便旅客乘降。客车分硬座车和软座车两种，早期主要在沪宁铁路上用于城际特快列车。

双层 25K 型	列车基本数据
制造厂商	中车长春轨道客车股份有限公司
最高运营速度	140km/h

SYZ$_{25K}$ 349041 25K 型双层硬座车

SRZ$_{25K}$ 110937 25K 型双层软座车

25C 型铁路客车

25C 型客车，又称中韩合造不锈钢客车，是由长春客车厂与韩进重工业集团以技术合作的方式生产。包含一等车、二等车、餐车和发电车共 30 辆客车，最高运行速度 200km/h，车体材质为不锈钢，也是中国铁路首次采用鼓型车体结构。

25C 型	基本数据
制造厂商	中车长春轨道客车股份有限公司 韩进重工业集团
最高运营速度	140km/h

RZ2$_{25C}$ 110668 25C 型二等软座车

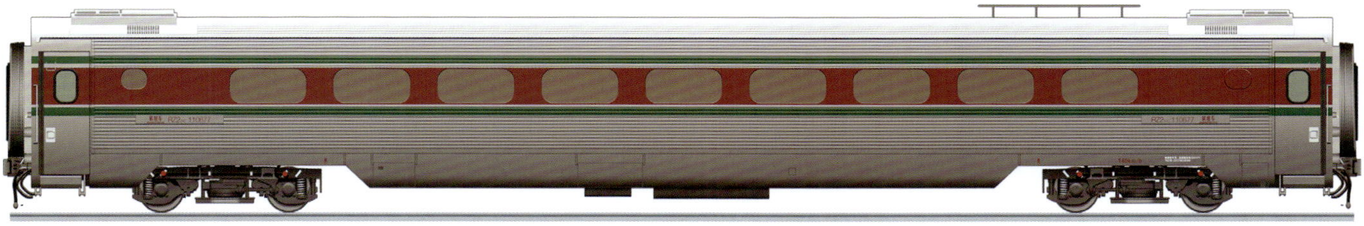

RZ2$_{25C}$ 110677 25C 型二等软座车：播音室

RZ1$_{25C}$ 110657 25C 型包厢车

CA$_{25C}$ 892295 25C 型餐车

KD 997894 25C 型空调发电车

四方庞巴迪 25T 型铁路客车 早期运营涂装

四方庞巴迪 (BST) 于 1999 年展开新型高档客车的研发工作，于 2002 年开始投产。客车以庞巴迪为比利时铁路生产的时速 200 公里级别高速客车为原型，采用 AM96 型转向架，后期部分车辆的转向架更换为 SW-220K 型转向架。

四方庞巴迪 25T 型	基本数据
制造厂商	青岛四方庞巴迪铁路运输设备有限公司
最高运营速度	160km/h

RZ$_{25T}$ 111100 四方庞巴迪 25T 型软座车：车厢采用折页门、底部有保护裙板。

RZ$_{25T}$ 111044 四方庞巴迪 25T 型软座车：车厢采用塞拉门

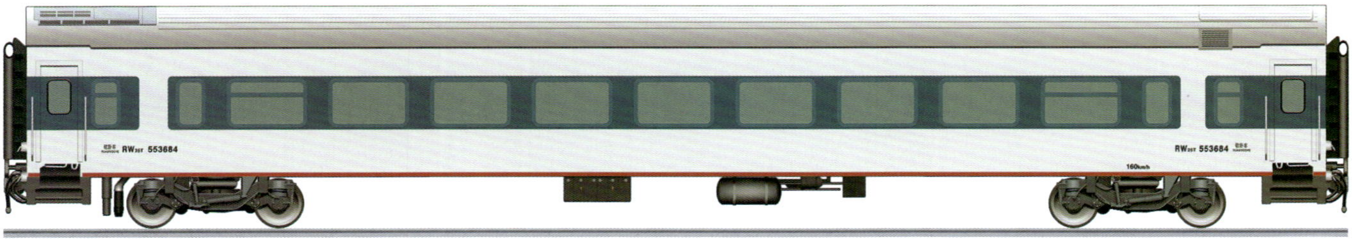

RW$_{25T}$ 553684 四方庞巴迪 25T 型软卧车

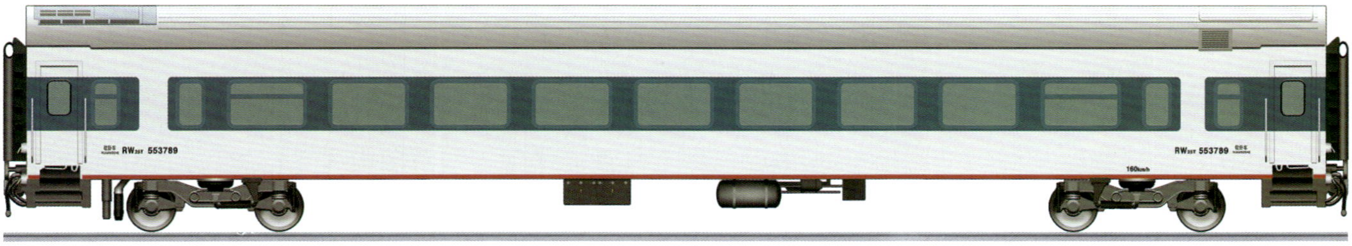

RW$_{25T}$ 553789 四方庞巴迪 25T 型软卧车

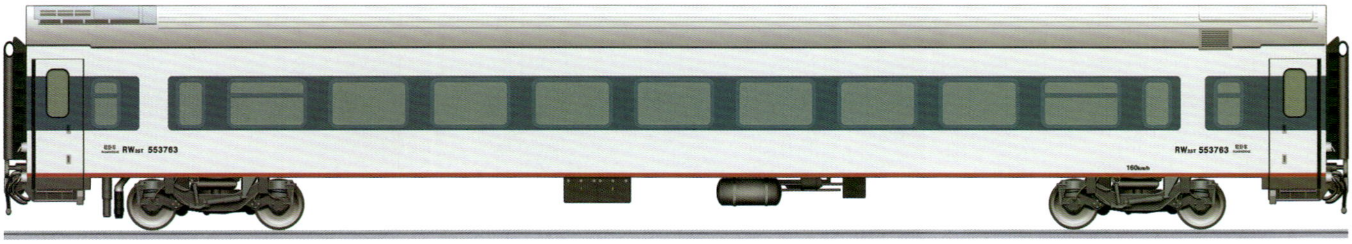

RW$_{25T}$ 553763 四方庞巴迪 25T 型软卧车

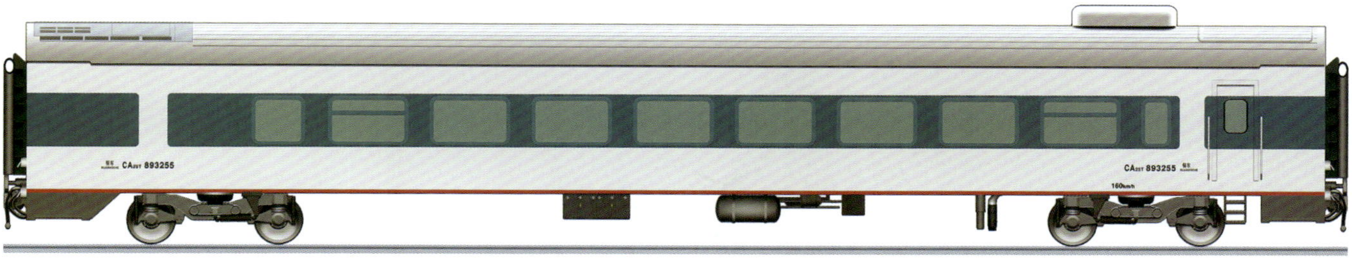

CA$_{25T}$ 893255 四方庞巴迪 25T 型餐车：通道侧

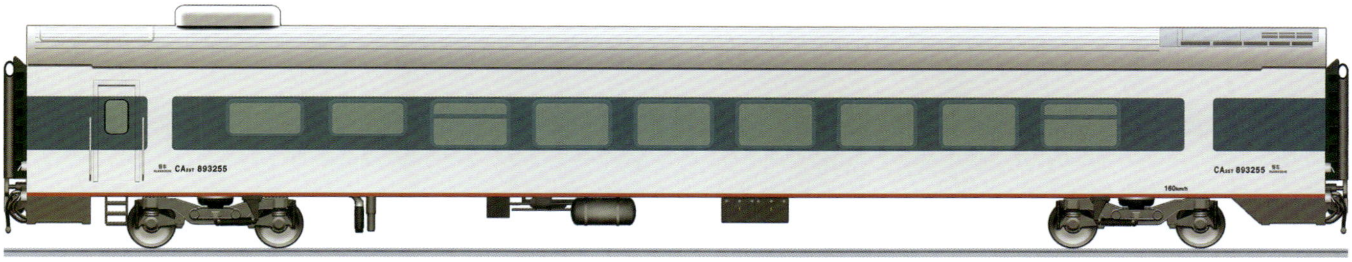

CA$_{25T}$ 893255 四方庞巴迪 25T 型餐车：厨房侧

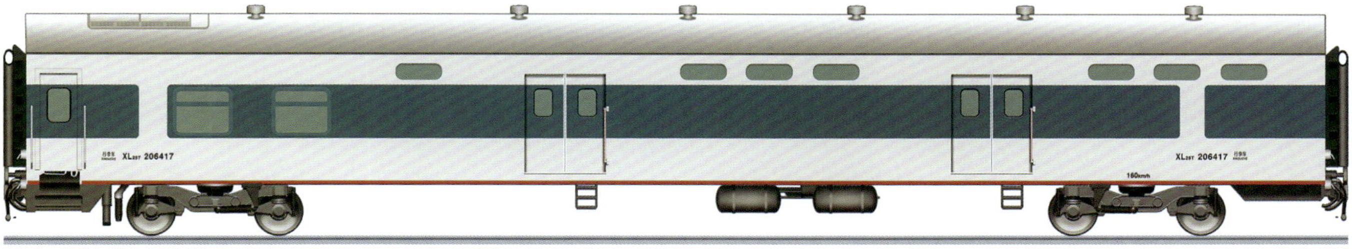

XL$_{25T}$ 206417 四方庞巴迪 25T 型行李车

四方庞巴迪 25T 型铁路客车 当前运营涂装

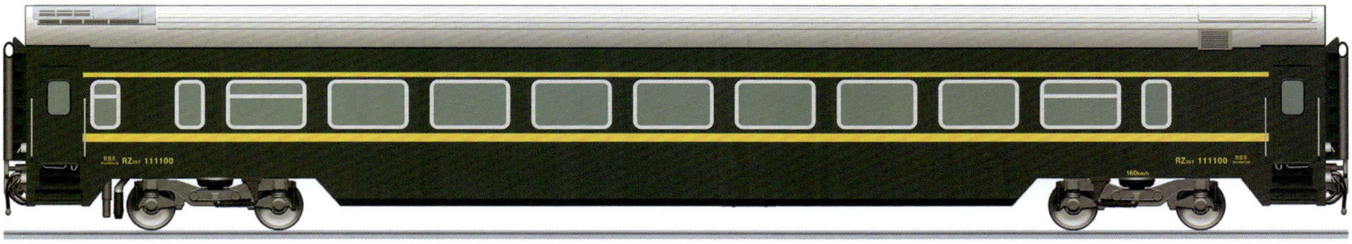

RZ$_{25T}$ 111100 四方庞巴迪 25T 型软座车：安装裙板

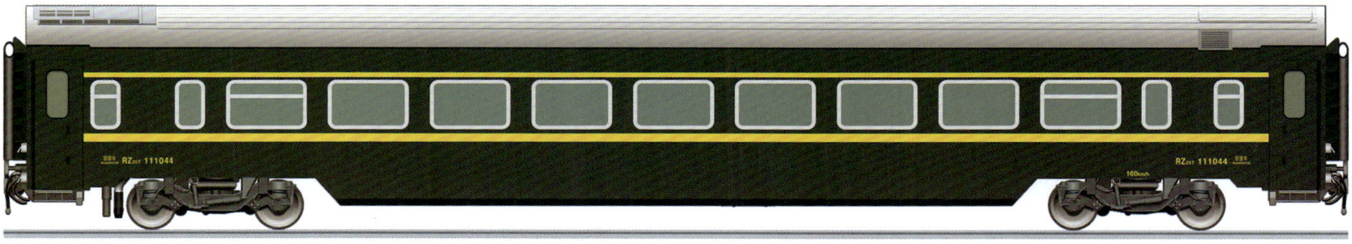

RZ$_{25T}$ 111044 四方庞巴迪 25T 型软座车：安装裙板、塞拉门

RW25T 553684 四方庞巴迪 25T 型软卧车

RW25T 553789 四方庞巴迪 25T 型软卧车

RW25T 553763 四方庞巴迪 25T 型软卧车：塞拉门

CA25T 893255 四方庞巴迪 25T 型餐车：通道一侧

CA25T 893255 四方庞巴迪 25T 型餐车：厨房一侧

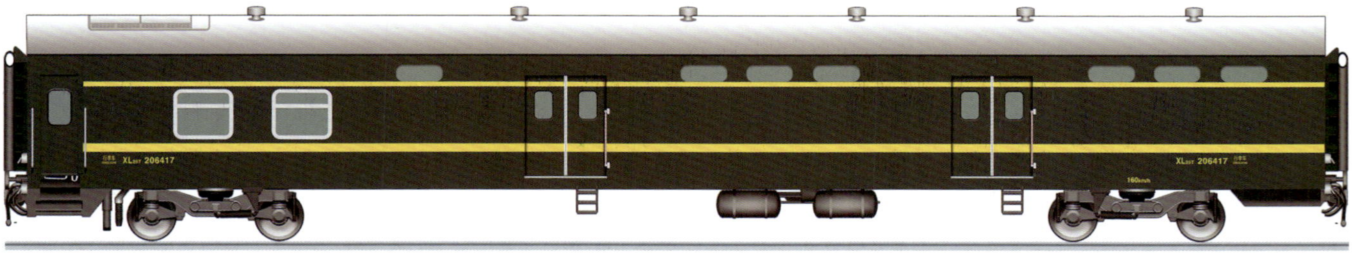

XL25T 206417 四方庞巴迪 25T 型行李车

四方庞巴迪 25T 型青藏铁路客车

四方庞巴迪 25T 型青藏客车是针对青藏高原的特殊环境以及气候条件特别设计生产的高原铁路客车。青藏客车设有集便式厕所、航空气密技术及供氧装置等。25T 型青藏客车由 2001 年开始研制至投入运营，共历时 5 年，参与研制的技术人员多达 500 余人。

四方庞巴迪青藏 25T 型	列车基本数据
制造厂商	青岛四方庞巴迪铁路运输设备有限公司
最高运营速度	160km/h

YZ_{25T} 350927 四方庞巴迪 25T 型青藏铁路客车：硬座车

YW_{25T} 676451 四方庞巴迪 25T 型青藏铁路客车：硬卧车

RW_{25T} 554460 四方庞巴迪 25T 型青藏铁路客车：软卧车

CA_{25T} 893430 四方庞巴迪 25T 型青藏铁路客车：餐车

KD_{25T} 999272 25T 型青藏铁路客车：空调发电车，由中车青岛四方机车车辆股份有限公司和中车南京浦镇车辆有限公司制造，归类本页仅为方便查阅之用。

国产化 25T 型铁路客车　早期运营涂装

国产化 25T 型客车是为中国铁路进行第五次大面积提速而设计，以满足以 160km/h 速度可持续运行达 20 小时的不停站运行需要。客车由长春厂、唐山厂及浦镇厂生产制造。

国产化 25T 型　基本数据

制造厂商	中车长春轨道客车股份有限公司 中车唐山机车车辆有限公司 中车南京浦镇车辆有限公司 中车青岛四方机车车辆股份有限公司
最高运营速度	160km/h

YZ25T 358675　25T 型硬座车

YZ25T 358652　25T 型硬座车：车号后喷涂无障碍设施标志，车厢设置有无障碍卫生间及可固定轮椅的无障碍乘客空间。

YZ25T 357975　25T 型硬座车

RZ25T 111143　25T 型软座车

YW25T 686802　25T 型硬卧车

YW$_{25T}$ 686799 25T 型硬卧车：车内设有无障碍卫生间及无障碍乘客专用铺位，该车同时设置有列车广播室。

RW$_{25T}$ 554621 25T 型软卧车

RW$_{19T}$ 554608 19T 型高级软卧车

CA$_{25T}$ 894640 25T 型餐车

XL$_{25T}$ 206993 25T 型行李车：车厢一端采用折棚风挡，一端采用橡胶风挡。

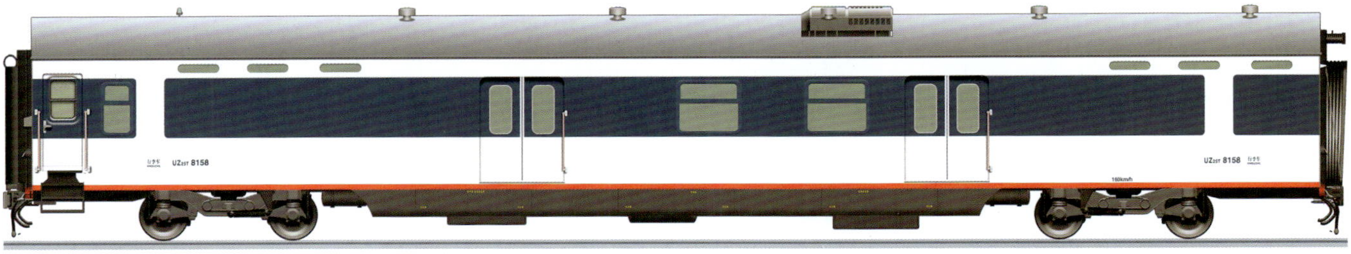

UZ$_{25T}$ 8158 25T 型邮政车：由于需要和机车进行联挂，因此车厢与机车连接一端采用普通车钩，另一端则采用密接车钩。

国产化 25T 型铁路客车 当前运营涂装

YZ25T 358675 25T 型硬座车

YZ25T 358652 25T 型硬座车：车号后喷涂无障碍设施标志，车厢设置有无障碍卫生间及可固定轮椅的无障碍乘客空间。

YZ25T 357975 25T 型硬座车

RZ25T 111143 25T 型软座车

YW25T 686802 25T 型硬卧车

YW$_{25T}$ 686799 25T 型硬卧车：车内设有无障碍卫生间及无障碍乘客专用铺位，该车同时设置有列车广播室。

RW$_{25T}$ 554621 25T 型软卧车

RW$_{19T}$ 554608 19T 型高级软卧车

CA$_{25T}$ 894640 25T 型餐车

XL$_{25T}$ 206993 25T 型行李车

UZ$_{25T}$ 8158 25T 型邮政车

25T 型铁路客车　广九直通车早期运营涂装

2012 年 12 月 21 日，由广九直通车告别开行近 20 年的 25Z 型车客车，列车更换为四方厂制造的全新 25T 型客车。列车吸收动车组先进的设计制造经验，配备旋转座椅、电源插座、下拉式窗帘等设备，用以提高旅客乘坐舒适度。

RZ_{25T} 111174　软座车：含特殊乘客坐席

RZ_{25T} 111190　软座车

CA_{25T} 894298　餐车

RZ_{25T} 111212　软座行李合造车

25T 型铁路客车 广九直通车当前运营涂装

25T 型广九直通车	基本数据
制造厂商	中车青岛四方机车车辆股份有限公司
最高运营速度	160km/h

RZ25T 111174 软座车：含特殊乘客坐席

RZ25T 111190 软座车

CA25T 894298 餐车

RZ25T 111212 软座行李合造车

广九直通车

广九直通车是来往广东省城广州市及香港九龙的直通客运列车服务。广九直通车除往返于广州、香港之外，还延伸至佛山等地。

25Z 型铁路客车　上海铁路局深蓝色涂装

25Z 型客车属于 160km/h 级别的准高速客车，是中国铁路的第一代准高速客车。主要用于中、短途城际特快列车。该型客车的研制为后来的 25K 型客车大批量生产，以及铁路提速累积了大量经验。

25Z 型	列车基本数据
制造厂商	中车青岛四方机车车辆股份有限公司 中车长春轨道客车股份有限公司 中车南京浦镇车辆有限公司
最高运营速度	140km/h

RZ2$_{25Z}$ 110728　25Z 型二等座车：中车四方制造，列车裙板向下采用弧形过渡。是区分生产厂家的显著特点。

RZ1$_{25Z}$ 110721　25Z 型一等座车：中车四方制造

RZT$_{25Z}$ 110718　25Z 型特等座车：中车四方制造

RZ2$_{25Z}$ 110802　25Z 型二等座车：中车长客制造

RZ1$_{25Z}$ 110786　25Z 型一等座车：中车长客制造

RZT$_{25Z}$ 110784 25Z 型特等座车：中车长客制造

KD$_{25Z}$ 998146 25Z 型空调发电车

25Z 型铁路客车 北京铁路局淡蓝色涂装

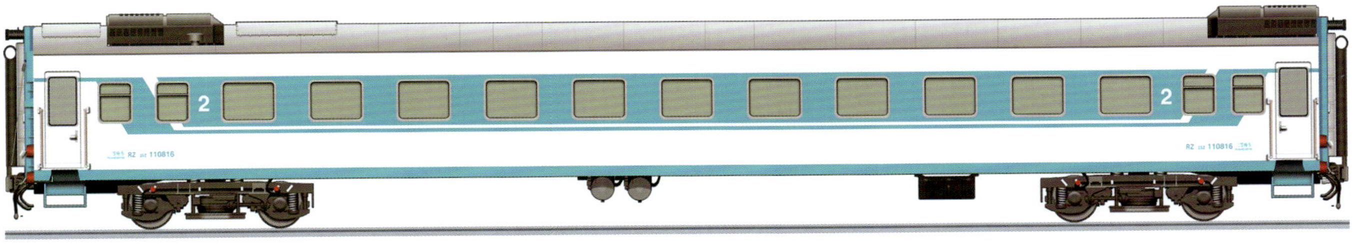

RZ2$_{25Z}$ 110816 25Z 型二等座车

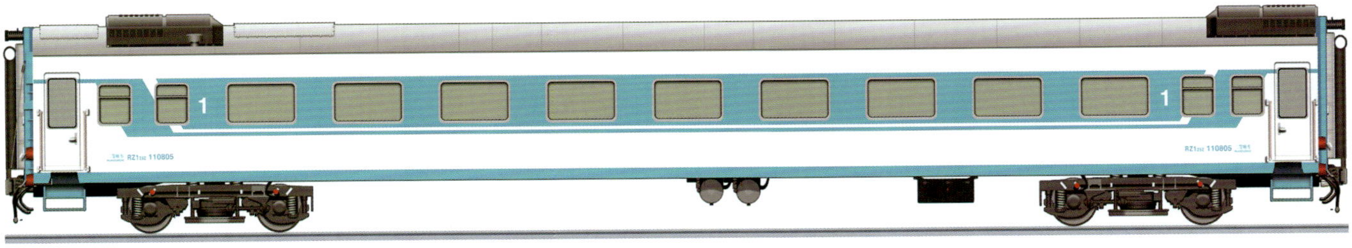

RZ1$_{25Z}$ 110805 25Z 型一等座车

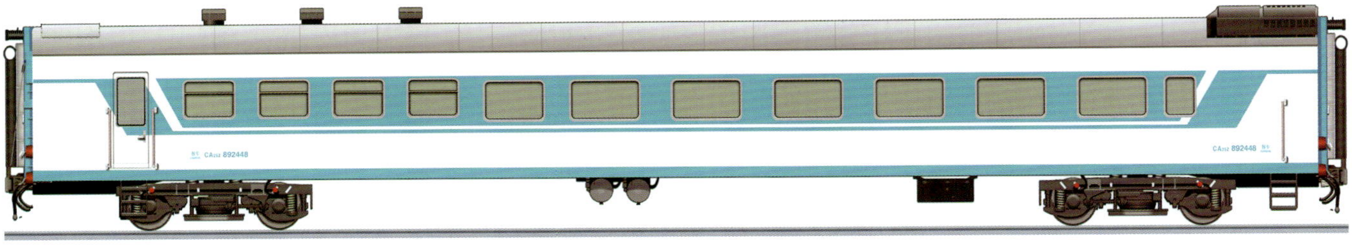

CA$_{25Z}$ 892448 25Z 型餐车

SRZ2$_{25Z}$ 110773 双层 25Z 型二等座车

SRZ1$_{25Z}$ 110744 双层 25Z 型一等座车

25Z 型铁路客车 广九直通车深蓝色涂装

RZ$_{25Z}$ 110640 25Z 型一等座车：第一批次，四方厂生产

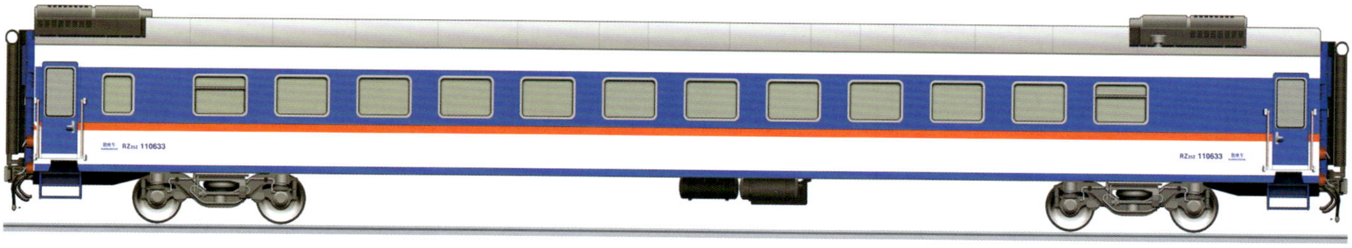

RZ$_{25Z}$ 110633 25Z 型二等座车：第一批次，四方厂生产

RZXL$_{25Z}$ 110277 25Z 型二等座、行李合造车：第一批次，四方厂生产

RZ$_{25Z}$ 110625　25Z 型一等座车：第一批次，长春厂生产

RZ$_{25Z}$ 110616　25Z 型二等座车：第一批次，长春厂生产

RZXL$_{25Z}$ 110277　25Z 型二等座、行李合造车：第一批次，长春厂生产

CA$_{25Z}$ 892051　25Z 型餐车：第一批次，长春厂生产

KD$_{25Z}$ 998133　25Z 型空调发电车

KD$_{25Z}$　25Z 型空调发电车：车号不详（图中所示车号仅供示意之用）

青藏旅游客车

2010 年 10 月，一组全新的列车前往铁科院国家铁道试验中心进行相关试验。该列车由原铁道部与外商合作投资订制，全列由五星级酒店水准的豪华软卧车、厨房餐车及用餐餐车组成。列车最终因技术原因，暂未上线运行。

青藏旅游客车	基本数据
制造厂商	青岛四方庞巴迪铁路运输设备有限公司
最高运营速度	160km/h

RW_{19T} 050165 豪华软卧车：通道一侧

RW_{19T} 050165 豪华软卧车：客房一侧

CA_{25T} 080138 沙龙餐车：左侧

CA_{25T} 080138 沙龙餐车：右侧

CA_{25T} 080139 厨房餐车：厨房一侧

CA$_{25T}$ 080139 厨房餐车：通道一侧

新东方快车 当前运营涂装

新东方快车（UR Travel - New Orient Express），是我国目前开行的最豪华的旅游专用列车，列车的服务设施可以媲美四星级酒店。新东方快车全列采用特殊涂装，白色的车体，深蓝色斜拉条纹，拥有较高的识别度。

YZ$_{25G}$ 25G 型硬座车：车号不详（绘图中车号为示意之用）。

RW$_{25G}$ 550672 25G 型软卧车

RW$_{25G}$ 25G 型豪华软卧车：列车所提供的二人豪华包厢带有专用的独立卫浴。车号不详（绘图中车号为示意之用）。

CA$_{25G}$ 893149 25G 型餐车

昆明至丽江旅游列车 早期运营涂装

早期昆明至丽江双层旅游列车采用了专属的蓝、橙色涂装。列车全列采用双层卧铺客车，并设有双层软卧车。

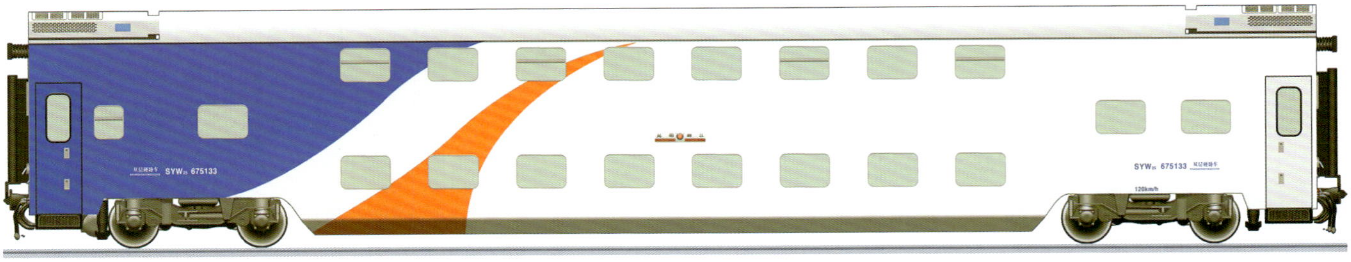

SYW_{25} 675133 25 型双层硬卧车

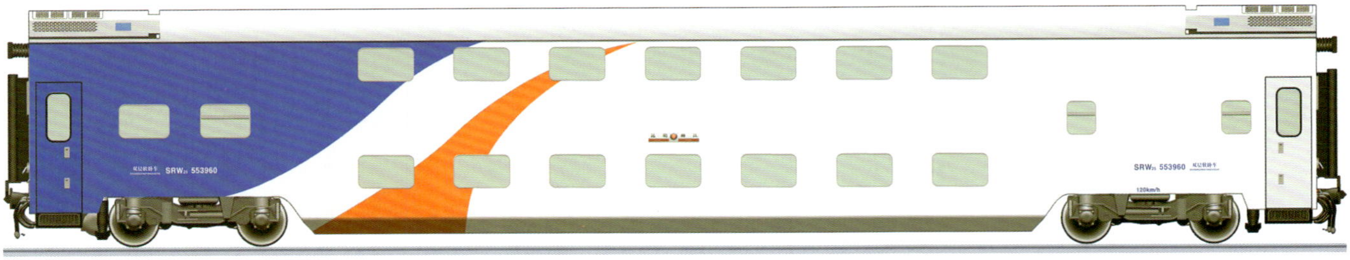

SRW_{25} 553960 25 型双层软卧车：早期列车编组中仅有一节双层软卧车，后期列车调整后编组中增加一节一人软包的双层软卧车。同时增加两节经过改造的餐车，其中一节改造为酒吧车。

昆明至丽江旅游列车 丽江号彩绘涂装

昆明至丽江旅游客车后期采取了全新的彩绘涂装，并命名为“丽江号”。不同的时期，列车彩绘主题也有所变化。2016 年前后，列车涂装主题精选了丽江、大理的经典美景；2018 年，全新的列车涂装以广西山水的纯画为主题，系统展示阳朔、漓江等地的绝世美景。

SYW_{25} 675133 25 型双层硬卧车：列车近期采用的丽江 - 大理美景主题彩绘涂装。675133 号车车身展示丽江木府的经典景点。

丽江号旅游列车

2019年之前，昆明往返丽江之间的 K9682/9683、K6108/6105、K9686/9687、K9684/9681次列车，是我国较早引入酒店式服务的特色旅游列车之一。在这极富特色的民族文化旅游列车上，旅客在餐车享用着特色小吃；在酒吧品尝着各色酒水与甜点；在旅行中体验各类特色的旅游服务。除此之外，列车还有 KTV特色服务。一路美景相伴，一路载歌载舞，一路心旷神怡。这就是“丽江号”民族文化品牌列车的特色之处。随着经济的发展，我国铁路正在酝酿着更多的差异化服务。未来，列车将不再是单纯的交通工具。

长白山民俗文化旅游列车

延吉市于 2015 年与沈阳铁路局延吉车务段合作开通了延吉—长白山旅游专列。2016 年，延吉市于对旅游专列进行了升级改造。民俗主题车厢里的每个包厢都经过精心改良，有的变成了朝鲜族民俗炕房，朝鲜族的民俗配饰使整个房间充满了朝鲜族民俗风情。旅途中，还有传统的民俗表演，让旅途变得生动充实。

RW$_{24}$ 551289 24 型软卧车：车体内部及结构根据运营需求进行了相应的改造。

RW$_{24}$ 551353 24 型软卧车：部分车窗加大，适合运行中观赏车外景观。

RW$_{24}$ 550310 24 型软卧车

RW$_{25B}$ 551894 25B 型软卧车

CA$_{25B}$ 892027 25B 型餐车：车窗尺寸进行了调整，乘客可在用餐之余欣赏车外美景。

空调发电车

空调发电车是专门为旅客列车提供电力供应的专用车厢。车内装有柴油机、发电机、变压器等发电设备和值班人员办公室。空调发电车运行时，通常挂在列车尾部或者是最前部。在中国铁路旅客运输装备的发展过程中，设计要求及制造工艺也在日新月异，因此不同时期设计制造的空调发电车在车体结构和涂装方面存在较大的差异。

KD25G 997710 25G 型空调发电车 25G 原色涂装

KD25G 997710 25G 型空调发电车 橙色涂装

KD25G 997710 25G 型空调发电车 蓝色涂装

KD25G 997710 25G 型空调发电车 当前运营涂装

KD25G 997886 25G 型空调发电车：红灰色涂装

KD25G 997651 25G 型空调发电车 25G 原色涂装

KD25G 997815 25G 型空调发电车 25G 原色涂装

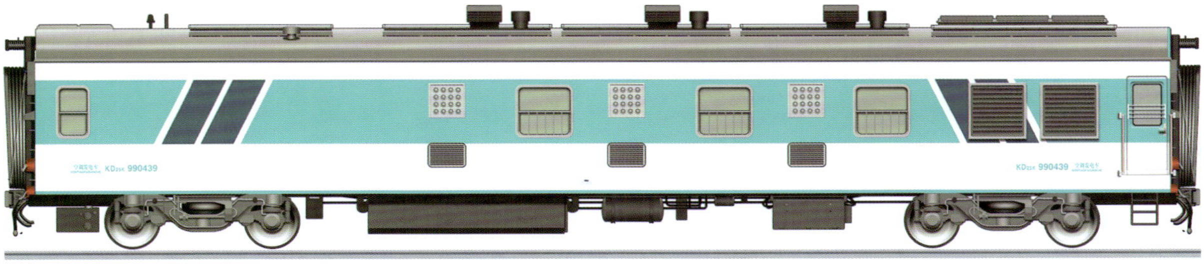

KD25K 990439 25K 型空调发电车

KD 98093 KD 型空调发电车：早期空调发电车并未详细分型，曾在上海铁路局担当沪宁城际特快的列车供电任务。

KD25G 998765 25K 型空调发电车：不同批次的 25K 型空调发电车车体细节有所差异。

其他车辆

除运输用途的机车车辆以外，我国铁路还有众多特殊车辆。如试验车、检查车、维修车、特种车等。这些车辆都承担着专门的用途，为铁路日常的运行、新线开通前的试验、设备设施检测等提供专业的技术支持。

SY$_{22}$ 997540 试验车

CA$_{23}$ 90546 餐车

SY 997050 试验车

SY 997192 试验车

SY$_{25}$ 997745 试验车

SY25K 997845 试验车

SY22 997109 试验车

SY25T 999319 仪器试验车

WX25T 999306 轨道检查车

WT25T 999318 隧道检查车

TZ25G 090154 特种车

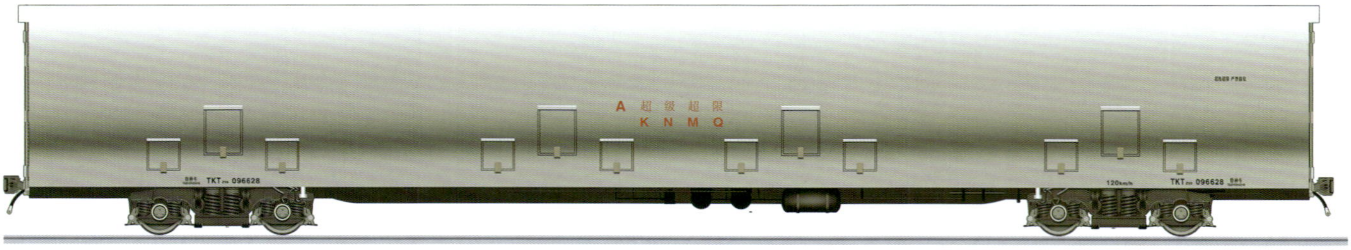

TKTZ39 096628 用于运送特殊货物的特种车辆，由于尺寸超过铁路限界，车体上标明“超级超限”字样。

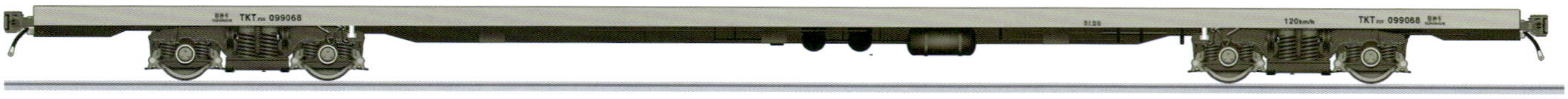

TKTZ39 099068 与 TKTZ39 096628 特种车配合使用的特种平车。

TKF25B 096323 特种发电车

TKF25B 096324 特种发电车

TKH25B 099849 综合车

TKT25B 096626 特种车

PX 01010 党员流动课堂培训车

04901 供电车 太原工务机械段供电车

04905 卫生车 太原工务机械段卫生车

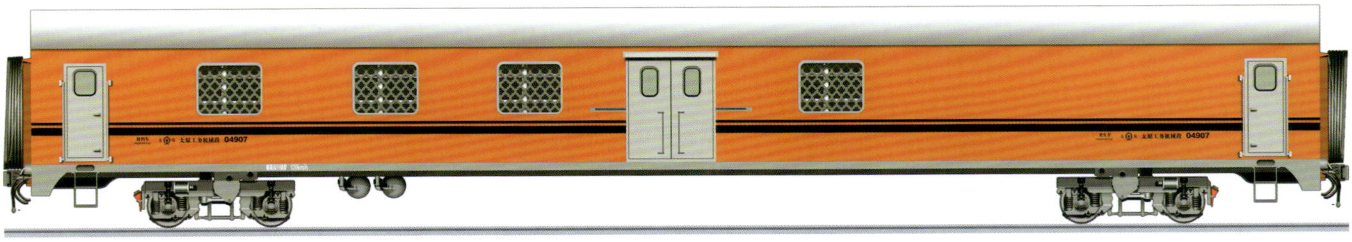

04907 材料车 太原工务机械段材料车

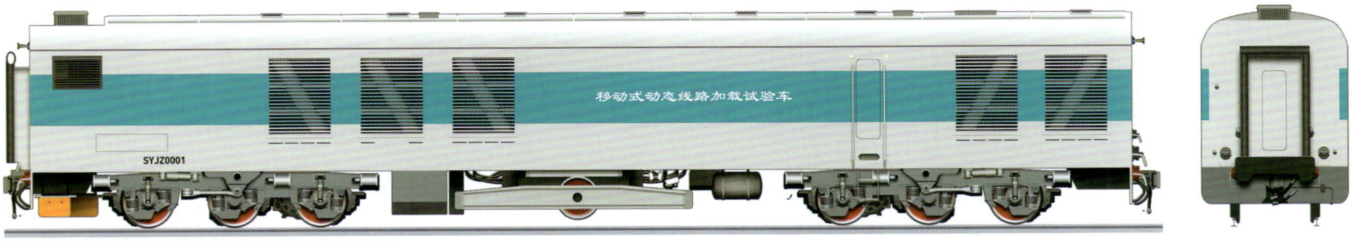

SYJZ0001 SYJZ0001是一款在线路上模拟高速铁路工况，进行静态、动态加载和移动加载试验，测试轨道、桥梁和路基相关技术特性，开展线路工程方面相关试验和进行相关检验的特种车辆。

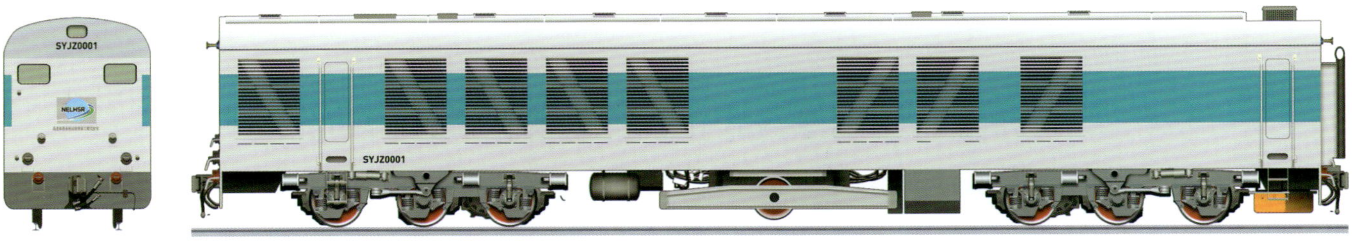

注：由于本书版面有限，所查询的论文资料甚多，在此仅列举主要资料，仅供参考。

[1] 交通部机车车辆局．机车概要 [M]. 北京：人民铁道出版社，1975.
[2] 铁道部机务局．机车概要 [M]. 北京：中国铁道出版社，1990.
[3] 铁道部运输局装备部．铁路机车概要 [M]. 北京：中国铁道出版社，2009.
[4] 中国铁路总公司运输局机务部．铁路机车概要 [M]. 北京：中国铁道出版社，2017.
[5] 张曙光．CRH1 型动车组 [M] 北京：中国铁道出版社，2008.
[6] 张曙光．CRH2 型动车组 [M] 北京：中国铁道出版社，2008.
[7] 张曙光．CRH5 型动车组 [M] 北京：中国铁道出版社，2008.
[8]《CRH380AL 型动车组》编委会．CRH380AL 型动车组 [M]. 北京：中国铁道出版社，2014.
[9] 孙帮成．CRH380BL 型动车组 [M] 北京：中国铁道出版社，2014.
[10] 楼修力．韶山 1 型电力机车 [M]. 北京：中国铁道出版社，1985.
[11] 张友松，朱龙驹．韶山 4 型电力机车 [M]. 北京：中国铁道出版社，1997.
[12] 刘友梅．韶山 4B 型电力机车 [M]. 北京：中国铁道出版社，1999.
[13] 谢步明．韶山 7 型电力机车 [M]. 北京：中国铁道出版社，1998.
[14] 赵叔东．韶山 8 型电力机车 [M]. 北京：中国铁道出版社，1998.
[15] 王春山等．中国铁路 120km/h 提速改造货车概要 [M] 北京：中国铁道出版社，2006.
[16] 张曙光．青藏铁路高原客车 [M] 北京：中国铁道出版社，2008.
[17] 楚永萍，王兴华．铁路客车转向架图集 [M]. 北京：中国铁道出版社，2013.
[18] 前进型蒸汽机车编写组．前进型蒸汽机车 [M]. 北京：中国铁道出版社，1984.
[19] 陈志华，李健信．香港铁路 100 年 [M] 香港：中华书局，2012.
[20] 东风 2 型内燃机车 [J]. 内燃机车，1979,(5).
[21] 东风 4 型内燃机车（上）[J]. 内燃机车，1975,(5).
[22] 东风 4 型内燃机车（下）[J]. 内燃机车，1975,(5).
[23] 彭嘉祺．东风 4B 型内燃机车 [J]. 内燃机车，1983,(10):1-3.
[24] 何国福．东风 4C 型 (A1A) 快速客运内燃机车 [J]. 内燃机车，2001,(3):7-12.
[25] 魏富琳，赵燠南．客运提速主型内燃机车—东风 4D 型机车 [J]. 铁道机车车辆，1997,(3):46-47.
[26] 仲跻升，孙喜运，姬惠刚，等．东风 4D 型系列内燃机车 [J]. 铁路技术创新，2003,(4):6-7.
[27] 东风 5 型内燃机车 [J]. 内燃机车，1979.
[28] 张乃嘉．东风 5 型调车内燃机车 [J]. 内燃机车，1985,(8)1-8.
[29] 张小军．东风 5B 型内燃机车 [J]. 内燃机车，1998,(7):2-8.
[30] 仲跻升．东风 6 型内燃机车 [J]. 内燃机车，1990,(8):1-9.
[31] 李鑫培，龚涵智．东风 7 型电传动调车内燃机车 [J]. 内燃机车，1986,(1)1-6.
[32] 李海滨．东风 7B 型机车在黔桂线运用的适应性分析 [J]. 内燃机车，1995,(9)9-14.
[33] 王春元．东风 7D 型内燃机车 [J]. 内燃机车，1996,(9):1-4.
[34] 姚林强．DF7G 型内燃机车的研制 [J]. 内燃机车，2005,(12):1-7.
[35] 陈朝辉．模块化的 DF7G 型内燃机车 [J]. 内燃机车，2004,(12):4-8.
[36] 周正之，施宝善．东风 8 型内燃机车 [J]. 内燃机车，1985,(11):1-6.
[37] 何克强．东风 8 型内燃机车鉴定试验 [J]. 内燃机车，1989,(11):16-25.

[38] 许人华 . 东风 8B 型内燃机车 [J]. 内燃机车，1998,(6):3-12.
[39] 罗世辉 . 东风 8B 型机车径向转向架研究 [J]. 学术动态，2003,(1):33-34.
[40] 李斌 .DF8CJ 型交流传动内燃机车牵引传动及控制系统 [J]. 机车电传动，2006,(4):5-8.
[41] 李亮 .DF8CJ 型交流传动内燃机车的改进 [J]. 内燃机车，2007,(4):24-30.
[42] 魏春阳 .DF8CJ 型交流传动机车转向架 [J]. 内燃机车，2003,(4):1-4.
[43] 施宝善 . 东风 9 型内燃机车 [J]. 内燃机车，1994,(6):1-6.
[44] 仲跻升 . 东风 10 型内燃机车 [J]. 内燃机车，1994,(12):1-10.
[45] 朱康宁 . 东风 10 型机车的运用情况及对黔桂线内燃机车选型的建议 [J]. 内燃机车，1992,(10):7-10.
[46] 李柄华 . 东风 10D 型机车试制成功 [J]. 内燃机车，1995,(3).
[47] 何克强 . 东风 11 型内燃机车 [J]. 内燃机车，1994,(8):1-5.
[48] 邵光祖 . 东风 11 型准高速客运内燃机车的试制、试验及正线运行 [J]. 内燃机车，1996,(2):1-4.
[49] 赵建飞 .DF11G 型内燃机车的研制 [J]. 内燃机车，2005,(7):1-7.
[50] 王荣堂 . 东风 21 型内燃机车研制与运用 [J]. 四机科技，2006,(2):8-14.
[51] 东方红 <1> 型内燃机车 [J]. 内燃机车，1979,(5):45-53.
[52] 东方红 <3> 型内燃机车 [J]. 内燃机车，1979,(5):64-73.
[53] 东方红 <4> 型内燃机车 [J]. 内燃机车，1979,(5):73-82.
[54] 东方红 <4> 型 2001 号液力传动内燃机车 [J]. 内燃机车，1976,(3):1-62.
[55] 北京型内燃机车 [J]. 内燃机车，1979,(5):84-91.
[56] 北京型 6001 号内燃机车 [J]. 内燃机车，1979,(5):92-95.
[57] 曲天威，王惠玉，芮斌，等 .HXN3 型机车转向架的设计开发理念 [J]. 铁道机车车辆，2008,(28):160-164.
[58] 李云龙，项东波，马智荣 .HXN3 型高原内燃机车的研制 [J]. 轨道交通装备与技术，2016,(6):1-3.
[59] 郝金伟 .HXN5 型大功率交流传动内燃机车 [J]. 机车电传动，2009,(2):1-5.
[60] 黄贵，张建勤，谢经广.HXN5B 型大功率交流传动调车内燃机车 [J]. 铁道机车与动车，2014,(5):21-24.
[61] 黄宅舒 . 韶山 2 型干线交流电力机车简介 [J]. 机车电传动，1973,(2):1-10.
[62] 孟玉发，张小珍，王平华 .SS3B 型固定重联机车的研制 [J]. 机车电传动，2003,(2):18-21.
[63] 刘永亮，王永明 .SS3C 型固定重联电力机车车体改造 [J]. 机械管理开发，2009,(6):59-60.
[64] 赵叔东，刘小腾，李春阳 .SS5 型客运电力机车 (1)——特点及技术参数 [J]. 机车电传动，1991,(4):9-13.
[65] 潘晓明 .SS5 型客运电力机车 (3)——转向架简介 [J]. 机车电传动，1991,(6):1-8.
[66] 武桂琴，张金平 . 模块化 SS7E 型交直电力机车 [J]. 2006,(2):58-61.
[67] 柳占宇 .SS7E 型客运机车车体 [J]. 内燃机车，2003,(10):9-11.
[68] 潘晓明 .SS8 型准高速客运电力机车 [10]——转向架 [J]. 电力机车技术，1997,(3):8-12.
[69] 彭奇彪 . 电力机车技术 SS9 型客运电力机车 [1] ——概述 1999 2 17-18
[70] 陈清明 .SS9 型客运电力机车 (9)——转向架 [J]. 电力机车技术，2000,(4):5-6.
[71] 刘健平 .SS9 改进型客运电力机车 [J]. 机车电传动，2004,(5):40-43.
[72] 刘友梅，黄中荣 .AC4000 交流传动电力机车的研制 [J]. 机车电传动，1997,(1):1-4.
[73] 刘友梅，杨颖 .DJ 型高速交流传动客运电力机车 [J]. 电力机车技术，2001,(1):41-42.
[74] 陈翰芹，史卫军 .DJ1 型交流传动电力机车 [J]. 机车电传动，2001,(3):5-9.
[75] 杨颖 .DJ2 型交流传动客运电力机车 [J]. 电力机车技术，2002,(2):5-7.
[76] 杨永林，赵明元 . “天梭” 号交流传动客运电力机车 [J]. 机车电传动，2004,(1):3-7.

[77] 廖洪涛 . 和谐 HXD1 型大功率交流电力机车概述 [J]. 电力机车与城轨车辆，2007,(1):7-10.
[78] 李群锋，樊运新，彭新平 .HXD1B 型大功率交流传动电力机车概述 [J]. 电力机车与城轨车辆，2011,(1):5-8.
[79] 康明明，樊运新 .HXD1C 型大功率交流传动电力机车概述 [J]. 电力机车与城轨车辆，2011,(3):5-8.
[80] 朱向阳，陈喜红，陈清明，等 .HXD1F 型电力机车转向架 [J]. 电力机车与城轨车辆，2016,(1):5-9.
[81] 彭新平，魏伟龙，胡亮，等 .HXD1G 型八轴交流传动快速客运电力机车概述 [J]. 电力机车与城轨车辆，2017,(5):6-9.
[82] 金希红，颜罡 . 神华大功率交流传动电力机车概述 [J]. 电力机车与城轨车辆，2015,(5):1-6.
[83] 胡亮，王晓勇 .200km/h 六轴大功率客运交流传动电力机车概述 [J]. 电力机车与城轨车辆，2012,(1):7-13.
[84] 北车 . 和谐 2 型电力机车 [J]. 铁道知识，2009,(3):18-19.
[85] 宁如斌，杨俊杰，赵明元 . HXD2 型交流传动重载货运电力机车 [J]. 机车电传动，2008,(1):7-10.
[86] 陶逯，赵明元，李华祥，等 .30t 轴重交流传动货运电力机车研制 [J]. 铁道机车车辆，2014,(33):117-120.
[87] 杨守君，刘会岩 .HXD3 型交流传动电力机车 [J]. 电力机车与城轨车辆，2007,(4):9-11.
[88] 杨守君，田光兴，张丽红，等 . HXD3A 型交流传动货运电力机车 [J]. 铁道机车与动车，2018,(10):17-19.
[89] 代兴军，王明杰，王永良 .HXD3B 型交流传动电力机车概述 [J]. 电力机车与城轨车辆，2010,(2):1-4.
[90] 王威，杨守君，柳占宇 . HXD3C 型交流传动客货通用电力机车 [J]. 电力机车与城轨车辆，2011,(1):12-15.
[91] 原志强，武学良 . 轴重 18t 八轴客运电力机车的研制 [J]. 机车电传动，2016,(4):23-28.
[92] 王威，隋锡征 ，张彦民 . HXD3G 型八轴交流传动客运电力机车 [J]. 电力机车与城轨车辆，2018,(6):1-4.
[93] 袁建军 .6K 型电力机车简介 [J]. 电力机车技术，1988,(1):35-39.
[94] 顾自元，杨国秀 .8G 型电力机车简介 [J]. 电力机车技术，1986,(5):22-24.
[95] 刘友梅，唐飞龙 ."中华之星" 高速交流传动电动车组动力车 [J]. 北京《机车电传动》，2003,(5):35-39.
[96] 贾瑞民，谢基隆，孙帮成，等 . 我国首列动力分散摆式内燃动车组环线动力学试验及分析 [J]. 铁道车辆，2008,(10):1-4.
[97] 张建勤 .NZJ1 型准高速内燃动车的研制 [J]. 内燃机车，2000,(7):1-10.
[98] 祁纪洪 .ND3 型内燃机车简介 [J]. 内燃机车，1991,(3):49-51.
[99] 梁建英，焦京海 . 捷力型交流传动内燃机车 [J]. 四机科技，2000,(2):44.
[100] 解凡，黄海，张琤 .NJ2 型内燃机车简介 [J]. 铁道技术监督，2006,(7):32-33.

后　记

自我的孩提时代就与铁路结下了不解之缘。无论是儿时对蒸汽机车震撼的记忆，还是少年时代对火车懵懂的憧憬，或是至今日常的工作及生活，火车成为我生活中必不可缺的一部分。弱冠之年，我对绘画产生了兴趣，并在求学路上选择了工业设计这个方向。课业之余，我对铁路的热情更是有增无减，如何观察、展示甚至创造火车的机械之美是我一直以来的愿望。从那时起，我便开始结合所学，用手中的画笔描绘火车的点滴。虽然现在看来那时候只能算是涂鸦之作，但一时间也颇是自得其乐。

2013 年，一个偶然的机会，我在网络上接触到了外国网友用三视图方式绘制的各型机车和高速列车。我在感叹异国他乡也有同道中人之余，心中也不免生出一丝遗憾：中国的铁路机车车辆不仅种类繁多，且涂装多样，却鲜有类似系统的绘图整理。思考良久，我决定拿起画笔，绘制中国自己的铁路机车车辆与轨道交通装备。

从画下第一笔的 2013 年 6 月算起，至今已经近五年半有余。看似简单的绘图，实际是一个庞大的系统性工程，也是一个无比枯燥而又艰涩的过程。在完成一张绘图之前，不仅需要拍摄、收集海量的图片及视频素材来辅助绘制，还需要查阅核实大量的论文文献、档案资料及历年出版物来获取更准确的技术信息。如此海量的数据及资料和细节整理，耗费了我大量的业余时间。然而一直以来，这些绘图的应用范围却一直有限，能够看到这些作品的朋友也少之又少。这甚至让我自己也打起了退堂鼓。

2016 年的冬天，在一次与挚友罗春晓的攀谈中，他建议我可以将所有绘图汇总，出版一本全面介绍中国铁路装备发展的图书，向广大公众全面介绍中国铁路机车车辆装备的样式、发展和机械美学。在得到中国铁道出版社科普部许士杰主任的肯定意见后，我开始以印刷出版的精度，再次升级所有绘图的光影与细节。《中国火车大图集》的创作，也正式开启。

在《中国火车大图集》两年的编纂过程中，复兴号动车组量产车、京张智能动车组样车和复兴号系列机车亦先后呈现在世人面前。在随时调整、随时丰富的原则下，本书全部资料截止至 2018 年底，希望能给大家带来最新和最全面的资料信息。

这本书能够出版，有赖于亲人、恩师及众多友人给我的支持和帮助。父母对我事业的理解和无私的支持，给予了我前进的动力，是他们的付出让我体会到坚持的意义；挚友罗春晓为本书的诞生提出了宝贵的创意方向，并在本书创作、出版的全程给予了我鼎力支持；铁道视界同仁吕彪先生为本书的资料收集、整理、书稿清校付出了大量工作，让本书繁杂的信息得以更加清晰，并为本书的宣发添油加力；西南交通大学的安琪博士对本书进行了全面审校，勘订了大量技术细节上的疏漏，使本书的内容更加精准翔实；我的恩师——中央美术学院王广福老师，在我初涉绘制时给予了我全面的指导；感谢好友徐媛园和中国铁道科学院的杨锐先生为本书的出版发行给予的大力支持；感谢李昊、樊大翔、曲芳、李芳祺、郑鹏飞、梁少阳在我创作本书最为艰难的时期给予的支持和帮助；儿时的伙伴许浩、王松、王淳阳、邢耿及其家人在我父母重病期间给予的细心关怀和照顾，让我能有精力及时间全身心地投入到本书最终完善阶段的工作中；感谢方奕昕、麦炜昌、景旭、于洺锐及众多朋友为绘图提供的大量参考资料，并对本书的谬误给予了指正；感谢中国铁道出版社许士杰先生和他的团队，为本书最终的出版所付出的努力。

谨对所有为本书编绘工作提供支持和帮助的铁路单位、领导及工作人员表示诚挚的谢意。

罗一童
2019 年 3 月 18 日
于北京